2018

北大清华人大
社会学硕士论文选编

SOCIOLOGICAL MASTER DEGREE PAPERS FROM THREE UNIVERSITIES

晋军　卢晖临　储卉娟　李丁　编

U0957137

中国发展出版社
CHINA DEVELOPMENT PRESS

图书在版编目（CIP）数据

2018北大清华人大社会学硕士论文选编 / 晋军等编．
-- 北京 : 中国发展出版社，2018.12
ISBN 978-7-5177-0730-1

Ⅰ．①2… Ⅱ．①晋… Ⅲ．①社会学—文集 Ⅳ．
①C91-53

中国版本图书馆CIP数据核字（2018）第236493号

书　　名：2018北大清华人大社会学硕士论文选编
著作责任者：晋军　卢晖临　储卉娟　李丁
责任编辑：孙　勇
出版发行：中国发展出版社
（北京市西城区百万庄大街16号8层　100037）
标准书号：ISBN 978-7-5177-0730-1
经　销　者：各地新华书店
印　刷　者：北京楠萍印刷有限公司
开　　本：880mm×1230mm　1/32
印　　张：13.5
字　　数：390千字
版　　次：2018年12月第1版
印　　次：2018年12月第1次印刷
定　　价：50.00元
联系电话：（010）88913231　68990692
购书热线：（010）68990682　68990686
网络订购：http://zgfzcbs.tmall.com/
网购电话：（010）68990639　88333349
本社网址：www.develpress.com.cn
电子邮件：sunyongcdp@126.com

版权所有　翻印必究
本社图书若有缺页、倒页，请向发行部调换

目　录

前　言

2018年的《北大清华人大社会学硕士论文选编》终于要面世了。自2003年第一辑开始，今年已是第十六辑。这本每年一辑的论文选编，在国内社会学研究生群体当中还有一个更简单、更亲切的称呼："三校论文集"。虽然没有任何官方背景，也没有列入任何出版系列，甚至出版经费都要编者自己承担，"三校论文集"却是一路走来，在社会学的青年学子中产生了相当影响。记得我指导的第一位研究生，在硕士学习期间给自己设定的一个重要目标，就是他的学位论文可以入选当年的"三校论文集"。这说明了"三校论文集"在青年学子心目中的特殊地位。我想，对于许多有志投身学术的年轻人，入选"三校论文集"既是他们学术训练的目标，也是他们学术生涯的起点。

20年前，我也在写硕士论文。按照师门的学术安排，我的论文原本要做土改方面的口述史研究。谁知阴差阳错，进了田野，我发现同门大师兄手上有个电站移民长期上访的案例，情节曲折，材料丰富，十分诱人。于是搭便车、换题目，改做上访。但一个好案例，并不总是意味着一篇好论文。回到学校，硕士论文写得我焦头烂额。最后为了用电脑，也为了赶时间，我索性偷偷搬进逸夫二楼的一间办公室，一住十来天。楼下就是传达室，每晚闭馆之后，走路都要蹑手蹑脚，像做地下工作。在导师的鞭策、师兄的激励、学长们手把手的指点之下，又夹杂在世界杯直播看与不看的煎熬之中，我终于完成了论文，通过了答辩。几位老师觉得这个案例十分精彩，于是就让师兄带我再合写一篇论文，做一番真正的学术分析。论文后来发表在《清华社会学评论》的第一辑。那时，我已去美国，正在焦头烂额地赶作业。虽然很久之后才拿到纸版，但这篇论文对我的影响却非常之大，让我能在各种焦头烂额之中坚持下来。二十年来，我的研究一直离不开行动和环保这样的主题。可以说，硕士论文的研究和写作，就是我的学术起点。

当然，如果当年就有“三校论文集”，我的硕士论文很可能不会入选。因为我的两位同班同学，一位的硕士论文改写后发表在《社会学研究》，另一位的硕士论文则直接出版了专著。这两位同学，如今都成为这一代华人社会学家中的佼佼者。但同我一样，硕士论文，也都是他们各自的学术起点。

每个人的起点有高低，成就有大小，但对于20年前的社会学青年学子，硕士论文往往都是他们个人学术生涯的一个重要环节。因此，“三校论文集”虽然民间，虽然草根，虽然有着强烈的同仁色彩，但它可以激励一年又一年的学子投身学术，可以记录一代又一代的学者对中国社会的关切。如此，善莫大焉。

本辑共收录论文8篇，选自2018年北大、清华、人大三校社会学系的154篇硕士论文。这8篇论文主题多样、视角多元，既包括基础教育、计生政策、食品安全、人口城镇化这样的宏大问题，也包括日常生活中的信仰实践与身体建构的微观视角，还涉及了国家财政与民族集镇的历史变迁。在我看来，它们都有着敏感的问题意识和必要的理论野心，生动体现出“三校论文集”创始人之一沈原老师说过的一句话：“面对中国社会的真问题，与西方社会学前沿理论展开建设性的对话”。这句话，是沈老师在十几年前写下的清华社会学系的学术宗旨，我想在今天也应该成为中国社会学面对社会转型时所应该肩负起的使命和任务。

北大的卢晖临、人大的储卉娟与李丁三位老师和我一起参与了本辑论文的选定。这里还要特别感谢“理想国”的闫柳君老师，她承担了入选论文的文字编辑工作。郑也夫老师，作为“三校论文集”的另一位创始人，依然关注本辑论文的编辑和出版，这里也一并致谢。

晋　军

2018年于近河居

乡村基础教育的“放弃”现象研究

陈　忠　北京大学社会学系 2016 级
指导教师　卢晖临

第一章　绪论

一、选题背景

改革开放 40 年来，我国的教育事业成绩显著，但仍面临严峻挑战。尤其是我国的乡村基础教育，学生外流，学校生源不断被筛选（胡俊生、李期，2014；任宝贵，2015）；农村学生的辍学率居高不下，学生不断放弃学习，离开学校（赵环秀、武月刚，2006；张红霞、方冠群，2012）；教师流动大，队伍结构性短缺（冉祥华，2007）；撤点并校带来的学校布局调整不尽合理（侯晓光，2014），出现“文字上移”（熊春文，2009），教育资源城乡不均（耿倩玉，2016；丁田田，2017）；教育功利化倾向严重（李赐平、樊燕飞，2016）；教育内容城市化（陆相欣、张俊，2015）；教育的本体功能和内在价值被弱视，目中无“人”（周晔，2013）；义务教育阶段教学质量低、效益差，存在有限教育资源的极大浪费（滕星，2003）等；愈演愈烈的校园欺凌、师生矛盾、家校冲突等现象，都制约着乡村基础教育的进一步发展。

2017 年 6 月底，笔者有机会前往宁夏西海固地区黄高县 D 镇开展农村问题调研，过往的研究经历使然，笔者将目光聚焦在了 D 镇的旧寨学校上。初入旧寨学校时，校门口停着一辆警车，民警、校长、班主任、学生家长、学校保安等人员围聚在一起，彼此争吵着关于逃跑学生的可能去向以及责任分摊等问题。这样的场景几乎每周都在旧寨学校上演。学生放弃学习，从学校出逃。七年级办公室，教师们正在“津津乐道”前日刚发生在学校的某位教师打学生后被家长告到教育局事件的最新进展，教师们都唏嘘不已，感叹着要“团结起来，保护自己”！教师不敢再管教学生，逐渐放弃学生。这里的所见所闻所察无时无刻不在冲击着笔者的已有认知，乡村教育竟是如此！但乡村教育究竟何以至此？这个问题引起了笔者极大的研究兴趣。因此，还原旧寨学校日常教育基本样态，细致描述旧寨学校的教育“放弃”现象，进而探究教育“放弃”何以可能的行动逻辑和形成机制，成为笔者开展此项研究的主要目的和价值关怀。

二、“放弃”概念界定

本文主要研究D镇旧寨学校表现出来的“放弃”现象，其中学生的“放弃”主要指的是学生放弃学习，主动或被动远离学习活动，不听课，不写作业，不服从教师关于学习的任何要求，逐渐表现出“不想学”“无心学”的态度，甚至离开学校去打工、念技校等；学生的“放弃”还表现在对自己职业规划的茫然无知，在学校“混”日子，没有任何关于未来的打算和想法，实质上是一种对自我发展的放弃。

旧寨学校教师对学生的“放弃”表现在教师对学生“不管教”，上课只要“不捣蛋”的底线要求；允许作业抄袭；对学生的抽烟、打架等行为熟视无睹，甚至是默许纵容，任凭学生在学校里“自由发展”。

家长“放弃”孩子主要表现在家长跟孩子直接接触中和家长消极配合学校时对孩子的放弃。因忙于生计，对孩子的学习、生活无时间监管；因自身受教育程度低，“不会教”索性就“不想管”“懒得管”；对孩子的溺爱致使其人生体验缺乏，影响未来成长；孩子表现出低学业成就后家长的无能为力，放任自流；和学校教师的低频率沟通，缺席家长会，动辄向教育局告状等，都是实质上对自己孩子的放弃。

需说明的是，本文“放弃”现象分析的对象都集中在“非学习分子”

群体，暂不涉及“学习分子”群体。[①]

三、研究意义

目前学界研究学生弃学多从辍学率等量化角度展开，以结果为导向，忽视了对于微观的过程性研究。而学生弃学必然是一个连续的过程，对于最终结果——辍学率的过度关注会导致对弃学现象微观形成过程内在原因的忽视，不利于全面分析、把握学生弃学的内在机制。本文则聚焦于学生弃学现象的微观形成过程，能为全面了解学生弃学现象提供帮助，丰富目前学生弃学方面的研究。

旧寨学校目前存在的此种教育“放弃”现象严重扰乱了学校日常的教学管理，阻碍学生成长和全面发展，不利于学校教育质量提升；因此，对旧寨学校此种教育“放弃”现象的社会学研究，有利于从根本上去把握现象产生的原因和机制，从而为解决此种教育“放弃”现象提供对策建议，促进旧寨学校良性发展，为同类学校同类问题的解决提供借鉴，为我国乡村教育的健康发展贡献力量。

四、文献综述

（一）乡村教育的困境

我国的乡村教育处境艰难，日益衰败，甚至有学者发出了“如果说中国乡村有教育，那也是城市的教育”（饶静、叶敬忠、郭静静，2015）的呐喊。

1. 学生厌学、弃学，无心向学

厌学的学生对学习存在认识上的偏差，认为读书无用；消极对待自身的学习，懒惰、懈怠；远离学校场域的学习活动，上课不听讲，违反课堂纪律，作业应付、抄袭等（黄维华，2018）。杨永勤（2012）、崔长平（2012）、张艳香（2016）等学者认为，学生厌学、弃学受到诸多因素的共同影响：学生自身学习基础差、兴趣不浓，学习能力弱，目的性不强，学习动机不清，信心不足，意志力薄弱，难以坚持，且存

---

① 关于“非学习分子”和“学习分子”等概念，将在本文第三章详细论述。

有一定的逆反心理；同时家庭教育缺失，家长对孩子的教育无能为力，过高的教育期望与孩子低学业成就的冲突造成对孩子的逐渐放任不管；此外，学校的办学思想偏差，应试教育体制下教学只针对少数优等生，忽视大多数的后进生、厌学生，且教师观念落后，教学方式不当，对学生粗暴斥责、冷嘲热讽，挫伤学生自尊心、求知欲，致使其厌学、弃学，最后受到不良社会文化的影响，学生沉迷网络、游戏，无心向学；现行就业压力下新的“读书无用论”影响学生的人生观、价值观，致使其放弃学习，早早出去打工挣钱等。

2. 教师无力从教，无心向教

实现教育现代化的根本短板在于乡村，而制约乡村教育发展的根本短板又在于教师（范先佐，2015）。乡村教师老龄化严重，教育理念陈旧，教育方式落后，整体素质偏低（李赐平、樊燕飞，2016），教育能力不强，无力从教，呈现出教师队伍的结构性缺乏。乡村教师流失形势日益严峻（徐中伟，1996），影响着乡村教育质量的稳定和提升。乡村教师受到经济收入的参照对比、管理制度的设计缺陷、乡村教育的衰败、教师职业的高危性、岗位胜任力不足等因素影响，普遍存在着职业倦怠（戚务念，2017），无心教学的问题。乡村教师面临的最根本问题是对自身身份的认同危机（容中逵，2009）。

3. 家长只养不教，无教误教

目前中国的乡村教育中家庭教育力量日益式微，甚至是处于缺席状态，成为乡村教育发展的严重阻碍。农村家庭教育观念落后，家长对子女的期望过高（黄子芩，2010）；重智育、轻德育，唯分数论，唯成绩论（王兴勇，2011）；对教育认识消极，目前就业压力下“读书无用论”仍然盛行（孙瑛洁，2011；杨宏，2012）；家长自身教育责任缺位，认为教育都是学校的事情（何永平，2011），只“养”不“教”；农村家庭教育方式不合理，对孩子采取“放养”或“过养”（孩子压力过重），“棍棒教育”仍普遍存在（张妙桢，2010）。

（二）规训和反学校文化

福柯（1999）指出教育中的规训具有两种效果：“一是根据能力和表现即根据毕业后的使用前途来编排学生；二是对学生施加经常性的

压力，使之符合同一模式，使他们学会‘服从、驯顺、学习与操练时专心致志，正确地履行职责和遵守各种纪律’。这样他们就会变得大同小异，相差无几。”美国学者伊利奇（2017）在其著作《去学校化社会》一书中批判了学校教育的种种弊端，他认为学校压迫学生，制度化的学校中学生是“受教者”而非“学习者”；学生成为了持证书的消费者，沦落为学校的奴隶，作为人的整体生活的本质被扼杀。

学校中的学生面对规训，并不都只是顺从，也会出现抗拒。威利斯（2013）在其《学做工》一书中提出了“反学校文化”的概念。“反学校文化”最基本、最明显的表现是对“权威”根深蒂固的彻底反抗，他把抵制权威、摒弃教条、非正式群体、打盹、哄骗和逃学、“找乐子”、无聊和刺激、性别歧视、种族歧视等看作是“反学校文化”的元素。通过对“反学校文化”的分析，威利斯强调工人阶级子弟在文化上的能动性与创造性，认为这种文化部分地识破了资本主义的本质，是一种“文化生产”。芒斯和麦克法登在此基础上指出学生抗拒是一种对自身所处社会地位的洞察，一方面学生在学校失败的经验让他们洞察到学校的教育活动实则使他们深陷困境、深感无助，另一方面学生也逐渐洞察到学校的教育并非有助于他们的发展，相反整个学校似乎都是在预期他们的失败（Munns, G & McFadden, M, 2000）。

麦克拉伦进一步区分了抗拒存在的两种形态，积极的抗拒学生会表现出企图干扰教师的正常教学，破坏学校的规章制度，公开对权威进行挑战；而消极的抗拒学生则是以一种潜在的或隐蔽的方式进行，通常以“班级丑角”的面貌出现，抗拒通常是以非正式的、秘密的形式进行，无明显意图（McLaren, P L, 1985）。在鲍德里亚那里，这种消极的抗拒就是“沉默的大众”的“被动”抵抗策略。有的学生表面上对老师毕恭毕敬，做出认真听讲的样子，实则两耳空空什么也没听进去，这是一种意义上的拒斥和抵制，这种无声的抵抗委实是一种更为重要的抵制策略（陆扬、王毅，2000）。

我国学者熊易寒（2011）指出我国农民工子弟的“反学校文化”并不是一套独立的文化，只是一种对学校的“逆反心理”，是对某些既有意识形态的简单否定。在自身学业方面，这些农民工子弟在现有制度的约束下会遭遇“天花板效应”，从而主动放弃学业，是一种制度性的自我放弃。周潇（2011）的研究进一步指出我国农民工子弟的反学校文化实际上是在一系列社会结构因素和社会条件作用下的一个渐进式的自我放弃的过程，是一种被迫放弃。熊春文等人的研究也表明农民工子弟的这种抗拒不能等同于威利斯笔下的“反学校文化”，因为农民工子弟的反学校行为都依附于一个个同辈群体，正是这些错综复杂的同辈群体构成了农民工子弟学校的实际社会基础（熊春文、史晓晰、王毅，2013）。

（三）现有文献述评

关于乡村基础教育的研究，已有的文献主要集中于现状呈现、问题描述、原因分析、对策建议等几个方面，主要涵盖教育学、心理学、社会学等多个不同领域，但几乎都是从宏观角度论述，缺乏对微观个体的具体关注。研究方法上以定量居多，质性研究相对缺少，缺乏具体化、生动形象的资料呈现。已有研究较多都是从乡村基础教育中各个不同主体出发，分别去分析、探讨各自面临的困境并提出相应的对策建议，通过实证研究的方式将各个不同主体结合起来进行系统分析的研究相对缺乏。因此，进一步深化中国乡村基础教育研究仍然十分必要。

我国现有的一些“反学校文化”研究集中于农民工子弟学校等特殊学校，缺乏对一般学校的关注，尤其是处于弱势地位的乡村学校。此外，在分析出现“反学校文化”的原因时，目前的研究主要集中于学生自身，缺乏从教师角度去研究学生的“反学校文化”，同时学校场域中教师和学生的日常互动又受到学生家长的紧密影响，学生家长在学生出现“反学校文化”的过程中又扮演了怎样的角色？所以对旧寨学校表现出来的“放弃”现象的研究，仍具有重要意义。

五、研究方法

（一）文献法

本研究主要收集了黄高县教育局历年的教育统计手册、年报小册子、中考成绩、全县期末统考成绩，学生的日记、作文、自传、信件等原始文献，还通过大众传媒收集了黄高县2017年中考录取和6所乡镇中学的高中升学率等情况。

（二）观察法

本研究主要采用参与式观察法，同时兼顾运用间接观察法。对教师的观察集中于他们的课堂教学、作业批改、和学生的交流、同事间的沟通、与家长的联系等方面，对学生的观察集中于课堂学习、作业完成情况、询问老师问题、同学间的互动交流、日常游戏玩耍等方面。

无论笔者是以“作为参与者的观察者”还是以“作为观察者的参与者”的身份进入旧寨学校，亦或是“完全的参与者”，只要我的存在，被研究者的行为必然或多或少受到我的影响，从而影响他们行为表现的真实性，故而在实际的田野调查中，笔者同时采用了间接观察的方法作为辅助，如为了获悉学生抽烟的严重程度，笔者多次在学校厕所、小树林观察遗留的烟头个数等。

（三）访谈法

本研究采用半结构式访谈，通过和学生、教师、家长的深度访谈，了解学生对学校日常生活中的主观感受，自身“反抗”行为的原因，未来人生的规划等；了解教师职业厌倦的原因，对学生的主观评价，与家长沟通交流的情况等；从家长的角度了解学生在家庭的行为表现、学业表现，他们对学校、教师的看法，对孩子教育的态度、打算等。

六、研究内容

（一）研究旧寨学校学生的“放弃”现象，观察、搜集旧寨学校学生具体的“放弃”行为表现，包括在课堂上、教室外等不同的场域，主要涵盖日常学习、娱乐活动、同辈交往等多个方面，尤其关注学生与教师的互动博弈、抗拒学校权威的行为表现以及家庭成长环境等。

（二）研究旧寨学校教师对学生的“放弃”现象，观察、收集旧寨学校教师放弃学生的具体行为表现，重点关注教师群体在日常教学管理、工作生活环境、与学生互动、与家长相处等方面的资料。

（三）研究旧寨学校家长对孩子的“放弃”现象，研究家长对孩子和学校的态度及相应举措，搜集家长对孩子教育及学校教育的主观看法，家长在孩子教育方面的投入、策略，尤其关注因孩子在校的抗拒行为而导致的家长与教师之间的冲突、家庭与学校之间的矛盾等。

（四）研究旧寨学校“放弃”现象出现的原因，从学生、教师、家庭、制度因素等多个层面系统分析“放弃”现象背后的运作机制，分析三种“放弃”现象之间的内在关联和逻辑等。

第二章　田野情况简介

一、调研点——旧寨学校简介

（一）基本情况介绍

旧寨学校位于宁夏西海固地区的黄高县，距离市区约 20 公里。2016 年共有教学班级 25 个，其中初中部 18 个；在校学生 892 人，其中初中部 596 人，回族学生占 75.7%；在校所有学生均享受国家营养早餐和营养改善计划生活补助。共有专任教师 92 人，其中中学部教师 74 人；专任教师任职资格率和学历合格率均达 100%；教师年龄结构相对均衡。

（二）旧寨学校低水平的升学率

旧寨学校目前的高中升学率是“极低水平稳定”，笔者统计了 2011 年至 2016 年旧寨学校每年的中考情况，见表 1.1：

表 1.1 旧寨学校 2011-2016 年中考情况表

指标＼年份	2011 年	2013 年	2014 年	2015 年	2016 年
年报数（人）	—	248	223	207	226
报名数（人）	—	242	156	165	181
报考率	—	98%	70%	80%	80%
实际参加考试数（人）	178	152	131	146	114
弃考率	—	37%	16%	12%	37%
成绩及格人数（人）	106	109	88	91	19
及格率	60%	72%	67%	62%	17%

成绩优秀人数（人）	0	0	3	4	0
中考成绩≥600分人数（人）	3	3	4	10	1

注：数据来源于黄高县教育局，部分数据有缺失，2012年整体缺失。年报人数指每学年开学初向教育局上报的九年级实际学生人数。中考满分730分（文化课620分+综合素质110分）。2016年成绩及格人数、及格率均仅指文化课，不包含综合素质部分。

黄高县的初中学校一共有三种类型：城市民办初中、城市公立初中、乡村公立初中，三种不同类型的初中学校升学率也不尽相同。

表1.2 黄高县2017年中考录取情况（单位：人）

录取情况＼初中类型	城市民办	城市公立	乡村公立
总录取人数	1533	1688	446
初一时人数	1718	4151	2037
升学率	89.2%	40.7%	21.9%

注：数据来源于陈莹骄硕士毕业论文开题报告。

就整体升学率来看，城市民办初中升学率遥遥领先，达89.2%；城市公立初中的升学率只有40.7%；而乡村公办初中的升学率只有21.9%。升学率倍数之间的差异很好的说明了黄高县乡镇初中教学质量极差、教育发展不均衡的现实困境。

黄高县共有6所乡镇中学，以2017年黄高县这6所乡镇中学的高中录取情况为例，6所乡镇中学的总体升学率为21.9%。其中旧寨学校考上高中的一共有35人，但考上重点高中的只有3人，且均为外地高中，享有政策优惠；考上高中的学生中91.4%的学生只能进入本地的普通高中就读。相较于其他5所乡镇中学的高中升学率而言，旧寨学校居于中等偏下水平，升学率为14.6%，排名第4。

表1.3 黄高县6所乡镇中学2017年高中录取情况（单位：人）

录取高中＼所在初中	A学校	B学校	C学校	旧寨学校	E学校	F学校	总计
六盘山高级中学	37	10	2	1	0	0	50
育才中学	41	23	2	2	0	0	68
红旗一中	15	4	8	0	0	0	27

红旗二中	3	0	1	0	1	0	5
黄高八中	5	12	4	1	2	0	24
黄高五中	34	20	6	9	10	3	82
民族中学	103	45	15	22	3	2	190
总录取人数	238	114	38	35	16	5	446
升学率	28.7%	25.0%	20.0%	14.6%	8.2%	3.8%	21.9%

注：数据来源于陈莹骄硕士毕业论文开题报告。六盘山高级中学、育才中学为外地重点高中，红旗一中、红旗二中为当地重点高中，黄高八中、黄高五中、民族中学为当地普通高中。

（三）旧寨学校高水平的学生流失率

前文表 1.2 的数据已在某种程度上反映出，旧寨学校九年级的学生每年都在不断弃考、流失。统计旧寨学校 2011 至 2016 年各年级的学生数量便会发现，每一级学生在逐年流失，虽然流失率在逐年下降，但仍维持在较高水平，远超出黄高县教育局每年发布的辍学率。[①]

表 1.4 旧寨学校 2011-2014 级学生流失情况（单位：人）

年份 年级	2011 年	2012 年	2013 年	2014 年	2015 年	2016 年	流失人数	流失率
2011 级	304	259	223	—			81	26.6%
2012 级	—	259	223	207	—		52	20.1%
2013 级	—		273	258	226	—	47	17.2%
2014 级	—			240	212	203	37	15.4%
全县辍学率	0.9%	0.9%	0.9%	1.0%	1.1%	0.8%	—	—

注：数据来源于黄高县教育局每年的《年报小册子》及《教育统计手册》；流失人数指的是该级学生从七年级入学到九年级开学时减少的人数，流失率同理。

二、八年级 D 班同辈群体简介

据笔者的长期观察，综合对部分学生的访谈资料，笔者决定借鉴陶小金在访谈时提出的对各个同辈群体的名称叫法，将 D 班学生划分

---

① 需要说明的是，笔者统计的流失率之所以远远高于黄高县教育部公布的辍学率，实则是两者的统计标准不一，笔者将不在学校的所有学生都纳入流失行列，但他们的学籍是在学校的，只不过暂时性离开等，所以这个不符合黄高县教育局统计的辍学学生，故两者差距较大。

为“学习分子”“任务分子”“恐怖分子”“游兵”“独立分子”共5类群体。[①]而“任务分子”“恐怖分子”“游兵”“独立分子”又被统称为“非学习分子”，和“学习分子”相对。

（一）“学习分子”群体

“学习分子”的主要目的是考上高中。他们上课会认真听讲，积极和老师互动，作业会努力完成，群体内会互相讨论学习，是教师的顺服者，因此也能获得教师的格外关注。依性别又可细分为“男学习分子”和“女学习分子”“男学习分子”包括以王宁为首的王飞、张自立、李政、兰斌、张强共6人；“女学习分子”包括以王佳琪为首的王媛媛、孙璐璐、杨芩、王英、李婷共6人。

“学习分子”想要始终保持自己群体的势力，还须依靠一定的武力，尤其表现在“男学习分子”中，当群体成员受到其他群体乃至班级之外力量的侵略时，作为“男学习分子”的头领会策略性拉开双方。而“女学习分子”因性别上的差异，较少受到其他同辈群体的欺压。

（二）“任务分子”群体

“任务分子”的“任务”含义有二：一是面对正式制度权威——教师时，“任务分子”会完成教师布置的作业，但不保证质量，只是一种对教师的应付。二是面对“恐怖分子”“游兵”“学习分子”时，需要帮这些群体的成员写作业、跑腿买零食等。

“任务分子”又可细分为“男任务分子”和“女任务分子”“男任务分子”包括秦文君、周家福、吴彬、曹海4人；“女任务分子”包括许丹、徐佩、何思琪3人。两者群体特征基本一致，但存在前文所述的社会性别方面的差异，故而陶小金将这两者进行区分，也把“女任务分子”称作“奴仆”，这实则是一种男性霸权视角的称呼。此外，相较于“女任务分子”内部的团结，“男任务分子”则显示出群体内部偶尔的矛盾与冲突，“他们内部还互相欺负。”（FT-S-20180405-兰天）

（三）“恐怖分子”群体和“游兵”群体

“恐怖分子”特指男生中以王小虎为首的金泽、王钱伟、潘荣耀、

① 陶小金对各群体的称呼来源自己平时打游戏中的灵感。

兰天、陶小金 6 人。[①]“恐怖分子”根本不爱学习，“油得很”，经常顶撞教师，讨厌跟教师统一战线的“学习分子”。拥有打架的权力，靠武力赢得地位。群体成员经常互相借钱、请客；讲信用、重义气；但也并非都团结一致，部分成员之间会有私人矛盾等，但这不影响群体整体对外的团结性。群体内规矩明晰，一旦有成员开始学习或是和“学习分子”接近，就会被群体所抛弃，“不和他染了”（FT-S-20180405-兰天）。

“游兵”包括以王曼妮为首的王晶、王文琴、沈玲、金青青 5 人，类似于男生中的“恐怖分子”，只是尚达不到和其平等的地位，仍要受到其支配，所以“游兵”也是不爱学习、顶撞老师，整天混日子，“也有能打的学生”（FT-S-20180414-陶小金）等。

（四）“独立分子”群体

D 班的“独立分子”群体实则就张勇一人，但“独立分子”在这之前并非是茕茕独立，而是“名震全校”的三人团队——张强、李明和张勇，只不过后来李明辍学，张强加入“学习分子”群体，三人群体也只好就此解散，从而落得张勇今日之地步，被除自己之外的所有群体成员讨厌和排斥（除张强外）。

“独立分子”在特征上几乎等同于“恐怖分子”，放弃学习，“来学校就是为了吃两顿饭，然后回家”（FT-S-20180414-陶小金 & FT-T-20180413-李萌），人品不行、特别坏；不同于“恐怖分子”只欺压男生，“独立分子”还欺负女生，“那次直接把王媛媛抱了一下，吃人家豆腐”（FT-S-20180414-陶小金），所以遭到大家一致的嫌弃。

三、调研历程简介

（一）调研的第一阶段：感知“放弃”现象，建立关系

2017 年 6 月 26 日至 7 月 3 日是本次研究的第一阶段。笔者在旧寨学校调研其教育现状，通过对部分学生、教师的访谈，结合笔者日常

① 陶小金将自己划入“恐怖分子”，但自嘲“这个恐怖分子一点都不恐怖”。

在学校场域的观察，初步感知了旧寨学校的“放弃”现象。因时间有限，这一阶段的调研没能深入，对于为什么会出现这种“放弃”现象、不同“放弃”现象互相之间是否有关联等问题基本无法获取有效信息。但这一阶段的调研为后续研究的开展奠定了基础。

（二）调研的第二阶段：细究“放弃”现象及原因，尝试干预

2018 年 3 月 26 日至 4 月 15 日是本研究调研的第二阶段。从 3 月 27 日起，笔者便开始全程在八年级 D 班参与观察。需说明的是，之所以选择八年级 D 班，是因为去年第一次调研时笔者曾与该班大部分学生有过接触，也是出于进行持续性跟踪研究的考量；此外，与我们建立了密切关系的李萌老师曾是这个班级大部分学生七年级时的班主任，目前带该班英语课程，对班上同学的情况相对比较了解。

为了最大程度地和学生们建立起关系，尽快取得他们的信任，笔者尽一切努力去融入 D 班学生的学习生活。在观察一周左右之后，笔者一方面继续在 D 班跟班观察，另一方面开始对 D 班学生进行深度访谈，就笔者关心的一些问题向他们做深入了解，同时利用周末时间去学生家里访问，了解学生在家庭中的行为、学习表现，父母对孩子未来教育的规划打算，观察家庭环境、村庄环境等。同时也开始教师群体访谈，了解他们对学生的评价和他们的教育理念、教学方法等。

第三章　自我放弃的学生

一、正式制度下的“非暴力不合作”

学生在学校对正式化制度权威的反抗不一定都表现出积极的抗拒，也会采用沉默、“被动”抗拒等策略，采用的是一种意义拒斥。类似于甘地当年领导印度人民对英国殖民统治的反抗，采用的是一种“非暴力不合作”的方式。学生很少会对教师的权威进行直接反抗，如直接顶撞、殴打教师，而是一种“非暴力”的反抗；但也不会按照教师的要求来规范自身在学校的行为等，表现为一种“不合作”。

（一）上课：各得其乐，拒斥学习

一日之计在于晨，D 班学生的“一日之计”是从早读开始的，但他们似乎并无“一日之计”，有的只是长年累月养成的惯性；若真要说有什么“一日之计”，那也便是如何轻松愉快地度过这一天，一天最重要的便是如何“混”过去，甚至有教师批评部分学生“来学校就是为了吃两顿饭，啥都不学，像桩子一样杵在那里，就是个摆设”。（TYBJ20180402）所以“混”的一天从早读[①]时便已开始：

这样的早读对秦文君来说应该是很痛苦的。一大早他就开始混了。课堂上他只能坐着，先是反复摆弄自己的手，玩厌了就拿笔在英语单词间绕圈圈。他还时刻瞄着英语老师的动向，如果老师踱过来了，他赶紧张嘴滥竽充数一阵，如果老师转过身，他索性连嘴也不张了。[②]

观察D班学生在每一节课上的表现，学生对教师在讲台上的“表演”似乎并无兴趣，除了班上的“学习分子”还在认真听讲，能够和教师积极互动；“游兵”似听非听，无明显小动作，尽量在跟着教师思路走，但这种努力往往只停留在课堂的前 10 分钟，然后就开始想别的事情，心不在焉，或者寻找其他的方式来消磨时间，甚至是直接开始睡觉：

现在是没听懂，是上课不爱听，上课时就呆呆地坐着，或者玩书，玩别的东西，比如看别的课本、玩笔，看课本里面搞笑的，比如什么一句话吧，看一些图片。（FT-S-20180408- 杨芩）

我上课也听着呢，能坐住，但坐着坐着有时候就瞌睡了，睡着了，啥时候睡着的我自己也不知道。（FT-S-20180410- 沈玲）

“任务分子”表现得更加痛苦，因为听不懂老师在讲些什么，尤其是英语和数学，所以只能自己寻找乐趣。一般是低头玩弄自己的笔，在课本上画着什么图形，或者就是纯粹地画圈圈；往地面上吐口水；或者是极其隐蔽地嗑瓜子；有时会在数学课写英语的抄写作业；或者什么也不做，看看自己的左手再看看自己的右手，坐着发呆；或者将目光再转向周围的同伴，试图制造一点乐趣出来。

---

① 每天的早读时间（7 ：50—8 ：30）也是一节课的时长，且新任校长要求早读期间带课教师必须进班级，所以笔者也把早读等同于上课。

② 资料来源于陈莹骄师姐的田野笔记。

“恐怖分子”在课上则是更加肆无忌惮，40分钟于他们而言太过漫长，上课听不懂也不想听，但若要像“任务分子”那般自娱自乐也未免太过无趣，“独乐乐不如众乐乐”，所以他们把目光聚焦到这些“任务分子”的身上：

王小虎课上会骚扰女生，一块橡皮拿小刀把它切成颗粒，然后丢我们，那些学习好的他不丢，光丢我们几个。（FT-S-20180410-沈玲）

至于班上的“独立分子”，基本上所有的课都是趴着睡觉。对于张勇而言，课堂就是用来睡觉的，早已放弃听课。有时睡乏了，就跟身边的几个“任务分子”找乐子，或者是捉弄坐在前排的“学习分子”：

张勇身体向下滑以便脚伸出去把纸巾踢给秦文君；秦文君用鞋尖按住纸巾，再把它拖到曹海的桌子下；曹海便再踢回去，就这样来互相踢了大概十几个来回。课后了解情况，张勇说吴彬不敢拿着这张纸在他的隐私部位擦一下，结果吴彬说敢，还真就擦了，然后张勇把这张擦过的纸丢给秦文君，说是有脏东西，很臭很臭，秦文君就丢给曹海，于是就有了他们四人之间互相踢纸巾的情境。

英语课上张自立被老师喊起来回答问题，坐下的时候差点摔跤，因为后排的张勇把他的凳子偷偷往后移开了，张自立没有发觉，老师把张勇叫到了讲台旁，问是不是他干的，张勇不承认，老师也就让张勇回去。回来后没过多久张勇就去搔张强的后背。（TYBJ20180403）

每节课的40分钟，对于“非学习分子”来讲是无趣但也有趣的，一方面听不懂老师在讲什么，也不想听，“感觉就是在听天书一样”（FT-S-20180405-金泽）；另一方面他们能够自得其乐，以祸人为乐，但不至于影响到课堂纪律，符合教师们“不捣蛋”的最低要求，所以这样的课堂是和谐的。学生们没有激进的暴力反抗教师的行为，表现为一种“不合作”的状态，各自“寻欢作乐”，也正是在这样一种无声的反抗、一种意义拒斥中，学生逐渐放弃学习、放弃自己。

（二）自习：自我学习，放弃自己

“自习”就是自己学习，自己预习、复习，所以自习课应该是学生自我学习的课程，而不是等同于没有课、自我玩耍的时间。观察D班学生自习课的表现，状况层出不穷。自习课没有教师权威的在场，自由的课堂环境下，自我学习的自习课成了自我放弃的课堂，放弃学习去寻找其他的乐趣。以被改成自习课的美术课为例，大家开始了各自的安排。因为是下午的课，所以睡觉成了很多同学的选择，但不一定能睡得安稳。自习课还可以随意离开座位走动，甚至是直接在班里追逐打闹，以陶小金和金泽两人的争夺 PVC 管为典型，其他同学熟视无睹，或许是对这种行为早已习惯：

张勇、周家福趴着在睡觉，秦文君打周家福的头。陶小金和金泽在抢一根 PVC 管，在教室里追逐，期间陶小金还拿起教室后面的拖把逼要；最终陶小金把金泽放倒在地上，夺回了 PVC 管。闹剧发生期间，除了陶小金将金泽放倒在地上时有较大声响，引来部分同学的转头关注，整个争夺过程持续 10 分钟左右，大家都各管已事，并未对这场闹剧给予过多的关注。（TYBJ20180330）

好不容易挨到了白天的最后一节自习课，同学之间频繁互换着座位。因为走读生已经放学，突然之间空了近 10 个空座位出来，大家选择的余地更多，可以更随意地就坐。贴纸条、隔空抛笔、看胡子整理自己的形象、掰手腕、打架、吊饭盒……总之只要不是学习，就什么事都可以做，什么行为都有可能出现。但不可否认，还是会有部分“学习分子”在写作业；还有那些长期在“学习分子”和“恐怖分子”之间游离的人，自习课是他们向“学习分子”靠近的时候，或者说是“学习分子”笼络这些游离者的时机。

自习课因教师权威的离场，直接监管不在，制度所营造出来的制度文化便失去了对学生群体的束缚。和上课不同，自习课学生放弃学习表现的更加淋漓尽致。“君子慎其独也”，品德高尚的人在一个人独处的时候都是谨慎小心的，自我约束、自我修身，但于普通人而言，“慎独”又极难做到。D 班学生在自习课一旦失去教师权威的监管，就会表现出更加真实的自己，他们的不学习、自我放弃也就更为明显。

二、正式制度下的直接反抗

学生除了对正式化制度权威的消极抗拒、意义拒斥，也有直接、积极的抗拒。学生直接的、激进的反抗行为更多发生在教室之外的其他场域，如学校操场、厕所、小树林等受到教师权威较少监视乃至不受监视的地方。

（一）上网吧：黑夜行动，寻找“光明”

对于青春期的学生来说，网络是个巨大的诱惑，几乎谁都无法避免被它攻陷、占领。“学习分子”之所以能幸免于难，并非因为他们的自制力有多强，而是因为他们受到来自家长、教师等群体的严密监管。而“恐怖分子”“任务分子”“游兵”等群体受到的这种监视相对来说要弱很多，甚至没有，所以他们就表现出对网络的“沉迷其中，无法自拔”，以至于趁着夜黑风高，连夜翻墙出去寻找“光明”：

学校旁边有个网吧，晚上刚一下晚自习，我们三个就翻墙出去上网，宿舍根本不进去，直接就去网吧。一周五天每天晚上都去网吧打游戏，玩《穿越》，还有就是看电影。玩到三四点就不玩了，然后在网吧睡觉，早上七点多再起来，混到走读生里混进来，直接去教室。一晚上只要不去就没啥意思。（FT-S-20180402- 张勇）

一方面学校内的学习生活给不了这些“恐怖分子”归属感，他们听不懂英语、学不会几何证明，早已从内心放弃学习。另一方面，网络上的游戏、电影等对他们极富吸引力，游戏给他们带来感官上的刺激和享受，打赢一局又一局之后的成就感，排位不断提升的获得感；电影又是如此贴近现实生活，尤其是一些言情类的影视作品，完全贴合他们现在青春期萌动的性意识和性冲动，对亲密关系的渴望等。所以学校一“推”，网吧一“拉”，就出现了上文所述的寻找“光明”，通宵达旦，乐此不疲，早已把学习抛诸脑后，放弃得彻彻底底。

（二）抄袭作弊：读书人的事，能算抄么

旧寨学校的学生抄袭成风，但“读书人的事，怎么能算抄呢？”D班学生都存在抄袭行为，即使成绩最好的“学习分子”中的头领——王宁也抄过同学的作业；抄作业这种行为甚至得到了权威的准许，或者直接就是权威的命令与授权，但是学生们对于这些权威的命令往往都是“趋利避害”，选择性接受：

早上很多人抄作业，其实班上真正自己写作业的就是王宁、王佳琪这些，王宁、王佳琪有时也抄，王宁还抄过一次我的地理作业呢！（FT-S-20180405- 兰天）

语文的《学习之友》就是语文老师让把答案拿来抄，我们班每个人都是这样。（FT-S-20180404- 王英）

数学课上班主任说“几何题对同学们来说很难，难就难在自己没做作业，都是抄的，所以不会”“我不反对抄，但是你每抄一步就要问为什么，抄个两三遍之后都会了，就无需再抄了”。（TYBJ20180330）

而且从各位任课老师的口中也可以证实班级学生抄袭现象严重，不仅大家都抄，而且抄得太过明显，让人一眼就能看出：

作业现在最多有一到两个版本，王宁成了其他就都成了，王宁错了大家就都错了。王宁比如说把那个B写的不规范，稍微带一点，就都抄成D了。一个版本时就抄王宁的，另外一个版本是抄《课堂全解》。你像咱们的学生抄语文《课堂全解》咋抄的？比如说解释几个成语，人家写了“见课本56页”，咱们学生抄的时候“见课本56页”就这种抄上来了，所以他抄的时候根本就不思考。（FT-T-20180408- 刘宝德）

D班学生无时无刻不在抄作业。上课抄、课间抄，当然主要还是集中于晚自习，且一般在晚自习的后半段时间，因为此时班上这些“学习分子”才把作业写完，才会有抄袭的范本。此外需注意的是，D班学生每天的作业基本也属于抄写型作业，如把课文上某一段抄一遍，把英语单词抄3遍等，除数学作业需要动脑外，其他各门课程的所谓作业基本属于“傻瓜”型作业，只是抄写几遍就能完成，但正是在笔者看来如此简单的作业，D班的这些“非学习分子”也表示不会做、找不到，这种“不会做、找不到”也即教师口中反复出现的“懒”。

所谓自己动手，丰衣足食，但是如若假借他人之手也能丰衣足食，可以不劳而获，又有多少人会真正自己再去动手？笔者不得而知。诚如前文提及，D班学生中存在的男“任务分子”很重要的一项任务就是替班上的“恐怖分子”抄写作业，尽管是被逼的，但是这些男“任务分子”却不得不照做，不然就可能招致“恐怖分子”的“血腥打压”。而这些“恐怖分子”对学习已近彻底放弃，连最基本的作业都已成了负担，有些甚至直接就不交了：

张勇考试一直抄，作业都不抄，都让别人抄，曹海、周家福、吴彬都给张勇抄过作业。（FT-S-20180405- 兰天）

张强以前特别特别捣乱，作业都是别人帮他写的……张勇他们经常让女生或者男生，像曹海、周家福、何思琪、许丹、徐佩这些一直给他们写作业，之后张勇也不让别人给他写作业了，因为老师都知道了嘛。（FT-S-20180404- 王英）

积习难改，D班学生长年累月养成的抄袭作业的习惯，在考试检测的时候就成了作弊。学校自己组织的月考和期中考试，由于是校内老师自己监考，不太严格，学生们还是轻而易举都能作弊。至于作弊的手段更是五花八门，有考前先贿赂或者威胁“学习分子”的，在考场上传递纸条写答案；有自己先打好小抄的，有的甚至都懒得提前抄一遍，直接把课本里相关的内容撕下来藏好；有的直接把小抄打在课桌桌面上，用铅笔先把相关的内容誊抄上……关于考试作弊，D 班学生经历了一次集体大作弊，以至于考出来的结果令所有师生都直指“作弊”：

八年级上学期的期中考试我们考了年级第一，很多老师都说我们是抄的，事实就是肯定是抄的。那些学习不好的肯定都抄袭，根本管不住自己。基本上有一半的同学都抄了，他们抄王宁的，把王宁喊到身边围上一圈，每个人都传答案。月考是在班里考，监考老师看等于没看一样，有的在玩手机，有的好像不管。（FT-S-20180402- 张强）

（三）打锤：打出来的权威和地位

打锤在旧寨学校“可以说是家常便饭”（FT-T-20170703- 王金宝），是 D 班学生制造乐趣，建立权威、展示个性的重要手段：

就是王福把我带坏了，那时候跟着他一起在学校里乱混，在一起的时候除了打架，他缺什么还会让我们去问别人要，（别人）不给就要打，很坏的！（FT-S-20180402- 张强）

而且不仅是诉诸有力的拳头，在打锤过程中的武器也至关重要，一般会用木棍、杨钩把、甩簧，甚至是钢管、砍刀：

当时打架是很残酷的，我叫了几个帮手就把八四班王涛堵到宿舍，一人一顿棒（打），都把棒打折了。（FT-S-20180402- 张强）

王小虎用甩簧打过人的，它是用铁做成的，这么短的一甩，就这么长，朝人头上甩过去，很疼。张强、张勇、李明还用杨钩把打过人，和木棒一样，但比木棒要结实一点，长有 1 米多，头比较粗一些，拿的一头就细一些。（FT-S-20180409-陶小金）

班主任叫着来问的时候，那几个孩子一开始还不说，后来班主任逼得紧了，（学生）就说他拿的什么，他拿的什么？拿的砍刀，这么长。（班主任）问那个东西呢？（学生说）东西在他书包里放着，书包里就这么长的一把砍刀。（FT-T-20170703- 王金宝）

打锤行为在旧寨学校不存在性别上的差异，女生同样会打锤，而且在打锤的武器、方式、动机、对象等各个方面与男生基本无异。若说男生打锤是为了显示自身的男性气概，女生打锤则似乎也存在一种追求男性气概的因素；女生之所以追求“类男性气概”，实则是一种对权威的追求，是为了建立在女生群体中的威权地位，通过打赢其他女生在群体中脱颖而出：

徐倩在学校和人打架，打架的时候会抓头发、扇脸、揍肚子、踹脚等。徐倩说自己和她们打架都是因为她们招惹自己。她不仅和同班、同年级的学生打，也和八、九年级的学生打架。徐倩有时候打架会叫上社会上的混混，这些混混基本上都是在城里打工的。（TYBJ20170626）

（四）抽烟：男人的味道

抽烟是身份与地位的象征，在成人世界里便是如此，不同经济地位的人抽不同的烟，而且是一种交际的媒介，通过互递一根香烟，便可拉近两个陌生人彼此之间的距离，似乎是一种身份认同。

旧寨学校学生抽烟不分“学习分子”与“非学习分子”，当然在经历过“一两嘴”的尝试之后，主要抽烟的还是“非学习分子”，且集中于男性群体，不涉及女性。抽烟代表着一种男性气概，是一种“男人的味道”，女生本身并不追求男性气概，抽烟对于女生群体威权地位的建构基本无用。旧寨学校的男生们抽烟，最初的原因一般是好奇，想要尝尝烟的味道。除了好奇心使然，抽烟是学校无聊枯燥学习生活的情感寄托，带走忧愁和烦恼；代表着“男人的味道”，代表着对“大人”的身份认同，象征着男性的力量；是为了“装逼”，在同辈群体中凸显出自己的高人一等，而正是这种差异制造出了同辈群体中的差序，进而制造出了威权。所以旧寨学校的学生反抗权威并不是反抗权威本身，而是因自己身处教师权威的对立方——被控制、被规训，所以才要反抗，同时也在同辈群体中积极建构着自己的权威：

抽烟可以带走忧愁和烦恼，就是个男人了。抽烟的男生都比较硬气，看起来厉害一点。抽烟有点男人味道。（FT-S-20180414- 王一新）

抽烟就是要酷，装逼，好像自己高高在上的样子，我有烟抽你没有。大家会觉得发烟给我的人比我高。（FT-S-20180414- 陶小金）

目前旧寨学校抽烟的[1]都是“非学习分子”，而且以“恐怖分子”居多。大家聚在一起抽烟也成了“恐怖分子”发展同伙、壮大自身力量的重要手段。抽烟实则是一种群体运作的媒介，对于群体中不同身份、等级的成员还会以“抽烟屁股”还是“抽整根烟”来区别对待：

那些发烟的就是经常打架不学习的，都是头，通过烟来笼络小弟；那些经常抽的，也不爱学习，打架。（FT-S-20180414-陶小金）

我们抽完给秦文君，剩一点点烟屁股了就给他。王飞光骗着抽，拿一根新的，我们对自己人不给烟屁股。（FT-S-20180412-潘荣耀）

抽烟需要环境。一方面，抽烟是一种在日常生活环境中的习得性行为，没有人天生就知道如何抽烟，也没有人专门接受过如何抽烟的课程教育，所谓的“无师自通”其实是周围环境潜移默化影响的结果。习得性行为之所以会出现，是因为存在被模仿的对象，假使一个孩子在他的人生成长过程中从来没有看到过有人抽烟，那他便不知道何谓“抽烟”，“抽烟”可能就成了长辈口中的“吃烟”：

我开始不会抽烟，听我奶奶说我爸经常“吃烟”，我就把烟吸嘴里面就咽，直接就吞了，把我呛了一下。（FT-S-20180412-潘荣耀）

另一方面，在习得如何抽烟之后，当他自身再表现出这种行为时，必然会受到所处环境的影响，正如在城区的中学很少能在校园里看到烟头，而旧寨学校“厕所全是烟头”（FT-S-20180402-张强）。如果没有允许抽烟的环境，那这种抽烟行为可谓绝无生存之地。旧寨学校也在“无烟校园”建设之列，但现实情况是“男老师基本都抽烟”（FT T-20180408-邢敢为）。学生在一个实质并未禁烟的校园环境中，自然也就会受到这些教师抽烟行为的影响，从而对此产生模仿；其次是拥有允许抽烟的环境，哪怕这个环境不针对学生群体，但是“老师都抽烟凭什么不让我们抽？”（FT-S-20180412-潘荣耀）

学生抽烟毕竟不被正式的学校制度所允许，所以想要在正式制度的场域中抽烟，地点必须是经过挑选之后相对安全的地方，至少旧寨学校的男生们还不敢直接在教师面前抽烟。厕所、楼道、小树林、教室、宿

---

① 此处的抽烟群体指有一定烟瘾（抽过一盒及以上）的学生，不包括只抽过几嘴的学生。

舍等都成了大家的抽烟场所。烟瘾是抽出来的，无关抽烟者本身的年龄大小，旧寨学校这些“抽烟者”抽烟的频率、每次抽烟的数量也都大得惊人：“早上一包，中午一包，晚上一包。早上一次，做广播操时一次，中午一次，大课间时一次，最后一节课一次，晚自习去一次。”（FT-S-20180412- 潘荣耀）

第四章　放弃学生的教师

学校场域还存在着正式制度权威的代言人——教师，正是教师和学生的互动组成了学校日常生活的绝大部分。面对学生的逐渐自我放弃，教师群体是何反应？学校场域中教师究竟如何教书育人？本章试图对以上问题进行简要阐述。

一、教书：因课制宜的放弃

（一）副课课堂：松散管理，隐性放弃

1. 物理课堂：底线要求“不捣蛋”

“物理课程的教学基本只停留在课堂上，刘老师上课全程采用普通话教学，使用 PPT 讲课（虽然是从网上下载下来的其他学校老师的课件）；讲课时声音较高，抑扬顿挫，能够有效吸引学生的注意力；会在教室里来回走动；使用教学辅助器材，进行当堂的实验演示，并且让学生参与进来；使用一些幽默诙谐的语言引得学生哈哈大笑；课堂上会提问学生，虽然并不会叫学生起来回答，同时学生都可以随便发言；但在讲作业、讲习题的时候，刘老师的表现就相对要懈怠很多，似乎只是想尽快把题目都讲完；基本上是低头看着练习本上的习题，边读题边讲，目光没有再去扫视班上的学生，没有制止学生的偏差行为，如睡觉、打闹等。”（TYBJ20180330）

此外，物理老师不打人，虽然有时声音很响地吼学生，但只是雷声大雨点小，只是吓唬学生，而物理老师的这种作风也早已被学生熟知，所以在他的课堂上“学生什么话都敢说，很随便，基本上学习很差的

都来乱喊”。（FT-S-20180402-张强）

物理课的教学只停留在课上的40分钟，而且课堂又是如此的放松和随意，加之刘老师基本对学生放任不管，也不会对那些“学习分子”格外关注，对学生基本可以说是一视同仁；物理课上大家能有存在感、参与感、自由感，故而学生都喜欢物理。但是此种喜欢是以物理老师的“不管”为前提，是一个松散的课堂，这样一种“不管”实质上是对学生的一种隐性放弃，只是学生未察觉到，也不可能察觉到。

2. 地理课堂：为生考虑“只要倒数第二”

相比于物理课堂的丰富、有趣、随便乱喊，D班的地理课堂可谓是“风平浪静”。“张老师只拿着一本课本就进来了，讲课不用PPT辅助，和大多数的副课一样，只是照本宣科，但他的讲课更像是一种脱稿演讲，早已把要讲的知识点熟记于心，按照一定的逻辑娓娓道来；同时穿插着乡土地理知识的讲解，把学生们的兴趣一下子吸引到高潮。最后对刚学的知识要点进行回顾总结，加深记忆。”（TYBJ20180330）

学生们对自身周围世界的关注要远高于课本上那些遥不可及的知识，刘云杉（2000）在对我国大陆1949年后的四套语文教材进行分析后指出，教材上的内容都没有关注到学生的日常生活，即学生“主体缺席”：学生在教材上所看到的内容与他们的日常生活场景差异太大，书本知识与日常知识脱节，教科书承载着浓厚的意识形态传授的任务。我国基础教育中的教材城市化倾向日益严重，表现在教材的价值导向、教材内容、话语方式、教学方式以及考核内容都是按照城市的标准在设计（魏正子、叶开明，2010）。所以地理课堂上出现的贴合自身周围世界的知识是学生们极喜欢听的，也能吸引大家的兴趣。

此外，“地理老师对学生的要求低，是真心实意地在为学生考虑，对学生的要求不是为了自己的奖金，只要考倒数第二就行。”（FT-S-20180409-陶小金）是一种“为生”而不是“为己”，所以也能得到同学们的认可。

张老师只是兼带D班的地理，不存在诸如其他老师对D班学生频繁的监管；地理课堂也只是一种松散的管理，而这也正是学生们希望得到的“待遇”，不想被严管，不想被逼着学；包括只要倒数第二的考试要求等，这一切似乎帮助张老师取得了班级同学的高度认可，但不可否认，张老师这种低要求也隐含着对学生的放弃，只是同物理老师一样，这种隐性的放弃不可能被学生所察觉。

（二）主课课堂：严密监管，直接放弃

1. 英语课堂：筛选教学，放弃“非学习分子”

英语作为主课，每周上课的次数相较于上文的两门副课要大大增加，加之经常占用副课，所以实际上课的数量远远增加；此外，每周一、三、五的英语早读也增加了英语老师跟学生接触的时间。

英语上课不用 PPT，李老师只是对着课本讲，中英文穿插教学，以中文为主；讲课没有丝毫激情，只是一个又一个知识点的“满堂灌”（FT-T-20180413- 李萌）。李老师上课会针对不同的学生群体进行分层教学，“第一个层次是对王宁、兰斌、王佳琪、孙璐璐、王媛媛 5 人讲授语法点；第二个层次是针对王青青、陶小金、王飞、李政、李婷、杨芩 6 人讲单词；第三个层次是针对吴彬、周家福、秦文君、许丹、徐佩等，只要听话做作业，上课已经放弃；第四个层次是针对张勇、曹海、兰天、金泽、王晶、何思琪、潘荣耀、王钱伟等，直接就是已经放弃，但上课不能捣乱。”（FT-T-20180413- 李萌）

分层教学，出发点是针对不同学习水平学生实施的一项措施，是一种因材施教，但李老师的分层教学实则是一种筛选教学，以是否学习（背单词）、是否具备基础（认识单词）为标准，把不学习、不认识单词的学生直接就剔除在外。课堂的讲课其实只针对前面两个层次的学生，而且第一层次和第二层次的学生还有所侧重；对第三层次和第四层次学生直接就已经放弃。所以在此我们很清楚地看到教师对不同的学生进行分类，人为地划分出学习者和非学习者，而这种分类一旦建立，教师就会对不同类别的学生区别对待和管理，不同类别的学生在教师的这样一种期待与暗示下，也就会慢慢成为“那一类人”。所以在这个意义上来讲，那些非学习者放弃学习、放弃自己的过程中，也正是受到了教师的“期许”和“支持”，非学习者表现出来的抗拒权威实则也是教师期望和标签的结果。

2. 语文课堂：连打带罚，逼弃学生

语文老师姓胡，是一位男性老年教师，“教了35年的书，没有什么激情了，就盼望着早点退休，再也不想教了。”（FT-T-20180412-胡全德）一位盼着退休老师的课堂上，可想而知会是怎样一种情景。“胡老师讲课也用PPT，同样也只是从网上下载，对照PPT一路点下去，然后专门停下来让学生抄笔记，学生在抄写时自己则在讲台旁凳子上坐下，拿出手机玩了起来，然后继续讲，学生继续抄；也会有提问，但和英语课的情况类似，提问只针对诸如王宁、王佳琪等语文‘学习分子’，且设计的提问常常是自问自答，还没给学生思考的时间，答案便已在PPT上显示出来，学生们要做的仍旧只是将答案抄写下来。”①

语文课堂若是这样，学生们其实是高兴的，无奈并非总能一直幸运，要遇到胡老师在课堂上“算账”时，学生们便耷拉着脸，谁都不敢抬头。因为课文背不会，胡老师会当堂清算，用他的PVC管在学生们手上恶狠狠的打几下，有时则是打屁股、打腿，用这种方式给学生“长点记性”；不仅如此，连打带罚，对于背不会课文的学生还要罚钱，期望通过触及学生们的切身利益来使他们有所醒悟、好转，但事与愿违，这“连打带罚”不但未能让学生幡然醒悟，反而是徒增他们对语文老师、对语文课堂的反感与抗拒：

胡老师点张勇、何思琪到讲台旁背，都不会背；点潘荣耀，中间背岔了，“不太熟，给你长点记性”，话音刚落就拿起PVC管狠狠的一棒子打在潘荣耀的右手上；点曹海，曹海不会，“快一点，别浪费大家的时间吧！”然后开始对这些不会背的同学算账，在每人的手上用PVC管恶狠狠的打了一棒，然后再在每人的头上用PVC管敲打了两三下，“周一课文再背不会，我把你们皮子剥了！”我在课后问张勇疼吗，张勇说不疼，已经习惯了，而且今天还得感谢我，因为我在，胡老师只是打，没有罚钱。在我的追问下得知，从去年9月开始，胡老师在课堂上批评学生字写得不清晰或是作业不做什么的，每个人要打4下，两下在腿上，两下在手上，完了之后还要罚钱，额度不等，1元、2元、5元、10元都有。而这些钱用来给班上学习成绩好的诸如王宁、王佳琪这样的学生发奖励。（TYBJ20180329）

① 资料来源于陈莹骄师姐的田野笔记。

因为胡老师的罚钱，在学生眼中胡老师成了“贪官”“恶魔”，虽然这笔罚金并未进入胡老师自己的口袋，但学生们只会关注到罚钱这个行为本身以及行为发起者，认为这是一种压迫、残害、贪污。学生受到来自正式制度的压榨，他们的反抗也就在情理之中，不管是诸如王小虎这样的同学直接在课堂上的顶撞还是大多数学生在沉默中的抗议。而这笔罚金直接作为对班上“学习分子”的奖励，自然也就把“学习分子”推向了与教师的同一立场，认为这是两者的合谋，所以他们不仅反抗教师，也欺压抵制“学习分子”。

胡老师仗着自己35年的从教经验，对学生显示出一种居高临下的姿态，他的放弃表现在自己的没有激情、盼着退休；还表现在时常随意调换语文课程，影响正常教学秩序；“一天基本上都待在宿舍”（FT-T-20180412-胡全德），主动脱离自己的“前台”等。

二、育人：目中无“人”的教育

（一）国旗下讲话：“育人”幌子下的“安全”教育，动机不纯

国旗下讲话是中小学德育工作的重要组成部分，这种教育有别于课堂上科学文化知识的教育，更多的是关于如何做人、如何做事的“人”的教育，即是一种“育人”。但目前中小学国旗下讲话这样一种育人活动普遍存在着说大话、说套话、说空话、说假话等情况，未能发挥其真正的育人功能（陈模连，2016)。以笔者亲身参与的旧寨学校的一次升国旗为例，形式化严重：

> 升旗仪式由九年级的学生主持，先是升国旗，奏唱国歌，但感觉唱国歌的声音全部来自小学部的学生。学生代表国旗下讲话，但全程都在低着头对着稿子念，讲话的内容也是那些早已耳熟能详的“鸡汤”文。之后是教师代表讲话《我爱你，中国》，读的倒不错，但是这些内容又有多少学生是在认真听的？中间香港来交流的学生乘坐的大巴车缓缓驶停在校门口，学生们的目光一下子全都被它吸引过去了，大家都忘了还在参加升旗仪式。（TYBJ20180402)

国旗下讲话分为学生代表和老师代表两部分，学生代表讲的是“鸡汤文”，平淡无奇，没有一点味道，自然也就激不起在场学生的兴趣；老师代表讲的是“意识形态文”，对在场的学生来说更是“假大空”，

虚无缥缈、不接地气。很显然这样一种“育人”方式在旧寨学校是失败的。前任校长曾经提及自己在一次国旗下讲话育人的情景：

我就是观察到学生玩弹珠，非常危险，一直禁不下来；再有一个就是学生讲脏话。“我实在看不下去也听不下去，我们想要完全消除这些现象但是消除不了”。我说我也在亲自捡垃圾、修剪花草树木，但我感觉到我们的学生是无动于衷，我也感觉很伤心。然后我就说我们的校训是……我们的校风是……我们的学风是……给你们宽松的环境，你们可以奔跑、运动、看书；但你们越来越不懂事，用农村话讲，不但没学好，学成个机灵半娃子……（FT-T-20170626- 王安）

相比于国旗下讲话的“鸡汤文”和“意识形态文”，王安校长的讲话则通俗得多，并且以身作则，用自己的实际行动去感染学生，有一定成效；但效果也不佳，不然也不至于屡禁不止。之所以难见成效，很重要的一个原因是没有对应的惩罚措施，只是一种道德层面的倡导和号召。道德的要求始终是要高于法律的要求，如果没有法律做出最基本的保障，光凭道德的感召，必然不可能有实质性的结果；类推到学校教育中，也必定需要相应的规章制度去保障这些规范的实施，无奈的是，旧寨学校制订的这些规章制度未能够得到严格的贯彻和落实，究其原因还是违纪后惩戒的缺乏，当然这和目前的教育大环境有关。

此外，我们看到以王安校长为首的教育者对学生的成绩并未做要求，而是最基本的行为规范反复教育，最重要的安全问题紧抓不放，“只要学生不出安全事故，学不学习无所谓”（FT-T-20170626- 王安）。但必须认识到，表面上的“育人”，正是因为动机的不纯而逐渐走样，以“安全”为目标的“育人”教育同样是充满工具性和功利性，失去了教育本身该有的价值关怀，自然也就达不到真正的“育人”功能。以“安全”为目标的“育人”教育始终是站在学校立场，是正式化制度的要求，本质上还是目中无“人”的教育。

（二）讲课前 5 分钟：“读书”“做人”机械分离，提前筛选放弃

在 D 班班主任刘宝德老师的教育理念中，学校教育应该是两方面的内容：一是对学生的规范教育，即什么应该做，什么不能做，要有最基本的规矩意识；二是教知识，学科学文化知识去充实自己，为未来的人生创造多种可能。但这两者是分别针对“非学习分子”和“学

习分子”群体而言，无法做到在实际教学过程中的有机统一。表现在自己数学课上，刘老师的安排一般是讲课前 5 分钟进行“做人”教育，然后开始讲课，一旦开始讲课，此时的教育就已只针对“学习分子”：

作为教师，对于后面这部分学生我只能教会他咋做人了，每次课我前面留个五六分钟就是对他们说咋做人。我给他讲知识他也不会嘛。后面的学生你现在让他学他根本学不会，所以花那么多的时间让他学有点得不偿失嘛。（FT-T-20180408-刘宝德）

虽然正式讲课前的 5 分钟“做人”教育是在全班学生面前讲的，但实际上只是在针对“非学习分子”“育人”实际上是分群体的。一方面这部分学生在学习知识方面毫无可能，学不进去、学不懂；另一方面他们在做人上是有所欠缺的，脏话、谎话连篇，打架、抽烟不绝；故而致使班主任做出只对其进行“做人”教育的选择。但必须认识到，这样一种分离的、所谓的“做人”教育实则是降低了对学生的要求，这样一种打着“做人”幌子的教育实则是把对学生的筛选提前，过早的就已经把学生放弃、剔除。而且还需注意的是，这些“学习分子”默认都是在“做人”方面符合规范要求、已经不再需要进行教育的学生，但实则是“学习分子”中也普遍存在着打架、抽烟的同学，也有脏话连篇，只不过到了教师眼里，只能看到他们的学习成绩好而自动忽略表现出来的偏差行为，或者说其实对“非学习分子”的“做人”教育只是因为他们没拥有像“学习分子”一样的优异成绩，而并不是真正“人”的基本规范缺失；从这个角度来讲，所谓的“做人”教育其实也是一种制度霸权主导的产物，所谓的“做人”教育实质上还是站在成绩、分数的立场来看。

第五章　放弃孩子的家长

拉鲁（2010）指出了工人阶级和贫困家庭的父母在教育孩子时所遵循的“成就自然成长”的方式。父母不会给孩子安排各种补习班、文体兴趣班，孩子对自身的业余活动拥有更多的控制权；父母倾向于向孩子下达指令而不会去解释，孩子要做的只是服从父母的权威而不能反抗；在面对学校和老师这些专业权威时父母会极度惧怕，无能为力等。“成就自然成长”的养育模式广泛存在于西海固地区的农村家庭，孩子仍有“快乐”童年，父母无时间、无能力管教孩子，在实际行动和最终结果方面都确实表现出对孩子的遗弃。

一、教养孩子中的放弃

（一）经济理性：忙于生计，无时间管教孩子

中国的农民是最具理性的，能够对自己的日常生活精打细算，柴米油盐酱醋茶，酸甜苦辣咸涩香。我们在路遥的小说《平凡的世界》中便可对黄土高原农民“把光阴过好”的美好愿望有深刻的体会；旧寨学校的家长同样如此，忙于生计，四处奔波。在农业机械化及其自动化逐渐推广的今天，农活对家长们来说已不需要占据太多时间和精力；而且“靠天吃饭”、严重缺水的环境也使得家长们不可能把所有的希望都寄托在这片黄土地上，和全国其他地区的农民一样，旧寨学校的家长们也成为了我国农民工中的一员，不论男女：

> 我一直在红旗市里打工，才回来20天，他爸爸也在红旗市里打工，干工地上的建筑活，泥瓦工，自己做活，就是今天做了活就有钱，没做活就没钱。我们这边打工的多着呢，不打工靠天就没办法生活了嘛，所以在他小的时候我就出去打工了。（FT-P-20180414-陶小金母亲）

出于现实生活的考量，旧寨学校的家长们白天不是在地里干农活，就是在外面打工。长年累月的在外奔波致使孩子成了留守儿童，没有精力关注老家孩子的学习和成长；有的家长虽然就近在红旗市里打工，每天倒也都能回来[①]，但是回到家已是晚上七、八点钟，加上一天苦力活后疲惫不堪的身躯，家长们没有时间和精力去管教孩子的学习：

> 我们两个在红旗市里打工，平时也没时间管他，每天回来也晚，到晚上七八点才能回到家里，累着嘛，干了一天活，吃口饭就睡下了，不怎么跟他交流，学习

① D镇区位较好，交通便利，距离红旗市城区只有20公里左右路程，所以在红旗市里打工的家长当天都能往返。

怎么样、好不好，也不怎么问的，学习关键还是靠他自己的嘛。（FT-P-20180407-张强母亲）

旧寨学校的家长也都是经济理性者，在生计面前疲于奔命，孩子的学业表现和学业成就无法成为家长关注的重点。家长们对孩子教育、监管的缺位，在某种程度上讲也是在不知不觉中放弃了孩子。

（二）有心无力：学习自决，无能力管教孩子

并非每个家庭父母双方都是如此的忙于生计，旧寨学校的家长之所以对孩子的学习漠不关心，或者说是没有如此操心，更多是由于自身文化素质、思想观念所限，“我们做不来‘做不来’，不会教，叫我管没法管，关键是要靠孩子自己”（FT-P-20180407-张强母亲）。但是诚如刘宝德老师在访谈中所指出的，家长群体其实是把对孩子行为习惯、学习习惯的培养任务也一起抛弃了：

作为农村家长，现在都是我们不会教，我说教书不用你教，教育你的孩子成人就行了。只要你孩子学习习惯养成了，教书我们教，但父母也不懂怎么培养孩子的学习习惯。一二三年级，孩子写字，父母问孩子字写会了没，孩子说我会了，父母也就不管了。现在到了初中写作业，回去问孩子作业写完没，孩子说写完了，就以为他真的写完了。（FT-T-20180409-刘宝德）

因为对孩子的学业无法辅导，同时舍弃对孩子学习习惯的培养，致使孩子在学校场域的学习出现一定的困难。所以在此看来，旧寨学校的家长也并非是对孩子的学习不闻不问，只不过是一种松散的监管，只停留在口头上；自身是一种次要责任的看法，学习关键靠孩子自己。也正是这样一种有心无力，造成孩子因缺乏家长监督而逐渐放弃学习、放弃自己，家长的这种行为实质上也是对孩子的一种放弃。

（三）养育不当：溺爱孩子，人生教育缺乏

计划生育国策带来的直接后果便是家庭孩子数量的减少，从以前“是根草”到如今“是个宝”，家长溺爱孩子，孩子要做的就是好好学习，至于其他的家务、农活等，那是“碰不得”“不让干”；但也正是这些必要的人生体验的缺乏，致使孩子在成长的道路上缺乏诸如他们父母所具有的生存危机，在一种“自我感觉良好”的状态中迎接他们的未来。不仅如此，家长对孩子的溺爱还表现在对孩子的要求都全力满足，

尽可能去实现孩子的所有愿望，而不去细思孩子这样一种要求是否合理，是否有助于他的学习和成长：

电脑是去年他爸才给买下的，当时他说要查资料，他爸爸就给买了。现在每次回来就玩电脑、打游戏。（FT-P-20180414- 陶小金母亲）

除了不让孩子吃苦，尽力满足孩子的要求外，旧寨学校的家长似乎都在替孩子的未来做打算，为他们未来的生活尽量铺平道路。但对孩子未来的过度干预，也致使其出现对父母严重的“福利依赖”[①]。

相比于前文所述家长对孩子的“无教”，家长因自身对孩子的溺爱而表现出来的一系列不让干农活、尽力满足孩子的一切要求等行为，更是造成了孩子的人生体验缺乏，导致孩子的严重“福利依赖”，实则是一种“误教”。但家长群体似乎意识不到，自己“为了孩子着想”，其实是限制了孩子抗逆力等潜能的培养和发挥，不利于孩子今后的个人成长，这样一种不恰当的教养方式，实则也是造成了对孩子的放弃，只不过这种放弃需要放在更长的时间维度来考量。

（四）学习无用：低学业成就，无心投资教育

目前农村地区的家长对孩子的教育普遍都存在着急功近利的思想，家长对孩子教育的不断投入看不到产出的希望，所以就慢慢失去了继续投入的热情和信心。此外，当家长看到“旧寨学校每年考上高中的就那么几个，上不了高中嘛”（FT-P-20180415- 金强母亲）以及“庄里好几个去上技校的都回来了”（FT-P-20180407- 张勇父亲），更加坚定了家长对“学习无用”“教育无益”的深信不疑。

“学习无用”的思想观念同样受到孩子自身低学业成就的影响。家长说到底都有“望子成龙”的愿望，部分可能还存有完成自己未竟事业的心愿，也曾听闻过“知识改变命运”等话语，只不过在不断看到自己孩子的低学业成就之后，这样一种内心美好的期盼也就逐渐破灭，失去了继续投资孩子教育的信心和动力：

他在旧寨学校刚上一年级的时候我也有想过去给他报个补习班，然后看他期末只考了那么点分数也就没心情了，补习的话他也上不去，补了他也跟不住。

---

① 指的是孩子对父母在娶妻生子、买房买车等方面的经济依赖。

（FT-P-20180407- 张勇父亲）

所以不管是家长受到的外界关于“学习无用”的刺激，还是亲自体会到的自己孩子低学业成就带来的希望破灭，家长都真实看到了教育的“无用”。在这样一种思想观念的指导下，家长必然不会对孩子的学习抱有太大希望，也就表现出逐渐放弃孩子的学习。

二、消极配合学校时的放弃

（一）低频率甚至不沟通

教育孩子是教师和家长双方共同的责任，孩子虽然主要在学校场域接受教育，但同时需要家长的配合。但旧寨学校的家长“平时基本不给老师打电话”（FT-P-20180414- 陶小金母亲），更不用说是直接去学校询问教师有关孩子在学校的学业表现等。家长们惧怕学校、教师等专业权威，不敢和教师接触。旧寨学校的家长跟学校教师低频率的联系甚至是从不联系实则是将自己对孩子的教育权拱手相让，当然这样一种拱手相让可能是家长主动的选择，一方面迫于“无力”，自身的低文化水平使他们“教不来”；另一方面也是一种“无心”，是“教不来”后的“不想管”，是一种惰性的体现。也正是在和学校教师低频率的沟通甚至不接触中，在这样一种对学校消极的配合中，家长逐渐完成了对孩子的放弃。

（二）迟到或缺席的家长会

家长会是家校沟通的重要方式，但目前我国中小学校的家长会普遍存在着内容单一，参与主体错位，形式呆板，召开次数偏少，会后缺少总结和落实等问题（李小红、刘嫄嫄，2011)，家长会变成了学校教师的“告状会”“新闻发布会”“培训会”，成为了学生家长的“包袱”(吕晓娟、江荣国，2006)。笔者调研期间正好赶上旧寨学校在第一次月考后的家长会，观察此次家长会后发现，“家长会成为了学校教师对家长的教育培训会，家长会发言人全程都是以一种训斥、教导、威吓的语气在进行，而家长群体也表现出不耐烦、消极参与，‘上面开大会，下面开小会’。”（TYBJ20180413）

除在学校食堂统一召开的全校家长会，紧接着家长们回到各自教室，听由孩子班主任的继续训导。“范围缩小、环境变得相对熟悉后，家长们的表现则更加随意，王佳琪、张强、何思琪的母亲都随意进出教室接听电话。一部分家长只选择参加班级家长会，但时间拿捏不准，或是故意姗姗来迟，沈玲的父亲迟来近 25 分钟，张自立的母亲迟来近 30 分钟。在熬过这一个小时的时间后，家长都迫不及待要离开学校，不用说在会后单独跟班主任沟通交流自己孩子的情况，表现出一种对专业权威的惧怕。”（TYBJ20180413）

家长会对家长来说是一种任务，更是一种负担，不仅是自己消极参与其中，一旦出现其他家长公然发表意见时，家长还会“怼”回去，表现出一种愤怒：“在刘老师提及家长要少给孩子钱，不让买零食时，王钱伟的父亲声音很大的在回复……潘荣耀的父亲说你咋那么能，你能你上去讲去！”（TYBJ20180413）因为一旦有家长发言，“那些家长就会认为发言的那个人在找事情，巴不得早点结束。还不想来，多的都不来，有些都是哥哥姐姐代来，就说怎么还不结束。”（FT-P-20180406- 王艳母亲）

作为家校沟通重要途径的家长会，旧寨学校的家长消极参与，丧失了与学校、教师沟通的良好机会，这样一种在家长会的缺席或迟到或“熬时间”，必然不可能真正发挥家长会应有的作用。在消极对待家长会的同时，实则是家长群体对自己孩子学习的漠不关心和放弃。

（三）动辄告状教育局

诚如笔者在本文一开始描绘的场景，旧寨学校的家校冲突较为普遍，孩子从学校里跑掉，学校就得负责到底，怎么负责？无非是经济赔偿；孩子在学校里被教师打、出了安全事故，学校更得赔偿经济损失。在此我们可以看到，一方面家长对孩子在学校的学业表现漠不关心；但另一方面对孩子在学校遭受教师“惨打”等事件又紧咬不放；非常重要的经济利益是我们不得不关注的地方。但家长没有注意到的是，自己这样一种所谓对孩子的关心和关怀，实则是导致学校不敢再管孩子，实则是通过学校放弃了孩子，所以也是一种家长对孩子放弃的表现，只不过表现得较为隐蔽。

（四）教育“减负”正合心意

教育“减负”口号下严禁学校为学生购买各类名目的教辅资料，这对农村家长而言的确是省下一笔不小的经济支出。但农村的学生本就没有多少“负担”，在教育“减负”的口号下更是将仅有的“负担”也都消减殆尽，导致的直接后果便是学生的低学业成就。不同于城市家长对应试教育实质的洞察，农村家长在省去一笔教辅资料的经济支出后是极为高兴的，正合心意。尤其是目前孩子上学都不需要缴纳学杂费，农村家长普遍认为孩子的教育就应该无条件免费，这是共产党的政策好，任何形式的收费都不被他们所接受，自然也就包括所谓的额外购买教辅资料等。

不像城里家长对学校教育的配合，旧寨学校的家长们在教育投入方面表现出更强的经济理性，对孩子的教育不想过度投资，消极配合学校的要求，对于教育“减负”的号召坚决贯彻落实。但正是在这样一种贯彻落实下，孩子其实是被目前教育体制所逐渐筛选和剔除。

第六章　“放弃”现象原因分析

前文已对旧寨学校学生、教师、家长各自的“放弃”现象进行简述，那么究竟是何原因导致这种“放弃”困境的出现？三种“放弃”现象究竟受到哪些因素的影响？本章就尝试从学生、教师、家庭以及整体制度环境四个方面来系统分析。

一、学生自身

（一）青春期的叛逆

不可忽视的是旧寨学校的学生正处于“青春期”。青少年在青春期可能出现逆反心理，即当感知到自身的自主权受到限制时便会表现出不认同、敌对情绪和反抗的行为倾向（丁淑婧、冯维、梁晓燕，2011）。旧寨学校学生出现的对教师等正式制度的反抗，实则就是一种青春期的反叛行为，不仅体现在教师的认识中，就连学生自身也认同：

现在的学生在青春期，刚好开始要叛逆，哎……叛逆得不得了！这个就是有

时候你要我怎么做，我还偏偏不要这么做；你不要我这么做，我还偏偏就要那么做。（FT-T-20180703- 王金宝）

到八年级感觉就是在我叛逆期吧，就不听话，这就是所谓的成熟吧。有时候我还和我妈吵架，七年级作业拿回去还写，八年级直接就不写，回去就玩手机，我妈说我我就顶她。（FT-S-20180401- 郭文）

青春期是青少年边缘化感受最强烈的时候，而且在青春期力图创造属于自己的社会与文化，所以不同于其他人生阶段，青春期是最具反社会、反制度精神的时期（刘云杉，2000，337）。学生在青春期出现的叛逆心理属于正常现象，只要加以合理干预和疏导，便能避免带来的不良影响。但旧寨学校这些叛逆的学生，他们的这种反叛行为未能及时得到教师、家长等群体的关注和干预，学校的心理健康课程从未真正开设过，心理咨询室大门紧闭，农村家长囿于自身较低水平的文化素质很少有“心理健康”“青春期叛逆”等概念，致使这些学生将反叛进行到底，反抗权威，不服约束，放弃学习，放弃自己。

（二）同辈群体的压力和驱动

陶小金和张勇的事例都表明，自己放弃学习就是因为自己加入的同辈群体所导致，是“被带坏了”，跟着群体中其他的成员天天玩耍，有着相似的行为活动；一旦加入后，又必然要受到同辈群体中特有的价值和规范约束，不能突破，否则将被群体其他成员排斥和剔除。所以迫于同辈群体的压力，为了被同辈群体所接纳，不得不放弃学习。

学生同辈群体能够为成员提供一种相互支持的“社会基础”，成为学生向成人社会进行反抗与挑战的支持性力量；在这个意义上来说，学生同辈群体往往自觉或不自觉地带有一点同成人权威相抵触、相抗衡的色彩（吴康宁，1998，299-233）。D 班的各类“非学习分子”群体在对正式权威的反抗中彼此提供心理调适和支持，使得对正式权威的反抗具有一定的效果，而这样一种成功的体验也使这些“非学习分子”群体继续着自己的选择，即放弃学习，反抗权威。

（三）重要他人的影响

重要他人指的是对个体自我发展有着重要影响的人和群体，即对个人的智力、语言及思维方式的发展，对个人行为习惯、生活方式以及价值观的形成有着重要影响的父母、教师、受崇拜的人物以及同辈群体等（顾明远，1992，462）。D 班学生出现的逐渐自我放弃，离不开重要他人影响。突出表现在潘荣耀和张强身上：潘荣耀从 5 岁开始在重要他人——表哥的影响下第一次接触到香烟，但没有抽只是咽了下去；等到他进入三年级，因为跟这位重要他人同在一个学校，便在他的带领下开始真正抽烟，从此一发不可收拾，渐渐的在学校用抽烟代替了学习。而在张强的成长过程中，重要他人——王福的影响可谓巨大，张强的由好变坏，表现出一系列的打锤、抽烟、敲诈勒索、翻墙上网等行为，追根溯源都是这位重要他人的带领，张强在小学时就已和王福在自己村里的清真寺相识，张强刚进入初中时，王福已辍学，但到了初一第二学期时，王福重返校园，带上昔日的朋友一起开始在学校的“逍遥”生活，而张强也正是从初一第二学期开始放弃学习。

除了同龄人中的重要他人，部分教师也扮演了学生放弃中重要他人的角色。不同于教师意图对学生进行的社会化，教师这种行为最终却导致了学生的直接放弃。突出表现在英语教师身上，英语学科的听不懂，加之英语老师对学生的严密监管，整个晚自习的寸步不离，天天要求背单词，背不会就打，而且啰嗦、反复念叨等，使学生产生不适，开始反抗，“非暴力不合作”地应付，放弃学习，放弃自己。

（四）被网络席卷：手机的巨大瘾力

旧寨学校的学生普遍沉迷于手机网络，无论是笔者观察所见的学生大量“带手机”，教师经常“撇手机”，还是去家访时父母口中的“回来就玩手机”，不可忽视的是，旧寨学校绝大部分的学生正沉迷于手机，沉迷网络，放弃学习。

手机作为现代文明社会的产品，具有多种功能，能够极大丰富我们的日常生活。对学生而言，网络上丰富的学习资源能够有助于学习，但针对 D 班学生来说，“手机的主要功能只是游戏、聊天、浏览黄色网站和抄作业”（FT-T-20180408- 刘宝德）。

在教师看来，学生使用手机就等同于不学习，所以严禁学生玩手机，而不是去教育引导正确使用手机，这似乎正是强制性地把学生隔离于时代潮流之外；但显然这样一种动机和做法往往事与愿违。对家长来说，手机成了激励孩子学习的物质手段，家长会投其所好，承诺孩子写完作业就给玩手机，但孩子对手机的着迷要远胜于学习，所以就普遍出现了孩子写作业 1 小时，玩手机 3 小时的情况。学生身处青春期，对网络世界充满好奇与兴趣；通过微信和 QQ 来寻找异性，建立并维系自己的伙伴关系网络；通过快手直播等实现个性表达，达致自我实现；对于游戏缺乏自制力，只会变本加厉等。诚如笔者在访谈中张勇的自白，“就是手机害了我们！”（FT-S-20180402- 张勇）

（五）所谓洞察：老师是为了奖金

威利斯（2013）指出英国工人阶级的“家伙们”正是在洞察了自身所处的阶级地位、洞察了阶级再生产的机制后出现的反学校文化，开始放弃自身的学业。在 D 班学生放弃学习的原因中，同样也存在着部分洞察，但这种洞察不是对自身阶级地位的洞察，相反，他们对于自己的未来是完全没有想法的，“一个个都茫然着呢，什么想法都没有！”（FT-T-20180408- 刘宝德）这种洞察是对教师教学行为的洞察，更多的是在为自身的放弃寻找道德性理由，寻找合理性的外衣。

在陶小金等人看来，教师之所以让学生学习是为了自身的奖金，学生学习好、成绩高，教师就能拿奖金获利，学习好的学生越多奖金也就越高；不仅如此，不同的教师为了自己的奖金会采取不同的诱骗手段，“跟学生单独一对一交流，是为了保证自己的奖金有稳定的来源，而跟全班学生说则是为了提高获得奖金的概率，让更多的学生去学习。”（FT-S-20180409- 陶小金）所以正是出于这样一种目的，才会有那么多的教师整天威严怒斥、逼迫学生学习，把自己的利益建立在学生的痛苦付出之上，教师在他们心目中是贪婪的、阴险的、利己的。

正是这样一种所谓对教师让学生学习行为的洞察，这些“非学习分子”就更加坚定了自己放弃学习的信念，但这种洞察只是表面的，学生也清楚地知道自己如果不学习就上不了高中，上不了高中就没有好工作，所以他们所谓的洞察只是局部的洞察，或者都称不上洞察，只是为自己的不学习、为自己的放弃行为寻找一种道德性、合理性的辩护，本质上他们是认同学习、认同文凭社会的，并没有对自身的阶级地位以及目前这种阶级再生产有所洞察。

二、教师层面

（一）不恰当的教学方式

前文所述的教师在学校场域中的“教书”和“育人”，不管是主课严管的课堂还是副课松散的课堂，实质上都出现了对学生不同程度的放弃，严管的课堂不被学生所接受，以自身的不学习为代价表现出反抗、抵制，教师自然就放弃这一部分不学的学生；松散的课堂无视学生的偏差行为，教学也只是完成任务，对学生低要求、不要求，表现出一种隐性的放弃。而这两者归根结底都是教学方式的不恰当。

除此之外，旧寨学校的教师人为将“教书”和“育人”两者进行机械分离，所谓的“因材施教”在旧寨学校教师身上表现为对学生的提前筛选与区分，针对“学习分子”进行“教书”，针对“非学习分子”进行“育人”，以期自己的“育人”能够唤醒“非学习分子”沉睡的学习之心，正如历史老师在一次历史课上的话语所呈现的那般：“眼睛睁着，脑子睡着的人，快点醒来吧！”（TYBJ20180402）这种对“教书”“育人”人为机械分离实则也是一种不恰当的教学方式。

旧寨学校教师不恰当的教学方式还表现在对学生作业的不反馈，只在抄写本上写一个简单的“阅”字；像语文的《学习之友》[①] 教师更是直接怂恿学生抄答案；学生做错的题目就在反反复复的“阅”字中越积越多，学习的自信心也在越积越多的错题中逐渐流失殆尽。尤其需要注意到的是，正是这种作业的不要求、不反馈，无形中也在慢慢放弃游离于“学习分子”和“非学习分子”之间的那部分学生，或者说是“学习分子”中的弱势者。

（二）惩戒教育的缺乏，违纪没有代价

旧寨学校惩戒教育的缺乏引起了笔者的强烈关注，惩戒教育是教育必须有的题中之义，毕竟不是所有的学生都会遵守学校的规章制度，一旦当学生表现出不被正式制度所允许的行为时，必须及时惩戒，进行教育，以期改正。但旧寨学校的惩戒教育缺乏，表现出教师普遍对学生的束手无策，放任不管；或者说教师严重将“惩戒”与“体罚”

① 《学习之友》为黄高县教育局统一配置的各课课程作业练习册。

混为一谈。

旧寨学校的教师一方面向笔者抱怨着现在无法管学生，学校的教育权、管教权被剥夺；另一方面却对学生进行着体罚或变相体罚。如教师们手中的PVC管、木棍，因学生不背课文、不背单词、考试不及格等而打手、打腿、打屁股、打脸；课堂上学生经常被罚站一整节课；郭杰老师让学生在雨中做俯卧撑，美其名曰“野蛮其体魄”等。旧寨学校教师所谓的“惩戒”具有随意性，而且不是以教育学生为目的，更多的是学生不服管教后的惩罚，是一种对自身权威的维护；因而这样一种所谓“惩戒”实质上是体罚。而当对这些学生的体罚带来自身利益的损失时，便因噎废食，不再管教学生，任凭学生放弃学习、放弃自己，这实质上是教师对“惩戒”教育误识后的责任推脱，当他们在主动放弃“惩戒”权的同时，也就放弃了学生。

（三）制度性的教育歧视：调笑、羞辱学生

制度性歧视指的是由国家正式规则所形成或被国家正式规则所接受和保护的歧视（任喜荣，2007）。教育中充满着对学生的各种歧视，所谓的教育歧视指的是在教育过程中对学生后天努力无关的个人特征的不良评价（崔卫国，2005）。学校中教师是正式化制度权威的代表，对于学生而言教师拥有着正式制度所赋予的法定权威，教师是权威者、教育者，而学生是被规训者、受教育者，两者处于不平等的地位，因此学校场域中的教育歧视实则是一种制度性的歧视。

跟上文错误的惩戒方式相关的是，旧寨学校教师对学生的所谓“惩戒”处处充满着歧视、羞辱意味，至少表现在语言和行为两个方面。在语言上，教师们在公开场合批评学生时，语言极富侮辱性、歧视性，以月考后的语文课为例：

胡老师在课上骂王曼妮是个“假洋鬼子”，王曼妮语文考了0分，不爱国嘛。还说王曼妮、王文琴两个“顽怂”，就是不是个好东西。还说王曼妮“猴得筋都断了”①，就是骂她是狐狸精，走起路来扭屁股。还骂王文琴，因为她跟王曼妮坐一起，就说王文琴也“肥得很”“和那坨肥子在一起”。还骂曹海跟何思琪，说“青沟的

① 胡老师骂的是“hóu得筋都断了”，但学生也说不上来“hóu”具体是哪个字，笔者就用“猴”字替代。

水怕是把你们俩脑子喝潮了！”曹海语文考了6分，何思琪语文考了4分，两人加起来刚好10分，就说他们青沟村的水不好，“把你们脑子都喝潮了”！（FT-S-20180411-王晶等）

班上大多数学生都曾或多或少受到过胡老师语言上的羞辱，而当她们被羞辱后，产生的只可能是对教师及该门课程的仇视和厌恶，从而放弃该门课程的学习。

教师除了语言上的羞辱，还表现在行为上对学生的羞辱和调笑。以笔者在八年级办公室的一次观察为例，月考后成绩出来，八年级A班的班主任喊来A同学，先是对其进行一番语言上的调笑，然后让A同学拿着自己的试卷站到办公室门口去，让进出的师生都看看自己的试卷究竟是如何一副模样；班主任亲自对A同学拿试卷的姿势进行调教，要求像捧奖状一样捧在自己的胸前，就这样A学生在办公室里站了一节课，面无表情，尽是麻木，像极了一尊蜡像。

所以无论是表现在语言上还是行为上，旧寨学校的教师都充满着对学生的调笑、羞辱和歧视。而这样一种普遍存在的歧视并非因教师个人的性格特征而异，实则是因教师与学生所处的不平等地位极易引发的歧视，当两者地位不等时，位居高者总是习惯性的对低位者嘲讽、歧视，而这种不平等地位又是正式制度所赋予，所以是一种制度性的教育歧视。也正是因为这些制度性的教育歧视，学生们在受到羞辱、调笑和歧视之后表现出一致的反抗、抵制，而以自身的放弃学习为显。

三、家庭层面

（一）家庭结构残缺，家庭功能缺乏

调查旧寨学校学生的家庭背景情况发现，旧寨学校的学生中，父母离婚的占7.4%，父亲或母亲一方去世的占3.4%，父母在家经常争吵的占14.8%，父母恩爱的占74.4%；[①]而将D班的情况单独拿出来进行对比分析，D班学生的家庭中，父母离婚和父母经常争吵的比例都要明显高于全校平均水平。父母经常争吵、父母离婚、父亲或母亲其中一

① 笔者只对旧寨学校七、八年级的学生进行调查，以七、八年级的情况代表全校学生情况。

方去世这三者简单相加，某种程度上就代表着该家庭结构的残缺，家庭功能难以有效发挥，这样的家庭对孩子的成长势必会带来不良影响。

以D班的张勇为例，这是一个深受家庭结构残缺荼毒而放弃学习、放弃自己的学生。张勇自述在自己5岁时母亲就离开了家；父亲再婚，又生了4个孩子，都还小。父亲因身体原因不能干重活，家里欠债10万多，基本不管张勇，更多的是张勇在外面闯了祸回来受到父亲的毒打，是一种“棍棒”沟通。张勇在家里最多的表现是沉默，跟父亲是“免谈”，基本的衣食住行都无法得到保障；但却一个人挑起了家里的重活、累活，表现出一个孩子对这个家庭的责任，一种成熟：

他们是重组家庭，离异家庭对娃娃心里面造成（影响）一定的。他这个父亲做得很不合格，对于娃娃的教育、生活，你问他，几乎可以说关心过吗？对待孩子生活不闻不问。孩子在家里面什么活都干，家里面没水，张勇就开着三轮蹦蹦车到爷爷家去拉水，他们家的水就是这孩子一个人拉过来的。还有喂牛，给牛拌料、铡草，基本全是他的活……对于孩子来说，也是一种亲人不在，我是爹不疼、妈不爱，我真是一个单亲孩子。（FT-P-20180407-张勇二叔）

张勇从小缺乏母爱，一直缺乏父爱，使得他对这种母爱的渴求表现在对班上女生的捉弄中。无论男女，大家都讨厌张勇，理由更多的是张勇欺负女生，言语侮辱、行为调戏，如张勇有一次走过去直接抱住了王媛媛；这也是为何张勇在三人群体解散后沦落为“独立分子”的重要原因。加之张勇因各种违纪违规引来教师的厌恶，再加上自己在家庭中的遭遇，在这多方因素的共同作用下，张勇早就放弃学习、放弃自己。但必须注意到的是，张勇原生家庭结构的残缺是基础性因素，是张勇自我放弃的源头。

（二）家庭的“误识”：教育是教师的事情

农村家长普遍存在这样一种“误识”，即教育孩子是学校教师的事情，导致当孩子在接受学校教育时家庭主体责任缺位，不懂得如何配合学校培养孩子的学习习惯。表现在对孩子家庭作业的监管缺乏，常归结于自身的不识字，“做不来”，所以只是口头上的一句“去写作业”，但是孩子究竟写没写就不管，没有持续性的监督跟进。加上学生对网络手机游戏等的沉迷，一回家就拿起父母的手机打游戏、聊微信，较多的父母对此也是松散管理，即表现在口头上的一句“不能玩了，写作业去”，同样缺乏持续性的监管，甚至于有的家长直接是不闻不问，“我们白天忙着在外头打工呢，晚上回来也就早早的睡了”（FT-P-20180407-张强母亲）。家长这种对教育的“误识”实则是助长了孩子放弃学习、放弃自己的行为。

（三）经验无法传递、体认

黄高县的家庭角色分工仍是“女主内、男主外”，父亲在家庭中是权威，是主心骨；迫于生计，家庭中的主要劳动力不得不外出打工。父亲在外出务工的同时开阔了自身的眼界，繁重的体力劳动、不同工种之间的区别、社会关系网络的差异等，使得这些父亲对自身目前身处的社会阶层地位会有更深刻的认识，慢慢的深切体会到知识才能改变命运，居于这个社会上层的仍是有文化、有学识的人。但是父亲的这种人生经验体认很难传递给子女。

一方面父亲以自我否定的方式进行着教育，孩子不可能懂，也就不会向孩子“言传”；而且由于性别因素，相对于母亲跟孩子之间频繁的情感交流而言，男性在家庭中总是扮演着“严父”的角色。另一方面，家庭中权威式的亲子关系也使得孩子很少会主动去跟父亲交流，家庭中父亲是权威，孩子要做的只是对权威的服从。所以父亲某种程度上对自身所处社会阶层地位的认识无法传递给孩子，自然也就不可能在孩子头脑中形成所谓的阶层地位洞察，孩子不可能真正有“学习才能改变命运”的认识，以至于其一旦遇到学业上的阻碍，便会过早、更轻易地放弃学习、放弃自己。

四、制度性因素

（一）城镇化背景下的农村教育：生源差，被筛选

现实中大量的农村学生流向城市学校，农村学校的生源被不断筛选，致使留下的生源越来越差。旧寨学校面向周围 15 个行政村服务，这些村里的孩子都被允许免试就近入学进入旧寨学校就读初中。但“人往高处走”，在面对城区优质教育资源的诱惑时，农村的学生跟家长个个都是趋之若鹜。在小学升初中这一环节，家长和学生一窝蜂地都

挤向了城区，几乎所有的农村学生和家长都会把自己置于“挑选台”上以供城区各所中学挑选：

一中、二中是第一次选拔，然后三中、民族中学就是第二次选拔，第三次选拔才到五中、六中这些；那么正常的这些选拔，实际上是把第三差的学生都已经筛选了，第四差的学生，成绩稍微好一点的，但达不到人家分数线的，家长就掏一点钱，或者走个门路，也送进去了，到咱们这个学校来的就是一切门路都没有，一切可能都没有了的。（FT-T-20170703- 王金宝）

所以农村学校的生源在这层层筛选之后几乎都是较差的学生，这已是众人皆知的不争事实。旧寨学校初中的生源较差，而且是“·届不如一届”：“初一刚进来的学生，每年两门加起来不到 10 分的还都有，两门加起来不及格的很多，这个比例能占到 20%，每门不及格的将近 80%，基础就是很差。”（FT-T-20180408- 刘宝德）

正是由于旧寨学校生源差，以至于旧寨学校的教师普遍都充满了抱怨，逐渐丧失自己的教学激情。而教师这样一种认知无形中又在塑造着更差的学生生源。但不同于义务教育免试入学，这些差生源在初中毕业后已经“无教可受”“无书可读”，只能流向社会，有的甚至在初中三年的过程中就已经流向社会，从前文旧寨学校每年的学生流失率可见一斑。正是不断被筛选的生源，导致旧寨学校的教师早早的从思想和行为两方面都表现出对学生的放弃。

（二）城市化倾向严重的教育“减负”

笔者以为，国家提出的素质教育、教育“减负”等口号，实质上是站在城市教育的立场提出的。在应试教育的大环境没有根本改变的前提下，无论城市还是农村，都在挤破头地增加学业负担，而城市学校这种加负的能力更强，更能得到教师、家长的支持，以保证在中考、高考这样的统一性考试中胜出，各自之间的竞争也就呈现出白热化状态，于是越来越重的负担压在学生身上。国家也正是在注意到中小学生的负担越来越重，不利于其身心的健康发展、全面发展后，提出素质教育、教育“减负”，并且以国家政策的形式统一推行，以国家强制力保证实行，要求城市和农村都“贯彻落实”。

但城市和农村两者的“贯彻落实”实质上呈现出质的差别。农村的学校是在真正“贯彻落实”国家关于教育“减负”的政策，因为对学生的“减负”也同时意味着对学校教师、对家长的减负，而这也正是农村学校教师、家长所愿意看到的。而城市学校关于教育“减负”政策的落实只是表面现象，上级教育主管部门统一的要求不敢不执行，但是正所谓“上有政策、下有对策”，城市学校在清楚地认识到目前教育的评价体系和机制后，会衍生出一套处于制度边缘的做法，而在这个过程中，城市学校学生家长的支持功不可没，甚至于说这样一种偷偷加负的做法就是家长群体意愿的表达，是家长与学校的一种合谋：

城里的老师加课，只要能体现一部分就行了，比如一节课给10块钱他都行，他这个工作被肯定了就行，现在义务教育阶段能有这样的体现都不错了，你自己本来就要出成绩，从家长的愿望、学校的愿望（也都是）。但农村家长就没有这么迫切，家长这一环缺了。这边带课不太好的老师他到城里去他都是好的，为什么呢，家长的要求、学校的要求也就高了。（FT-T-20180408-邢敢为）

教育“减负”的口号一直在喊，但目前教育评价机制仍未发生根本性改变，仍以分数决定升学，以成绩决定个人命运。这样一种主要基于城市学校的政策口号，却把农村学校仅剩的一点教育希望也消磨殆尽。农村学校的教师无法偷偷加负，也不敢、不需要偷偷加负，于是在这样一种教育“减负”的政策要求下，逐渐降低对学生的要求，表现在作业布置等方面。而且不仅是无可奈何的降低，这样一种教育“减负”的政策也主动成了农村教师的选择，相比于城市教师，农村教师对于国家的教育“减负”政策执行的更为彻底，前提是这样一种政策实际上也是在替自己“减负”，而且没有家长的反对。而农村家长之所以不如城市家长那般对教育“减负”政策保持警惕，笔者以为和农村家长自身的文化素质水平也是密切相关。所以城市化倾向严重的教育“减负”实质上是加剧了旧寨学校目前的这种教育困境，相对轻松的学业任务和要求是学生所追求和喜欢的，教师的“减负”也是自身所喜欢的，就在这样一种双方的共同喜欢中逐渐走向放弃。

（三）教育缺乏自主权，行政干预多

我国的各级教育机构都要受到上级教育主管部门的统一指导和管理，在他们的要求下开展教育工作，某种程度上来讲，不得不说这是体制上的一种弊端，尤其是过多的行政干预，直接就会影响到教育的生命和质量。在笔者去年第一次来旧寨学校调研时，旧寨学校的教师正在进行着全国闻名的精准扶贫工作，每位教师负责5位贫困户的帮扶，宣传扶贫思想，送去扶贫物资，也就仅此而已。但我们必须看到，这项行政力量干预的政策给旧寨学校的教学带来的混乱和困扰：

就这么个下来我今天才把所有的课程才结束，下一周周二就考试我把所有课程才结束。为啥这么慢呢，中间我们老师就下乡扶贫呢嘛，基本上两周就没上课。你要把任务完成，每个老师5户，过去给点鸡、柴米油盐乱七八糟的。我们去扶贫，基本上一半的老师都走了，娃娃就自习，只要娃娃别出现乱子就行。你不上课其实就是去耍去了，完全没有自己学习的自觉性。听到我们要去扶贫，很高兴啊，你刚走到楼道里，哗一下子，特高兴你不知道。（FT-T-20180701-李萌）

因为教师的扶贫帮扶任务耽误教学进度，影响教学秩序，加重教师工作负担，贫困户是扶了，但是却把学生给“弃”了。再如本学期初旧寨学校教师开展的学生劝返工作。因为中央巡视组巡视宁夏，教育辍学率自然是关注的对象，诚如笔者在前文已指出，旧寨学校每年都有相当一部分学生流失，所以为了在这风口浪尖平稳着陆，在上级教育主管部门的统一要求下，各个学校都开展了声势浩大的学生劝返工作。[①]但学生当初之所以离开学校就是自己主动的选择，不可能因为巡视组的到来而乖乖回到学校，所以此时基层工作者的智慧便又尽显无疑，将学生的劝返与家庭建档立卡贫困户资格挂钩，与家庭的低保资格挂钩，以此来取得家长群体的全力配合。而这些已经不念的学生也正是在这样的软硬兼施下重新回到学校，回到课堂，但这样一种不情愿又不能长久，等检查一过，学生又再一次出走学校：

我劝返回来四五个学生，又跑了，这些被劝返回来的学生他自己不愿意上，家长也同意他们不上。现在他们为啥要回来，这个目的是啥？劝返的过程中，县上政府对家长说了这么一句话，你不让学生念书去，我就把你的建档立卡户取消，我把你的低保取消，他是担心把他的低保取了才让孩子来念书，实质上也不是意识到什么教育的好处，而是跟自己现在切身的福利相关了。(FT-T-20180408-

① 之所以说声势浩大，是因为劝返的对象分布在各个行政村中的不同家庭，工作规模堪比教师此前的精准扶贫。

刘宝德）

教育是一项专业活动，我们也存在教育专业，但一旦这项专业的工作受到行政力量的过多干预，教育本身的功能就会受到影响。旧寨学校面临着上级教育主管部门各项行政性工作的压力，教育自主权不断被剥夺，而这些行政力量的干预，也影响到了旧寨学校教师和学生的状态，一定程度上也在加速学生的放弃学习和教师放弃学生。

（四）免费的九年义务制教育和免费的午餐

我们在评判免费的义务教育和免费的营养午餐时，应当从这两项政策的初衷出发，不能吹毛求疵，因小失大；但现实中也的确存在着因两项政策的免费性质而给当前教育带来的一些困扰，免费政策不被政策对象所珍惜，反而对免费之物任意挥霍浪费，一定意义上讲，这是两项政策的失败之处。

因为免费的九年义务制教育，学生在升入初中时便没有了门槛，秉承着免试就近入学的原则，片区内的学校要无条件接收各类学生，不能因学生学业表现不佳而拒之门外。事实上导致了一部分基础较差学生的顺利升入中学，但本身的差基础成了中学学习时的严重短板，只会增添学生在中学时的学业挫败感，致使其厌学情绪飙升，逐渐也就放弃学习，放弃自己。外表看似公平的教育政策却已牺牲了一部分基础不过关学生的利益，尤其是黄高县目前的基础教育在小升初时已不允许学生留级，也已不允许九年级学生在中考失利后复读，学生已失去所谓自我觉醒后的补救机会。教师群体普遍将目前免费的九年义务制教育看作是一种“年限”教育，而非实质的“学业”教育：

现在这个九年义务教育都是理论上的推算，从一年级开始到九年级毕业，九年时间。我个人认为，这个九年应该是九年学业的完成，不是指年限的完成。（FT-T-20170703- 王金宝）

现在的九年义务教育认真来说只是个年限教育，并没有说小学入学时孩子要达到及格水平，用分数线来衡量这个水平，但是你都必须入学，你从一年级，哪怕一直不读书，到六年级进初中的时候都必须让他入学。（FT-T-20180408- 刘宝德）

旧寨学校的李老师曾对笔者坦言，“现在的九年义务制教育既帮了农村学生，也害了农村学生”。面对免费的九年义务教育和免费的营养午餐，学生和家长非但没能珍惜，反而是一种理所当然的心理，这可绝不是所谓公民意识的觉醒，而是一种农民福利依赖的表现。免费的九年义务教育和免费的营养午餐致使旧寨学校的学生和家长都不再如之前般重视教育，也自然就更容易导致放弃行为的出现，因为这种放弃学习、放弃自己的行为也没有带来直接的利益损失，至少未来在阶层地位上的弱势是学生们在放弃时不曾看到和不可能看到的。

第七章　结论与反思

一、研究结论

本文以西海固地区旧寨学校为例，描述出了旧寨学校在目前中国教育大环境下的生存困境，表现出明显的三种“放弃”乱象，并尝试从学生、教师、家庭、制度性因素四个层面进行了原因分析。

（一）在教育歧视中逼弃学生

笔者以为，呈现在旧寨学校的学生放弃自己和教师放弃学生这两种现象，表面上看是因为学生自我放弃在先，教师放弃学生在后，实则不然。学生的自我放弃很大程度上要归咎于教师不当的教育方式，正是教师的歧视“逼”学生放弃自己，而学生的自我放弃又掩盖了教师放弃学生的实质，为教师的这种教育歧视提供了遮蔽的外衣。

学校的存在是国家正式制度的安排，是对学生进行社会化教育的法定场所，教师作为学校里法定的教育者，承担着对学生社会化教育的职责，而且教师是作为一种职业而存在，教育学生本就是教师的工作要求，何况这项工作是神圣而富含意义的。但旧寨学校的教师普遍表现出一种职业倦怠，加之不恰当的教育方式，制度性赋予的居高临下的姿态，以学生生源差、基础差为借口，在日常跟学生的互动中充满着对学生言语和行为方面的调笑、羞辱和歧视，一步步把学生逼向对抗自己、反抗学校的处境。而教师自然拥有的权威地位致使其得以“俯视”“蔑视”学生，这样一种不对等的关系下教师不可能去反思是否是因自己的霸权而导致学生的“沉沦”直至“沉没”，因为这种霸权是正式制度所赋予。另一方面讲，也正是教师把学生一次次的“向学”拒之门外，使得学生的自我放弃更为彻底。基础再差的学生，都曾有过好好学习的念头，只不过当他们尝试着去学习时，因这种制度性教育歧视的存在，得不到来自教师群体的认可和帮助，自己在“苦海”中的反复挣扎最终只能“沉没”。当然，这种教育歧视首先是由于制度性因素，因为学校中教师就是权威，学生就是被支配者，无法避免，但也不排除教师的个人因素在其中起着推波助澜的作用。

所以，这样一种看似是因为学生的自我放弃才导致的教师放弃学生，实则是教师“逼”学生自我放弃在先，反复拒学生于学习大门之外在后；而当学生表现出坚定的自我放弃时，又掩盖了教师放弃学生的实质，为教师对学生的放弃提供了遮蔽外衣。只不过教师这样一种隐蔽的放弃不一定是在中学时才出现，这个过程可能提前至小学就已在进行。

（二）在互相指责中遗弃学生

每一位在校青少年至少都拥有两种身份，在学校是学生，在家里是孩子。关于他们的教育，在学校场域，除了前文已述被教师的教育歧视“逼”向自我放弃外，学生还存在着被教师指责“没有主动学习意识”而带来的遗弃；在家庭中，孩子则在父母“学习关键要靠自己”的自觉学习中“滑”向自我放弃。家长作为孩子的法定监护人，对孩子的学习、成长等各方面负有法定责任；教师作为学生的法定教育者，对孩子的学习、成长同样担有法定职责；但家长和教师两方都互相推卸责任，家长认为教育孩子应该是教师的事情，孩子学习不好教师难逃其咎，而教师则指责教育权已被家长剥夺，家长的动辄告状致使自身不敢再管学生，就在这双方的拉扯指责中，学生（孩子）成了被双方遗弃的对象，致使其逐渐放弃学习，放弃自己。

家长认为教育是教师的事情，自己文化水平所限，没法对孩子进行教育，当然思想认识也有限，不然也不至于将教育孩子简单等同于教育孩子科学文化知识。这样的一种错误认识一方面可能真是由于自身素质所限；但也不排除存在故意为之的可能。实质上这是农村家长普遍存在的一种惰性，是将自己的教育权拱手相让，但归根结底似乎又与家长自身的素质水平有关，跟他们的思想观念相关。诚如不少扶贫工作者所批判的，贫困地区的贫困人口普遍存在着“等”“靠”“要”思想，是“懒”，是安于现状、不思进取，表现在对孩子的教育上，也是一种以“不会教”为借口的“懒得管”。

教师指责家长剥夺教育权，这与近年来愈演愈烈的家校冲突密不可分，正是教师对学生不当的教育方式，对惩戒教育的错误认知，将“惩戒”简单等同于“体罚”等，致使教师的教育行为被家长告上公堂。而在中国现行的教育制度下，教师往往只能名财两空，甚至“饭碗不保”，于是乎教师群体开始自卫自保，但还不忘推卸责任，将自身这种错误方式导致的后果要让家长来“背锅”，许是一种报复心态，或者亦是一种“惰”性，因噎废食。

但不管家长和教师两方如何互相指责、推脱责任，孩子（学生）在这个过程中的确成为了双方的牺牲品。无论是因为学生被打骂而带来的对教师的仇视而导致的放弃学习，还是因为孩子被“不管”而带来的学习上的放松直至放弃，两者的结果如此一致：都真实地导致了孩子（学生）放弃学习、放弃自己，是一种被互相指责双方的遗弃。

二、反思

旧寨学校目前表现出来的教育困境，虽然带有自身的特殊性，但毫无疑问，旧寨学校呈现出来的“放弃”现象还广泛存在于西海固地区其他的乡村学校之中。在我国教育水平不断提升的今日，这样一种困境的存在，严重影响着教育均衡化发展，影响着教育公平，影响着教育现代化目标的实现。

（一）旧寨学校“放弃”现象描述有待完善

旧寨学校呈现出来的三种“放弃”现象，笔者虽然通过实地驻校研究，收集了大量的一手资料，而且亲自在场观察理解，但对于这样一个宏大问题的回答，仍不可避免地有失全面。如笔者目前对学生放弃自己、教师放弃学生这两个现象的描述，主要集中于教室场域，按照戈夫曼的拟剧理论，教室场域都是学生和教师的“前台”，而对两者“后台”的观察相对缺乏。这需要笔者后期更长时间的追踪和跟进，以期能更加全面描绘这两种“放弃”现象，从而更加准确地分析这两种“放弃”现象的本质，为解决此类困境提供更有针对性的建议。

（二）旧寨学校“放弃”原因探讨无法穷尽

旧寨学校表现出来的“放弃”现象原因复杂，不仅涉及学生、教师、家长自身，更是与制度性环境相关。必须认识到，制度性环境是根本原因，学生、教师自身是直接原因，家庭是重要原因。对于各方的原因分析，笔者在第七章已做论述，但是这样一种分析仍显杯水车薪，隐藏在各个因素背后的问题以及各个因素相互之间错综复杂的联系是笔者无法穷尽的，受限于自身的阅历和调研时长，对上文的一些论述也只能是“一己之见”，免不了存在“偏见”或“漏见”，笔者能做的只能是基于事实，力求全面准确。

（三）主要集中于“非学习分子”群体的放弃分析

本文意指的“放弃”，其实是有群体之分的，学生中主要集中于“非学习分子”群体，上文所言教师在教育歧视中逼弃学生，家长和教师双方在相互指责中遗弃学生，实则主要都是针对“非学习分子”而言。那么“学习分子”群体在这样一种“放弃”的环境中又是如何生存，他们是否同样受到来自教师的教育歧视？在面对教师的教育歧视时又是如何应对确保自己不被教师所放弃？他们的家长在对待他们学习、成长方面又是怎样的态度和表现？这是本文目前缺乏的关注。同时“学习分子”和“非学习分子”两者之间的划分并没有严格意义上的界限，两者之间存在人员流动，那么学生从“非学习分子”群体重新流向“学习分子”群体又要作何解释？在这样一种“放弃”环境下是否也存在着学生重新突围的可能机制？“学习分子”群体和“非学习分子”群体中的边缘人群又是如何在这种“放弃”环境中挣扎求生？这些问题是本文目前暂时没有涉及的，也是本文的不足之处，但对这些问题的回答对于深入理解乡村基础教育中的这种“放弃”现象又具有非常重要的意义，应成为笔者以后研究时的重点关注。

参考书目

波普诺，2007，《社会学》，中国人民大学出版社。

陈模连，2016，“国旗下讲话的育人功能”，《领导科学论坛》第 19 期。

崔长平，2012，“农村初中学生厌学成因探究”，《中小学电教（下）》第 11 期。

崔卫国，2005，“论教育歧视”，《湖州职业技术学院学报》第 1 期。

丁淑婧、冯维、梁晓燕，2011，“青春期学生逆反心理问卷编制与一般特征”，《中国健康教育》第 12 期。

丁田田，2017，“浅析我国城镇化进程中的农村教育困境”，《佳木斯职业学院学报》第 3 期。

范先佐，2015，“乡村教育发展的根本问题”，《华中师范大学学报》（人文社会科学版）第 5 期。

福柯，1999，《规训与惩罚：监狱的诞生》，三联书店。

耿倩玉，2016，“城镇化背景下农村教育的发展”，《牡丹江教育学院学报》第 5 期。

顾明远，1992，《教育大辞典：教育哲学、教育经济学、教育社会学、教育边缘学科》，上海教育出版社。

何永平，2011，“新时期农村家庭教育的问题与思考”，《贵州教育》第 1 期。

侯晓光，2014，“城镇化背景下农村中小学教育的生存境遇及改进路径”，《基础教育研究》第 22 期。

胡春光，2011，《规训与抗拒：教育社会学视野中的学校生活》，华中师范大学出版社。

胡俊生、李期，2014，“空心村·空壳校·城镇化潮——农村教育的困境与出路”，《甘肃社会科学》第 5 期。

胡善平、方曙光，2016，“近十年来学校社会工作研究文献综述”，《长沙民政职业技术学院学报》第 2 期。

黄维华，2018，“农村中学生厌学现象的成因及应对策略研究”，《基础教育论坛》第 4 期。

黄子芩，2010，“加强家庭教育工作，促进农村学生发展”，《中国科教创新导刊》第 2 期。

拉鲁，2010，《不平等的童年》，北京大学出版社。

李赐平、樊燕飞，2016，“城镇化进程中农村基础教育研究：困境与出路”，《商丘师范学院学报》第 2 期。

李小红、刘媛媛，2011，“学校家长会：问题与改进策略”，《中国教育学刊》第12期。
刘云杉，2000，《学校生活社会学》，南京师范大学出版社。
陆相欣、张俊，2015，“我国城镇化进程中农村教育问题研究”，《长春教育学院学报》第1期。
陆扬、王毅，2000，《大众文化与传媒》，上海三联书店。
吕晓娟、江荣国，2006，“当前中小学家长会现状分析及研究对策”，《吉林教育：现代校长》第4期。
戚务念，2017，“乡村初中班主任职业倦怠归因的个案考察——当地人的视角及其社会学的后设分析”，《湖南师范大学教育科学学报》第6期。
冉祥华，2007，“农村中小学教师的困境、问题与对策”，《天津师范大学学报（基础教育版）》第3期。
饶静、叶敬忠、郭静静，2015，“失去乡村的中国教育和失去教育的中国乡村——一个华北山区村落的个案观察”，《中国农业大学学报（社会科学版）》第2期。
任宝贵，2015，“〈农村教育城镇化研究〉评介”，《宁夏师范学院学报》第2期。
任喜荣，2007，“制度性歧视与平等权利保障机构的功能——以农民权利保障为视角”，《当代法学》第2期。
容中逵，2009，“他者规训异化与自我迷失下的乡村教师——论乡村教师的身份认同危机问题”，《教育学报》第5期。
孙瑛洁，2011，“浅析农村基础教育中家庭教育的影响”，《中国科教创新导刊》第15期。
滕星，2003，“问题与困境——西部偏远贫困地区的少数民族基础教育”，《中国教师》第5期。
王兴勇，2011，“浅析农村家庭教育存在的问题及对策——关于推进农村家庭教育和谐发展的思考”，《甘肃农业》第7期。
威利斯，2013，《学做工：工人阶级子弟为何继承父业》，译林出版社。
魏正子、叶开明，“关于基础教育‘教材城市化倾向’的思考”，《昆明学院学报》第5期。
吴康宁，1998，《教育社会学》，人民教育出版社。
熊春文，2009，“‘文字上移’：20世纪90年代末以来中国乡村教育的新趋向”，《社会学研究》第5期。

熊春文、史晓晰、王毅，2013，“‘义’的双重体验——农民工子弟的群体文化及其社会意义”，《北京大学教育评论》第1期。
熊易寒，2011，“底层、学校与阶级再生产”，《天涯》第1期。
徐中伟，1996，“教师流动与师资优化组合”，《黑龙江高教研究》第2期。
闫广芬、苌庆辉，2008，“美国学校社会工作体系架构及其启示”，《外国教育研究》第4期。
杨宏，2012，“试论农村家庭教育”，《中国校外教育》第5期。
杨永勤，2012，“农村初中学生厌学问题的成因与对策”，《课程教育研究》第15期。
伊利奇，2017，《去学校化社会》，中国轻工业出版社。
张红霞、方冠群，2012，“论转型期农村教育的困境——农村青少年辍学问题的探讨”，《继续教育研究》第3期。
张妙桢，2010，“浅谈农村家庭教育的误区及对策”，《学生之友（小学版）》第8期。
张艳香，2016，“农村初中学生厌学情况分析及对策”，《新课程（中）》第6期。
赵环秀、武月刚，2006，“关于农村基础教育困境和出路的思考”，《现代教育科学》第8期。
周潇，2011，“反学校文化与阶级再生产：‘小子’与‘子弟’之比较”，《社会》第5期。
周宗伟，2006，《高贵与卑贱的距离：学校文化的社会学研究》，南京师范大学出版社。

McLaren P L.，1985，“The Ritual Dimensions of Resistance:Clowning and Symbolic Inversion”，Journal of Education, Vol. 167, No. 2:84.
Munns G & McFadden M, 2000, “First Chance, Second Chance or Last Chance? Resistance and response to education”，British Journal of Sociology of Education, Vol. 21, No. 1:59-75.
Parsons T, 1959, “The School Class as a Social System”，Harvard Educational Review, Vol. 29, No. 4:297-318.
Payne M & Anderson S C, 1991, Modern social work theory:a critical introduction, Lyceum Books.
Turner F J, 1986, Social work treatment:interlocking theoretical approaches, Free Press.

票号与国家财政 1862-1895

韩礼涛　北京大学社会学系 2015 级
指导教师　张静

第一章　问题与综述

梁启超（1912）曾评述中国商业："以今日商业论，不惟不进步，且视昔日更退步焉。虽然有一种商业，其基础牢固，成功卓著者，则山西金融业是已。"山西金融业的经营组织包括当铺、印局、账局等，票号则执其牛耳，资本最为雄厚，经营范围最为广泛。清末以来，时人常乐论票号，以票号为中国商业之希望。盖与欧洲各国的重商主义相比，中国票号向与政府财政关联紧密，最有"官商一体"[①]之意。

① 在光绪初年，朝野便开始意识到欧洲与中国的官商关系之差异，并多有比较论述（参见《申报》所载《论商存官项》、《论官商相维之道》、《论追理倒账不得其乎》等文）。在此视角之下，票号作为本土自发商业，又与官府合作较多，自然被视为中国商业之特例。

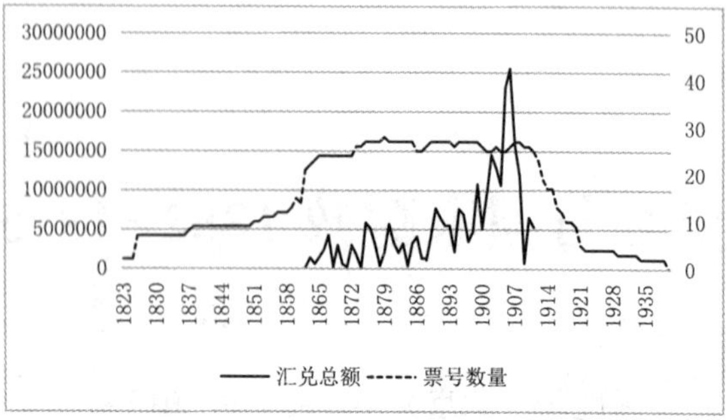

图 1-1[①] 票号数量与官款汇兑业务的发展

票号的兴起确实与政府财政关联紧密。图 1-1 展示了票号数量与官款汇兑业务发展的关系。可以看到，解京饷开始发交票号承兑之后，票号的数量出现了大幅的增长。票号开始发生剧烈变化的时间节点是同治元年，即 1862 年。是年，华东地区动荡不安，南省京饷无法鞘解，清廷开始“觅商汇兑”，通过票号解送各地京协饷银。此后，票号与财政运作体系的关联愈加紧密，不仅中央政府需要票号解送京饷，地方政府亦需要向票号借贷以周转财政资金。光绪时，“西号几乎垄断国内各地汇兑，收存中央及各省官款，放款于各地钱庄，盛极一时，俨然如银行之银行及政府之银行”（王业键，1981，64）。清末政府将社会资源引入财政运作的现象，与欧洲近代绝对主义国家的财政体系变革非常相似。那么，如何认识清末票号与政府合作的现象？

票号与政府的关系历来是学者们极为关注的问题。民国初，梁启超、马寅初等人便对票号做过专门研究。他们对票号的评价多系正面，因为与同时期欧洲繁荣的商业、紧密的政商关系相比，中国唯有票号差可与之比拟，似可视为社会变革的新因素。且票号发行纸币相对谨慎，其信用较政府更为可靠，对民众的伤害亦较小（马寅初，1923）。同

① 票号数量依据黄鉴晖整理的票号综表（2002a，637-670，表 1-2-7）整理而得。原表共计 51 个票号，此处统计拥有明确开设与歇业时间的 46 个票号。其中部分票号的开设时间并没有明确考定，如日新中开业时间是 1838-1842 年，乾盛亨开业时间在 1862-1864 年之间，为便于作图，以前一时间为准——虽然存在误差，但 1862-1864 年之间新开设有 9 家票号，考虑到政策效果的迟滞，文中对政策与票号数量关系的推断仍是可信的。两变量的相关关系具体参见 P65 注①。

一时期，张辑颜、杨荫溥等人的中国金融研究也多提及票号与政府的关系，但其内容多是概述，较少深入探讨。

1930 年代后，系统性的票号研究开始出现，其中以陈其田和卫聚贤的著作[①]为代表。陈其田（2008，79-83）通过对票号发展历史的考证指出，“票庄发展到光绪年间，完全走到官场里去，失去原来商业金融机关的性质”，彻底走向腐败。因为票号与官僚的紧密联系，一些受到马克思理论影响的学者也开始认为票号业带有“封建残余”色彩，是“资本主义殖民初期”中国传统体制开始瓦解的特定历史时段的特殊产物（侯兆麟，1936）。此后，票号的评价渐趋负面，学者们认为票号与封建政权牵扯过深，实际是落后和腐朽的封建残余。1961 年，化名杨荣晖的集体作者，在《光明日报》上发表了《山西票号的性质和作用》，指出票号实际就是高利贷资本，对商品流通的扩大起过作用，但是主要参与封建势力吮吸劳动人民的血汗，使生产力萎缩。同一时期的相关研究多持此论调，将票号与政府的结合视为其落后性的表现。

1980 年代后，票号研究开始多样化。马克思主义历史分析理论仍发挥着主要影响，但相同的理论已经指向不同的结果。1982 年，洪葭管发文指出，山西票号并非高利贷资本，但亦非资本主义的借贷资本，而实际属于货币经营资本。次年，黄鉴晖（1983）发文反驳，认为票号的主要服务对象是工商业，实际属于早期借贷资本。至此，学者们对票号性质的判断开始出现分化。同时，票号与政府的关系问题也重新得到反思。票号经理与官僚的私人关系，票号与公共财政的关系这两条线索分离开来，引出不同的学术脉络。其中，票号代理官款的情况开始受到重视，并以商业—政府财政关系的视角被重新解读。

票号代理官款的情况其实早在陈其田的著作中就已经有详细论述。陈其田（2008，72-73）认为，票号与清代财政运作关联紧密，票号代理各项官款，并以此为主要利源。后来的学者对此观点多有争议。孔祥毅（1996）的看法与陈其田相近，他认为同治以后票号开始成为清

① 陈其田的著作出版于民国 26 年（1937 年），卫聚贤的著作出版于民国 32 年（1943 年）。卫聚贤的著作主要着力于对票号内部组织、制度的考察，反而不太论及票号与政府财政之关系。

王朝的财政支柱，与官僚体系的财政联合紧密。王业键（1981，100）也持有类似观点，他认为票庄衰败的根源在于对官款的过度依赖。与之相反，黄鉴晖（2002b，531）通过考察票号的各项收支利润指出，即便在光绪末期，票号服务的主要对象也是工商业，票号收益并不依赖于清政府[①]。而史若民（2014，57-158）则认为票号是一种积极的商业力量，虽然对封建势力有所妥协，但实际促进了清王朝的瓦解，是封建经济的对手。宋惠中（1999）根据台湾所藏档案重新梳理了山西票号与清政府在财政上的联系。他指出，1903年以前，票号并未代理公库，其所涉利的官款，大多是京协汇兑款项。1906年后户部银行垄断汇款之后，票号在财政中发挥的作用就开始大幅缩水，而票号的衰败亦在同一时期开始。总之，官款对票号资本之重要性尚有争议，但票号与政府财政牵涉甚深的看法已成共识。

相较于历史论述的丰富，马克思主义史学理论的影响褪色以后，学界对票号与政府关系理论意义的探索反而较为薄弱。王业键（1981）、张国辉（2002）均从近代转型与金融史的角度去理解票号与清政府的关系。他们指出，票号客观上有助于维系清政府的财政体系，但国家银行成立后，票号的功能被替代，因此迅速走向衰落。一些学者还试图在世界经济史的背景下理解票号的意义，如孔祥毅（2002）便认为，票号是明清时期金融革命的关键，但是因为票号与政府缺乏制度创新的动力，因此没有完成近代工业化的转型。燕红忠（2014）则通过与同时期的欧洲银行做比较，指出清末票号与政府关系的许多特征虽然与欧洲近代的情况类似，但是因为“官商关系、公共信用和财产权利的不同”，新式金融体制未能建立，看似相同的特征因为实质的差异导向了不同的结果。上述讨论开拓了新的视野，它们将票号与政府的

① 根据黄鉴晖的推测，1906年票号汇兑官款二千余万两，而其年汇兑额在八亿两左右，官款并不占据票号汇兑业务的主流。刘建生（2007）也做过类似估计，他认为官款占票号汇兑总额的数量不过在2%以下。两人的估计结果类似。不过，应当注意到这个估计值以日升昌的业务量、各票号的分号数量为预测的基础值，但日升昌信誉卓著，业务量向来最丰，以此预测有偏高的风险。其次，票号的存款数额记载较少，所存数字又多系风闻，引用当谨慎。再则汇兑总额与实银出入亦有差别，以官款存款之巨及汇款空期之久，其金融效果要远超所记实额。综上，官款对票号的影响宜做谨慎估计，至少从票号书信来看，官款系票号之关键业务，历来学者认为官款重要之因正在此。本文亦持众论。

关系问题抽象为近代转型中商业金融组织与政府财政共变的问题。以此角度去看，我们对票号与政府的合作也会有不同的解读。

以往的研究常将票号与官僚私人关系的亲密视为票号承纳官款的重要原因。然而，首先，这种看法混淆了官僚私人存款与政府公款（尤其是解京饷银）之间的区别，1862 年的财政政策变迁显然是国家层面的决定。其次，正如黄鉴晖（2002b）所说，票号本质上是一个商业组织，以营利为首要目标，票号发展与官僚的私人关系毋宁是营利诉求的结果，而塑成这种结果的过程性条件才是分析的关键。第三，这种看法片面强调了非正式关系在政商合作中的重要性，而忽视了政府与票号合作的真正驱动力和社会结构背景。新的问题在于，如果我们将政府理解为一个组织（state），这个组织与票号合作的动力和条件是什么呢？

依据欧洲的经验，战争是促使国家财政与商人合作的根本原因。欧洲近代频繁的战争要求国家财政汲取更多资源。汲取—强制（extraction-coercion）的循环促使欧洲国家建立了现代税收制度，从而为战争提供了稳定而持续的经济支持（Tilly，1975；Finer，1975；Howard，1976）。不过，以税收为主要财政收入的国家必然会面临国家收入与国民经济发展之间的矛盾，高额的税收可能会伤害国民致富的努力（Schumpeter，1954）。同时，收税所需的漫长时间也与战争的紧急性存在张力。因此，发展完善的现代财政体系的收入一般还包括国债、外债、钞票等部分，这些信用工具可以赋予财政体系更强的应变能力。

财政的弹性，正是现代国家的特征之一。传统国家的财政原则是量入为出，国家以农业税为主要收入来源，财政规模较为稳定，极少出现长期赤字。而现代财政国家以间接税为杠杆获取金融市场的支持，并通过统一的财政体系进行高效分配，以应对紧急性的军事需求（Wenkai He，2013，180-188），此即具有自我持续增长特征的现代财政国家（Ormrod，1999，11）。这种财政模式为现代国家提供了更丰富的财政来源。国家通过信贷工具，成为社会成员的投资对象，并不断回馈社会成员，促进国家财富的增长。最终，资本主义的营利观点成为政治的一部分，国家似乎是只由资本主义企业主所构成（韦伯，2010，146）。

欧洲的经验显然不能照搬。正如韦伯（2010，160）所指出的，对战争与财政关系的简单化理解存在很大风险。货币经济发展的程度，国家的主权情况、行政能力和军事基础，都影响着国家在战争之下的策略选择。战争只是一个机会，因社会条件的差异，它引向的结果千差万别（Centeno，1997）。虽然如此，从战争对财政的影响入手，考察政府与票号的关系，仍将是一个有价值的尝试。

19 世纪中叶，清政府也开始面临严酷的战争形势。同一时期，传统财政体系发生变革，票号亦开始涉入官款运作，那么，这一转变究竟是如何发生的？战争如何影响和塑造了票号与政府之间的关系？

第二章　咸同时期的财政变革与票号兴起

咸丰年间，在战争的压力下，清政府的财政情况出现了巨大的变化。税收来源扩展的同时，政府也不得不面对日益严重的财政调拨困难与赤字问题。1862 年，京储告急，票号借势而起，开始承兑官款。新的财政局面亦随之展开。

一、咸同时期的战争与财政

清代的财政收入主要包括四大项，分别是田赋、盐课、关税和杂赋。田赋包括地税和丁银，形式是银两和实物税，占税收的大宗。盐课与关税均属商税。盐课向各地盐商征收，是一种可以转嫁给消费者的间接资源税。关税主要针对过关商品征税[①]，依定制各关正税银数总额约在 190 万两白银，乾隆以后，盈余关税也要上报，每年合计约 400

① 当时尚无对进口商品征关税的概念，即此关税与今日所说的海关税有所不同，而特指内地各关隘所征之商品税。下文以常关税，海关税区分两者。

万两（倪玉平，2013，59-60）。地丁银两之外取之于民者，即为杂赋，包括各种资源税（金银矿课、芦课、鱼课等），商品税（如牲畜税、烟酒税等），乃至贡赋。除上述收入外，报效或纳捐也是重要的财政来源——乾隆至嘉庆时期的盐商报效，多达 6500 万两（陈锋，1988，220）——不过此项收入并非常规收入。清代的财政开支以军饷、河工、俸禄为大项。清中期以后全国兵饷年例约 2000 万两，占全年财政收入的一半；官俸银及养廉银支出总数约 600 万两；河工、塘工支出不定，估计年均支出在 400 万两。

雍乾时期，清王朝国势趋于鼎盛，财政积储亦渐丰厚。雍正以后，户部库存银一般保持在 3000 万两以上，乾隆三十四年库存银甚至达到了 8000 万两的高位。中央以外，各省藩库存银的总计规模也从雍正初的 440 万两上升至乾隆时期的 729 万两（倪玉平，2013，51）。至嘉道时期，因国内局势不稳，军费大增，国家财政收入虽然没有太大变化，但是财政积储已经大大减少。虽然如此，国库存银也多能维持在 2000 万两以上。期间或有鸦片战争、户部亏空等事由，但通过皇室减少开支、政府征收传统的非常规收入（纳捐、盐课），国家财政虽时有紧张，但尚未到破产的地步。总体而言，嘉道时期，国家财政已经渐趋困窘，但农业型的财政结构尚未出现根本的转变（倪玉平，2013，374-382）。

咸同年间，传统的财政体制彻底破产，这主要是因为军事需求的大幅扩张。清前期也曾有大规模军事行动，乾隆十二年至二十二年间，清朝先后进行六次战役，共耗军费约 1.5 亿两。嘉庆元年白莲教起义，用兵九年，耗军费约 2 亿两。但咸同年间的军事事件不同于以往历次用兵。首先，以太平天国运动为代表的军事动荡波及范围极大，持续时间长，军需耗费远超以往。其次，主要的军事动荡发生在经济核心区域，这一方面破坏了清廷财政收入的经济基础，另一方面又阻碍了南省北上的钱粮解运，中央财税收入大减。第三，太平天国所用兵丁主力并非传统绿营八旗，而是临时招募的勇力（如湘军），在国家原有兵饷体系之外另开军费，更增加了财政体系的混乱和脆弱。

咸同年间的军费已无确数可计。依据目前可见的奏销记录，在案的军费总支出是4.2亿多两（彭泽益，2010，91-103）。再加上散落或未计入的地方团练军费，彭泽益（2010，103）估计咸同实际的军费总支出约在8.5亿两。这个数字远远超出了清廷的财政能力。

战争导致支出增加的同时，亦减少了财政收入。咸丰时全国田赋收入大大减少，相比嘉道时期的地丁钱粮收入下降了50%（倪玉平，2017，110）。商业萧条下，常关税亦由500万两的水平下降至200万两上下。至咸丰三年（1853）六月，户部存银仅剩22万余两。各省收不抵支，开始截留税源以济饷需。户部银库与各省藩库均空虚殆尽，奏销制度彻底崩溃。户部臣工描述当时窘状：

臣等备员农部，多或十余年，少亦一二载，从未见窘迫情形，竟有至于今日者。若军务再不速竣，中外经费，同时告竭，臣等裕国无术，罪无可逭，而大局涣散，不堪设想。（参见《中国近代货币史资料》，1964，175-176）

面对这种情况，清政府不得不打破“永不加赋”的祖制，开始寻求新的财政来源。

咸丰元年（1851）后，捐纳复开，不仅官职虚衔可以捐纳，花翎、顶戴、诰封之类的花样也开始出现，当年共收捐银111万余两。但捐输收入并不能持久，两年后户部的捐银收入就下降至67万余两（倪玉平，2017，155）。传统的临时性收入不足以弥补财政漏洞，政府便开始推动常项税收的变革。

咸丰三年，各省先后开征厘金。厘金是一种商业税，征收对象主要是盐、茶、鸦片等商品。厘金由各省自设机构征收，各地征收税率不同，一般在2%-5%之间（罗玉东，1936，62）。自设立起，厘金收入增加迅速，至1861年，各省厘金收入已高达1600万两（罗玉东，1936，469）。厘金设立后，中央对地方的财政情况渐无把握，旧式高度集权的财政管理体制逐渐瓦解。

除厘金外，海关税也开始成为财政收入的重要部分。咸丰初年，海关税额大约在400万两，至同治末期已增加至1200万两（倪玉平，2017，187）。表2-1展示了1849年以来清政府财政收入的变化：

表 2-1[①] 清朝赋税结构的变化（单位：万两）

	1849		1893		1908	
	数额	比例	数额	比例	数额	比例
田赋	3280	77%	3560	40%	10240	35%
盐税	500	12%	1530	17%	4500	15%
常关税	470	11%	110	1%	670	2%
海关税		-	1470	17%	3290	11%
厘金	-	-	1710	19%	4000	14%
杂税			650	7%	6500	22%
合计	4250		8900		29200	

我们看到，相比于嘉道以前以农业收入为主的财政结构，咸同（1851-1874）以后国家税收的结构和规模都出现极大的变化。海关税、厘金、加征的各种杂税取代农业税的地位，成为财政的主要支柱——而这些商业税种在嘉道以前或者并不存在，或者居于次要地位。同时，国家财政收支的规模也大大扩展。同治末期的年财政收入在 7500 万两上下，财政支出则在 8000 万两，相较于战争之前道光时期的财政收支规模扩大将近一倍。可见战争已经打破了传统的农业财政结构，激进扩张的工商型财政开始建立起来（倪玉平，2017，93）。

至咸丰末年，清前期财政体系的“原额主义”基本破产，地方政府的征税意愿和能力都出现了质的飞跃；另一方面，“量入为出”的财政原则也无从遵守，政府必须面对日益扩大的财政赤字问题——这两方面的转变，对于现代财政的建立至关重要。

① 该表格数据来自王业键与陈锋的统计（Richard，2016，381），其中 1908 年的田赋异常值，参见《清代田赋刍论》（王业键，2008，106）。依据陈锋的说法，王业键统计的 1908 年的税入应该是预算税入，不过光绪时期的实际收入比例亦与之相近。王业键比较了 1753 年与 1908 年的税收结构，其中田赋占全年收入的比例从 73.5% 降至 35.1%，不过田赋项目的实际数额却上升了，其原因并非传统定额地丁银的增加，而实际是各地加征田赋杂税，增加了田赋收入总额。如果单纯以地丁银两计算，光绪十一年地丁收入仅占总收入的 29.9%（陈锋，2013，399）。

二、1862年的财政变革与票号的兴起

在清代，地丁、杂税、漕粮等钱粮项目，一般由州县直接征收。州县征收之后，除存留本县开支外，大部分所征钱粮要解送布政使司。依清制，无论州县坐支还是本省留支，都有固定的数目规定，不能随意增加。《清会典》规定：

制天下之经费，凡国用之出纳皆权以银，量其岁之入以定存留起运之数，春秋则报拨。各省库贮每年于春秋将实在存库银造拨册报部核明，除存留支用及饷外，余皆候部拨用。（参见《嘉庆朝钦定大清会典》，卷十二，戸部，尚书侍郎职掌三）

每年冬季，各省要上报下年全省所需官俸兵饷开销，户部根据上报情况掌握各省收支，划定各省需要解出的存银数额。各省藩库存银一般有两种流向，或者解送京师，即解京饷，或者协拨邻省，即协饷。一般而言，两广、福建收支相当，仅敷本地开支，不解不协；四川、云南、贵州、陕西、甘肃等省是不足省份，不需交解京饷，还需要他省协饷救济；江苏、浙江、江西、湖南、湖北、山东、山西、直隶等省财政富裕，一般是解京饷和协饷的主要承担者。

起运钱粮的过程有着严格的规定。各省解京饷均须融兑库平成色，依数额大小由相应官员押解进京，途中派兵保护，按路程支发运费，至京后需反复查验方收入户部库存。在清代财政体系中，此一制度至关重要，官款解送决不可假手胥吏商人。道光二十九年时，刑部尚曾因官员私自汇兑解送银两施以处罚：

【道光二十九年】浙江试用从九品张炳钟奉委搭解内务府参斤银两，私用汇票，虽所解银两等项均无短少，究属有违定例……嗣后搭解银两，应饬库大使面同委员粘贴印花，用鞘装钉，以昭慎重。（参见《浙江巡抚吴文熔奏折》）

中央虽有此严令，地方上却开始变通执行。咸丰元年，蔚泰厚两分号有信提及官款承兑：

去岁于今正月间，晚等即托本府钟大老爷与元和县贾太爷教与咱号揽会。伊等俱是满口应承……藩台抚台皆已允准，众人举荐咱号与日升昌……（参见黄鉴晖，2002a，8）

可见此时道路不靖，票号汇兑官款已为地方督抚所承认，且票

商已开始积极承兑官款。不过，票号兑解京饷真正获得中央承认的时间是在同治元年（1862）以后（黄鉴晖，2002b，230-231；史若民，2014，26）。咸丰末年，捻军、太平军势力盘踞在豫皖、江浙等地，东南各省北解京饷的道路受阻，无法鞘解京饷。同治元年，各省欠解京饷 268 万两。当时户部库存本就不多，京饷缺额下库款不济，各地军工纷纷束手。迫于形势，户部在当年十月严令各地务必按时缴齐京饷：

或绕道行走，或由商人汇兑，或由轮船运津转解，总期妥速解到以应要需，无所用其推委。该督等久任封疆，特□重寄，当此京饷紧急之际，务宜统筹大局，激发天良，俾京师无内顾之忧，兵饷获饱腾之效。（参见《户部酌提各省关京饷奏片》）

同治二年，陕西河南一带捻军未平，鞘解路途不通，各省开始汇兑京饷：

【四川】因陕省贼匪猖獗，恐沿途疏失，按照库砝兑给该委员承领，转交元丰玖号汇兑。（参见《四川总督骆秉章奏折附片》）

【湖广】前项委解京饷，因节据陕西郧阳各路探禀，陕贼有分扰楚豫边界回窜南阳之意，诚恐道途梗阻，未便冒险轻进……在于汉镇蔚泰厚、元丰玖等票号内分别汇兑。（参见《湖广总督官文等奏折附片》）

【江西】正拟解饷长行，风闻河南一带捻匪不时滋扰，直隶境上复有骑马贼出没无常……交给在江省开设新泰厚记票行兑汇。（参见《江西巡抚沈葆祯奏折》）

自此，票号解兑京饷获得了清政府的承认。

图 1-1 呈现了官款汇兑业务与票号数量[①]的关系。可以看到，1862 年是一个关键性的节点。该年官款开始发交票号汇兑，同时票号的数量也开始出现了大规模的增长。短短几年间，票号的数量由 1861 年的 14 个迅速增长为 24 个。1862 年以前，票号本以商业汇款为主营业务。1853 年日升昌江西分号的汇兑款项中有 74.3% 均系商款，而官吏收汇

① 需要注意，票号数量与票号承兑官款的总额并非同比变化的关系。我们看到，1895 年前后官款汇兑总额的增长并未导致票号数量的增加。这一方面是因为市场存在一定的饱和上限，1862-1895 年之间票号内部的成败更迭使得合计数量并未出现巨大变化；另一方面则因为山西票号成长起来以后也对票号行业实现了一定程度的垄断，而 1884 年后清政府出台的对票号的管理政策限制尤其推动了这一趋势（1884 年，清政府出台政策，要求票号需向户部领取部帖才能获准经营，而部帖必须得同业者联保，外省人与西商关系不密，所以无法涉足此业）。

仅占 2.05%（黄鉴晖，2002a，40）。但 1862 年之后，大笔官款注入票号，为其提供了极佳的获利条件。

官款发交汇兑，多会经历一段空期，票号便可利用这段时间差，开展借贷业务。1860 年代以前，票号的营业收入主要由汇费构成，1890 年代之后，票号的赢利则主要依靠放款利息（黄鉴晖，2002b，414）。而票号放款的时间，正是在承接官款，资金大幅增加之后：

当承平时，西帮票号皆荟萃苏垣，其分设于沪地者不过数家，资本无此时之巨，专以汇兑为交易而不放长期……自军兴后，上海商埠日盛，票号聚集愈多，而号商收存官场之银亦日富，于是稍稍放银于钱庄，此票号放款之始也。（参见《论钱市之衰》）

1862 年正是票号的业务开始从汇兑向贷款拓展的节点。

三、票号与政府合作的条件与原因

票号特殊的组织基础与运作模式，是政府与之合作的前提条件。与传统银钱业[①]不同，票号以异地汇兑为主要业务。王业键（1981，64）形容账局、钱庄为“单一银行制（unit banking system）”，它们通常少有分号，只能在特定地域进行存放款及汇兑业务。而山西票号采取的是分行制度（branch banking system），总号之外，又在全国各地设立分号，各分号之间互通有无，各地收支汇票均可保证兑换为银钱。凭此票号的商业信用便得以突破特定地域的限制，实现全国性的金融汇通。因此，如果说当铺、钱庄、账局形成的是一套地方化的金融体系，票号则发挥着沟通各地金融市场的作用。

北京、天津、汉口、上海、苏州皆是商贸中心，银两最为融通，基本上各家票号都在此设立分号；山西本埠银两来往频繁，常涉及合作问题，各家也多设号。商业之外，政府的军事行动亦多影响分号设立地点。宝丰隆有多处分号位于商贸萧索的川藏地区。因当时清廷对

① 如当铺、账局、钱庄等。当铺主营质押，通过财务抵押放出资金，最为常见，放款对象不限（另有印局，也经营小额放贷），但息银较高，1-3 分不等；钱庄的基本业务是钱币兑换（通过折合率的变动营利），兼营贷款；账局主营贷款，放款对象主要是工商铺户，当铺、印局也是其放款对象。

藏用兵，需利用票号外调饷银，故多在此处设号。与政府合作的另一典型是阜康。阜康总号设在上海，属于票号行业中的“南帮”。南帮势力小而分散，远不如西商抱团，但南帮中的个别商号自成立起便与政治关联极紧，因而也曾繁荣一时。左宗棠西征时，阜康便曾反复利用金融手段为左军提供经济支持。左宗棠失势后，阜康也就没落了。

西号内部有所谓平遥、祁县、太谷三帮的区分。不过，三帮其实没有本质差异，其财东籍贯彼此掺杂，商务繁忙时，各帮字号相互合作也属常态。

票号组织遍布全国，无论从组织控制还是平色盈利的角度考虑，都不能像钱庄账局那样采取旧式的经营方式。票号的总号与各分号之间联系极紧，日常以营业报告互通有无。清末各地金融货币情况差异巨大，票号想要营利，就必须了解各地金融详情，“酌盈济虚，抽疲转快”，一面避免贴色致损，一面避免无款可交而影响信誉。营业报告之外另有查账制度，各分号细账每月均有月清册，至十月又以票号本平计算各号盈亏，统造年清。票号组织严密，账目清楚。是故盛宣怀评价旧式金融体系，“除西帮票号之外，查账均属虚文”（参见《邮传部尚书盛宣怀为交通银行拟派员查账的奏折》）。

票号与钱庄、账局的另一不同之处，在于其资金调集能力。钱庄、账局的资金大多不会超过5万两。票号成立之初，正本原来也与钱庄相差不大，但随着经营展开，所得利润不断重新投入票号的经营，其资本也就大大扩展了。资本以外，票号还收纳存款，期限多为三个月或六个月，但官款注入以前，票号存款其实有限。

票号在各分号均有一定存银。如资金闲置，则常常放贷于卓有信誉的商号及钱庄。票号贷款的利息通常不高，只为通融资本。待票号用钱，则从钱庄收回银两。长此以往，票号与地方钱庄便能构建相对稳定的信任关系。票号通常不做小额信贷，亦少发行钱票，钱庄则凭借在当地的信誉广营此类业务。有时分号银两紧缺，也会向钱庄借款，保证业务正常进行。钱庄还可作为票号触角的延伸。票号分号大多在通都大埠，一般小城镇并不设庄，票号为了满足商家的要求，对没有设庄的地方，就委托当地钱庄代办。

统合之下，票号之资本虽仅有数十万两，但既以股东家产为抵押，以信用为媒介，以金融关系为依托，其实际的资本调动能力要远远超过其本身实际的资本数量。由此，票号与票号之间，票号与钱庄之间便构筑了一套灵活、充裕的二元资金调动体系，上有票号协同调度，下有钱庄具体经营。

在地方政府希望汇兑京饷的时候，票号常会依托商贸提前调拨银两。如三四月两湖茶叶上市，八九月间棉花出产，票号便会预先抽调资金，供给商人使用。待商人将货物携往京师、上海等市场卖出，票号便可收集商人在京师当地的存银以应付春秋解送的京饷。如此一来，票号通过调动社会资金，便可免去鞘解饷银的成本。

票号的收入来源大致有四类，分别是汇水、平色、捐纳、利息。票号与政府合作，主要收益集中在汇水和利息上。汇水自不必言，托商汇兑的省份大多距京师较远，且汇兑数额绝大，汇费亦较丰厚。相较于汇水，更具社会意义的是利息。票号从事汇兑业务，一般会定下一个空期。空期是指从汇款之日起到交款之日止，银钱在票号停留的时间。在清代，京城到苏州的商业汇兑空期通常在20-40天，张家口到江西的空期大多在40-100天（黄鉴晖，2002b，131）。利用这个空期，票号便可以将汇款贷出，以获取利息收入。空期是理解票号汇兑官款收益的一个重要侧面。依据清代制度，京饷到京日期，自户部拨解文书到省之日起，直隶、山东、山西、河南限60日到京，江南、江西、浙江、湖广限80日到京，福建、广东、广西限100日到京（倪玉平，2017，16）。官款数额本就巨大，加上汇期相对宽松，这就为票号运营涉利提供了充分的活动空间。

除汇兑款项外，官员亦多在票号存款。其存款大项主要是各地税款、军饷以及官吏的私人存款。其实票号存款利息要比钱庄低廉，工商业一般并不在票号存款。而官府乐于与票号合作，系有其特殊考虑。大体而言，原因有三。其一是因为安全。票号不同于钱庄，其经营作风相对稳健，因而尤其受官吏信赖：

> 钱票有辗转相授，不取钱者。银票虽存本取息，亦须岁易其票。若会票则交银于此取银于彼，从无空票。（参见许楣，《钞利条陈》）

其二是因为方便。就私人存款而言，官员升迁不定，转任异地后可随时在任地提取存款，而钱庄经营范围只限一地，故不能承此业务。即便以公款论，则票号便捷更远胜于鞘解京饷：

溯查历年起解现银装鞘者总须四五个月方能到京，而商号汇兑者最迟不过七八十日即可到部交纳，是现银起解与交商汇兑，难易各殊，迟速迥别。（参见《两广总督张之洞、广东巡抚倪文蔚为应解京饷请分别解兑的奏折》）

其三是因为票号多与官员有私谊。票号常在官员困顿时给予资助，官员赴任后，便常感念私谊，将地方公款与私人存款托与票号。因为这种隐含的利益连带，票号非常注意经营与官员的关系。北京和各个省会的经理大多是带有功名的文雅干练之人，以便于与官员打交道，收纳官储：

北京经理常出入于王公大臣之门，省会经理亦往来于督抚藩臬之署，招揽生意，各逞才能。例如蔚盛长之交好庆亲王，百川通之交好张之洞，协同庆之交好董福祥，志成信之交好粤海关监督某氏，均获益不鲜也。至若各商务码头为票号放款地点，其经理人选取计算周密操守严谨之人才，至应酬一科则不甚讲求也。（参见《山西票号之组织及沿革》）

这种政商关系绝非仅仅是私人经济上的联系。清末政府掌控财权的能力下降，地方大员通常要自筹款项以成事业。譬如胡光墉为左宗棠西征保证军需，盛宣怀为李鸿章兴办海军提供资金，均在经济联系之外另有政治势力之涵义。

本章分析了票号与政府双方合作的原因。在票号一方，利益是主要动机。而政府托商汇兑，表面来看系因票号之安全方便，解运路途之不靖，官员私人之情谊。然而，需要注意区分的是官员个人行为与政府行为的差别。1862 年解京饷发商汇兑的事件，明显属于政府政策的变更，官员个人的偏好影响并不大。政策变更的直接原因是路途不靖，发商汇兑也本属权宜之计，但 1862 年后，票号承汇并未就此停止，反而与清政府的财政运作关涉愈加紧密。可见，战争对财政的影响还在发酵，票号与政府财政的关系，也将随之共变。第三章将呈现 1862 年后票号与清政府财政牵涉的总体情况。

第三章　票号汇兑官款的概况与争议

1862 年，票号开始承汇解京饷。此后，票号与政府财政运作的牵涉愈加紧密。图 3-1 反映了 1862 年后票号汇兑官款的情况：

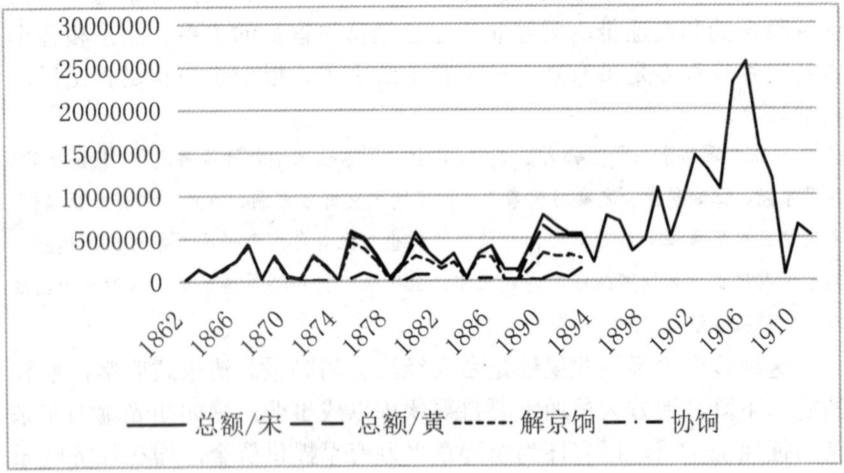

图 3-1[①] 1862-1911 年各省关汇兑款项统计

宋惠中（1999）将 1862 年后票号承汇京协饷银的情况分为三个阶

① 该图数据来自黄鉴晖主编《山西票号史料》，132-133 页；宋惠中《票商与晚清财政》44-55 页附表一。黄鉴晖只统计了 1862-1893 年的情况，但其数据相对详细，包含了此时期解京饷和协饷各自所占比例；宋惠中依据台湾所存资料《宫中档》及《谕折汇存》等材料对黄鉴晖的数据进行了补足，总额应更为贴近现实，另加入 1893 年之后的汇兑情况（陈其田著作中亦有此统计，因其所引材料与宋相同，不再单独列出），但未统计汇兑款项内容。因两个统计都有较好的参考价值，故均收入图中。其中，“总额 / 宋”系宋惠中统计的汇款总额；“总额 / 黄”是黄鉴晖统计的汇款总额。另因本文所分析的重点是 1895 年以前的情况，宋的统计虽附图中，但并不做具体分析。

段[①]。第一个阶段是1862-1894年，在这个时期，票号承汇数额不高亦不稳定，且东南沿海地区（闽粤浙）及四川的汇款占总数的九成。1895-1906年是第二个阶段，此一时期票号开始承兑甲午战争赔款及庚子赔款，票号汇款数额大增，承汇对象也从东南四省扩展到全国范围。1906年户部银行成立（次年易名大清银行），开始垄断官款汇兑，自此官款汇额大衰，票号亦进入衰弱期。宋惠中的分期依据主要是票号汇兑官款总额的变动情况。其实查看汇款的结构变化，亦能察觉到这一阶段划分的合理性。

1895年以前，解京饷是票号汇兑款项总额的主要构成部分。相比于同治前票号零星汇兑的官款，解京饷的数额极大，远超出票号本身的资本。乾隆以后，各省每年解运京饷的总额，大约在1000万两上下，占全国岁入的五分之一到四分之一。太平天国运动期间各省财政收入大幅削减，解京饷规模有所收缩，结构亦大有转变。咸丰三年清政府开始向各省摊派京饷。同治十一年，户部京饷正额约700万两，附加额100万两（何汉威，2001）。图3-1展示了1862-1893年票号承兑解京饷的数额，从中不难看到，票号汇兑京饷的数额大致在300万两上下波动，占全国所有应解京饷数量的40-54%（黄鉴晖，2002b，241-243）。考虑到山西、山东、河南、湖南等地进京路途尚算平静，仍可押解银两进京；仅就福建、广东、浙江、四川四省（及省关）应解京饷来看，则票号汇兑京饷占四省应解京饷的87%～107%。南方四省因为路途不便，解京款项几乎尽数托与票号解送。

除京饷之外，又有各省协饷。依据黄鉴晖的统计，在1862-1874年票号汇兑的所有官款中，京饷（包括户部和内务府）占比98.2%；在1875-1893年的所有官款中，京饷占68.65%（黄鉴晖，2002b，

① 黄鉴晖在《山西票号史》中也对票号的发展阶段作出过划分：1823-1853年为票号发展的初期阶段，1853-1863年为挫折期，1863-1893年为大发展时期，1893-1911年为极盛时期，1911-1921年为衰败期。这个描述与图1-1、图3-1中的情况也相对应。需要注意，无论在何种划分方式中，1862-1895年都是一个极其重要的时间段。学者一般承认，票号在此时间段内的快速发展与其承兑官款有紧密关系。票号业的基本格局，也是在此时间段内稳定下来的。1895年后票号的业务扩展，无非是在此稳定架构之上的业务量增（图1-1反映的此时段票号数量的相对稳定，也佐证了这一点）。本文分析的重点，即1862-1895年间票号与政府财政运作结合日益紧密的过程。

239）。1875年后解京饷比例下降，是因为协饷增加。这个趋势在1895-1906年间更加显著。解京饷有定额，不会出现大的变动，但此间为清偿赔款，清政府摊派各省协拨的银两愈增，票号汇兑的款额也就出现了巨幅增加。只是宋惠中的统计并未展示这个结构变化的趋势。

图3-1呈现的票号汇兑官款数额的升降，与清政府在汇兑政策上的反复有很大的关系。宋惠中（1999）曾经整理过有关汇兑京饷的若干次争论，可以发现，在争论发生的同治三年（1864），同治十年（1870），光绪三年（1877），光绪十年（1884），光绪二十五年（1899）前后，票号承兑官款的数额均有较大波动，可见政府政策对于官款汇兑情况的影响。

对于汇兑京饷的争议主要发生在央地之间。中央官员对票号汇兑京饷大多持反对态度，而地方督抚对票号汇兑多持赞成态度。其实，在同治二年（1863），选择汇兑京饷的省关包括福建、闽海关、浙江、浙海关、江海关、广东、粤海关、江西、湖南、湖北、四川、安徽、山东、奉天等地，涉及全国半数省份。但在同治三年的争议之后，大部分省份停止了汇兑，只有广东、粤海关、福建、闽海关、四川等省关仍然坚持汇兑京饷。三省坚持汇兑的理由各有不同，大体而言主要有四：

其一，沿途不靖。这是咸丰军兴以来京饷押送一直存在的问题，1868年捻军平定之后，南北已成通途，沿途不靖已不能成为汇兑的理由。此后唯有广东曾以路途遥远为由请求汇兑。

其二，海运押解存在风险且费用高昂。广东、福建地处东南，陆路不平后，清政府期望两省以海运的方式押饷进京。但是当时内地轮船时有事故，洋船虽然相对安全，所需轮船保险费用又尤其昂贵，远超票号所需汇水，因此两省均不愿通过这一方式解运京饷。

其三，西号借垫。原本福建、广东就都属于财政仅敷的省份，军兴以后，两省开始负担各项解协饷银，藩库空虚，经常需要向票号借款维持财政所需。粤海关、闽海关的情况更糟糕，厘金盛行后，商贾不行，常关税的收入本就有所下降，而中央调款又不断增加，以至两关均要以来年税收为抵押，向票号借贷完成中央任务。省内财政既然本无实银，托商汇兑也是无可奈何之举。

其四，当地税收以番银为主，缺乏纹银。福建多以此为理由发交汇兑。同治六年，福州将军英桂上奏：

唯查京饷必须纹银，闽省市肆交易多用番银。在新关未开以前，常税旺征纹银尚易筹措。迨新关开后，洋税日增，常税日减。洋税尽收番银，致常税纹银短绌，尚不及从前十分之二。（参见《福州将军英桂等为请京饷仍行汇兑的奏折》）

乾隆末年，闽浙地区就已开始广泛使用洋元。但常关征收纹银，故南来购茶（闽浙地区的常关税主要以茶税为主）的商贾多携带纹银缴税。鸦片战争后，茶叶从内销转为出口，内地商人减少，洋商大多用银元购买茶叶；同时，通商口岸增设新关征收洋税，洋税形式亦以银元为主，故闽浙省关几无纹银收入（宋惠中，1999）。洋商在福建的茶叶贸易构成了一个相对封闭的循环，洋元因受到广泛承认，获得了高于含银量本身的价值①。若将之化为纹银，则价值立减，火耗过重。这意味着地方政府要征收更多的税收以满足解京饷的定额，地方政府自不愿如此行事。

福建、四川、广东三省坚持汇兑的理由各异，福建地区汇兑主要是因为税收以洋银为主，四川是因为路途遥远。值得注意的是，无论建还是广东，西号借垫都是汇兑的重要缘由。1862-1906 年间，广东、福建、四川三省始终是票号汇兑的主要顾客。从 1864 年开始，广东、福建便开始陆续需要票号先期垫汇，再行还款。所谓垫汇，实际是借款的一种变形。地方政府无银钱完成解协任务，因此先从票号借款先行汇兑，再以未来税收作为偿还。

1864-1900 年间，广东、福建两省近半汇兑款项皆靠借贷完成。军兴以后，各省财政入不敷出，至藩库腾空以后，地方政府面对紧急性的财政需求几乎无能为力，其财政赤字便只能通过金融机构的借贷来周转。从性质上看，这与西方近代绝对主义国家的财政情况非常类似。那么，这种借贷的情况究竟如何？整个流程究竟是如何运作的？

---

① 本土制钱存在私铸的问题，因而货币价值与银、铜价格本身关联极紧。若货币价值高于内含贵金属价格，则私铸盛行将使制钱贬值。外国银元则难以仿制，因此可以获得相对稳定的高于内含贵金属的货币价值（林满红，2011，40）。

表 3-1[①] 广东、福建两省汇兑／垫汇情况统计

时间	广东		福建	
	汇兑额	垫汇比	汇兑额	垫汇比
1866	725169	21.64%		
1877	1158160	75.20%		
1880	1466790	64.85%	1304526	25.30%
1881			50000	100.00%
1882	840980	66.24%		
1883	763350	52.85%	690000	28.99%
1885			604000	74.34%
1886	129700	100.00%	891000	37.04%
1889	859575	3.49%	220000	22.73%
1890	776770	24.63%	1200327	47.90%
1891	1484602	36.35%	1374511	29.25%
1892			1354799	62.20%
1893	1193610	34.88%	863309	36.02%
1895	1149210	39.62%		
1896	1158645	84.87%	570805	35.56%
1898			105000	23.81%
1900	1256470	36.93%		
合计	12963031	47.44%	9228277	40.83%

第四章　票号与财政借款

广东、福建两省政府汇兑京饷，不仅仅是因为方便安全，更是因为财政的运作已经离不开票号的周转。我们看到，其实在 1862 年后不久，票号汇兑就已经不再是权宜之计，而成为财政体系运行必不可少的一个环节了。

① 数据来自黄鉴晖主编的《山西票号史料》，134-138 页。

一、票号与地方政府的借款

在有关票号的多次争论中，有一个时间点尤其需要注意，即 1883 年。是年秋季，胡光墉利用票号资金大量收购生丝，希望借此制衡外商。结果外商联合压价，生丝价格大跌，阜康遂陷入危局。同年十一月，阜康遭遇挤兑，于十二月初倒闭。此时，阜康倒欠官私款项共计约 1200 万两，其中，亏欠浙江省、江海关、江汉关及两江的公款共计 240 万余两（黄鉴晖，2002b，292）。鉴于这种情况，光绪十年二月，户部奏疏：

> 各省应解京饷，当同治初年道路多阻，间由银号汇兑……如可委解，即不得意存便利。复历经科道条陈，严禁汇兑，均经臣部议令遵行在案。乃各省竟视汇兑为成例，致有去岁阜康银号倒闭，库款被失之事。经上年十二月奏明，请旨饬令各省关，所有应解部库银两，各衙门饭银，京员津贴，以及各省协饷，概令委员亲赍，不准再行汇兑。（参见《光绪朝东华录》，1958，1666-1667）

在这场风波后，中央惩处了折损官款的地方官员，并再次严令禁止汇兑，“庶各省关知所儆惧，不敢视汇兑为成例，置公款若罔闻，以重饷项，而专责成”（参见《光绪朝东华录》，1958，1666-1667）。然而，中央虽有此严令，四川、广东、福建等地仍坚持汇兑。几省汇兑的理由，一是因为西商银号与南商迥异，西商“均系家道殷实，懋迁有无，多历年所，公私款项从无亏短，与南省阜康有别”“追赔亦易为力”（参见《川省应解京饷仍发商汇兑片》）。而更关键的原因在于，各地财政空虚，已无实银可解。据当时的广东布政使称：

> 【光绪十一年】细释此次部行，系因阜康银号倒闭，该号汇兑各省关解部饷银未能交纳清楚，是以停止汇兑，以重饷需。第交银汇兑与商号垫解情形各别。部款由商先交批回，再行付银，权操自我，倒闭何虞。（参见《两广总督张之洞、广东巡抚倪文蔚为应解京饷请分别解兑的奏折》）

广东当时藩库无银，只能先向票号借贷，托其解送银两，再以来年的厘金税收偿还贷款。不仅广东如此，福建的财政更依赖票号的借款。光绪五年（1879），福建省的财政就陷入了彻底的负债状态：

> 闽为滨海瘠省，年征地丁仅银八十万余两，税厘征数至多不过一百九十余万两，核计本年奉拨京协各饷、本省水陆营饷、防勇薪粮、船政养船、艺童出洋等费，并

归还息借号商银两不下五百余万两。来源只有二百七十余万，出入悬殊，情形万窘。（参见《福州将军庆春关于密筹闽省海防请截留协饷的奏折》）

福建本非商贸重地，岁入所凭者仅茶税一项，依旧例该省财政情况属于“仅敷”，不解不协。同治以来旧有财政体制破产，各省均需负担中央强行调配款项，各项支出大增。至光绪时期，福建财务入不敷出，赤字严重，只能通过借贷来维持基本运作。

依清制，地丁银额数有限，咸丰三年以来，地方政府为弥合日益严重的财政赤字，陆续开征厘金。厘金系商税，由各省分别征收，起初并无定制，由地方自定章程，分设机构（罗玉东，1936，84）。在咸同时期财政规模激进扩张的过程中，厘金的增数最为显著。各地所设的厘金台局，亦成为后来各省借贷还款最主要凭借的机构。广东、福建的财政借款，都要靠每年的厘金进行偿还。依据黄鉴晖（2002a，134-138）的统计，同光时期（1862-1908）广东汇兑总额1296万余两，其中票号垫汇614万余两，总垫汇比为47.44%；粤海关汇兑总额1001万余两，其中票号垫汇577万余两，总垫汇比为57.60%；福建省汇兑总额922万余两，其中票号垫汇376万余两，总垫汇比为40.83%。在财政高度紧张的广东、福建两省，近半数解协饷都需要票号参与才能实现。不仅是广东、福建两省多向票号借款汇兑，云南、浙江、四川、湖南等省份也曾向票号借贷汇款。可见，以税收为抵偿的借贷已经成为清末地方财政运作不可缺失的一环。

财政借贷与商人报效、纳捐有很大不同。报效纳捐都是短期性收入，不可持续，亦不涉及还款问题，国家实际是以政治资源（如官位）暂时性地换取财政资源。但借贷可以成为一种相对稳定的制度模式，广泛调动社会资源，为国家提供源源不断的支持。这一转变有着特殊的政治意义——西方现代财政的标志之一，就是国家债务的出现。在欧洲的近代历史中，财政借款起初并不面向大众，而是指向富裕商人。国家以来年收入作为抵押获得信用，赢得商人的财政支持。通过这种方式，国家得以在短时间内动员超出有限财政规模的资源，并将商人绑在国家的战车之上。光绪中期，各省的财政情况与近代欧洲国家的财政经营方式很相似，均以未来收入作为抵押向商人换取更多的财政支持。

但是，这种借贷的运作方式要以当地的经济状况为基础。如云贵地区，本地商贸本不发达，金融业亦不繁盛。票号触角虽然已至此地，但既无本土金融行业作为资金周转的基础，又无商贸来往作为各地资金汇通的渠道，只不过是无源之水，不会有多少资金调动的能力。一再需索下，当地分号无力周转，只能倒闭：

滇民枯瘠，就地无可筹谋，又不得仍饬司局再向商号通融。数月以来，积欠愈增，商号不能周转，力难再垫，且有因之歇业者。（参见《云贵总督岑毓英奏折》）

又如山西，虽然是票号发源之地，但本身商贸并不发达。政府又向来不对汇兑等金融业务征税，因而该省财政并不富裕。且道光以来，政府数次要求山西商民捐纳，民力疲敝，无款可济，以至当时的山西巡抚感叹：

以库储久空之晋，每年出款短绌至一百数十万两，不唯臣之庸暗莫能为谋，即智能素裕者恐亦无以为计。于此而欲求生之道，将求之厘金乎？晋地非水陆通衢，厘金本来不旺，兼之陕甘民气未复，商贾稀通，抽收益形短绌，何能更议加增。将求之捐输乎？晋民富变为贫，回非昔比，近来民力更极艰难，若事搜求，徒滋扰累。同治十二年岁底，因需用紧迫，曾向平遥等县合四十余家汇号，仅借得银二十一万两，迄今未能清款，地方情形可想而知，尚何能望其捐输。（参见《山西巡抚鲍源深奏折》）

广东、福建两省虽然财政紧张，但鸦片战争以后，两地陆续开放口岸，成为对外贸易的重地。相比于内地的农业省份或经济边缘地带，两省不仅有较多的洋元进入作为货币支撑，洋税、厘金等财政收入也不在少数，故能够成功反复借贷。宋惠中（1999）将借款票号的省份分为交汇型省份和收汇型省份，前者需要票号垫汇发往各处之解京饷及协饷，后者需要票号来弥补本地的财政支出（如军需）；前者以来年之厘金做抵押偿还贷款，后者以各地解来的协饷偿还贷款。从运作形式上看，以税入作为财政抵押的省份更具有自主的地位（也更近于欧洲近代财政国家的形态）；而收汇型的省份就对其他各省的财政依赖较大，亦不可能发展出自主借款—还贷的循环。而交汇型对收汇型省份的财政支持，正是通过票号的借款和汇兑来实现。

不难发现，在同光时期，一方面，票号已经成为许多省财政体系运作的一个环节；另一方面，票号又是联系各省财政的通路，是中央拨盈济虚的重要手段。客观来说，对于地方政府和中央政府而言，票号都起到了相对积极的作用。

至此，我们看到地方财政与票号的紧密联系。不唯地方财政运作需要票号借款支撑，同光时期，由国家主导开展的军事行动、改革措施，通常也要依靠贷款以取得财政资源。其中，左宗棠西征的借贷情况最为典型。

二、左宗棠的军事借款

左宗棠在陕甘、新疆的军事行动花销主要依靠各省的协饷来支撑。但各省财政十分困难，协饷又常常不能按时解到，至光绪二年，各省积欠左军陕甘军费达 2000 余万两。为筹措军费，左宗棠始向洋商、华商借款。1867 年至 1881 年，左宗棠通过阜康先后向洋商借款 1595 万两，洋款多以关税，尤其是海关税作为抵押，月息在一分二厘到一分五厘之间。同一时期，左向华商借款 1165 万余两，其中沪鄂陕票号借款 882 万（黄鉴晖，2002b，259）。华商借款以各地税收偿还，月息一般在一分到一分二厘（参见《钦差大臣大学士督办新疆军务映甘总督左宗棠奏折》）。左宗棠在光绪元年的奏折中阐述了两种借款的区别：

> 然借洋款则必指省关还款，以印局为凭。借华款则必饬台局于附近商贾荟萃之区筹办，以信约为凭，近则陕鄂，远则上海，相距辽阔，不能克期得银。而华款又多零星，凑集为数无多，比借款解至则守候领取者环待已久，一散即尽，既非若海疆之就近取资可以省事，又不能如洋商之易集巨款可以久。（参见《请敕各省匀济饷需片》）

洋款大多通过胡光墉经手借贷，款项极大，专事专办，对陕甘军需的作用较大。华商借款比较零散，在没有银行经手的情况下，搜集耗时颇久，再加上各地对款项的截留，基本上是杯水车薪——在没有一个集中性的资金运作机制出现以前，款项的调拨缺乏效率不可避免。各地财政甫有余裕，款项就被划拨而走，需款者各有立场，轻重难辨，财政资金便被耗散在洋务、军用、工程各种事项上，终究没有理性的规划和统一的调派。

相比于华商借款，洋商有意居奇，索取重息，年月累加，利率奇高。1879年，英法两国借贷子息常例三厘有半，重者不过四厘，但给左宗棠的借款至少在八厘以上。票号利息原本较低，日常商用借款，一般止在五厘上下，与西方差异不大。但当时各地借款偿还无期，商人不愿借贷，故政府开始提升借款利息，以图国内商人出资：

历借各商之款已逾五十余万，索偿且无以应，复贷更属维艰。……势处于不得已，事在于无可推辞，并许优给息银，方准陆续筹措。（参见《两广总督刘坤一等奏折》）

光绪三年，左宗棠开始以洋款办法筹解华款：

唯洋款可一，而不可再，自毋庸说。前牍来示，颇思照洋款办法商借华款，弟意深以为然。照一分二厘起息，作几年还款，为华商计亦尚合算，原不必以此让之洋商。（参见光绪三年《与胡雪岩》）

华商借款相对灵活，洋商借款在每年均规定有固定的还款本息，华商借款则可通融处甚多：

不拘年分，不论期次，或借三年五载，初年不还本，次年亦只归利息，此间饷项充裕即予多还，少则不拘数目筹还，总之不预定期次，一如借中国票号之款。（参见光绪六年《与胡雪岩》）

华商借款中，票号借款占总数比例75.72%，原因便在票号资金较丰，易于集中借资。然而，票号吸纳资金的能力其实有限，大量的资金沉着在钱庄、银号等地方性的金融机构中（还有商人窖藏及市场流通所必须的银钱），当政府意图通过票号抽取社会资金时，票号基本资金有限的弱点就会显现出来：

现饬西征粮台向陕西各票号出息议借，又虑该票商资本非裕，借数不多，非赖各省关及早大批速解于事仍属无济。（参见《钦差大臣大学士督办新疆军务陕甘总督左宗棠等奏折》）

在嘉道时期，票号确系国内资本最丰厚的金融机构。咸同时期官款注入后，票号更是风生水起。但是，票号始终不是主要的存款收纳者，除官吏外，个人存款票号概不代理。如第一章所述，在票号、钱庄的二元结构下，山西商人始终没有建立起一种与个人直接发生联系的金融形式，这意味着票号的资金调动能力实际限制较大。在低烈度的战争时，票号资金尚能敷用，但大规模战争的财政需求，票号便无法支撑了。光绪时期，山西票号的总资本量在3300万两，总资金在1亿5000万两（王业键，1981，67）。但这个数字并无太大意义，一则票号收纳的存款大多是贵金属，并非所有的资金都可以动用，票号相对传统的经营模式和作风致使其并不能以钱庄透支资金的方式运营；二则票号并非统一性的机构，各商号虽有联合，但日常业务多以个体开展，其个体资本大多不过几十万两，资本动员能力无非在百万两级别，而同一时期上海的外国银行个体资本多达千万两。

尽管如此，国内借贷的意义不可忽视。借贷不同于报效和捐献，它可以视为一个重复博弈，财政既然意图希望借款成为一种常规集资手段，就必须考虑到商人的意愿：

有借有还，仍好再借，此定之理。弟所以怕延欠华商之款，意正如此。（参见《答沈吉田》）

是沪鄂陕华商息借之款，必当预为筹拟。弟之不肯爽约失信于华商票号者，正欲留此生路，为将来商借地步耳。（参见《答刘克庵》）

出于对未来借贷的预期，左宗棠对票号的还款事宜始终非常关心。他主要采用两种方式来偿还针对华商的贷款，一是各省的协饷，二是各地台局的厘金或常关的关税：

饬上海采运局向华商筹借银六十万两，约以各省协饷到上海时分期扣还，复刊行印票搭发各处粮价，订期四十日、六十日持票取银，聊资周转。（参见《饷源中竭恳迅催协饷折》）

划还各台局代借商款，尚不敷银二十余万两。（参见《饷源顿涸筹借款折》）

此两种方式，归根结底，都是依靠地方税收来偿还贷款。户部存银告罄，各地藩库腾空，唯有依靠地方财政未来的税收作为偿还的财源。事实上，若没有这样的税收作为抵押，华商票号亦不愿借款：

唯此次商借，洋款由省关给票、画押、钤印，以七年归还本息，此七年中恐难再应。华商请其印票，必不允许。华商不得省关印票，未免各怀疑虑。彼此先不情愿，何能成事。（参见光绪三年《与胡雪岩》）

正是通过借贷过程中债、权双方彼此的长期权衡，借贷才有可能在传统财政的基础上开辟一种新型、稳定的财政集资手段，而国家信用也在这个行动—制度的互动过程中形成。至1881年，所有882万票号借款，已还本765万余两，未还本117万两，支付利息近45万两，之后未还欠款也陆续归还。可见财政借款已经成为一种可以持续的集资方式。黄鉴晖（2002b，259）称左宗棠向华商票号借款为“内债之始”，正是指其在财政上的建设性作用。左宗棠西征借款济虚之后，诸多国家行为，如洋务运动的海军军费、清末新政的新设机构，都开始通过借款筹集资金。

从国家信用及现代国家财政建设的角度去看，上述转变可以说是一个重要的进步。然而，恶劣的财政情况与外部环境导致这一看似积极的转变向一种消极的前景发展：

见在年关满饷，仍待洋款大批速到，始够支销，除清还鄂欠外……（参见光绪三年《与胡雪岩》）

现与号商再三设法，暂借银十万两，并于厘捐局筹解银二万两……解由军需局发交阜康银号汇解上海转运局道员胡光墉兑收，归还光绪六年十二月二十四日第七期汇丰洋行借款。（参见《浙江巡抚谭钟麟为汇解协甘饷银的奏折》）

同治以后，军事动乱的深远影响还在继续发酵。田赋收入减少，厘金杂税泛滥，各地商业萧条，省关财政愈发紧张。借款的良性效果必以良好的财政为基础，财源既然枯竭，还款就变成一个不断搜刮、掏空社会资金的过程。再加上各种款项紧张拖延，不免出现材料所示之以洋款还华款、以华款还洋款的现象。白银外流，利息叠加，税收愈窘，借款资金链断裂——整个财政体系陷入了彻底的恶性循环：

前任监督俊启共欠解银十五万余两，均由俊启任内挪解京协各饷，丝毫无存，尚有积欠西商借垫银五十余万两，由后任税收陆续归还……则京饷限期已迫，无可腾挪，若皆称贷西商，则积欠既多，不肯如数垫解。（参见《粤海关监督崇光为筹解北洋经费奏折》）

以国内情形论，分散的财政结构基本形成。借款资金筹集需要通过各地藩司、台局经办，行政损耗本就很高。再加上各自为主、存留拖欠的财政使用和调拨方式，国内的财政情况愈加无效而混乱。在缺乏集中式财政的情况下，国家对各省的财政和经济资源缺乏掌控能力，这一方面引发财政利用的低效，另一方面导致国家在控制资源外流能力上的彻底弱势。

行政能力之外，金融组织的短板也极明显。票号集中资金的能力确实帮助政府提高了资金汇集的效率；但票号能力先天不足，既无法收纳广泛的个人存款，也对货币比价的波动无能为力。在集中性的金融组织（如中央银行）发展起来以前，国家只能将有限的财政收入浪费在行政机构的低效和市场货币比价的波动中。国家借款的出现固然是现代财政的曙光，但国内的经济萧条和外国势力的资本掠夺将这一转变引至与西方完全的不同的历史轨迹之中。

不过，借款现象带来的政治、社会影响仍不可忽视。其中最为社会学所重视的现象或许是商人地位的提高。1883 年《申报》有文章评论商人地位：

> 然非各路剿荡发匪，饷项支绌，借重殷商捐垫巨款，则商人尚不免市侩之羞，终不敢与大员抗礼，故商人之见重，当自东南收复之日始也。（参见《论官商相维之道》）

太平天国运动以后，各地财政均需要捐纳、借款维系，与商人打交道便成为官员的日常。如果说捐纳的结果，是由商入官——“本人则授官职，地方则广学额，仅得空虚荣华，失却无数银两”（参见《辨左伯相与山西人借贷军饷事》）；那么借款的结果，则是商人群体实际政治地位的提高：

> 程方伯仪洛请各票庄西号主人到署一商，筹款之计，商之两时，未有决议。（参见《方伯筹款》）

商人有所凭恃，则面对地方大员也能与之平等商议。囿于旧习，商人的社会风评或许尚未能改，但讲求实务的地方官员已经开始给予商人足够的尊重。这一财政借款复杂影响的侧面，或许正体现了军事行动在战场之外持续发挥的影响，以及财政压力下现代国家社会力量形成的隐线。

本章集中讨论了同光时期地方与中央的票号借款问题。我们看到，1862 年后，广泛存在的地方财政赤字使得票号与政府财政的牵扯更加深入了，此间，政府信用也在借贷双方的博弈过程中建立了起来。那么，这是否意味着中国的财政体系开始具有了一些现代性的特征呢？

依据欧洲的经验，弹性财政体系的建立需要一些基本的经济社会条件。一方面，国家必须拥有信贷工具，如汇票，来沟通中央和地方[①]；另一方面，国家的经济必须充分发展，拥有足够的间接税来保证财政的信用（Wenkai He，2013，180-188）。在本章，后一个条件得到了印证，广东、福建等地方政府对票号的借款均以当地未来的商税作为抵押。中央政府缺乏对各地征收厘金的掌控，没有能力举债。同时，各地税收情况的差异，亦使得各地政府的借贷能力存在很大差别。而中央的软弱与地方情况的差异，又与 Wenkai He 提到的前一个条件相互呼应。在近代欧洲的绝对主义国家中，信贷工具的发展促进了中央集中财权。但在清末各省分散、差异巨大的财政情况下，同样作为信贷工具的票号显然发挥了完全不同的作用。本章对票号贷款的分析部分展示了中央与地方、地方之间财政关系的张力，而实际情况显然要更为复杂。在下一章，笔者将重点分析第二章央地争论中的白银问题。票号对央地财政体系的影响，在此部分将会有更多呈现。

第五章　白银问题与央地关系

第二章反映的另一个问题，是中央官员对汇兑方案的排斥。中央官员对反对汇兑京饷的理由相当统一，即“银贵钱贱，京中乏银”。那么，这种看法的缘由和依据究竟是什么呢？

一、白银与票号

票号归根结底是一个以全国白银市场为基础的金融机构。票号对财政的意义，首先要从汇兑与白银的关联去理解。

16 世纪开始，美洲白银开始大量进入欧洲，金银的比价从 15 世纪

① 国家的货币经济必须得到充分发展，中央才可能实现对地方财权的集中。在实物税时期，因为运输过程的天然损耗，国家不得不采取财政分权的策略，将收入直接从征收地运到分配地——这就为地方财政提供了更大的自主权。而清代运输白银的情况显然部分消解了实物税带来的困境。

的1∶9上升到1∶15。同一时期，东方的金银比价要远低于这个水平，因此西方商人“用尽一切手段用白银支付他们在东方的商品购买”（里奇，2002，277）。在这种情势下，同一时期的中国亦以贸易顺差的形式获得了巨额白银。不过，相比于欧洲因贵金属大量流入导致的“物价革命”，明清两代并未出现明显、普遍的通货膨胀[①]（岸本美绪，2010，36-41）。依据弗兰克（2000，219-220）的看法，这是因为货币的增长量没有跟上人口和生产增长的规模，明清时期广泛的商品化消解了大量白银带来的冲击。然而，梁方仲先生指出了这种观点的缺陷：中国的白银需求与“一条鞭法”改革后赋税货币化的情况关联紧密，白银虽然已经成为重要的市场通货，但是其流通“主要发生在政府财赋分配的领域”，带有贡赋的色彩（陈春声、刘志伟，2010）。王业键（1981，5-12）、林满红（2011，108-132）的看法与梁方仲的观点异曲同工，两人均认为，清代的白银和制钱有着各自特定的流动范围。事实上，正如我们在前文所见，清政府的财政运作高度依赖白银的流通。白银的调配制度，可以说是清代央地、军政关系的一个集中体现。正是在此意义上，票号的代解京饷意义深远，这意味着包含一系列政治安排和隐意的传统白银解送制度的崩溃。新的央地关系与政治社会图景，都要在此基础上加以重新理解。

清代的户部收入主要来自全国各地解送的地丁、盐课、关税等银两，及宝泉局、宝源局铸造的铜钱，以银两为主，制钱为辅[②]。乾隆三十七年后，户部库银常年维持在7000万两以上，嘉道两朝国势转微，道光初期户部存银仍在3000万两上下。道光末户部库银亏空，本已不再充盈，至咸丰时期战争不断，各省财政不支，多就地筹饷互相协拨，解京饷银本已不济，库存大减。复加京饷多以汇兑入京，户库所入实银极少。彭泽益（2010，62-63）统计了户部存银量的情况，咸同时期户部平均年结存银不过在200万两上下（不及道光初年库储之1/15），

① 显然，不同学者对此观点不一，全汉昇认为中国的物价在十八世纪才发生大规模波动，可以说是与欧洲联动的物价革命（岸本美绪，2010：190）。

② 道光元年至十四年，户部平均每年收入银两约1240万两，制钱118万串，按价值计算，银两占91.3%，制钱占8.7%。咸丰以后，银两收入大为减少，政府发行大钱，钱文收入所占比例增加至70%（彭泽益，2010：55）。

且此数字尚包括咸丰历年来发行的大钱、银票、宝钞，实际存银更是少的可怜。咸丰八年到同治三年，户部实际存银平均不过6万两上下，远远低于户库的账面存银数字。同治以后，库银情况并没有改观，光绪各年的库银数额也不过在500万两左右（岸本美绪，2010，441）。

与库银短少相对应的，是票号汇兑对官款的占用。同治元年到光绪十九年，每年仅票号所汇之京饷就在300万两上下。票号所汇兑的京饷均非实银，而是以集散汇、收两地本地银两的方式来满足异地调运的需求。考虑到空期与垫汇的操作方式，票号汇兑京协饷的结果，是18世纪以来存留在官僚体系中的白银开始大规模的进入市场流通的环节。光绪九年，《申报》刊文《论官商相维之道》，文称：

> 从前公项之银纵存积百十万不出库门之外，同治以后则库中现存无几，而大半皆缴付庄号……凡解京之款，无论交部库、交内府，督抚委员起解皆改现银为汇票，到京之后实银上兑或嫌不便，或银未备足，亦止以汇票交纳，几令商人掌库藏之盈虚矣。

在1903年以前，票号经手的银两只是各省份发交的部分解京饷和协饷，中央及各省库款则未能染指[①]。不过，同光时期户库空竭，各地库款腾空，上下白银收入近半要由票号经手解送，贡赋财政之瓦解亦可以此为标志。

白银经票号之手流入市场，这一现象有着双向的效果：一方面，白银流入导致金融资金空前丰富，市面繁盛；另一方面，政府对白银的掌控能力减弱，西方通过鸦片贸易和工业品倾销获得贸易顺差的地位之后，轻易将流入市场的白银吸走。同治中兴与后来的萧条，未尝不与白银流入国内市场，复流向国际市场的过程有关。

虽然白银开始大规模进入流通领域，但这些资金大多通过票号和钱庄，以商业借贷的方式在市场中隐现。在19世纪下半叶，白银整体流出的趋势未能给市场短暂的贵金属余裕以发酵的空间，商业并未得到跨越式发展的契机。在农业领域，有限的贵金属和稠密的人口显然

① 1903年，户部库款发交票号生息；1904年后，广东、陕西等省份亦将库款发与票号生息。1903年之后库款存号才是普遍现象。

也没有导向农业生产的货币余裕[①]。总之，在个人货币收入普遍匮乏的时代，个人存款不可能构成金融市场的主要资金来源。

作为地方性的金融机构，钱庄（钱铺、银号）早于票号出现，率先垄断了地方性的兑换、发票、存款与放贷业务。票号作为后起来的金融机构，依托全国各地差异巨大的平色便可获取巨额利润，因而并无动力与钱庄竞争。不仅如此，票号还常常选择与钱庄合作，以低息贷款给钱庄（而不愿贷款给个体商人），且存款利息亦较钱庄为低（因此商人多不愿存款至票号）。这意味着，一方面，票号无法发展起针对个体商户的、广泛的存款业务；另一方面，票号也止步于白银贸易，而从未试图以发行银钱票为主业——而此两者，正是西方发行银行兴起的基础。这样一种金融组织，虽然一度经手大量官款，却无实质政治能力可言。票号既不能像17世纪城市国家的公共银行那样发行内部债权以处理公共债务，也不可能像英格兰银行那样垄断货币的发行权力。虽然票号多与官员过从甚密，但在要害问题面前，私人关系并无太大用处。

事实上，在社会资源（主要指贵金属存量）并不丰富、地方金融业繁盛的经济情境下，票号的关键意义，毋宁是通过其汇兑的经营手段，帮助政府维持转型财政体系的正常运作。就此而言，票号既是旧体制中的新因素，又是旧体制的补丁。

二、白银调度中的央地关系

票号承纳官款，不仅仅意味着政府掌握白银的下散；票号本身运营的方式，亦改变了传统财政体系中的央地贡赋关系。财政变革下的央地张力，集中体现在中央官员与地方督抚对于票号汇兑的争议之中。

中央官员对票号承兑官款大多秉持反对态度，其中以谢膺禧为代

① 14世纪西方的年金借贷，便起源于农场主的扩张欲望（里奇，2002，283-285）。土地所有者以土地未来的产出作为抵押，获得资金开垦荒地扩大生产，从而发展出经济性的农场。加上“物价革命”的影响，农民也获得了相对的货币余裕。这种“普遍的余裕”正是银行发展个人存款业务的经济基础。

表。谢膺禧认为“窃维行政之要，足用为先；足用之道，京师尤重”（参见谢膺禧《京饷宜解实银疏》）。原本各省解京银两均有定式，上印县名、关名、年月日、匠役姓名，可以直接核查到人，因此银两平色素来有保证。但发商汇兑后，票号需要临时在京筹措银两，银两平色掺杂，入库时吏役上下其手，便易致库款损耗。再者京城市面银两有限，票号收银时则“银价立昂”，长此以往，“库中视之已进百万之帑，以京中计之未进一两之银”，必会“隐虚京储”。谢膺禧的看法得到了重视，当年（1864）五月初一，便有上谕禁止各地汇兑。

后来论者也多承此看法，认为票号汇兑必致京中乏银。不过，黄鉴晖（2002b，265-277）认为这个看法并无道理，因为市场会调解各地银根松紧，京城银价高昂，各地银两自会向京城流动。事实上，西商票号每年都要向北京调银，预为筹备各省汇兑款项：

> 且该西商念知每年必有银两汇京，亦必预为筹备，京都市廛贸易亦可借此周转。（参见《川省应解京饷仍发商汇兑片》）

否则京城银价高涨，票号汇兑款项的收益亦会受到影响。不过，在贵金属为主要货币的时代，票号所能动用的资金与经济总量相比杯水车薪，银流汇集带来的银价短期波动自然不能避免，即便票号提前调银也无力平复。这种情况在道光时期的商业汇兑中就可见端倪[①]。

在黄鉴晖看来，中国银价高涨的真正症结并非票号汇兑导致的短期波动，而是白银流失所致的长期银钱短缺。鸦片战争之后，中国的白银外流一直十分严重，清末的银根紧缩确实与这种情况有极

---

① 道光年间的两则材料反映了汇兑与银价的关系：

【道光八年】苏城为百货聚集之区，银钱交易全藉商贾流通。向来山东、山西、河南、陕甘等处每年来苏置货，约可到银数百万两，与市廛钱价相平，商民称便。近年各省商货未能流通，来者日少，银价增长，然每银一两亦不过值钱一千一百六七十文至二百余文不等。自上年秋冬至今，各省商贾俱系汇票往来，并无现银运到，因此银价顿长，钱价愈贱，竟至每银一两易制钱一千二百八九十文至三百余文不等。（参见《江苏巡抚陶澍为请暂借铜本易换制钱以平市价的奏折》）

【道光二十年】迨至拨往工次及军需省份，更加起拨脚价种种耗费，既核其实，不唯各省捐生银两未尝实携来京，转致京中银两实拨外省，京中银价昂贵，皆由于此，实于国计大有关系。（参见《御史宜崇为推原捐项以期速充国计的奏折》）

大干系。但京城需索各地白银亦有根源，黄鉴晖所忽视的是白银的政治意义。

正如王业键（1981，5-12）和林满红（2011，108-132）所指出的，清代的银和铜钱有着各自不同的应用范围和空间流动范围。铜钱价值小、流通广，民间交易多赖制钱。白银重量轻、价值高，虽不便于零散交易，但适宜长途携带和财政调配。以嘉道时期银钱比价计，同样价值的银和制钱，重量比大约是1：150，这意味着铜钱的运费极高。在清代，除水运便捷地区，长程货币调运通常以银为主。相应的，各省的田赋收入多系铜钱，而中央财政收入以白银为主（林满红，2011，35-37）；各省省城军饷尚可用铜钱发放，但各州县的薪饷就必须用白银来支付。咸同时期发生的战争大多离京城或税收富裕的省份甚远，因此军饷必以白银支付。如同治十三年陕甘战争，左军军饷无论以协饷还是户部拨款的方式给放，均以白银为主：

臣去冬自肃凯旋，仰蒙天恩敕拨库款银一百万两，户部续拨各省关有著之款又一百万两，内除收到七十余万两，划还各台局代借商款，尚不敷银二十余万两。（参见《饷源顿涸筹借款折》）

因此中央押送实银的要求，固然有银价的考虑，要害却在“隐虚京储”的问题上。户部掌握的白银量减少，意味着中央对军队控制力的减弱。在谢膺禧的奏折中，京城的银价波动只是皮毛，并非要害。

黄鉴晖忽视的另一个要点，是谢膺禧奏折对银钱比价波动的解释。据谢膺禧所说：

故兵丁每月领饷时，钱铺必勒价贱买。会票到京用银时，钱铺必抬价贵售。（参见《京饷宜解实银疏》）

正是因为钱铺渔利，才会“会票一到，银价立昂”。显然，在谢膺禧看来，汇兑虽是银价高涨的诱因，但实际操纵银钱比价的是钱铺。这种看法亦与当时人认为钱铺操弄银钱以致“利权倒持”的观点相符合。至于后来和宝、马相如、崔穆之、刘锡金的奏折，一则主题不同，多专议物价，鞭及票号，已非专论汇兑之效果；再则情势不同，此时白银外流情形更重，京师市面萧条，银钱问题已成肘腋之患[①]，故有此议。

谢膺禧的奏折暴露出了票号的能力限度。票号虽然拥有较强的调运白银的能力，并因此可对银钱比价构成影响，但真正控制银钱比价的组织却是地方性的兑换机构。票号虽然是拥有丰厚资本，可以放贷与钱庄的“银行之银行”，可是无论贷款、存款周转或跨区调银，票号都要让利于钱庄，方能通行无碍。因而票号与钱庄实际是并立的关系。票号对钱庄的影响力有限，更谈不上对货币比价有任何实质的控制能力。事实上，在同治到光绪初期，私铸和枯竭的财政进一步削弱了政府对货币的控制能力，分散的钱庄仅仅有能力影响地方货币比价，票号只能通过调动白银地区性的影响国内银价，在当时的情况下，这三种组织形式，均无法对白银外流的情况实现遏制。白银枯竭后，在商业发达，信用工具盛行的地区，市场尚可以采用银钱票替代银两流通，缓解货币不足。在经贸欠发达的地区[②]，银两解往北京后，地方经济便陷入滞拙的状态：

川省僻处边陲，山多路险，贫民亟苦，生计维艰，原无百货之懋迁，即非商贾之辐辏。而平时循环往来者，亦不过本省之财供本省之用，限于地势绝无来源。乃自上年京饷第二批起，筹解一半实银三十余万两，加以赔款，市面立形涸竭，商情万分艰窘，无从挹注，周转不灵，百物价升，商民俱困，循此以往川省断难支持。（参见《四川总督奎俊奏折》）

在传统财政体系安排中，川省的财政情况属于不足之类，尚需他省周济。同光以后，酌拨制度失效，中央开始向各省摊派解协饷银，无论财政情况，结果原本相对自洽的经济生态也被打破了。所以毫不奇怪，地方对押解实银并无好感。

① 光绪初年，银贵钱贱状况愈甚，农民的税收负担加重，地方白银收入实际减少；国家铸钱所能换得的白银减少，而公共支出又以白银为主，以至于调控银钱比价和发行铸钱的成本都会大大增加。不仅政府的收入减少，兵饷按照 1 两比 1000 制钱的比价发放，士兵的实际收入也减少了。参见林满红，《银线》。

② 《中国近代货币史资料》128-29、135-36；1838 年四川总督建议禁止钱票，湖北湖南和山西总督加以反对，因为其辖区钱票补足了货币供应。

三、央地政府与票号

清末酌拨制度崩溃的主要表现，即各省对解协款项集体性的敷衍。厘金开征后，中央不明各地税收实情，各省督抚也开始设法隐蔽收入，增加存留，以兴办地方新政（刘增合，2014，76），此即“地方财政”雏形。与中央官员不同，地方官员通常支持汇兑，这似乎反映了中央与地方存在的对立关系。如宋惠中（1999）便认为，中央政府向南方各省汇兑京饷的妥协实因“中央政府已经无法了解各省详细的财政状况，对地方的财政控制能力转弱，仅要求地方能顺利解足饷项”。那么，是否可以认为此时地方财政具有了较强的独立性？

在票号、地方官员、中央的互动中，我们可以看到三方关系的微妙性。光绪二十五年三月二十九日，闽浙总督许应骙上奏，请续行汇兑京饷：

> 闽省地瘠民贫，银钱本极缺乏，市廛贸易间俱行使银票，以期简便。其零星售物多用破碎洋银，不特纹银素不易获，即闽省所铸银元亦未能通行无滞。钱铺、当典均以银票、钱帖相辅而行，藉资周转。唯征收钱粮、盐课以及闽海关税，间有间搭五成纹银，而色甚低潮，京师断难合用。若以倾炉熔化，势必耗折过多，迭经奏咨有案。自通商以来，利多外溢，近复筹还洋款，银钱愈形短绌，司局官库早已悉索一空。而京饷洋债均须按期批解，刻不容缓，多由号商先行垫汇。若令以实银代解，号商既不愿从，而闽省素乏现银，傥辗转筹措，则解款必多迟滞，诚恐有误京饷，关系非轻。（参见《闽浙总督许应骙奏折》）

许应骙主张汇兑的理由有四，其一，闽省银钱紧缺，再抽调银两将致商贸萧瑟；其二，省内所收银两成色不足，解京则火耗过重，对地方财政是严重的负担；其三，藩库已空，解京饷多由号商先行垫汇；其四，号商不愿代解闽省实银①，临时筹措恐误京饷。四条理由中，前两条明显是站在地方的角度考虑。中央对这种迁延的态度十分不满，该折文后有朱批称：

> 京师根本重地，全赖各省筹解实银，以资周转。若外省各自为计，概从汇兑，必致商民交困，有误大局，着懔遵前旨，仍解实银，不准藉延。（参见《闽浙总督

① 据同时期材料推断，应是闽省流通多系洋元，换算纹银折色太多，票号难以涉利。

许应骙奏折》)

中央斥责了许应骙的请求，认为各省汇兑实际是“各自为计”、不顾大局，并严厉要求福建以实银押解进京。此后，就在当年七月，许应骙再次上奏：

近年库储屡空，历解京饷由商垫者居多，一改现银，即须待款，倘因此动逾期限，贻误度支，关系实非浅鲜。臣素性迂直，随时随事皆力戒因循，从不敢轻信属员扶同欺饰。唯经再三体察，该司道所请委属确情，不得不披沥上闻，冀邀鉴纳。如以臣言为不实，则大臣中之曾官闽省，及闽人之现任京秩者，乞赐垂询，当悉底蕴。倘荷圣慈优逮，准免现银起解，以节财力，而裕商民，全闽幸甚。（参见《闽浙总督兼署福州将军许应骙奏折》）

在奏折中，许应骙言辞恳切，请求朝廷允许福建续行汇兑，这次他的请求得到了允许。在奏折的来往中，我们看到中央和地方微妙的关系。一方面，中央希望地方能够完全听从中央的要求，同时又对地方官员存有警惕和怀疑的态度；另一方面，地方亦有自己的考虑，并期望这些顾虑能够得到中央的谅解。其实，自太平天国运动以来，中央财权确实出现了分散到各省的趋势，但中央始终掌握着地方官员的调动能力，因此绝难将地方视为独立的力量。虽然中央抱怨各省份解饷不免“藉词诿卸”，但应认识到，中央与地方的冲突更主要体现在双方行为逻辑的差异上。中央和地方各有其考虑，在制度松弛的情况下，地方变通执行有了更大的余地，央地官员的立场差异进而塑成了央地分歧及实质上的财权分散化。

在中央和地方的博弈中，票号发挥的作用难以定位。一方面，票号在战乱之下将各省饷银集至中央，实际上发挥了维系解京饷制度的作用；另一方面，票号汇兑又为各省拒解实银提供了理由和手段。在1862年后有关票号的争论中，我们看到，中央和地方都将票号视为一种工具，中央用票号维持解送京饷的底线，地方以汇兑维系省内的经济财政情况，双方均试图选择有利于自己的解饷方式。正是在这样的情势下，票号汇兑成为双方拉锯的一个节点。

其实不唯央地双方各有打算，票号自己也有算计。同治六年的一则材料反映了票号拖延承兑官款的情况：

有该省奏报起程，甚至迟延数月始行到京。并间有曾经交过银两之号，于饬传查询时，该号只以解官未到，不知准汇某号，无凭交纳为词，故延时日。……如此办理，以免该委员等沿途逗遛，而各号商亦不致藉词延宕。（参见《内务府大臣瑞常等折片》）

票号承汇各省关京协饷，起初并没有规定交款的限期，因此常常蓄意拖延。空期愈长，还款越晚，则票号获利愈丰。光绪以后，各省关开始规定交款的限期。票号迁延的行为才有所改善。

本章讨论了票号汇兑对白银流向的影响以及由此衍生的央地两方的争论问题。何汉威（2001）认为，咸同时期固然存在督抚主导的各省财政脱序的状况，但亦不应该忽视各方为财政整合做出的努力。清末的财政情况，正是在财权集、散之中，多方作用的结果，而票号发挥的作用多少也反映了这种矛盾的状态。各级政府库存银减少的事实，使传统的央地实银调运的制度已经无法运行。政府与市场、国家财政与社会资金反而出现了更频繁的互动——这固然是现代财政国家的重要特征，但新旧更替之间，财政体系的转变必然带来极为复杂的影响和结果。

第六章　分析与结论

14世纪开始，战争与财税的张力推动了欧洲社会各个层面的转型。19世纪，清政府也开始面临类似的历史问题，在其转型的过程中，票号与国家财政的关系呈现了这一变动的复杂肌理。

咸同时期，票号与清政府的财政体系发展出了极为紧密的关联。1862年，票号承汇解京饷获得了官方的默许。此后这一政策历经反复，票号不仅没有退出财政运作的经营领域，反而与中央、地方财政体系结合得更加紧密。可见票号与国家财政的结合并非权宜之举。

在清末战争的影响之下，南方诸省税入锐减，南北通路被截断，中央与地方的库存银两纷纷告竭。“量入为出”、起运存留的传统财政体系面临巨大困难，政府必须通过调动社会资源来弥补军需的不足。

而票号遍布全国的机构，调动各地银两的能力，正与政府的需求构成了契合。南北通路的截断是票号解汇京饷的起因，但各地货币繁复的成色差异，酌拨制度的局限与困境，战争之下陷于枯竭状态的库存系统，这些政治、社会的结构性因素才是财政与票号长期结合的根本原因。

一、政府信用与分散式财政结构

15 世纪的欧洲与 19 世纪的中国都曾出现广泛、长期的财政借款[①]行为，但事实上，两者的历史形态存在很大的差别。

大约在 13 世纪，欧洲的一些自治城市便开始通过出售年金获得贷款。14 世纪以后，欧洲战争的频率和强度增加，皇室传统收入根本不足以支撑军费，开始通过借贷集中财政资源，应对紧急性战争需求。15 世纪，金融市场充分发展，大规模的长期财政借贷才开始出现（波斯坦，2002，369）。

相比于欧洲财政借贷近两世纪的发展历程，清代国家债务形成的时间要短促得多。18 世纪运作良好的集权体制为清政府提供了丰裕的财政资源，短期性的财政紧缺大多可以通过报效、纳捐等方式解决。19 世纪 50 年代，战争打破了原有的财政格局，在巨大的财政压力下，短短十年后，地方政府财政借贷的现象便开始出现。

欧洲漫长的财政债务发展历史有其原因。任何形式的贷款都一定会面临信任问题。商人相对于国家处于弱势，其借贷行为常常要面临极大的风险。在 14 世纪的欧洲，强迫放贷与主动贷款之间的界限不分明，国王经常将商民的财产以赠品（Present）的方式加以侵夺，这与清政府在 19 世纪将华商借款变为报效（不再给还款）的行为如出一辙。为了获取债权人的信任，贷款者通常要以一定价值的抵押作为担保。在 13 世纪，欧洲王侯通常要以人质或珍宝作为抵押换取贷款；14 世纪，法国国王将信贷人封为贵族，以特权保护换取贷款。不过，上述抵押

① 这里应该区分的概念，是国债和财政债务。财政债务的含义更为宽泛，国家对私人的借款，对公众的借款，都属于财政债务的范畴。就欧洲的历史来看，国家对商人的借贷是国债的前身。国债是针对所有国民发行的债务，清代在 1905 年前后才开始发行国债。本章讨论的主要是国家对商人的借款。

都只适用于短期的贷款。15 世纪，欧洲陷入漫长的战争状态，短期的贷款已经无法满足财政需求，政府迫切希望获得长期性的贷款，于是，一些国家干脆采用自治城市的借款策略，以税收作为抵押换取借贷资金。

清政府对财政与商人的合作也并不陌生，早在乾隆时期，就有地方官员请旨用官款发给当铺以获生息银两补贴财政。王朝对商人有绝对的辖制能力，因而并不担心商人吞没款项。但商人借款与国家，却有借款不还之虞。19 世纪地方华商的借款越来越少，固然缘于地方资金枯竭，亦是因国家扣款不还导致的信任危机。相形之下，票号较有获得还款的信心，因为票号资金丰裕，可以多次借贷；地方政府又需要依靠票号反复垫汇，必须保证还款方能再次借贷。这使得票号与政府的合作成为一种长期行为，政府出于长远考虑，便不愿撕毁协议。票号与地方政府的关系，和 14 世纪英法国王与其金融顾问的关系可以构成类比，正是因为两者合作的长期与深入，借贷的信用关系才能够达成。

在商人与国家的信贷关系中，政府不仅需要有还款的意愿，还必须有还款的能力。欧洲的国家财政债务以税收，尤其是商业税收的发展为基础。传统的土地税收潜力有限，而商业税收可以随着国家实力的扩展逐渐增长。1375 年，在英国财政部的总收入中，来自国王世袭领地的收入只占 19.64%，其他部分均属于新增税收；亨利六世时期，英国的关税收入可以占政府年收入的 52% 以上（波斯坦，2002，269）。英国蒸蒸日上的税收，是商人借贷的信心来源。相比之下，德意志皇帝无法组织起有效的帝国征税体系，以领土为基础的年收入有限，便无法获得债权人的青睐（波斯坦，2002，372）。

19 世纪下半叶，清朝的地方政府也是以税收赢得商人的贷款的。同治时期，各省地方财政开始依靠票号垫汇饷银，而这一借贷行为的基础正是各省的新增税收。

清代的财政体制中并不存在现代意义的中央税和地方税的划分。摊丁入亩以后，地方与中央开始使用同一套税种（包括地丁、盐课、关税等），央地的财政划分从“税源划分 / 分成”并行的体制转变为单一的分成关系（刘志伟，1992）。在这套财政制度中，中央决定地方的分成比例，而税收的征收则由地方政府负责。咸丰以前，地方存留一般在20%上下，中央占绝对优势。不过，这种财政划分只涉及正额，地方因为拥有直接征税的权力，可以加征各种附加性的税收（岩井茂树，2011，21-101）。因而，地方财政只是部分地受到中央监管，实际拥有充分的伸缩空间（赵思渊、申斌，2018）。周雪光（2014）将这种财政体系描述为一个“放权—集权”循环中的动态关系，在中央权力较大的时期，地方的财税独立性相对收敛；中央集权松散时，各地便会拥有较多的非正额收入。咸丰以后，各省开征厘金，京饷、协饷多不到位，中央的财政掌控能力涣散，地方财政权力开始扩大。票号的借贷正以此分散式的财政结构为背景。

在第三章，我们看到，清代财政债务的实际承担者均是地方政府，无论是地方政府自身的借贷，还是左宗棠军事行动的贷款，都需要由地方来偿还。地方政府是征税的直接实施者，因而可以以税收作为抵押获得贷款。咸丰以后户库空竭，中央又无稳定而直接的收入来源，因此并无偿还债务的能力。在分散式的地方财政体制下，中央无法承担还款的任务，贷款只能转嫁给有直接征税能力的地方政府。

地方税收的状况也与贷款情况关系紧密。咸丰三年后，厘金开始成为一项重要的地方财政收入。而各省厘金收入又有高下，山西厘金不丰，承担借款亦少，广东则正好相反。这种情况也是各省的贷款差异的原因之一。

然而，绝不能因此认为地方获得了独立的财政地位。地方的饷银调拨，虽然多有拖欠，但中央仍掌握着基本的调派权力。票号对地方政府的借贷形式主要是垫汇，包括汇兑和贷款两个过程。在清末酌拨制度紊乱的情形下，票号以汇兑形式在接收地集散银两的运作方式，部分避免了军兴以后地方所征实银就近扣留的弊病。票号为地方政府提供的贷款，实际上为维护中央政府的财政权力发挥了重要的作用。

贷款的用途会深刻影响国家的轨迹。法国的路易十四将贷款筹得的财政资源大部分用于军事扩张，国民经济从中获益极小，税收规模停滞不前。结果国家无力偿还沉重的贷款，财政濒临崩溃，只能通过苛捐杂税进行弥补，从而导致了更深刻的社会矛盾。英国政府则以贷款为经济扩张政策服务，商业的繁盛为国家信用提供了最好的保障，国家税收规模的增加与贷款形成了良性的循环。清末中国的情况与17世纪的法国更相似，大部分的贷款都用于消耗性的支出（如军费和战争赔款），光绪时各省税收大多都要偿还各种债务，白银大量外流，政府几乎丧失了积储资金的能力，扩展生产更是无从谈起，财政陷入到彻底的恶性循环之中。

二、票号的作用与衰败

正如彭慕兰（2003，184）所言，不同的社会条件下，战争影响发挥的方向会存在非常大的差别。14世纪欧洲的战争是绝对主义国家重商政策形成的主要原因之一，但19世纪中国的战争，却多少导致了相反的结果——政府对白银的掌控能力进一步下降，集权式的财政结构反而走向分散。从票号与央地政府的关系中，我们多少能看到这些结果形成的复杂机制。

近代本位政策与传统经济的差异处在于，它不以国库财政的考虑为出发点，而是纯粹经济性的，“以商业资本得以确实计算为基础”（韦伯，2010，146）。清末的货币情况亦有类似的特征，军兴以后，库款清空，各地实银税收多委托票号汇兑，大量白银进入市场流通的环节。然而，在欧洲出现的与货币市场化并行的工商业的发展与国家对货币的垄断现象，却没有在中国出现。白银从政府手中流向市场，固然在短期内刺激了经济的发展，但长期来看却是贵金属随着贸易逆差流出国内市场，各地银荒愈重，政府财政运作的维持亦愈加困难。

岸本美绪（2010，191）将清代的白银市场比喻为相互连接的储水池群。在传统财政运行良好的情况下，港口流入的白银在各个层级的池子中积存，国家财政像水泵一样集散白银，发挥着联结各地的市场的作用。票号也发挥着沟通各地白银的作用，但是其运营方式却并非税收式的抽取和鞘解，而是以市场化的方式推动地方白银的集散与沟通。这就与政府的财政运作方式构成了互补。

票号与政府的合作客观上帮助清政府维系了脆弱的财政运作。地方政府可以通过票号迅速集资，而汇兑功能多少发挥了维持解协京饷制度的作用，这实际上有利于中央调配各地银两。当然，票号汇兑背后隐含的白银问题、京储空虚问题，又确实重塑了央地之间的相对关系。就此而言，票号在新旧变革中发挥的作用实在暧昧难辨，其间接后果更是难以把握。如依照 Wenkai He（2013）的看法，票号减弱了战争对清政府的财政压力，反而延后了政府彻底性的财政改革。

不过，这种暧昧不明的状况不可能永远持续下去。1895 年前后，在甲午战争巨大的债务压力下，国家财政愈加困难。在此情形下，中央政府希望垄断货币，加强对各省财税的掌控能力，于是开始了一系列集中财政权力的改革。

1897 年，中国通商银行在上海开业，资本额定 500 万，主营汇兑和存贷款业务。通商银行原为铁路营建而设，实际系半官半商的、指向国家生产性建设的融资银行[①]（张国辉，2002，306）。但这样的银行尚不能满足国家控制货币的需求。1904 年，中央政府又成立户部银行，希望借此重新收拢货币的发行权力。1906 年，户部银行改组为大清银行，资本 1000 万两，半数股份为国家所有，另半数由国人购买。其业务范围包括代理国家发行纸币，经理所有官款汇兑事务，并发行债券。户部银行成立后，官款不再发商经理，票号的汇兑业务受到严重影响。图 3-1 中，1906 年后票号的汇兑总额出现断崖式的跌落，即是因为这一变故。

咸同时期，票号承兑官款，获得了空前发展的机遇。但当国家开始尝试收回分散的财政权力时，票号亦首当其冲。1908 年，曾为票号经理的李宏龄感慨：

> 迨经庚子之变，中国当道注意财政，大清银之设遂遍于各行省。夫论信用力之强弱，我票商经营二百年，根深蒂固，何事不堪与人争衡；而银行一设，未免相形绌者，其间亦自有故。以存款而言，彼则五六厘，而我四厘也。以运款而言，彼则钞票，而我汇兑也。而且金库全归该行，贷借必有抵押，已难相提并论。而尤足寒心者，一遇倒帐，外洋银行则凭藉外力，大清银行则倚仗官权，同属财产关系，

① 起初章程中亦有铸造银币一项，后来未得获准。其存款来源大部是类似轮船招商局这样官督商办的企业，其放款对象则多为上海钱庄和新兴的工商业，带有新旧交替的性质。

而彼各挟势力以凭陵。如丁未营口东盛和之事，银行收十成而有余，票行收五成而不足，尚何公理之可言哉！（李宏龄，1989，164）

票号放贷向来仅凭信用不做抵押，一遇贷款无法清还，便徒然束手。国家银行则可以凭借强力收回贷款。在没有政治权力支持的情况下，票号根本无法与外商、国家银行竞争，最终彻底衰败。

参考书目

黄鉴晖编，2002a，《山西票号史料》，山西经济出版社。

贺长龄辑，《皇朝经世文续编》卷三十一，户政三，同治三年，谢膺禧，《京饷宜解实银疏》。

贺长龄辑，《皇朝经世文续编》卷六十，许梱，《钞利条陈》。

李燧、李宏龄，1989，《晋游日记同舟忠告山西票商成败记》，山西人民出版社。

爱如生申报数据收录，“辨左伯相与山西人借贷军饷事”，《申报》1877年6月7日。

爱如生申报数据收录，“论商存官项”，《申报》1881年9月28日。

爱如生申报数据收录，“论官商相维之道”，《申报》1883年12月3日。

爱如生申报数据收录，“论追理倒账不得其乎”，《申报》1884年7月3日。

全国报刊索引数据库收录，“方伯筹款”，《大公报》1903年9月20日。

全国报刊索引数据库收录，“论钱市之衰”，《字林沪报》1884年2月9日。

中国第一历史档案馆藏，《宫中档朱批奏折》，财政类，卷号54，道光八年四月初八日，《江苏巡抚陶澍为请暂借铜本易换制钱以平市价的奏折》。

中国第一历史档案馆藏，《宫中档朱批奏折》，财政类，货币金融专题，道光二十九年四月二十三日《浙江巡抚吴文熔奏折》。

中国第一历史档案馆藏，《宫中档朱批奏折》，财政类，卷号25-29，同治二年八月四日，《湖广总督官文等奏折附片》。

中国第一历史档案馆藏，《宫中档朱批奏折》，财政类，卷号32，光绪二十五年三月二十九日，《闽浙总督许应骙奏折》。

中国第一历史档案馆藏，《宫中档朱批奏折》，军务类，卷号11，光绪六年六月十五日，《钦差大臣大学士督办新疆军务陕甘总督左宗棠等奏折》。

中国第一历史档案馆藏，《军机处录副奏折》，财政类，卷号29，道光二十年八月二十八日，《御史宜崇为推原捐项以期速充国计的奏折》。

中国第一历史档案馆藏，《军机处录副奏折》，财政类，卷号38，同治元年十月十一日，《户部酌提各省关京饷奏片》。

中国第一历史档案馆藏，《军机处录副奏折》，财政类，卷号34，同治二年，《四川总督骆秉章奏折附片》。

中国第一历史档案馆藏，《军机处录副奏折》，财政类，卷号34，同治二年二月二十五日，《江西巡抚沈葆祯奏折》。

中国第一历史档案馆藏，《军机处录副奏折》，财政类，卷号36，同治六年六月初九日，《福州将军英桂等为请京饷仍行汇兑的奏折》。

中国第一历史档案馆藏，《军机处录副奏折》，财政类，卷号36，同治六年十一月十七日，《内务府大臣瑞常等折片》。

中国第一历史档案馆藏，《军机处录副奏折》，财政类，卷号24，光绪二年正月二十九日，《山西巡抚鲍源深奏折》。

中国第一历史档案馆藏，《军机处录副奏折》，财政类，卷号36，光绪四年九月十日，《两广总督刘坤一等奏折》。

中国第一历史档案馆藏，《军机处录副奏折》，财政类，卷号29，光绪六年十二月十六日，《浙江巡抚谭钟麟为汇解协甘饷银的奏折》。

中国第一历史档案馆藏，《军机处录副奏折》，财政类，卷号42，光绪十一年二月二十日，《两广总督张之洞、广东巡抚倪文蔚为应解京饷请分别解兑的奏折》。

中国第一历史档案馆藏，《军机处录副奏折》，财政类，卷号36，光绪二十六年正月十二日，《四川总督奎俊奏折》。

中国第一历史档案馆藏，《军机处录副奏折》，财政类，卷号44，光绪二十五年七月五日，《闽浙总督兼署福州将军许应骙奏折》。

中国第一历史档案馆藏，《军机处录副奏折》，财政类，卷号54，宣统三年正月二十七日，《邮传部尚书盛宣怀为交通银行拟派员查账的奏折》。

中国第一历史档案馆藏，《军机处录副奏折》，军务类，卷号13，光绪十二年七月二十二日，《云贵总督岑毓英奏折》。

中国第一历史档案馆藏，《军机处录副奏折》，军务类，卷号140，光绪六年二月初一日，《钦差大臣大学士督办新疆军务映甘总督左宗棠奏折》。

中国第一历史档案馆藏，《军机处录副奏折》，洋务运动，海军类，卷号68，光绪五年六月十七日，《福州将军庆春关于密筹闽省海防请截留协饷的奏折》。

中国第一历史档案馆藏，《军机处录副奏折》，洋务运动，海军类，卷号218，光绪十年十月初七日，《粤海关监督崇光为筹解北洋经费奏折》。
中国人民银行总行参事室编，1964，《中国近代货币史资料》，上海人民出版社。
朱寿朋编，1958，《光绪朝东华录》，中华书局。
《左文襄公全集》书牍，卷十六，光绪二年正月讫六月，《答沈吉田》。
《左文襄公全集》书牍，卷十九，光绪三年七月迄十二月，《与胡雪岩》。
《左文襄公全集》书牍，卷二四，光绪六年，《与胡雪岩》。
《左文襄公全集》书牍，卷十六，光绪二年七月讫二十月，《答刘克庵》。
《左文襄公全集》奏稿，卷四十，同治十年八月二十九日，《饷源中竭恳迅催协饷折》。
《左文襄公全集》奏稿，卷四五，同治十三年十月初四日，《饷源顿涸筹借款折》。
《左文襄公全集》奏稿，卷四七，光绪元年八月二十五日，《请敕各省匀济饷需片》。
岸本美绪，2010，《清代中国的物价与经济波动》，社会科学文献出版社。
波斯坦等主编，2002，“中世纪的经济组织和经济政策”，《剑桥欧洲经济史》第3卷，经济科学出版社。
陈春声、刘志伟，2010，“贡赋、市场与物质生活——试论十八世纪美洲白银输入与中国社会变迁之关系”，《清华大学学报》第5期。
陈锋，2013，《清代财政政策与货币政策研究》，武汉大学出版社。
陈锋，1988，《清代盐政与盐税》，中州古籍出版社。
陈其田，2008，《山西票庄考略》，经济管理出版社。
弗兰克，2000，《白银资本》，中央编译出版社。
何汉威，2001，“清季中央与各省财政关系的反思”，《中央研究院历史语言研究所集刊》第72辑。
洪葭管，1982，“山西票号、上海钱庄的性质和历史地位”，《金融研究》第8期。
侯兆麟，1936，“近代中国社会结构与山西票号——山西票号历史的正确认识”，《中山文化教育馆季刊》冬季号。
黄鉴晖，1983，“也谈山西票号和上海钱庄的性质——与洪葭管同志讨论”，《金融研究》第1期。
黄鉴晖，2002b，《山西票号史》，山西经济出版社。
孔祥毅，1996，“山西票号与清政府的勾结”，李希曾编《晋商史料与研究》，山西人民出版社。

孔祥毅，2002，“山西票号与中国商业革命”，《金融研究》第8期。
里奇主编，2002，“近代早期的欧洲经济组织”，《剑桥欧洲经济史》第5卷，经济科学出版社。
梁启超，1912，“莅山西票商欢迎会演说词”，《饮冰室合集第四册》，中华书局。
林满红，2011，《银线——19世纪的世界与中国》，江苏人民出版社。
刘建生，2007，“山西票号业务总量之估计”，《山西大学学报》第3期。
刘志伟，1992，“略论清初税收管理中央集权体制的形成”，《中山大学史学集刊》第 辑，广东人民出版社。
刘增合，2014，《“财”与“政”——清季财政改制研究》，生活·读书·新知三联书店。
罗玉东，1936，《中国厘金史》，商务印书馆。
马寅初，1923，“吾国银行业历史上之色彩”，《银行杂志》第1期。
倪玉平，2013，《清朝嘉道财政与社会》，商务印书馆。
倪玉平，2017，《从国家财政到财政国家——清朝咸同年间的财政与社会》，科学出版社。
彭慕兰，2003，《大分流——欧洲、中国及现代世界经济的发展》，江苏人民出版社。
彭泽益，2010，《十九世纪后半期的中国财政与经济》，中国人民大学出版社。
宋惠中，1999，《票商与晚清财政》，中央研究院近代史研究所社会经济史组编，《财政与近代历史论文集》，中央研究院近代史研究所出版。
卫聚贤，2008，《山西票号史》，经济管理出版社。
韦伯，2010，《经济与历史支配的类型》，广西师范大学出版社。
王业键，1981，《中国近代货币与银行的演进 1644-1937》，中央研究院经济研究所。
王业键，2008，《清代田赋刍论 1750-1911》，人民出版社。
史若民，2014，《票商与近代中国》，中国言实出版社。
燕红忠，2014，“从山西票号看传统金融的近代化转变——基于与英格兰银行发展路径的比较视角”，《财经研究》第8期。
岩井茂树，2011，《中国近代财政史研究》，社会科学文献出版社。
杨荫溥，1936，《中国金融研究》，商务印书馆。
张国辉，2002，“清鸦片战争时期至清末时期”，《中国金融通史》第2卷，中国金融出版社。

张辑颜，1928，《中国金融论》，商务印书馆。
赵思渊、申斌，2018，“明清经济史中的‘地方财政’”，《中山大学学报》第1期。
周雪光，2014，“从‘黄宗羲定律’到帝国的逻辑：中国国家治理逻辑的历史线索”，《开放时代》第4期。

Centeno, Miguel Angel, 1997, “Blood and Debt: War and Taxation in Nineteenth-Century Latin America”, American Journal of Sociology, Vol. 102, No. 6 (May), pp. 1565-1605.
Finer, Samuel E., 1975, “State and Nation Building in Europe: The Role of the Military”, The Formation of National States in Western Europe, edited by Charles Tilly, pp. 84 - 163, Princeton University Press.
Howard, Michael, 1976, War in European History, Oxford University Press.
Schumpeter, Joseph A., 1954, “The Crisis of the Tax State”, International Economic Papers 4:5 - 38.
Tilly, Charles, 1975, “Reflections on the History of European State-Making”, The Formation of National States in Western Europe, edited by Charles Tilly, pp. 3-83, Princeton University Press.
von Glahn, Richard, 2016, The Economic History of China: From Antiquity to the Nineteenth Century, Cambridge University Press.
Wenkai He, 2013, Paths toward the modern fiscal state: England, Japan, and China, Harvard University Press.
W. M. Ormrod, M. Bonney and R. Bonney, 1999, “Crises, Revolutions and Self-Sustained Growth: Essays in European Fiscal History, 1130-1830”, Standford.

茶村弥散性信仰研究

彭丽叶　北京大学社会学系 2016 级
指导教师　于长江

第一章　绪论

一、研究缘起与问题意识

（一）研究背景

中国民间宗教在明末清初之时被西方传教士普遍认为是“迷信”，这种来自西方的成见在中国近现代思想界中仍然盛行。大家仍普遍将“迷信”看成非理性、反科学、对个人与社会有直接危害的极端信仰。而随着对中国民间宗教研究的增多，民间宗教“去污名化”的进程也在不断加深。大量的田野调查实践也揭示了民间宗教的真实面貌，反映了其在中国社会中的重要地位。中国基层社会中现存的民间宗教不论在信众的数量，分布的范围还是活动的规模等方面都是远远超过在中国盛行的几大普世性宗教，如佛教、道教和基督教等（杨庆堃，2016，25）。

中国民间宗教在历史长河中源远流长，是中国乡土社会的有机组成部分，在中国宗教整体格局中占据着重要的位置，与中国传统文化密切相关。但是在学术研究层面，对中国的制度性宗教的研究不管是在起步时间，还是重视程度和研究深入度方面都甚于民间宗教的研究。有关中国民间宗教的界定问题在学界一直备受争议。中国民间信仰在很长一段时间内被学者认为是巫术和迷信的总和。古典宗教学的分类框架下，中国的民间信仰没有完整的神学思想、正式的祭祀仪式和组织化的信仰群体，因此与普世化的宗教如佛教、基督教等具有显著的差别，也不能与中国大传统下的儒、释、道三教相提并论（王铭铭，1996）。但是随着越来越多的国内外学者对中国民间宗教进行深入的研究，其宗教地位和在中国社会中的重要性逐渐凸显。华裔美国社会学家杨庆堃所著的《中国社会中的宗教》一书被认为是研究中国宗教的“圣经”，其提出的“制度性宗教”（institutional religion）与“弥散性宗教”（diffused religion）概念框架对于分析民间宗教在中国社会的主要地位及广泛影响具有重要的启示意义（张志刚，2006）。

（二）研究问题

关于中国社会中的宗教特征，梁漱溟(2009，198)在其著作《东西方文化及其哲学》中曾指出：“世界上宗教最微弱的地方就是中国，最淡于宗教的人是中国人，而此时宗教最式微，此时人最淡于宗教；中国偶有宗教多出于低等动机，其高等动机不成功宗教则别走一路。”与此观点相反的是，在肯定民间宗教在中国社会中重要地位的基础上，杨庆堃（2016，6）指出，低估宗教在中国社会的地位，实际上是有悖历史的。宗教在中国社会具有强大、无所不在的影响力，它们是一个社会现实的象征。杨庆堃对中国社会中的宗教的研究是在搜集大量县志、神话传说和田野调查资料的基础上完成的，其范围是晚清和民国时期。

笔者于 2017 年 10 月参与了一个乡村建设课题项目，在浙江省的一个山村——茶村开展了田野调查工作，了解了该村的历史文化及生计状况。在此过程中笔者感受到了民间宗教在村民当下日常生活中的活力和生命力，同时也将茶村的宗教信仰现状与杨庆堃先生关于中国社会宗教的论述相联系，深入思考民间宗教在当今村民日常生活中具有怎样特点与地位。因此，在第一次课题调研的基础上，笔者于 2017 年 12 月 16 日至 25 日围绕茶村的宗教信仰展开了更加细致的调研。

本研究所关注的重点是弥散性宗教在村民生活中所发挥的功能及在组织性和制度性方面的特点，一是验证杨庆堃先生对弥散性宗教的功能论述，检验其关于中国社会中的宗教论述是否仍然具有解释力和适应性。另一方面是丰富杨庆堃先生提出“弥散性宗教”这一理想型概念的内涵，分析茶村的祖先崇拜和社区神灵崇拜所凸显出的组织性和制度性的特点。

（三）研究意义

在现实层面，通过对茶村弥散性宗教的研究有助于了解宗教生活与村民日常生活的相互嵌入性，为保护村落发展提供一定的现实借鉴。在现实生活中，民间宗教信仰是中国广大信众精神生活的重要组成部分，影响着他们生活方式以及思维方式，也不断影响着各地的风土人情和传统习俗。对民间宗教信仰的研究不仅可以通过其宗教信仰内涵和仪式实践的分析，理解其日常生活中行为动机，而且也可以透过宗教生活的形态了解当地文化特色形成之由来。因此，对茶村宗教生活的研究在当今社会变迁中对于保护传统文化和发展新农村具有重要的意义。

在理论层面，对茶村宗教信仰的“自下而上”的研究可以从本土出发，从中国百姓日常日常生活着手，为构建更具有本土解释力的理论做出适当贡献。虽然当今学术界民间宗教的研究不管在人类学还是社会学领域都逐渐得到重视，研究成果不断增多。但是比起对中国社会中制度性宗教的研究，其丰富程度仍然有待提升。因此对茶村弥散性宗教的研究，可以为中国民间宗教研究丰富个案。另外，有关民间宗教研究的理论建构多受西方宗教概念体系的束缚，杨庆堃先生创造性地提出的弥散性宗教和制度性宗教的概念也面临着历史和社会变化的检验。对茶村宗教信仰的实证研究可以为发展中国宗教的理论提供本土经验的素材。

二、文献综述

（一）民间宗教研究

1. 国外学者的研究

对于中国民间是否存在宗教这一问题，学界存在很大的争议。现存的观点主要可分为两大类：一类是不承认民间的信仰、仪式、象征为“宗教”；另一类认为它们可以构成一个“民间宗教”（popular/

folk religion）。“宗教”这一概念发源于国外宗教学和人类学的研究，主要是基于基督教、佛教和伊斯兰教这样的普世性宗教的内涵和外延进行界定。而当国外汉学研究者和国内学者放眼中国社会中的传统宗教信仰时，便出现了一定的学术争论。其分歧点在于中国传统的信仰和仪式活动是否符合“宗教”——这一建构于西方话语体系之下的概念。如果是宗教，那么中国民间的宗教又具有怎样的特殊性？

在古典宗教学的传统中，涂尔干有关宗教概念的界定：宗教是一种既与众不同，又不可冒犯的神圣事物有关的信仰与仪式所组成的统一体系，这些信仰与仪轨将所有信奉它的人结合在一个被称之为“教会”的道德共同体之内（涂尔干，2015，58）。在涂尔干的定义中，宗教主要包含三个要素，即信仰、仪式、道德共同体。巫术与宗教的区别就在于巫术没有构成宗教要素的道德共同体，巫术的追随者没有联合成群体，不存在巫术教会（涂尔干，2015，55）。弗雷泽也有对宗教和巫术进行区分的论断。在其著作《金枝》中，弗雷泽指出自己所理解的宗教包含理论和实践两大部分，就是：对超人力量的信仰，以及讨其欢心、使其息怒的种种企图。宗教认定世界是由那些意志可以被说服的、有意识的行为者加以引导的。而巫术与之相对立的是认为自然的进程不取决于个别人物的激情，而是取决于机械进行着的不变的法则。基于以上两位学者的论述，保守的古典宗教学者倾向于主张中国的民间信仰是“多神信仰”“万物有灵论”“迷信”和“巫术”的总和。

也有一些国外学者将中国民间的信仰行为看成“宗教”体系。国外对中国民间宗教的研究主要集中于西方汉学家，比较著名的有武雅士、高延、葛兰言、王斯福、弗里德曼等人，他们的研究展现了中国民间宗教在不同维度上所具有的特点。

在民间宗教的界定方面，弗里德曼（1974）认为中国宗教作为一个体系确实存在，并且中国人的宗教观念和实践并非是随意堆积元素。在包括信仰、表征、分类原则等的观念层面，在实践与组织的层面，包括仪式、群体、等级制方面，都存在着一个中国宗教体系。且这个体系是具有开放性和内在多样性的，也使得中国宗教成为了一个巨大的政治统一体和等级制社会的一部分。

在民间宗教与大传统的关系探讨中，葛兰言和高延都是在二分体系下研究中国宗教的，但是二者展现出了不同的研究路径。在农民宗教和精英宗教、大传统与小传统的视角下，高延是自上而下来看待中国社会的宗教的，葛兰言则是自下而上，他将农民的生活和思想看作一切中国文化的终极基础，农民宗教是高贵的。在葛兰言看来，宗教的农民形式和贵族形式都逐渐发展成为服务于帝国政府及其官员需要的信仰和崇拜（武雅士，2016，65）。

在民间宗教与社会文化分析方面，武雅士和王斯福都注重研究汉人民间宗教的象征体系。武雅士（1974）认为中国的宗教反映的是其信徒的社会概貌。神是一种超自然的官僚机构，例如土地公被认为是地方官，城隍被认为是学问官，人与神的关系是一种政治关系。祖先是家庭和世系的成员，人与祖先的关系则是亲属关系。超自然界中的鬼相当于现世中被惧怕的陌生人，被等同于社会所鄙视的土匪和乞丐，会给人带来各种不幸。神、祖先和鬼表达的是农民对他们的社会世界的阶级划分。王斯福（1974）对中国宗教的研究也注重分析鬼、神仙和祖先这三种主要的灵性存在。通过对家庭和公共仪式“再生产”出来的宗教系统进行分析，力图从中提炼出该系统隐含的对社会的选择性定义。在王斯福的研究中，这三种灵性存在有着一定的秩序，若干的阶层和规则。神祇是国家权力体系的一个隐喻，神祇是帝国官员，祖先则是本地乡党，鬼是不速之客。神和祖先是被当作“自己人”来祭拜，鬼则被当作“外人”祭拜。

2. 国内学者的研究

国内学者对于民间信仰与宗教的关系及概念归属问题也存在一定的争论。以金泽、李亦园、王铭铭等为代表的学者认为中国存在民间宗教，以乌丙安为代表的一些民俗研究者则认为中国民间信仰与宗教有着显著区别，不可同一而论。也有学者建议参与一种模糊和折中的概念界定，以此来开阔研究视野。

认为民间信仰与宗教有着显著区别且二者不可共享一个概念体系的学者主要侧重于在民俗学角度对民间信仰进行研究。例如乌丙安在《中国民俗学》中提出民间信仰和宗教的十大区别，撇清民间信仰与成型宗教的联系，强调民间信仰的自发性和民俗性（吴真，2008）。

而肯定中国民间宗教存在的学者如金泽指出“民间信仰是根植于老百姓当中的宗教信仰及宗教的行为表现……民间信仰属于原生性宗教”（金泽，2002）。在金泽看来，民间信仰作为宗教形态的一种，在组织结构上相对松散，但它也有着宗教形态不可或缺的因素。如它有自己的崇拜对象（神灵或神力等），也有自己的神圣时间和神圣地点（如崇拜场所和崇拜时节），某些地方还形成某种形式的管理机构，也有各自在历史传承中形成的组织网络。持相近观点的学者还有台湾学者李亦园，他认为中国民间信仰中的祖先崇拜、四时祭祀、神灵崇拜等是作为普化宗教而存在的。虽然没有形成一个有组织的制度，没有明确的教会组织、经典、教义等，但是宗教信仰扩散到生活中的各个方面，跟我们的日常生活密切地联系在一起（李亦园，1997）。为帮助理清中国民间宗教形态，王铭铭（1996）提出中国民间的宗教文化包括信仰（神、祖先和鬼）、仪式（家祭、庙祭、墓祭、公共节庆、人生礼仪、占验术）和象征（神系的象征、地理情景的象征、文字象征、自然物象征）三大体系。卢云峰（2013）则认为使用“民间宗教”这一概念应该辨析其学科背景，人类学所讨论的“民间宗教”对应的英文词汇是“popular religion”或者“folk religion”，与历史学语境下讨论的“民间宗教”意义完全不同。

林国平（2007）总结了学界对民间信仰的不同的定义，认为已有的观点主要可以分为三类。第一类观点认为民间信仰不是宗教，而是一种信仰形态。第二类观点肯定民间信仰的宗教性，强调民间信仰的本质属性，同时注意到与其他宗教、民间宗教的区别和联系。第三种观点认为对民间信仰的界定不必要太精确，相反模糊一点更加有利于研究。在对民间信仰研究进行总结的基础上，林国平采取的是折中取向，提出的观点是民间信仰介于一般宗教和一般信仰形态之间，将民间信仰称之为“准宗教”更加准确。

3. 小结

通过以上对国内外有关中国民间宗教研究的梳理可以看出，目前国内外学者中都有将中国民间信仰活动定义为民间宗教的取向。需要明晰的是中国民间宗教与古典宗教学传统中的宗教定义具有显著的区别，与制度性宗教也是处于二分体系之下的。而且中国民间宗教有着独具特色的内在体系，在中国社会中发挥着一定的社会功能，与人们的日常生活联系紧密。

（二）弥散性宗教与制度性宗教研究

1. 理论提出

杨庆堃先生在分析中国社会中的宗教时创造性地提出了“弥散性宗教”和“制度性宗教”的概念。

制度性宗教被看作一种宗教生活的体系，具包括独立的神学观或宇宙观，用以解释人类和世界的事物；由系统性的象征（神、灵魂和他们的形象）和仪式组成的独立信仰体系；由专门神职人员组成的组织，帮助阐释神学观念，并主持仪式。借助于独立的概念、仪式和结构，宗教具有了一种独立的社会制度的属性，因此被称为是制度性的宗教。

弥散性宗教在杨先生看来可以被理解为虽然也拥有神学理论、崇拜对象及信仰者，但是却能十分容易地渗透进一种或多种的世俗制度中，从而成为世俗制度的观念、仪式和结构的一部分，失去了显著的独立性（杨庆堃，2016，229）。两种宗教具有的显著性差别是制度性宗教更具有独立性，作为独立的系统运作。而弥散性宗教是与世俗制度相融合，并且作为世俗制度的一部分在信仰者日常生活中发挥功能。

弥散性宗教在中国社会中主要是指原始宗教，包括对天、次于天的众神以及祖先的崇拜（杨庆堃，2016，19）。杨庆堃先生认为在中国社会中弥散性宗教占有主导地位，在社会生活的所有主要层面广为流行，对社会制度稳定起到了积极的维系作用。制度性宗教在中国社会中则主要是指普世性宗教，最具代表的是佛教和道教。也包括原始宗教的一部分，由专门人士来执掌，如风水师、占卜师、男巫和其他类型的术士（杨庆堃，2016，234）。相比较而言，制度性宗教则在中国社会中长期处于弱势地位。

2. 国内外学者的讨论

中外学者对杨庆堃先生对中国宗教的研究提展开了一系列的讨论。

莫里斯·弗里德曼（Maurice Freedman）认为杨庆堃先生试图把中国宗教作为一个整体，并将其置于它被思考和实践的社会中来描述中国宗教的特征，弗里德曼也认为中国宗教作为一个体系确实存在。欧大年（2005）在杨庆堃《中国社会中的宗教》一书的序言中肯定了其理论贡献是表明了宗教的仪式和信仰是怎样成为中国社会，包括家庭、阶级、民间团体、行业、经济活动和朝廷，必不可少的一部分。但是弥散性宗教的提法容易造成对中国社会民间宗教缺少组织结构的误解。“弥散性”意味着缺少组织结构。实际上，寺院和民间社区的祭祀仪式都是与以家庭和乡村生活的秩序为基础的组织、结构相关的，根据家庭和寺院的传统，他们精心地安排各种活动，因此，这种融入当地社会结构中的民间宗教是深深地被制度化的，并且不断地延续着。它们不是个别的、分散的现象，而是制度化的。

国内也有学者对弥散性和制度性宗教概念在中国社会宗教研究中的适用性进行反思。金耀基和范丽珠（2007）认为杨氏致力于摆脱西方模式的制约，通过中国宗教的经验来定义宗教，特别是找到恰当地诠释迥异于西方社会宗教的中国宗教特性的方法，他的确有聪明过人之处；但是不能否认的是，杨氏所谓制度性的宗教和弥散性的宗教概念在很大程度上仍然是按照西方式的学术规范来研究中国宗教的。陈彬（2009）认为杨庆堃关于中国宗教的论述在系统性、准确性、深刻性上均要甚于韦伯，但未完全摆脱西方文化价值观来讨论中国的宗教问题。此外在理念概念的时效性问题上，杨庆堃宗教研究主要是针对传统中国社会中的宗教组织形式而提出的分散性宗教和制度性宗教这对核心概念，但中国社会的现代性变迁导致当代中国宗教的总体结构特征不同于传统社会，这使得杨庆堃的宗教社会学理论在应用于当代中国宗教现象时可能将面临新的挑战。李华伟（2015）则认为杨庆堃的宗教定义是从中国既有的现实状况出发，而非生搬硬套西方的宗教概念。但是在对中国社会宗教的研究方法上，他认为杨庆堃先生注重宏大叙事，没有着重关注个体的宗教行为细节表现，缺乏对行动者动机与意义体系的探寻。另外，在方法论上注重方位宗教事象本身的关注，过于强调秩序，忽略了对信仰本身的探讨。

3. 小结

通过对国内外学者对杨庆堃提出的弥散性宗教和制度性宗教概念的辨析，可知学界对其“弥散性宗教”的提法确实仍有争议，但大部分学者对其概念的独创性及其对中国社会中宗教现状的分析是肯定的。而且通过对杨庆堃所著内容的认真解读可知其概念的提出只是想借助一种“理想型”来帮助分析中国社会中的宗教面貌，澄清宗教在中国民间的形态是如何与世俗制度相融合，又发挥了怎样的功能。对“弥散性宗教”和“制度性宗教”的译法之争实在不应作为其理论聚焦的出发点。因此本文将茶村的宗教信仰作为一个社区研究个案，出于行文和后续探讨的方便使用杨氏的“制度性的宗教”和“弥漫性的宗教”作为概念工具。同时，也倾向于王铭铭教授对这一领域探讨所采纳的立场，即作为社会人类学的研究将“弥漫性的宗教”作为研究乡村社会的一种研究的路径，“是因为他们主张通过对民间的信仰、仪式和象征的宗教体系的考察，探讨中国社会中的文化现象与社会现象之间的关系”（王铭铭，1997）。特定社区内的“弥漫性的宗教”也应该被植入特定的区域社会才有探讨的意义，毕竟宗教生活生长和依赖于这一社区本身的结构、生活与功能。

三、研究对象与研究方法

（一）研究对象

本研究田野调查点茶村位于浙江遂昌、龙泉和福建浦城的交界处，隶属于浙江省丽水市遂昌县龙洋乡，是其行政村西滩村下辖的一个自然村。茶村距离龙洋乡有 10 公里路程，距离遂昌县城有 70 余公里。该村地处国家级自然保护区九龙山南麓，海拔 650 米。

茶村历史有三百年之久，茶村先民于康熙年间由福建连城迁徙于此地。村民认为祖先选择此地是看中了这个风水宝地。村庄坐西向东，北侧有一堵数百米高的山崖，因远看像一面迎风招展的旌旗，村民称为“旗山”；南侧有几座高耸独立的山峰，神似一杆杆长枪；而村庄位于山腰平地处，此地形被形容为“左旗右枪前将台”。村庄的地理位置被村民认为是具有优越性与灵性的，茶村现有户籍居民147人，45户，29栋房，常住人口约50至60人。常住人口多是中老年人，儿童也极少，目前只有一位未到学龄期的留守儿童。青年劳动力流向城市，茶村空心化现象严重。

留守在村中的中老年人和外出打工的青年人有着不同的生计模式。茶村现在的生计模式是由两部分组成，一部分是留守在村中的居民所从事的农副业，另一部分是外出的青年人的打工经济。

茶村的宗教信仰在代际之间传承，传统的宗教信仰活动也在被延续和保留。祖先崇拜、庙宇中神灵崇拜等构成了村民日常生活的重要组成部分。宗教信仰的符号在村中随处可见，村民家中堂屋的家神排位、厨房灶台香炉、村中的三座庙宇等都为村民进行宗教生活实践提供了信仰空间。每到初一、十五及节庆和神灵的生日都是村民进行祭拜的日子，准备食物，点香烧纸这些仪式都是必不可少的。这样的宗教信仰已经与村民的日常生活融为一体，在世代的繁衍中一代代传递，今日村中庙宇的香火仍然昼夜不断。

（二）研究方法

参与观察法：本研究的参与式观察包括在调研期间与村民同吃同住，近距离观察村民日常生活习惯，及宗教仪式的举行。观察空间包括村民家中堂屋里的香火铺、灶台上的点香炉，村中社祖庙、空灵山、观音庙这三个庙宇，村中田间地头的坟墓碑刻。观察到的祭祀仪式包括冬至日时村中在家祭祖、上坟，到庙里点香，在庙中的求签仪式等。

访谈法：通过访谈了解村史及家庭史，村中流传的神话传说及庙宇历史，获取口述史的资料。另外也对祭祀礼仪信仰功能等相关信息进行询问，了解村民对日常宗教生活意义的自我诠释。值得注意的是口述史的研究方法本身存在客观性的问题，即访谈中可能存在受访者失去对过去的记忆、由于怀旧主义和个人感情色彩故意扭曲记忆、口述者的回忆受到现实生活经历的影响等等。本研究为解决以上问题，增强研究的客观性，在访谈对象的选择上注重科学性，对村支书、祭祀相关的组织人员、不同性别及年龄段的村民进行访谈。在资料整理中注意分辨访谈资料的真实性。

文献法：本研究对民间宗教相关的研究进行了梳理，另外也搜集了茶村所在县的《遂昌县志》资料，对其中有关该地民俗信仰的资料记载进行提取和分析。同时也在村中收集到一些村民在庙中求签的签簿，包括药方签和财运签的解签簿，举办“打清醮”活动、庙里香钱的账目手抄本。还有碑文以及村民家中与符咒有关的手抄本资料。

第二章 家庭中的祖先崇拜

一、家族的故事

祖先崇拜是人类古老的信仰现象和文化传统，在中国，祖先崇拜具有悠久的历史，是重要的宗教信仰之一。人类学意义上的祖先崇拜，是指以相信已故的成员给某个集团的现有成员的生活带来影响这一信仰为基础的民俗信仰体系（色音，2012）。祖先崇拜是与家庭亲属制度紧密相连的，因此，对茶村中家族亲属关系的梳理是研究其祖先崇拜的基础。

（一）罗氏家族溯源

茶村居民主要有两大姓氏，分别为罗氏与曹氏。其中罗氏是最早在此定居的，且占村中人口的绝大部分。曹氏后迁居于此，并与罗氏通婚，在村中也繁衍有数代。有关茶村的历史最早要从罗氏迁居于此开始讲起，家族溯源也应由罗氏先祖开始。

现居茶村的罗氏先民是由福建连城迁至此地的，清代乾隆初年，罗氏先民因贸易迁往遂昌。《连城文亨罗氏家谱》有关茶村罗氏先祖的记载仅到第二十一世奉承公。据茶村残存手抄家谱记载，二十二世懋贵公“乾隆初年贸易浙江处州府遂昌县二十都龙口庄，安龙洋乡茶园村”。通过对连城文亨罗氏家谱与茶村罗氏家谱的结合分析，整理出如下谱系图。而茶村村民并不知其先祖懋贵公之上的罗氏各祖先谱系是如何的。

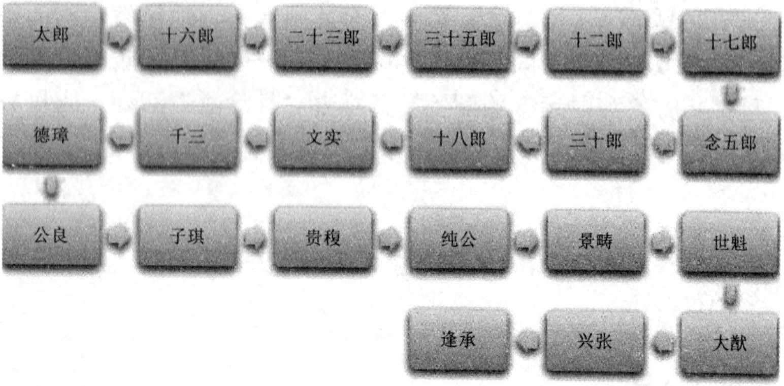

图 3.1 连城文亨罗氏家谱（茶村支系）

（二）曹氏家族溯源

曹氏家族迁入茶村相比于罗氏更晚，在人数上也远少于村中的罗性居民，目前村中有只有两户曹姓居民居住。据《曹氏宗谱》记载，曹氏先祖于宋朝时在福建汀州宁化县曹坊开基，二十一世祖翌公迁居遂昌龙口，二十四世祖长炎生于同治庚午九年，少年随母“迁居茶园……娶茶园罗清富公之女名大女……生二子”。根据族谱记载可知曹氏在村中最开始只有一人，是由其母亲改嫁到茶村后作为罗姓村民的继子开始在此生活繁衍的。长炎为罗氏继子，村中曹氏皆为长炎之后，已繁衍五代。罗、曹两姓通婚频繁，也使得村中两姓氏的村民之间相处和谐，安定团结。

与罗氏家族不同的是，曹氏村民所存有的族谱更加完整，曹氏村民参加本宗族集体活动也更加频繁，会到遂昌焦滩蔡口曹家祠堂和福建的曹家大祠堂参加宗族祭祀。据曹姓村民介绍，其家中现存的这本《曹氏宗谱》是由在福建的曹氏家族专门组成修谱委员会集资修订的。修订费用大约四万元，历时三年完成，编制完成后打印出来两百元一本供曹氏家族的人购买。在《曹氏宗谱》中，有关茶村曹氏村民的记载在“埠头洋派——遂昌蔡口曹氏宗谱”这一章节中。目前茶村的曹姓村民的谱系关系如下图所示。

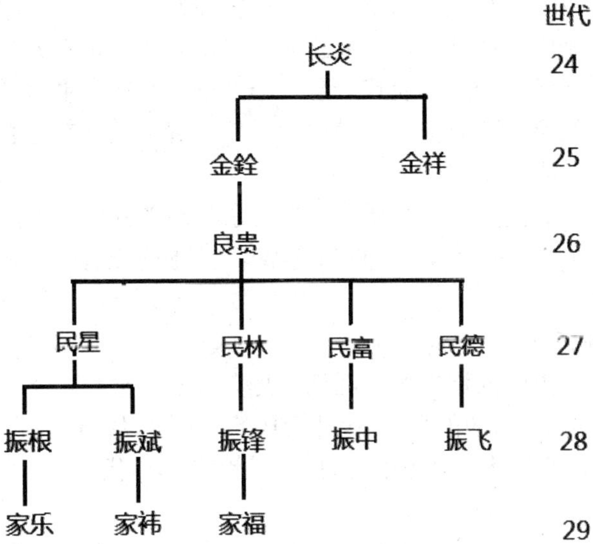

图 3.2 茶村曹氏家谱

二、家庭祭祀

祖先崇拜的基础是人们相信人死后灵魂是存在的，其祖先的灵魂是具有超自然力量的存在。通过举行一定的祭拜仪式将与自己具有血缘关系的祖先神灵维系在一起，使得作为家庭成员之一的祖先能与现世家族成员保持沟通，使家族成员免于灾难，得到祖先神灵的庇护和保佑。中国家庭生活中最重要的宗教内容还是祭祖，一种有助于中国社会基本单位——家庭整合和延续的仪式（杨庆堃，2016，24）。茶村村民对祖先的崇拜主要是通过家庭祭拜活动实现的，家庭祭坛是重要的祭拜场所。在与祖先崇拜相关的重要祭祀节日里，每家都会举行一定的祭拜仪式，以求祖先对家庭的庇佑。

（一）家中的堂屋

茶村没有进行家族祖先祭拜的祠堂，主要是每家各自在堂屋中设立香火铺，堂屋是支持祖先崇拜的重要祭祀空间。在重要的祭祀节日中，堂屋中会举行一系列的祭祖仪式，使得堂屋在家庭居住空间中具有神圣性。而在平常的生活中，堂屋也兼具世俗实用性，例如会客，存放农作物和农具等。一座家屋代表着一个家庭，在家庭中由于各种功能性和非功能性空间所具有的宗教内涵，使家庭空间又充分表现出神圣和世俗的二分特征（赵巧艳，2016）。

在茶村，村民家中的堂屋是发挥着宗教功能的仪式空间，几乎每家都会设立举行祖先祭拜仪式的家庭祭坛，一般包括有家神牌位、神案、八仙桌。

1. 家神牌位

在堂屋正中间的墙上贴上红纸，写有堂号、堂联、神位三部分内容。每个氏族都有对应的堂号，因此后代的子孙可以据此堂号寻宗问亲、追本溯源。这既表达了对先祖的敬重，也藉此向后代传递“木本水源”的观念。罗氏家族的堂号为“明德堂”，堂联为“金炉不断千秋火，玉盏长明万载灯”。曹氏堂联与罗氏家庭中的堂联并无差异，但家族的堂号为“贻燕堂”，而且在神位的内容上也与罗氏具有差异性。曹姓村民家中的家神不仅包括曹氏祖先，还包括罗氏祖先。这与村中曹氏先祖与罗氏家族通婚，建立了亲密的血缘连接不无关系。

图 3.3 曹氏家神牌位

2. 神台

设立家庭祭坛还要有神台，方便日常祭拜时给祖先上香和供奉食物。茶村居民家中神台上日常放置的祭祀用品一般包括一个香炉，香炉两边各一个烛台，前面三个茶杯。曹氏家族的神台上放有两个香炉，以方便给曹氏和罗氏的先祖门分别上香。有的家庭神台上平日也会放置着一些水果，比如自己家种植的橘子有收成时，会放置数个在神台上孝敬祖先。

3. 八仙桌

另外堂屋正中间也会摆上一张方正的“八仙桌”，在节日举行较为重大的祭拜仪式时摆放供祖先们享用的食物。堂屋中“八仙桌”四面代表的方位也具有一定空间次序等级。距离祭坛最近的是上座，即留给地位最尊敬的人；背对祭坛左手边的座位较右手边的座位尊贵程度要更高。堂屋中的八仙桌也具有神圣和世俗二分的特征，进行祭祀仪式时，其位置摆放与日常使用时的位置具有差别性。

（二）祭祀祖先

国外学者对祖先崇拜的研究由来已久，对中国祖先崇拜中的信仰观念和祭祀仪式的研究，学者们普遍认为祖先在中国人的观念中与人是具有亲属关系的，通过一系列的供奉仪式来维系亲属关系和表达对祖先的尊敬。即使祖先与人的关系是亲属关系，仍然需要向祖先供奉祭物，因为在村民心中，祖先不总是仁慈和体贴的，家庭中个体遭遇到的不幸和灾难有时也被认为是来自于祖先的惩罚（武雅士，2016）。通过举行祭祀仪式，村民与家族祖先建立起永恒的亲属关系，使亲属制度得以强化和延续。在中国，祖先崇拜本质上是种敬礼行为（Jordan D.K，1972）。在茶村，家庭祭祀仪式是进行祖先崇拜信仰的重要实践活动。

据茶村村民介绍，村民们除了在清明节、中元节、春节等重大的节日进行家庭祭拜活动以外，每个月的农历初一、十五都会在家里“点香”。茶村祭拜活动在不同的时间会有仪式繁复程度的差异。每逢农历初一、十五的祭祀是在堂屋举行烧香、化纸和上三杯茶的仪式，这样的祭祀是不需要准备食物的素祭。荤祭则是在重要的节日为祖先准备丰盛的食物。除了清明节是祖先祭拜的重要节日外，茶村居民在冬至日也会进行隆重的祭拜仪式。

每年的冬至日，茶村居民都会在家举行祭拜仪式后进行坟墓祭祀活动。调研期间，笔者参与观察了茶村居民冬至日当天进行祭祀活动的流程。对祖先的祭拜与初一、十五不同的是，冬至日当天的早上，家里的女主人会准备好丰盛的食物献给祖先。如学者所描述那样：祖先被认为是与人一样可以享用食物的，而且需要酒肉招待（Wolf A. P，1974）。茶村居民也表示准备的食物是孝敬祖先的。准备好祭祀用品后，首先进行的是家庭祭拜活动。家庭祭坛前的八仙桌会被抬到门口，村民认为这样可以方便迎接祖先回到家中接受祭拜。桌上摆好碗筷汤勺后，家庭中的男性成员在神坛前点好香烛，把装在盘中的豆腐、猪肉、鸡肉等菜品以及热米饭端上桌。其中鸡是当天刚杀的公鸡，不能是母鸡，而且公鸡的尾巴需要拔掉。另外还需要给桌子上的酒杯倒上酒。通过对茶村冬至日祖先祭祀的观察和了解，可以发现其一系列的仪式基础是建立在将神人格化的基础上的，即认为祖先和人一样是需要食物的。在访谈中村民也表示相信自己的供奉行为可以使祖先真的享用到食物，祖先因此得到支持和援助，也表达了家庭成员对祖先的尊敬。

三、祖先崇拜的功能及意义分析

茶村村民对祖先的祭拜的信仰和仪式在经年累月中不断传承，家庭祭坛上的香炉香火不断，祭祀仪式也在一代代间传承。正是由于其宗教信仰发挥了多方面的功能，才在村民的日常生活中显示出强大的生命力。茶村的祖先崇拜所发挥的功能与杨庆堃先生对中国社会中祖先崇拜的功能描述具有一致性，祖先崇拜在茶村居民日常生活中发挥着伦理教化、心灵慰藉、家族延续和整合的作用。

（一）伦理教化

在杨庆堃先生看来，“祖先崇拜培养了道德情感，尤其是孝道”（杨庆堃，2016，40）。孝的观念的培养与形成与祖先崇拜具有紧密的联系，对祖先的崇拜是孝道践行的方式，也使孝的观念在家庭中传承。笔者在对茶村的调研中发现茶村的祖先崇拜也起到了孝道传承的伦理教化作用。

对茶村村民而言，祖先崇拜首先起到了伦理教化的作用，这种伦理教化主要体现在孝道上。对茶村居民的访谈中，村民多次提到“尽孝道”“孝敬”这样的观念：

每逢初一十五我们家会在堂屋里面点香烧纸给祖先，节气会准备一些特别的食物。有的节气我也会做一两样婆婆生前喜欢吃的菜供奉在神台上，这样也是表达家里人对她的思念还有孝敬。以前公公可以自己做饭的时候是公公供奉，现在公公由我们照顾，就由我和我丈夫一起做这些事情了。（村民 LAY）

由此可以推断出，在茶村村民的认知中，家屋不仅是现有家庭成员居住的空间，也是作为家庭一员的已逝亲人魂灵居住的空间。因此在堂屋中的家庭祭坛前进行的祭拜仪式体现的是对祖先的尊敬和感恩之情，是家庭成员慎终追远，尽孝道的表现。

祖先崇拜不仅使家庭成员对逝去的祖先尽孝，也使得家庭中晚辈对在世父母长辈尽孝。父母在对祖先尽孝进行一系列的供奉和祭祀仪式时，子女在这个过程中受到感化，也习得以上的祭祀礼仪，孝道在代际之间得以传递。正如杨庆堃（2016，35）所言：“这些仪式有助于培养道德，尤其是子女的孝心、孝道，并且有助于促使支持这些价值观的人类感情更加细致。”孝的核心内涵是家庭伦理关系，父母养育后代，有生养之恩，而“孝”就是报答父母的长辈的最好体现。在笔者的调研中观察到，茶村大部分家庭中年长的老人都是与儿子同住，由儿子所在的家庭承担养老责任，老人得到很好的赡养。

我们现在都在离茶村不太远的地方打打零工，我丈夫骑摩托车到附近的乡镇找活干，不去很远的地方，主要是现在家里面的公公和我们一起住，我们要照顾他给他做饭，本来我们也可以去远一点的地方打工的，但是长者为大嘛。我们家和兄弟家商量的是轮流照顾老人，每家住半个月，这样都很公平，老人在一家吃半个月正好换一家换个口味，老人也觉得这样挺好的。（村民 LAY）

我爸到我哥那住一段时间后又回我家住一段时间，现在行动不太方便，我老婆每天每顿饭都是先给他送饭喂饭后再自己吃。晚上我在家的话再由我给我老爸洗洗脚擦擦身子。人嘛，都是会有老的一天。（村民 LQG）

可以看到，对祖先的崇拜和对祖灵的敬畏强化了日常生活中村民的敬老意识。正是由于祖先崇拜在代际之间不断传承，对祖先的尊敬也延伸到对现世长辈亲人的孝敬，百善孝为先的观念在祭祀仪式中得以强化，同时深刻影响着家庭生活中的伦理教化。

（二）心灵慰藉

葬礼和祭祀在内的祖先崇拜所产生的内心安定感觉会减轻因父母死亡而带来的心理冲击。对家庭失去一位亲人表达哀伤，象征性地表达不愿让死者离去，希望亲人的逝世不是意味着结束，而是另一种生活方式的开始；不是变成鬼魂，而是活在人们的记忆里（杨庆堃，2016，38）。通过以上文本分析可以看出杨庆堃先生认为祖先崇拜对家庭成员而言也有心灵慰藉的作用。而茶村居民的祖先崇拜也是发挥了以上的功能，只不过在内容上可细分为如下两个方面。

一方面，对祖先的祭拜和献礼可以缓解家族成员对亲人的思念，减轻情感上的悲痛。笔者在茶村观察到，有五户人家都把家庭中已逝的长者的照片挂在家中的堂屋墙上，有的是挂在神台上方的墙上，有的是挂在进门左手边墙上，总之都是家中容易注意到的位置。对以上观察的分析可知，在挂有已逝者照片的堂屋内定时的祭祀使家庭成员牢记死者的重要性，使生者和死者的关系稳定化，从而令生者对死者的记忆不会随时间流逝而消退。同时也提醒着在世的家庭成员逝者已逝，不能沉浸在因亲人死亡而带来的悲痛震撼中，而要相信死者继续以灵魂的形式存在，生者有继续生活下去的责任。

另一方面体现在村民希望通过食物等祭品这一媒介与祖先建立沟通的桥梁，希望祖先在受到祭献后能运用其超自然的力量来帮助解决家庭成员在生命历程中遇到的困苦。村民会把祖先也看作是具有超自然力的，这点有学者研究表明：祖先与人的关系是亲属关系，是自己人，相比之下会给人带来厄运的“鬼”则是陌生人，对祖先的祭拜一方面使村民相信可以免受祖先的惩罚，另一方面也会得到福佑（武雅士，2016）。茶村居民在村民对祖先的供奉仪式里，也掺杂着希望从中得到一些回报的意图。在问到村民在进行家庭祭祀具体的仪式时，村民描述到：

在一些重要的节气还有过年的时候，家中的长辈会带领家庭成员一起在堂屋的八千桌前给祖先烧纸，家里的老人这个时候会边烧纸边对着前方的香火铺说话，主要是给祖先说好话，希望祖先保佑全家。比如说请祖先保佑我们家孙子孙女考个好学校，保佑一家人身体健康，保佑儿子今年出去打工能挣钱，家里有人升官发财等。（村民 CMF）

根据村民的描述可知，村民向祖先祈求的内容都是与家庭成员相关的福祉。村民对祖先的崇拜是具有功利性的目的的，期望对祖先的尊敬和供奉能换取祖先对家庭成员的保佑。这种对祖先的积极膜拜带给家庭成员心灵上的慰藉，能给家庭成员更多的信心面对日常生活中的挫折和挑战。

（三）家族的延续和整合

"祖先崇拜的基本功能仍是整合家族成员，以便使亲族群体能够永久化。即使对于诸如情感、子孙孝顺等社会价值的培养，也直接服务于这一目的……祖先崇拜具有把众多的家庭成员凝聚为一个有组织的血缘结构的功能"（杨庆堃，2016，42）。茶村祖先崇拜对家族的作用与杨庆堃先生的分析具有重合性，祖先崇拜不仅发挥了家庭内部的整合作用，也为家族的再生产提供动力之源，推动了家族的延续。

祖先崇拜增强了村民延续香火的愿望，巩固了父系血缘的传承。传统社会结构得以延续的重要基础是祖先观念与祖先崇拜，这种家族的延续需要的是父系血缘不断传承，其基本形式是以男性子嗣为基础的。"传宗接代就是香火延续，不断有人祭祀祖先。生育子女的愿望是出于双重动机，一是传宗接代，另外也是表示对祖宗的孝敬"（费孝通：2014，44）。茶村延续香火的观念在老一辈村民心中也根深蒂固。因为在对祖先的祭祀中，男性会扮演女性不可替代的继承人角色。因此一个家庭中生育男孩的意愿往往是甚于女孩的，即使因为各种原因无法生育男孩，该家庭也会想办法避免让自己这代断了香火。茶村有五个家庭由于没有生育男孩而抱养了别人的孩子，这样的行为也让村民觉得血脉延续得到了保证：

我的儿子是在他出生十三天后从青田的一户人家抱养过来的，当时给了那家人八百块钱，他的亲妈几个月后生病过世了。抱来时儿子身体状况不好，小时候经常皮肤发痒。当时想抱养一个男孩是因为前面生了三个女孩，女孩子以后总是要嫁

出去成为别人家的人。有个男孩，以后家里面也有个延续香火的，而且以后家里面也需要多一个男孩出力。（村民 LYX）

我们这以前重男轻女思想比较严重，村中有的家儿媳要是连续生两个三个女儿没生儿子，家里的婆婆就会责怪儿媳怎么生的都是女儿没有儿子，村中有几户这样的最后就去别的地方抱养了男孩。我头胎生了一个女儿，我公公婆婆就不太高兴，后来生了一个儿子，他们对孙子的照看就比孙女好很多。说到底，就是觉得只有生了男孩才有人传宗接代。就算自己以后死了，家里面也有个后人能给自己烧纸点香。（村民 LAY）

在村民的表述中，可以看到祖先崇拜中包含的传宗接代的观念导致了一个家庭对生育男孩的偏爱，抱养行为更是加强验证了这一观念。也正是由于祖先崇拜需要男性继承人来完成，因此也推动了家庭的延续。

祖先崇拜重要的功能之一是团结和稳固血缘家族组织，这一功能是通过家庭成员在特定日期进行集体性的祭祀仪式实现的。祖先崇拜就是这样年复一年在不断重复的节日中演绎着、回访着、强化着，每一次祭祖在仪式和时间、环境空间上的同构性，提醒着后代对族群的认同和记忆，集体记忆再次置换为对家族的“识别图”，以此来支持族群认同，固化和保持作为个人一般的知识、信仰和思维模式（夏当英，2017）。在茶村，这种增强集体记忆的重要祭祀节日是春节。每年春节期间举行的家庭祭祀有效发挥了团结家庭成员，增强家庭凝聚力的作用。

平常的时候孩子们回来得少，但是过年的时候外出打工的儿子儿媳一定会带上孙子回来，过年就是一家人团聚的时候。在除夕吃年饭前，我们这都要先在家中祭拜祖先，儿子和孙子都会一起给祖先烧纸，以前是我教儿子，现在是儿子教孙子这些拜祖先的礼仪。等供奉完祖先后一家人再围在一起吃一顿年饭，象征团团圆圆嘛。（村民 LGX）

对茶村居民的访谈中分析可知，家族成员在固定的日子中一起精心准备祭礼，使得具有血缘关系的成员之间的凝聚力增强，祖先崇拜在血缘群体间发挥了整合的功能。

第三章　社区中的神灵崇拜

一、茶村神的故事

茶村居民对神灵的崇拜历史悠久，信仰体系的形成不仅受到例如地理环境的影响，还与村庄的历史有关。迁出地的原籍神妈祖信仰，迁徙途中的观音、五显灵官信仰，迁入地土地神、蔡相信仰等，共同构成了茶村以村落为基础信仰单位的多神信仰格局。

（一）妈祖：海的遗存

妈祖信仰起源于福建，后不断向全国各地传播。民间对妈祖的信仰得到如此大范围的传播是因为妈祖被赋予的神性满足了航海人普遍祈求神灵保佑的心理需求（林国平、彭文宇，2001，56）。又因为官方的认可与助势，各地妈祖庙、天后宫的修建也不断增多，扩大了信仰群体的规模，妈祖文化得以积淀和传承。

茶村虽然没有专门祭祀妈祖的庙宇，但是在村民日常赶集的主要地点——王村口镇有一座妈祖庙，庙前立有一座妈祖的神像，面朝庙前的河流。据《遂昌县志》记载，王村口镇的天后宫始建于清乾隆五十九年（公元1794年）。当时不少福建人来此做生意，集资建造，因此也有“福建会馆”之称呼。咸丰、光绪年间两度修葺，始成今日的规模。

王村口镇的天后宫除了村民个别化的祭祀，每年还会举行盛大的集体祭祀活动。农历的三月二十三妈祖诞辰日这天，王村口镇会举行“妈祖庙会”，又称“三月会”。茶村参与过此活动的村民介绍了庙会的场面：

庙会当天王村口很热闹，妈祖庙里面烧香的人很多，仪式也办得很隆重，也有很精彩的“踩街”活动。会有专门的人抬着妈祖像在王村口镇上的主要街道走，后面会有村民组成的腰鼓队、舞狮队等跟着一起游街表演，他们都穿着统一的服装。

我们这些没有参加表演的人也可以跟在队伍的后面看，绕着镇上主要的街道走一圈后又回到妈祖庙，将妈祖像放回到庙中。（村民 LGF）

王村口的天后宫和妈祖文化节对周边村落起到了辐射作用。为当地村民及乡邻提供了妈祖信仰的仪式场所，在“三月会”举行的一系列仪式活动也丰富了村民们的日常生活。茶村的村民也可以到天后宫中进行朝拜，在日常生活中延续对妈祖的信仰，此外在文化节当天也可参与“踩街”等活动，感受节庆氛围的同时加强与邻近村民的交往，促进睦邻关系的发展。

（二）空灵山诸神：途中邂逅

空灵山也被茶村村民称为龙山殿，位于村头古树林的前方，是村中目前规模最大的庙宇，建成于 2004 年。空灵山建庙的历史由来与村庄的迁徙史有关。据村民的介绍，其罗氏祖先从福建连城迁徙的途中到过凤鸣山，曾在山上的庙宇拜当地的菩萨祈福。后来迁徙到茶村后，村民们也常去拜。但是由于山路跋涉较远，后来为了方便，在村中建了空灵山这个庙宇，将菩萨请过来拜。参与过请神仪式的村民回忆了当年请神的过程：

村中的龙山殿修好以后，请了一个王村口镇上会雕菩萨的人用木头照着凤鸣山里面的菩萨雕，雕好后再到凤鸣山的庙中做仪式，就是把神请到我们村的庙中来。因为神是看不见摸不着的，把神请过来后也要在龙山殿做仪式，这样雕好的菩萨才能保佑所有人。（村民 LQG）

现在空灵山大殿中间安置有三位菩萨，村民认为，中间的菩萨主要保健康，左边的可以保财，右边的则是保平安。

图 3.4 空灵山大殿三位菩萨

在大殿的两边也有供奉有菩萨像，左边是七星君，右边是五显灵官。对七星君的崇拜是源于中国古代对星辰的自然崇拜，据《北斗经》记载，北斗七星君乃造化之枢机，人神之主宰，有回生注死之功，消灾度厄之力。

图 3.5 七星君

五显灵官又称灵观大帝，分别是东方青帝、南方赤帝、西方白帝、北方黑帝、中央黄帝。中间神仙相传他姓马名灵耀，因生有三只眼，所以中国民间又称“马王爷三只眼”。茶村村民对七星君和五显灵官的故事和传说不甚了解，只能说出菩萨对应的名字和与菩萨有关的祭祀节日。在村民心中这些神仙都具有一样的功能，只要虔诚祭拜，就会得到神仙的福佑。

图 3.6 五显灵官

茶村的观音庙位于空灵山的右侧，规模大小和蔡相庙相仿，里面供奉着一尊观音菩萨。有关村中观音庙的建庙历史，从村民的访谈中了解到村中有村民在龙泉和福建交接处的一座庙里拜观音，认了庙里的菩萨作老娘子，有事情就会去问，后来年纪大了不能去拜，该村民就把菩萨请到村中，现在每个月的农历初一、十五及节气村民也都会去点香。

图 3.7 观音庙

观音是佛教信仰中最为著名的菩萨之一。观音菩萨是现实娑婆世界中救苦救难的代表，以其崇高品格与人格魅力成为慈悲的化身。在民间信仰体系中，人们会将某种社会中不确定的因素或风险寄托于观音这一神圣信仰对象的身上，求观音、拜观音是村民中比较常见的观音信仰方式，并希望以此来获救、解脱。村民们普遍认为观音菩萨是保佑生子和管理姻缘的，因此村中有结婚嫁娶事宜的时候有人也会去庙里面拜菩萨。但是在村民心中，某一位神的功能往往是泛化的，观音除了以上的功能以外，也可以掌管财运、平安等。在观音庙中也有一个签筒，可供村民求签。村民家中也保留着一本签簿，里面解注了总共一百个签的释义，包括生子、婚姻、运气等方面的内容。由于观音庙较小，所以现在求签的仪式较多还是在空灵山内进行，且村民心中各个神都是无所不保的，因此观音庙所具有的职能也能被空灵山里面的菩萨所替代。

（三）本土神

1. 社祖：土地的神格化

茶园村村民口中的“社祖”即土地神。对土地神的崇拜源于对土地的崇拜。在农业社会，土地是人们赖以生存的基础，土地载万物，又生养万物，因此人们奉祀掌管土地的神灵以祈求农业收成。土地神在漫长的演变发展过程中逐渐人格化，具备人的形象、意志和性格。土地神也被认为是地方的保护神，被村民理解为地方的行政长官，可以保护乡里安宁平静，家宅平安。

茶村也一直沿袭着供土祭社的礼俗。每逢初一十五去社祖点香，过年过节要在社祖那里杀猪，配以酒肉、香纸蜡烛等供品来叩拜土地神，祈求全年的风调雨顺，生活安定。对土地神的信仰反映了村民对农业收成的祈愿和对安定生活的渴望有关社祖庙的故事在村民中口口相传，有村民描述了与该庙有关的历史：

图 3.8 社祖牌位

社祖庙在先民迁到茶村不久后建起来了，相比于现在的庙，以前的庙要大得多，可以在庙中做清醮。后来有个要饭的老人在庙里过夜，死在了庙里。村里的人觉得这是菩萨的旨意，应该要把庙做小。在文化大革命期间，庙曾被挖掉毁坏，现在的

庙是在文革结束后村民一起出钱重建的。（村民 LQG）

由于社祖庙建庙时间最长，祭拜社祖的历史最悠久，对社祖的信仰构成了村庄重要的集体记忆。很多村民可能不知道为什么过年要杀猪祭祖，但是在一代代的繁衍中，对社祖的信仰和祭祀的习俗也被传承和沿袭，成为村民日常生活实践中必不可少的一部分。

2. 蔡相：从人到神的转变

在社祖庙中也供奉着“蔡相大帝”，村民认为蔡相也是地方的保护神，与社祖具有相似的功能和地位。“蔡相大帝”不仅是茶村村民的信仰，也是遂昌县众多乡村信奉的神灵。在茶村村民家中，发现了一本记载有“蔡相封神”的民间神话故事集。相传有 24 位结拜兄弟曾经在蔡源乡当伐木工，这群异姓青年虽然很穷，却为人正直善良，常为乡邻做好事，最终被欺男霸女、为祸乡里的财主在蔡相岩杀害。后来，人们为了纪念殉难的 24 位伐木人，都传说他们并没有死，而是成了“神”。人们依据其中老大哥蔡相的名字，把他们尊称为“蔡相大帝”。

从明朝开始，每年的农历八月，遂昌县蔡源乡的老百姓会举行盛大的祭祀活动，当地人称作“八月会”。而在遂昌县的石练镇，则会举行迎神庙活动，也称七月会。两地举行仪式的时间虽有不同，但是集会当天的内容很相似，都会在供奉蔡相的庙宇内举行祭祀仪式，都会有重头戏蔡相大帝出殿巡游以及戏班的演出。节日当天巡游街上人头攒动，锣鼓声和鞭炮声喧嚣震天。除了本地的居民，邻近的村民也会赶来参加这一盛会，观看戏台班子的精彩演出。起源于对人神信仰的宗教仪式渐渐演变成一场盛大的集会，不仅是人们进行祭祀和祈福的宗教节日，也是让家人亲属相聚，邻里乡亲聚集的娱乐节日。茶村村民在社祖庙内一起祭拜蔡相大帝，也会在空闲时间参加邻近乡镇举办的祭祀蔡相的庙会活动。

二、神灵崇拜仪式

（一）日常祭拜

茶村三座庙宇的香火可谓昼夜不断。除了每月农历的初一、十五及重要节日会有村民前来点香以外，村中有一位村民专门负责平日庙中的点香事宜。他每天要去三个庙中点两次香，早上一次，傍晚一次。点香的时间虽然不固定，但是原则上是要保证庙中的香火不断。因此与村民到庙中点的香有所区别的是，这位负责平日点香的村民在每个庙的祭坛前点的都是三炷大香。负责点香的村民是村中一位智力水平低下的中年男性，与年迈的母亲相依为命。他每日到庙中点香，村中会从庙会活动经费中抽取一部分钱每月给他，相当于点香的工资回报。

（二）冬至日祭拜

一年中的重要节气和节日例如正月初五、元宵节、清明节、端午节、七月半、八月半、重阳节、冬至等，都是茶村对庙宇中神灵的祭拜的时间。在笔者调研期间，参与观察了冬至日当天村民们到庙中点香的祭拜仪式。在村民心中，冬至日当天准备丰盛的食物，到庙里面供奉给神灵享用，是表示对他们的尊敬。冬至日当天不仅要祭拜神灵，还要祭拜祖先。在先后次序上，是遵循着先到庙中祭拜点香，再到家中拜祖先，最后上坟，这种先后次序的安排说明村民对神的尊敬程度是要甚于祖先的。

村民们都是在上午到庙中进行祭拜的，每户至少会有一位村民带着食物和香、纸等到庙中进行祭拜，男女老幼皆可。庙宇间祭拜的先后是按照庙宇离村子的远近，先从最近的社祖庙开始点香，然后到空灵山，最后到观音庙，每户人家都是遵循同样的顺序。

图 3.9 冬至日祭祀食物

每个庙宇中的仪式也都具有一定的相似性。这种相似性首先体现祭拜的食物同一性上。每位去点香的村民都会用小竹篮提上为神灵准备好的食物，每家基本上都会准备鸡肉、猪肉、豆腐这三样，另外还要准备酒或者茶。在祭拜仪式方面，村民行为的高度一致性是因为仪式传承的效仿性和延续性，遵循着以往的祭祀传统。

祭拜仪式的相似性还体现在村民在庙中的点香过程。村民在每个庙中的点香仪式都是先将篮子中的食物摆放在庙宇中的祭坛前，然后在神像前香炉点上三支香祭拜庙内的神灵，另外也要在庙外点上一支香祭天，庙内和庙外都会烧点黄纸。仪式结束后再提着食物去另外一个庙，最后将食物又带回各自家中。

（三）打清醮

神灵生日是茶村神灵祭拜的又一重要节日。由于空灵山是村中最大的庙宇，大型的祭拜活动主要在该庙宇中进行。空灵山比较重大的祭祀节日主要有三个，分别是正月初九大菩萨生日，农历六月十四的七星君生日，农历九月二十八的五显灵官生日。每年会轮流着在这三个大的节日里做一次“打清醮”的仪式活动。

打清醮又叫“太平清醮”“清醮会”“清吉醮”“清净会”，其主要功能是设醮以保地方的平安清宁。由于玉皇大帝生日在正月，村中的人也会更容易聚集，举行供奉仪式时会更加浩大，这一天庆祝大菩萨生日的仪式礼节较平日更多。村民介绍了打清醮当天的仪式流程：

打清醮的仪式会从下午一点持续到晚上十二点。先是由请来的先生为庙里面写字，之后开始请菩萨仪式。庙外面和里面各摆一个桌子，两个桌子上面都放着水果、斋菜、香烛等。用红布将两个桌子连起来，是引导菩萨的路。请菩萨的过程中需要先生念经，请菩萨到庙里打清醮，我们村的人会跪在外面桌子前。之后由先生进行“报人灯”的仪式，念每家人的名字，祈求菩萨保佑。仪式结束后，会安排村中的一个人在庙中守夜，一直到晚上十二点算是“打清醮”的结束。这些仪式都是为了给玉皇大帝庆生，同时也是祈福。这一天村里的人都会到庙里上香，村中会统一组织大家一起吃饭喝酒，人数最多的时候一共有九桌酒席的人一起吃饭。全村人一起吃饭人很多，也很热闹。（村民 LAY）

从村民的描述中可以看出村中举行的打清醮活动其仪式流程已经

标准化，不仅包括了宗教仪式，还包括了村庄集体宴席。这样社区性的宗教活动需要村民们的共同参与和分工协作来保证打清醮活动的顺利开展，也需要有稳定的资金来源作为物质支持。

村中操办整个仪式有专门的组织执行团体，每年“打清醮”的仪式活动具有极强的组织性和秩序性。茶村掌管庙宇祭祀的有专门的财务人员，负责钱物的统计和管理；也有专门的统筹人员，负责购买物资和安排其他事宜，各司其职，分工明确。村中负责各项相关事务的人员都是村民推选的能胜任其职位的人，获得村民普遍的信任。以财务这方面为例，其保留的历年村中宗教事务收支状况的账本不仅展现了村中“打清醮”的仪式的细节，也反映了村中宗教事务处理的井然有序。

打清醮也需要有资金支持。村中宗教事务有关的收入来源主要有两种，一种是每年举行“打清醮”仪式前，会全村募集资金，每户自愿出数额大小不等的钱物；第二种是空灵山大殿中功德箱的钱物，登记每一年村内外居民到空灵山中点香、还愿、求药签所捐赠的钱。支出账目主要记载“打清醮”仪式前后购买的物资花销。目前负责掌管村中宗教事务财务的是一名年过七十岁的老人，他年轻时就当过生产队的会计，能熟练使用算盘，记账条目明细，数字精确。该村民家中现保留有2003年至2017年度的账目。

（四）求签仪式

到空灵山中拜菩萨求签也是茶村重要的宗教活动之一。庙中有两本签簿，一个是可以解姻缘、时运等诸事的签簿，一个是药方签。当有人要到庙中求签时，会由村民中一位对祭祀事宜较为熟悉的长者来主持仪式，该村民详细陈述了求签仪式的过程：

有人要到庙里面求签的话一般是由我或者我老头子去主持，以前是书记的爸爸，他年纪大了之后就交给我老头子管理这些事情。在求签之前要点香，跟菩萨说话，告诉菩萨来求签的人是谁要求什么事情，看菩萨是否允许求签。菩萨的意思可以通过扔“筊贝”来看，木头一块向上一块向下是最好的，表示菩萨是允许抽签，而且抽到的签的灵验度会很高。如果没有扔出这样的，表示菩萨没有上位，就要再求一次菩萨，直到把“筊贝”砸出一上一下的结果。求完签后由我老头子按照签簿上的内容给别人解签，求签的人都会给庙里面一些香火钱，有的人求的事情实现了过一段时间又会到庙里面还愿，给菩萨还愿钱。（村民 HYY）

图 3.10 求签用的“筊贝”

在调研期间，笔者在庙中观察了该村民为一位外村人主持的一次求姻缘的仪式。该外村人由于工作原因到村中暂住，在冬至日当天，他到庙中问自己作为外村人是否可以点香求签，村民表示给菩萨上香和求签是不分本村和外村人的，只要心诚都可以。该外村人告诉仪式主持者所求为姻缘，然后在空灵山大殿中间的祭坛前给菩萨点香化纸，跪在神坛前。接下来充当祭司的村民会将装有竹签的签筒在香炉前摇晃，让香烟环绕在签筒四周，谓“熏香”，并用方言告知菩萨来者何人，所求何事。之后将被签筒交给求签人，祭司便在地上扔“筊贝”来获知菩萨的准许意见。第一次扔出来的结果是两个筊贝都是背面相同的朝向，这被认为是菩萨还没有坐上位，不能求签。于是祭司便会重复之前的仪式，再向菩萨复述一遍所求事宜，直到最后扔出筊贝是一上一下。此次求签过程中第二次扔出了一上一下。接下来便是求签者摇动手中的签筒直到有签落地。祭司仍会再扔一次筊贝，以此得知抽出的签是否是最灵验的。

图 3.11 空灵山中求姻缘

求签之后由主持仪式的村民丈夫进行解签，即对照着签注进行注解，将簿子上的句子翻译成白话。其首要目的是告知求签者所求的是否是好签。笔者翻看了这本“龙山殿”签簿，里面共有一百个签的解签释义，不仅可以解姻缘，也包括声名、富贵财运、生子等众多方面。村民也介绍道每年庙中都有为家人求平安的，有为出门做工的人求“多多发财”的，有为儿女求婚姻大事的，有为妇女求生育的，甚至为读书的子女求“保佑他们考上好学校，考头名，找得好工作，当大官”等等，几乎无事不求。

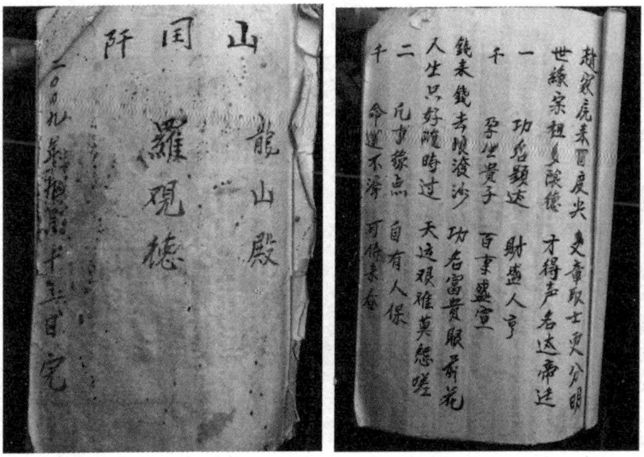

图 3.12 龙山殿签簿

求药方也是村民到庙中求签的重要一类。随着时代变迁和医药科学的发展，村民们对生命健康和医学知识有了更科学和理性的认知，但是对药王菩萨的信仰仍没有中断。当遇到医院也难以医治的疑难杂症时，村民们仍会去向菩萨求药方，且有医治成功的经验后村民们对菩萨信仰的虔诚度也随之增加。村中一位老人讲述了自己求药签的经历，觉得药王菩萨很灵验。

我多年的头疼病当年在医院没有治好，发作的时候白天和晚上睡觉都不能有大幅度动作，不然就会头疼，还会感觉人在转。一年至少会发作一两次。曾经也到医院去看过，医生说是身体亏，干活干累了。我当时觉得医生说的可能有一定道理，但是最后还是没有在医院治好。大概十六年前到庙里面求了药签，去抓了三副药就吃好了。之后没有再复发过，一直到现在都没有像以前一样头痛。我的这个经历让我觉得跟菩萨求药签是很灵验的。后来我孙女的脚伤了在医院不好治我也帮她在庙里求过药签也治好了，我是很信菩萨的。（村民 CMD）

种求药签治病成功的例子会在村中传播，也加深了其他未去求药签的人对该菩萨的崇拜和信仰。求药签获得的药方使村民的疾病得到根治或者缓解后，村民会到庙中进行还愿，给菩萨点香，同时也会在功德箱里面投入一定的还愿钱，金额大小从十块到一百不等。村民认为这些许愿和还愿钱相比于花在医院的钱数目是微不足道的，也是对菩萨的一种尊敬和诚心，因此愿意到庙中求药签。可见在茶村，现代医学与传统神灵信仰共同建构了村民生命健康体系的保障。

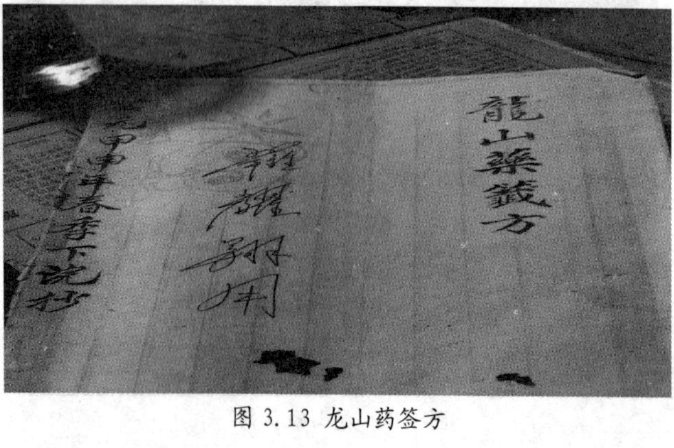

图 3.13 龙山药签方

茶村求签这一宗教活动为村民个体精神需求满足提供了一个途径，也给庙中带来了一定的收入。当村民在日常生活中遇到困苦时，会把求签问神当作解决方式之一，村中也会有固定的人来参与主持求签仪式，求签已经成为茶村宗教活动的重要内容之一。

三、社区神灵崇拜的功能及意义分析

杨庆堃（2016，64）认为宗教在传统中国社区扮演着重要的角色，社区中的神灵崇拜为村民提供了一个可以超越经济利益、阶级地位和社会背景的集体象征，发挥了社区整合功能，便于将民众聚集于社区之中。笔者通过对茶村社区中神灵崇拜的分析发现，神灵崇拜在村民日常生活中不仅具有社区整合的功能，也具有道德教化和为村民提供精神寄托的功能。

（一）增强社区凝聚力

在杨庆堃先生看来，在某些神明的生日或者有关神明的其他纪念日举行的社区公共性宗教活动对社区的整合作用是通过活动的组织和参与实现的。当地操办者组成的委员会联合社区居民承担组织公共活动的责任，所有家族成员参与其中，而且每个家庭出钱出力，在经济上帮助承担社区宗教活动的开销（杨庆堃，2016，72）。茶村为庆祝菩萨生日而举办的打清醮活动所发挥的功能与杨庆堃先生的论述具有一致性，打清醮活动在前期筹备和活动开展时全村的参与使村民在这个过程中加强了彼此间的联系，增强了社区融入感，使村庄凝聚为一个整体。

举行打清醮仪式前村里有人专门到每家每户来问要不要出钱，钱数多少是自愿的。十年前出 20 元或者 30 元，现在我家每次出 50 元。这些钱是用来打清醮请先生和买东西的。除了出钱，也可以出一些米和豆子。也有村民把自己家做好的豆腐拿到庙里面供酒席做菜。每家出点钱出点物凑在一起就多了，而且也是希望菩萨能保佑自己家。打清醮当天很热闹的，每家都会到庙里去，村里的男性帮忙敲锣打鼓，空闲的妇女去帮忙做饭准备宴席。（村民 LAY）

从上述访谈内容中可以看出打清醮时茶村村民的参与度很高，村民积极自愿捐钱捐物，而且村中也有专门的人员进行组织管理，将村民的力量汇聚起来，共同保证活动顺利开展。村民在社区性宗教事务上共同协作，互动和交往增加，彼此更加亲近。涂尔干曾经指出：“不管宗教仪典的重要性是多么小，它都能使群体诉诸行动，能使群体集合起来，加深个体之间的关系，使彼此更加亲密……通过举行仪式，群体可以周期性地更新其自身的和统一体的感情。”（涂尔干，2015，476）茶村为庆祝神灵生日举办的打清醮活动将全村人聚集到庙宇中，让村庄成为一个具有向心力的大集团，共同为操办一年一度盛大的宗教活动各司其职，互帮互助。

在春节期间举办的社区性宗教活动可以通过一系列仪式活动的展现以及村庄集体的宴席将本已分散的民众再次聚合在一起，而且给予民众互相沟通的空间。

清醮仪式结束后会在庙前办酒席，过年期间打清醮时村里的人最多，摆的酒席桌数也是最多的。平常出门在外的人都回来了，大家都到庙里面拜完菩萨后坐在一起喝酒吃饭。好多人一年也就回来一两次，打清醮办酒席正好把大家聚到一起，大家说一说在外面的情况，村里发生的事情，这个时候也是村中最热闹的时候。（村民 LQG）

通过对上文的分析可知打清醮活动成为重新凝聚村民、增强村民之间连接的有效途径。笔者在调研中了解到，随着近年来城市化和工业化进程的加快，村民外出打工的人数渐多，外出的村民回茶村的次数较少，多集中在春节等大型的节日，因此平常村民之间的相互沟通和了解相比于以往减少。但是举办打清醮这样的社区性宗教活动能够让村民在宴席间共同感受活动带来的放松氛围，让村庄的人聚集在一个活动中，感受到茶村作为一个集体的真实存在。

（二）道德教化和行为约束

有关神灵的故事中蕴含着道德教化的思想，对神灵的尊敬也使村民在日常生活中潜移默化地受到神灵美好品德的感召和影响。为村民所共同熟知的妈祖救人的故事，蔡相兄弟救助乡邻勇于牺牲的故事，保健康的菩萨反抗刻薄东家压迫的故事等在村民中一代代流传着，对这些菩萨的崇拜使村民受到神的故事的影响，神灵的美好品德因此而产生了教育民众德行的意义。人们在仪式祭祀过程中获得神灵故事和传说的教育，在日常生活中践行这些感悟，从而提升个人的自我境界，实现自我的人生价值。从对这些神灵的崇拜开始，随着神的故事在村民中代代相传，神明的精神就已经开始教化民众了。

对神灵的崇拜还具有行为约束的作用，使村民在日常生活中遵循一定的行为规范和准则。这种约束不是建立在法律基础之上的，却能让村民自发控制自己的言行，约束自己的不良行为，使其符合神灵的喜好。因为在村民心中，神灵具有的超自然能力包括对人世间的事情无所不知，因此自己的行为举止也是在神灵的监督之下的。做了违背神灵指引和教诲的事情，会招来一定的厄运。多位村民都向笔者讲述了曾发生在村里面的对神不敬的事件：

村中那位信基督教的人自从信了基督教之后不再到庙里面去烧香拜菩萨，还在村里面找人争当初建庙占的他家的地，说是空灵山占了他的地应该要给他赔偿。村里面的人没有理他，但是有一天晚上，他在庙里面大便被发现了。这件事发生以后，很多来庙里面求签的人觉得菩萨没有以前灵验了。村里人觉得他对菩萨不敬使菩萨有怨气，后来请先生给菩萨做了一次清醮，去庙里面求签才又变得灵验了。（村民 HYY）

从村民的描述中可以知道，村民相信如果做出对神不敬的事会影响神灵对村庄的保佑，因此日常生活中要多做符合神意的事情，规范自己的行为，这样神灵才会帮助自己实现愿望。神灵信仰的行为约束作用使村民生活在一个相对稳定的世俗秩序之中，使淳朴的民风延续下去。

（三）精神寄托

对神灵的信仰和仪式的举行可以在某种程度上为人们消除心理上的恐惧和担忧，帮助人们调适在现实生活中所遇到的困境焦虑。学者们对神灵信仰的起源研究认为，在远古时代，人们认识自然、征服自然的能力较弱，对很多自然现象也缺乏认识，因此出现了许多神灵信仰，希望能够借助神灵的超能力征服自然、改造自然，或希望通过神灵来规避自然所带来的生存风险。在当代社会，虽然人类已经进入了文明时代，对自然的理解和改造能力都获得了极大突破，科学知识的普及以及对科学技术的掌握使得人们减少了对生存的担忧，但人们依然会面临许多自身难以解决的问题以及诸多不确定因素的威胁，产生恐惧和忧虑。茶村村民求药签即是当生命健康受到威胁，但借助科学手段也没有完全解决的情况下，诉诸神灵的力量寻求帮助。

有些是医院看不好的病会去求药方，有的时候是感觉到身体很奇怪的时候去求药。求完药签后会许给菩萨一两百块钱，去一趟医院检查住院一次成千上万的，求得的药方也就几十块钱，再许给菩萨一两百块钱，能不能好也就只是一两百块钱的事，去庙里面求菩萨保佑开个药方自己心里也更踏实，而且我两次都求到了治好的药签，我还是觉得菩萨很灵的。（村民 CMD）

除了求药签以外，在对村民的访谈中也了解到他们到庙中求姻缘和求财运等也是为了寻求精神寄托，增强自我信心，获得一种支持。

我看到村中这么多人到庙里烧香，菩萨应该挺灵验的。听村里的人说在里面求签也很灵，我就想求一下姻缘，看看自己什么时候能找到女朋友。虽然也不知道能不能求到一个好签，但是拜拜菩萨，求菩萨保佑应该还是有用的，说不定很快就能找到好姻缘了。（外村人 WSX）

以上两个村民的表述中都可以看出，求签拜神被村民当作化解生活中遇到的困难事件或者不确定事件的有效途径之一。通过一定的仪式的举行和参与，人们可以在面对现实生活时获得心理调适，满足心理需求。马林诺夫斯基也认为巫术与仪式从根本上说就是为了满足人们的基本需求。村民在个体或家庭遭遇变故或者难以解决的难题时，还是会习惯性依赖神灵的超自然力量。到庙中求签或者是祭拜神灵都是一种寻求心灵寄托的方式，因为仪式让村民获得了一种心灵慰藉，借助神的指引找到新的方向和生存策略。他们通过对神灵的信仰和崇拜来摆脱恐惧和焦虑心理，获得精神上的支持和心理上的安全感，实现了个体的心理和谐。

第四章　茶村宗教信仰的组织性和制度性分析

杨庆堃对弥散性宗教和制度性宗教的论述主要在于理解宗教在中国社会中的功能性作用，而关于弥散性宗教是否具有组织性和制度性的问题，杨庆堃先生的论述较少。国内外学者对这一问题存在一定的争论，比如欧大年（2005）认为“弥散性”意味着缺少组织结构，但实际上寺院和民间社区的祭祀仪式都是与以家庭和乡村生活秩序为基础的组织、结构相关的，民间宗教是深深制度化的。而陈进国（2013）认为杨氏的观点很清楚，弥散性宗教并非是无组织的，甚至因为嵌入社会制度当中而具有多样化的组织性。郑筱筠（2013）认为很多宗教组织从表面上看是分散性的，但实际上它们已经被深深地制度化了。它们既是中国传统社会的固有社会秩序制度化的组成部分，同时又是社会秩序再生产的重要机制。

从以上学者们的论述可以看出，学者们一致认为弥散性宗教是具有组织性和制度性特征的，但是杨庆堃先生自身对于该问题的论述不够深入与明晰，使学术界在这一问题上产生了争论。笔者通过对茶村的调研，更加深入细致分析了茶村的弥散性宗教所具有的组织性和制度性特点，一定程度上可以为杨庆堃先生所论述的中国社会宗教状况提供实证材料，也有助于为弥散性宗教的概念丰富内涵。

一、茶村弥散性宗教的组织性特点

在杨庆堃先生的论述中，与制度性宗教相比，弥散性宗教的特点是其神学、仪式、组织与世俗制度和社会秩序的其他方面的观念和结构密切交织在一起。在茶村的调研中发现，茶村弥散性宗教虽然不像佛教或者道教有独立的组织，但是茶村的祖先崇拜和神灵崇拜是与家庭组织和社区紧密相关的，家庭组织和社区的宗教管理组织的存在使弥散性宗教呈现出组织性的特点。茶村宗教信仰的组织性体现在其祖先崇拜是以家庭为单位进行的，由具有亲属关系的家庭成员组成的祭祀团体共同参与与祖先崇拜有关的仪式，其家庭成员之间具有性别分工及尊卑等级秩序，各自执行相应的仪式职责。社区中的神灵崇拜是以村庄为地域单位，将村民连接成一个共同的信仰团体，在这个看似松散的信仰团体中，具有高度组织化的宗教事务管理团队，使社区中宗教活动的开展井然有序。由此可见，茶村弥散性宗教呈现出组织化的特点。

（一）家庭组织

茶村的祖先崇拜是以家庭为单位进行的，传统的扩大的家庭是支撑祖先崇拜延续的结构性基础，家庭组织是祖先崇拜的基础。“父母与子女、夫与妻这两种关系是家庭组织的基本轴心。但在中国所谓的家，前者的关系似乎更为重要。家的特征是已婚的儿子中往往有一个不离开他们的父母，父母之中如有一人亡故，更是如此。”（费孝通，2014，42）与费老对中国传统家庭的家庭结构描述相一致的是，常住在茶村的居民中，年龄在七十岁左右的父母与已婚子女一起居住的扩大家庭比较常见。而属于核心家庭结构的村民都到外地打工，因此村中的年轻人和小孩很少见。传统的中国家庭在不同的生命周期阶段显示出了不同的特征，形成了一个“小家庭（核心家庭）——大家庭（扩大家庭）——小家庭——大家庭”的发展周期。但是随着中国社会的变迁，小家庭发展为复杂大家庭的潜力已经不存在了，复杂家庭结构在家庭发展周期中趋于消亡（王天夫等，2015）。即使茶村的家庭结构也在不断简化，但在春节及重要的祭祖节日，从大家庭中分化出的小家庭会从城市返回到茶村，重新以一个大家庭为单位开展一系列的祭祖仪式。家庭组织的存在使祭祖仪式在代际之间传承，祖先崇拜也使得家庭在特定的时间重组，并发挥伦理教化和心灵慰藉的功能。

祖先崇拜不仅有家庭组织作为基础，而且在家庭内部，祖先崇拜也呈现出组织化的特征，这体现在举行祭祀仪式时家庭成员的分工配合。首先，家庭中性别角色的分工有差异性和互补性。茶村举行的家庭祭祀仪式都是女性在厨房准备供品，而男性在堂屋内进行祭祀，包括将供品摆放到八仙桌和神案上，给祖先点香、烧纸等。女性是不宜到堂屋内与男性一起参与供奉的，只能由男性完成通过供奉食物与祖先进行沟通的任务。其次，家庭中长幼之间的分工也有差异性。虽然家庭中的男性都可在堂屋中共同给祖先烧香磕头，但是在大型的家祭仪式中，在家神排位前进行的点香一般是由家中年长的男性执行，而其后代则在一旁观察仪式规则，在年长者的指导下共同参与其他仪式，在日常的祭祀中也会交由成年的儿子进行供奉。家庭祭祀遵循着尊卑长幼秩序，以传统家庭伦理秩序为基础，同时也在仪式过程中使自身得到强化。

（二）社区宗教管理组织

茶村社区性的宗教活动开展是由专门的社区宗教管理组织进行筹备和协助运行的，该管理组织需要统筹宗教事宜有关的人、财、物，保证围绕社区中的神灵崇拜开展的宗教活动能有序开展。茶村社区宗教管理组织是由村民自发成立的，其主要成员在村民心中是比较具有威信的，在不同类型的事务管理中承担不同的职责。以财务这方面管理为例，管理村中宗教事务的会计发挥着主心骨的作用，管理着宗教资金的收入和支出，村民成员相互协作，发挥配合和监督的职能，使得宗教事务的管理在资金方面运行得有条不紊。其团体之间的组织结构和特征可以用下图反映：

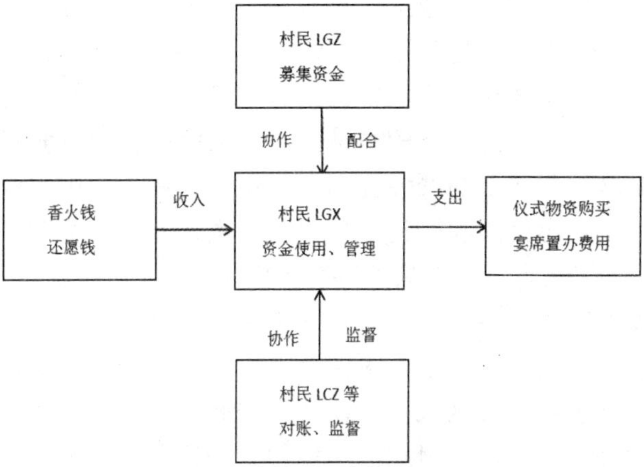

图 3.14 宗教事务管理团队组织结构图

募捐者为打清醮仪式的举办进行前期的资金和食物筹备，为宗教活动的顺利举行提供物质基础。在举行打清醮仪式前，村中会有专门的村民负责到每家每户募集物资，为打清醮仪式提供资金和物品的支持。据账簿记载，近年来负责此项事宜的都是村民 LGZ，具备一定的稳定性。该募捐者会将每家的捐赠者及数目一一登记，将捐赠的钱数进行统计，最后将这笔钱和账目交给团队中的资金使用者和管理者。

资金使用和管理者会进行物资采购和账目登记，保证村中宗教活动资金使用得当，收支账目明细公开和透明化。茶村进行庙宇财产管理的村民 LGX 会将村中宗教事务相关的收入和支出进行详尽的记录，以及年度结余计算。收入的项目主要有上文提到的募捐资金以及空灵山中功德箱的香火钱和还愿钱。村民 LGX 在平日会不定期到功德箱中将钱取出并登记在册，到年末时进行年度合计。支出项目主要是购买与寺庙中宗教活动相关的物品。物品的购买也主要是村民村民 LGX 负责，他与村中的其他村民共同采购物资，最后记录明细。募集资金的结余由村民 LGX 代为保管。

账目清算的核对者承担了监督的责任，与资金管理和使用者村民 LGX 一同进行对账，促进村中宗教活动资金使用的规范性，确保结余资金的安全性。在账目结算簿中，记载的对账人主要是村民 LCZ，有的时候还将其他在场的人也记载上。对账往往是与年度结算一同进行的，在这个过程中，结算者主要还是村民 LGX。对账在一定程度上也是协助结算的完成。村民在这个环境中并没有严格意义上的检查与被检查的关系存在，而是在彼此信任的基础上，共同完成村中宗教财产账目的登记。但是这种形式上的严谨性也在实质上促进了村中宗教事务的规范化，尤其是资金使用和登记的规范化，也让其他村民对宗教事务的管理更加信任，也反过来影响了他们在社区宗教事务中的投入度。

通过以上宗教事务管理团队中财务管理部分人员的主要职责及分工可以看出，茶村的社区宗教事务是有固定的组织存在的，而且这个组织的成员就来自于社区成员，在社区宗教事务中也发挥着积极有效的职能。此外，通过对该组织的运作模式进行分析，可以看出该组织在人员分工协作方面具有较强的科学性。不同成员分工明确，资金募集者、使用者及监督者各司其职，都有各自具体的职责。且成员之间形成了配合与监督的格局，使得财务管理更加高效和透明，保证村民对组织的信任。

二、茶村弥散性宗教的制度性特点

欧大年在杨庆堃所著的《中国社会中的宗教》序言中写道，杨庆堃所描述的融入当地社会结构的弥散性宗教不是个别的、分散的现象，而是制度化的。也有对中国社会中弥散性宗教的实证研究表明，表面上“松散的”“无组织的”宗教活动背后实际上隐藏着因循传统的制度化的运作模式。同时，仪式空间的稳定性，时间的固定性也从时空两个方面证明所研究地区弥漫性的宗教实质上是制度化的（张月宝，2013）。李向平（2007）在论述从信仰到宗教的制度化根源中，将制度定义为“深入而持久地在时间与空间中，通过规则和资源而建构的社会系统的连续性实践。它是一套关于行为和事件的规范模式，是一组普遍而抽象的规则系统”。笔者在对茶村弥散性宗教的研究中发现，在时间和空间及运作模式上，弥散性宗教是有其制度性特点的。

（一）稳定性和周期性的祭祀时间

茶村的祭祀时间具有稳定性的特点，固定的祭祀日凸显了神圣时期和世俗时期的区分，使宗教活动的定期开展有规律可循。茶村的祭祀时间依循着中国传统的历法，在每个特定的时间要进行的祭祀仪式自有一套时间体系，在村民的日常生活中形成了一种共识性的时间制度。如涂尔干所言（2015），季节的变化是自然界的重要分期，也是人们集合举行宗教仪典的天然时节。有些节日也是根据传统的节气来安排的。在日常生活中，村民开展宗教祭祀活动主要参照的是传统的阴历和节气。茶村的祖先崇拜和社区神灵崇拜都有各自的时间安排，二者也会有重合的时间点。在中国比较重要的几个传统节气里，基本上都会进行家庭祭祀和神灵的祭祀。而阴历的几个特殊日期则是在神灵的生日当天进行祭祀活动，表达对神灵的尊敬。表3.1是茶村每年进行祭祀的时间表，村民们因循着这个时间安排祭祀事宜。

宗教活动天然倾向于采取周期性的仪式，只有极少数的情况下才会偶尔举行仪式，定期反复的节日循环让人们的宗教仪式不断被唤醒和重塑。茶村的宗教活动在时间安排上也具有周期性，使村民日常生活中的神圣时期和世俗时期有规律地交替。“当人们集合起来，彼此之间形成了亲密关系的时候，当人们拥有共同的观念和情感的时候，神圣存在才达到了它们的最大强度。”（涂尔干，2015，472）神圣存在带有间歇性，集会解散，每个人返回到世俗生活中后，神圣性会丧失自己的原动力，因此需要在特定的时间里重复对神的膜拜仪式，使其得到永无休止的再造和更新。

表 3.1 茶村祭祀时间

时间（阴历）	祭祀活动		
初一、十五	家庭祭祀	三个庙点香	
正月初五	家庭祭祀	三个庙点香	祭财神
正月初九	大菩萨诞辰		
三月二十三	妈祖诞辰		
六月十四	七星君诞辰		
九月二十八	五显灵官		
十二月二十三	祭灶神		
春节	家庭祭祀	三个庙点香	
元宵节	家庭祭祀	三个庙点香	
清明节	家庭祭祀	三个庙点香	上坟
端午节	家庭祭祀	三个庙点香	
中元节	家庭祭祀	三个庙点香	
中秋节	家庭祭祀	三个庙点香	
重阳节	家庭祭祀	三个庙点香	
冬至日	家庭祭祀	三个庙点香	上坟

茶村的宗教活动也遵循着这一原则，打清醮仪式每年都要在特定的日期内举行，空灵山中每个神灵的生日都有对应的举行打清醮仪式的时间，从仪式开始到结束的时间村民称之为“醮期”。村中约定俗成的规矩是每年举行两次打清醮仪式，在神灵生日当天进行比往常更为隆重的祭祀仪式。其中正月初九为庆祝大菩萨生日的打清醮仪式每年都会举行，七星君诞辰和五显灵官诞辰日的打清醮仪式则是每年轮换。在周期性的宗教节日里，世俗事务被排除在神圣节期之外，村民投入到宗教活动中，思想集中在共同信仰和传统上。其他的祭祀仪式则是每年都有各自的周期性间隔，人们在重复的仪式中保持信仰的稳定性和持续性。

（二）固定的祭祀空间

宗教活动每次在特定的祭祀空间内开展，遵循一定的规则，使得弥散性宗教呈现出制度性的特点。茶村弥散性宗教虽然是与家庭生活和社区生活相融合，但是也有其固定的祭祀空间，且因为用于开展宗教活动而被赋予了神圣性。例如进行祖先崇拜的家庭堂屋、神灵崇拜的庙宇等，都是进行祭祀的固定场所。

1. 家庭祭祀空间

村民进行祖先崇拜的重要空间是家庭中的堂屋。“在某种意义上讲，每个传统的中国家庭都是一个宗教的祭祀场所，在这里保留着祖先的神位、家庭供奉神明的画像或偶像。”（杨庆堃，2016，14）家庭成为祭祀场所，在其中发挥重要作用的是房屋布局中“堂屋”的设置。茶村居民居住的房子大多数是传统的住宅建筑，很多都是已经居住四五十年的老房子，建造年代最久的有上百年。村中传统的住宅其房屋布局具有极强相似性，其整体布局如下图所示：

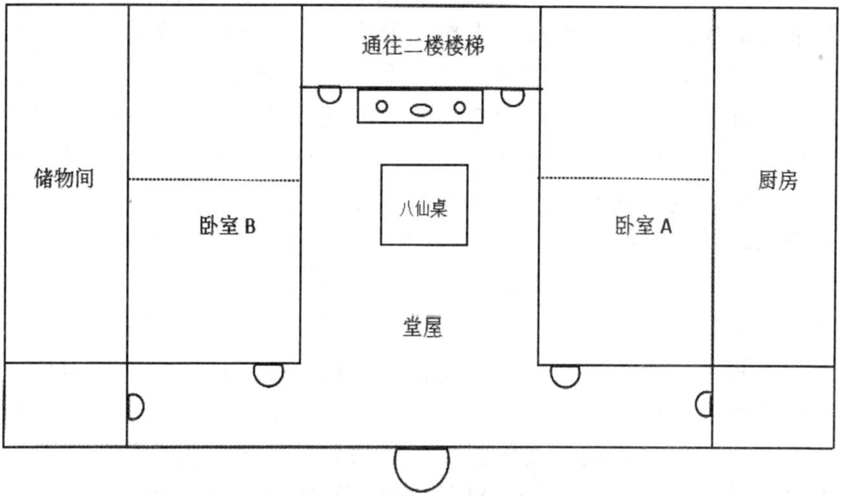

图 3.15 茶村传统家庭房屋布局

堂屋尽管也具有日常的会客及储物的功能，但其最重要的功能便是为家庭成员进行祖先祭拜提供一个神圣空间。村民在固定的日期中进行一系列的祭祀仪式，使堂屋的神圣性得以延续，在堂屋祭祀中需要遵循的禁忌也加强了其神圣性。例如点香时不能说话，八仙桌上的物品摆放要遵循一定的规则等。堂屋也具有空间区隔和家庭秩序维持的作用。堂屋是进入家门后多见的第一个空间，是家庭中的核心空间所在。其将住宅空间划分为不同的次序等级，左边的房间比右边具有更高的地位，称为大房。父母一般居住于大房卧室A中，未婚子女居住于卧室B，但是当儿子结婚时，如果不另造新房子，则大房间会让给已婚的儿子儿媳居住。这种次序等级的由来正是因为堂屋在家庭空间布局中的神圣性地位，家庭居住空间的安排便由此产生了相应的秩序。

2. 社区祭祀空间

村民对神灵进行崇拜的空间是社区中的庙宇。“宗教生活与凡俗生活不能同在一处。宗教生活必须被安排在一个特定的地方，凡俗生活不能介入其中。这样，庙堂和圣殿就被建造起来了。”（涂尔干，2015，422）社区中的庙宇为村民进行宗教活动提供了一个相对独立的仪式空间，更有利于村民形成一个以地域为单位的信仰共同体。民间信仰神祠祭祀空间作为人们对地方空间理解的一个表征，以人们社会性的基本结构为空间构成的基本结构，也就是村落或民族作为其基本单元（郑衡泌，2013）。茶村是以村落作为祭祀空间的基本单元的，其祭祀空间格局的形成受到地理因素和历史因素的双重影响。首先在地理方面，茶村地处九龙山南麓，村庄四周环山，海拔六百多米，驱车从山脚上山入村也需要半个小时之久，相对封闭的和隔离的地理环境让茶村形成了以村落为单位的祭祀空间。又因为茶村是一个移民村庄，在迁移的过程中原籍的信仰如妈祖信仰得到了保存，而且吸收了迁入地的信仰，例如蔡相崇拜，因此到村外参与以上祭拜活动便将祭祀空间扩大化，从村庄为单位扩张到更大的地域范围，但是与村民日常生活最紧密的祭祀空间仍然是最核心的祭祀空间。

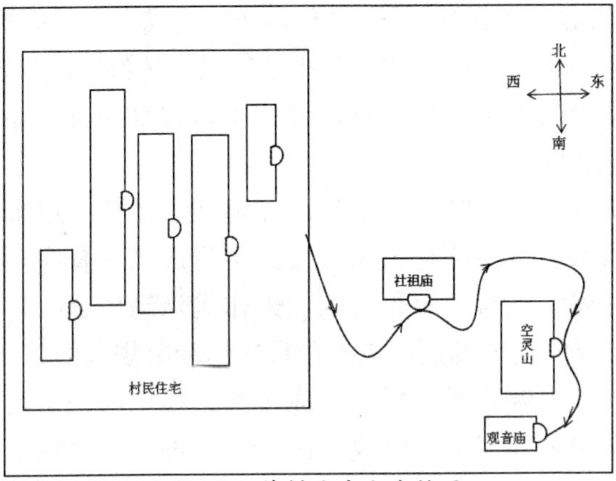

图 3.16 茶村庙宇分布格局

（三）制度化的仪式运作模式

茶村供奉神灵的庙宇与村庄居住区存在一定的区隔，使村民的宗教生活和世俗生活有所区分。从村庄与庙宇的相对位置来看，三个庙整体上是在村子的右前方，在南北方位上，社祖庙在村庄的东边，空灵山和观音庙则在其东南方。而三个庙宇间的相对位置，则是社祖庙地处最北，空灵山地处最东，观音地处最南。重要的日期需要到庙中祭拜神灵时，村中的居民都会从家中出发，先到社祖庙，再到空灵山，最后到观音庙中祭拜。

打清醮作为茶村一项传统的社区宗教活动，其仪式过程以道教制度化的醮祭为基础，是由某地或某一社区民众共同集资并参与，延请道士主持的大型醮祭活动，旨在驱除疫厉灾害、冀求合境平安、祈祷年成丰收（汪桂平，2004）。茶村的打清醮仪式选择在神灵生日举行，一年会举行两次，是社区内重大的宗教集体活动。打清醮仪式自村中建庙以来从未中断，且仪式具有了流程化和标准化的特点。打清醮的主持者是道士，其仪式过程也是以道教的醮祭仪式为核心的，涵盖了地方神明的祭祀、祖先崇拜的传统以及儒家礼教的传统，体现了中国祭神文化中的复合性（程乐松，2010）。在论述弥散性宗教与制度性宗教的关系时，杨庆堃先生也认为没有制度性宗教的帮助和促进，弥散性宗教可能永远超越不了早期古代宗教的幼稚和巫术水平，制度性宗教对弥散性宗教的神学观和功能性仪式产生了影响（杨庆堃，2016，234）。茶村的打清醮仪式体现出了道教与传统民间信仰的相融合，且弥散性的宗教借助道教的制度化仪式丰富自身的仪式系统，在居民日常生活中发挥影响力。

茶村打清醮仪式的制度化运作还体现在活动筹办已形成一种规范模式，村中的宗教事务管理组织在实践中形成了一套完整的财务管理制度。村中开展宗教事务有稳定的收入作为活动资金，每次清醮活动的开销都有特定的支出类别，宗教账目的结余有规范的管理。

在资金收入来源方面，村中形成了两条稳定的宗教活动资金链，充足的资金来源才能保证清醮仪式的持续举办。一是临近清醮仪式举行前的逐户募捐。近年来村中参与募捐的村民人数在增长，募捐金额也在上升，在对村民的访谈中获知，最近一两年的人均捐赠金额已增加到约 50 元 / 人。从中可以看出村民投入到社区宗教事务的热情不仅没有消减，反而有逐渐提升之势。

表 3.2 打清醮村民募捐账目

年份	人数	总钱数	人均捐赠
2006 年	56 人	1290 元	23 元 / 人
2010 年	76 人	2475 元	33 元 / 人

另外一条资金链是村内外居民投到庙中功德箱的香火钱和还愿钱。通过近十年的账目数据整理，可以发现村民到村中进行求签和许愿活动的次数是波动变化的，其中 2010 的次数达到了最大值。功德箱中的资金收入总额每年也是浮动的，但是每年的金额都至少在一千元以上，即使捐赠次数大体上经历了由增到减的过程，但是随着经济水平的提高，得到神灵的保佑后人们的回报金额也在提升。

在活动的资金支出方面，每年的仪式活动是有固定流程的，所以需要购置的物品和其他支出的费用总额具有相对稳定性。通过对村民记录的每次清醮活动支出账目的对比和总结，可以发现尽管每年支出的总额有波动，但是支出的项目大体都是一样的，总额变化主要是受到物价水平的影响。以 2010 年正月初九在大菩萨生日当天举行的清醮仪式所花费的总金额为例，可知其支出项目主要有三大类，一类是举行醮祭时需要用到的香蜡纸炮等祭祀用品，第二类是供奉神灵和祭祀宴席需要的食物及宴席费用，第三类是车费和人工费等非物品类支出。

表 3.3 功德箱募捐账目

年份	次数	总钱数	每次捐赠
2006 年	32 次	1192.5 元	37 元 / 次
2007 年	32 次	1062 元	33 元 / 次
2008 年	30 次	1318 元	44 元 / 次
2009 年	29 次	1248 元	43 元 / 次
2010 年	41 次	1341 元	33 元 / 次
2011 年	35 次	1507.5 元	43 元 / 次
2012 年	34 次	2768 元	81 元 / 次
2013 年	33 次	3488 元	106 元 / 次
2014 年	27 次	1568 元	58 元 / 次
2015 年	18 次	1124.5 元	62 元 / 次
2016 年	10 次	1125.5 元	113 元 / 次

表 3.4 打清醮仪式费用支出明细

支出类别	支出项目	数量	价格
祭祀物品	大香	3 件	480 元
	草纸	2 件	50 元
	五色纸	23 张	11.5 元
	红蜡	20 对	100 元
	黄酒		5 元
	春雷	10 个	25 元
宴席费用	水果		13 元
	金针菇	1 斤	10 元
	鸡蛋	2 个	2 元
	豆腐		140 元
	菜油	1 壶	58 元
	铜锅	2 个	26 元
	沱牌酒		216 元
	香烟	1 条	50 元
	猪肉		130 元
	活鸡		27 元
	大米	77 斤	175 元
	糯米粉	1 包	6 元
车费、人工费	车费		40 元
	守夜费		60 元
	请道士费用		880 元
总计费用	2504.5 元		

通过上表可知打清醮活动的费用支出与举行活动前募集的资金数额是相当的，大部分年份都是募集资金多于活动实际花费资金，加上村中还有功德箱中的资金收入，因此宗教资金每年都会累积增多。每年结余的宗教资金可以作为下一年开展宗教活动的储备资金，也可以用于支付村中其他的与宗教相关的开销。例如购买日常点香的物品，修缮庙宇设施，支付村中每日到庙中点香者的费用等。

表 3.5 宗教资金年度结余账目

年份	2006	2007	2008	2009	2010	2011	2012	2013	2014	2015	2016
结余金额	1305.5元	4766.4元	2735.4元	3223.4元	4944.5元	6219.2元	7484.7元	11228.7元	13716.2元	14948.7元	15346.2元

茶村宗教生活的制度性特点体现在两个方面，一是其宗教信仰的仪式运作具有制度化的特点，社区中的神灵崇拜借鉴了秩序性宗教道教的仪式，呈现出了宗教活动过程中的模式化。二是宗教活动筹办具有制度化特点，财务管理制度有完善的体系，为宗教活动顺利开展提供了资金保障。

第五章　总结与讨论

本文以茶村宗教生活为主要研究内容，借助了杨庆堃先生提出的“弥散性宗教”和“制度性宗教”的概念框架，主要分析了茶村两类主要的弥散性宗教——祖先崇拜和社区神灵崇拜所具有的特点及在村民日常生活中发挥的功能。利用在茶村调研的实证研究的材料验证杨庆堃先生描述的弥散性宗教在中国社会中的功能是否具有解释力。另外也对茶村弥散性宗教所具有的组织性和制度性特点进行了深入分析，丰富了杨庆堃先生提出的弥散性宗教这一概念的内涵。

杨庆堃先生描述了弥散性宗教是与世俗制度和社会秩序有机整合

在一起的，在村民日常生活中发挥着多种功能。对茶村祖先崇拜和社区神灵崇拜这两种弥散性宗教的研究验证了杨庆堃先生的理论。

茶村的祖先崇拜是与家庭制度紧密相连的，社区祖先崇拜是与茶村村落内的组织和社区生活相融合的。茶村是一个由两姓氏组成的移民村庄，其大姓罗姓家族成员占村庄总人口的百分之八十，但罗曹两姓之间的通婚和联谊使得两氏族之间形成亲属关系纽带，曹姓村民的祖先崇拜对象不仅包括曹氏祖先，也连同罗氏祖先一起崇拜。与家庭组织相融合的祖先崇拜以家庭中堂屋作为特定的祭祀空间，家庭成员在日常的祭拜中也遵循着一套特定的仪式规则。与家庭制度紧密相连的祖先崇拜在村民的日常生活中也起到了一定的功能。与杨庆堃先生描述具有一致性的是祖先崇拜在茶村村民生活中也发挥了伦理教化、心灵慰藉及家庭延续和整合的作用。在家庭祭祀空间堂屋中举行的祭祀仪式使家庭成员与祖先的亲属关系延续，起到了伦理教化的作用。对逝去亲人的定期供奉表达了对逝去亲人的思念，也希望自己的礼敬行为能使祖先的灵魂保佑自己和现世的家庭成员，起到心灵慰藉的作用。此外，家庭成员的集体祭祀增强了家庭之间的凝聚力，巩固了亲属之间的血缘纽带，祖先崇拜在此起到了家庭整合的作用。

茶村社区中神灵的崇拜对象集中在村中的三个庙宇——空灵山、社祖庙、观音庙，每个庙中的神灵信仰都有相应的故事在村中流传。村民通过个体化的求签仪式、点香祭祀和集体化的打清醮仪式加强了对神灵的信仰。社区中的神灵崇拜也在村民生活中发挥了积极的作用，在笔者的调研中发现，茶村的社区神灵崇拜除了具有杨庆堃先生描述的社区整合的功能，也具有道德教化和为村民提供精神寄托的功能。首先在增强了社区的凝聚力方面，集体的祭祀活动使村民共同参与到宗教活动中，共同筹备和参与仪式增强了集体感；打清醮当天的庙宇也成为了村民相互沟通和交流的空间，增进了村民间的交往和感情。其次神灵崇拜也有道德教化和行为约束的作用。与神有关的传说彰显着神灵的崇高品德，在村中流传的神话故事影响着一代代村民，对神的崇拜也使村民约束自己的行为，有利于社会道德的构建和社区秩序的稳定。另外，社区神灵崇拜也是一种精神寄托，村民遇事烧香拜神成为缓解焦虑的有效手段，求签等仪式使村民心理得到调适。由此可以看出，茶村居民生活中以祖先崇拜和神灵崇拜为代表的弥散性宗教是与家庭组织和社区组织性融合的，并且其社会功能是显著的。

以上对茶村弥散性宗教的特点和功能分析得出的结论与杨庆堃对中国社会中的宗教分析整体上是相吻合的。但是茶村的宗教信仰也有其自身的特殊性，其体现在弥散性宗教能在中国农村社会中发展出制度性特征宗教所具有的组织性和制度性的特点。在组织性方面，家庭自身就是具有组织性的祭祀单位，且不同家庭成员也承担不同的祭祀职责与分工，在漫长的崇拜历史中已形成了一套稳定的组织原则和制度。社区内也有组织性的团体存在管理宗教事务，其中财务管理体现了村庄成员较高的自我组织和管理的能力。制度性特点有三个方面的体现，一是茶村宗教活动的开展有一套固定的祭祀时间系统，周期性地将时间区分出神圣性和世俗性时刻。二是宗教活动的开展也是有固定的祭祀空间的，例如家庭中的堂屋，社区中的三个庙宇，宗教生活和凡俗生活的差异化在空间上被建构出来。三是仪式运作模式也是制度化的，首先弥散性宗教与道教的结合使其仪式具有了制度性的特点；其次活动筹办已形成一种规范模式，其规范性体现在村中的宗教事务管理组织在实践中形成了一套完整的财务管理制度，村中宗教事务有稳定的收入作为活动资金，每次清醮活动的开销都有特定的支出类别，宗教账目的结余有规范的管理。

有关弥散性宗教是否具有组织性和制度性特点是关于杨庆堃先生理论的一个学术争论点。杨庆堃先生对弥散性宗教在组织性和制度性方面的特点论述较少，且在其研究中缺乏相关的个案调研材料作为支撑，因此本研究在验证杨庆堃先生有关弥散性宗教的功能论述的基础上，对茶村弥散性宗教在组织性和制度性方面所具有的特点进行了深入分析。茶村宗教生活的组织性和制度性特点的分析是基于村民的宗教日常生活实践而得出的，是在田野调查中捕捉到的，这也是杨庆堃先生文本分析的研究方法上所必然会有的缺失。只有深入农村的现实生活，才能获取更细节性的资料，获知村民宗教生活的全貌。

本研究也存在资料分析不足的问题。笔者在调研期间与村民同吃同住，比较方便收集资料，但是后期对资料的分析和整理却有所欠缺。由于笔者不是当地人，在语言方面遇到了一定的阻碍，调研对象中大多数是普通话不太标准的中老年人，访谈中对于村民的意义表达的理解会有一定的偏差和理解不全，后期在资料整理过程中可能也会存在一些重点信息理解不全或遗漏。关于文章内容方面，有待后续的研究充实关于社会变迁对农村宗教的影响，包括人口流动对宗教信仰代际传递的影响，政策变化及国家力量渗入基层对宗教信仰的影响等。例如城镇化过程对民间信仰的前途的影响问题在茶村这样的村庄已经慢慢显现，村庄旅游开发项目的入驻和实施将会对村民家庭传统住宅进行全方位的改造，居住空间和居住格局发生变化，祖先崇拜将会以怎样的形态存续呢？旅游娱乐等新元素的进入对传统民间庙宇生态也会造成影响，村民对社区神灵崇拜将会发生哪些变化呢，宗教在村民的日常生活中的功能和地位会有怎样的改变？这些问题是本文研究过程中在茶村还未完全凸显的，但在其他已经发生类似变化的村庄，关于社会变迁下的弥散性宗教研究是很有必要性的。

参考书目

程乐松，2010，“香港社区礼俗与信仰共生——道教太平清醮中所见的信仰复合”，《世界宗教文化》第2期。

陈彬，2009，“杨庆堃的宗教社会学理论述评”，《宗教学研究》第2期。

费孝通，2014，《江村经济》，商务印书馆。

弗雷泽，2013，《金枝：巫术与宗教之研究》，商务印书馆。

范丽珠、李向平、周越、陈进国、郑筱筠，2013，“对话民间信仰与弥散性宗教”，《世界宗教文化》第6期。

韩恒，2012，“传播模式与农村基督教群体特征的演变——基于河南省14个调查点的分析”，《世界宗教文化》第5期。

金泽，2002，“民间信仰的聚散现象初探”，《西北民族研究》第2期。

金耀基、范丽珠，2007，“研究中国宗教的社会学范式——杨庆堃眼中的中国社会宗教”，《社会》第1期。

李亦园，1997，“新兴宗教与传统仪式——一个人类学的考察”，《思想战线》第3期。

李向平，2007，“从信仰到宗教的制度差异——佛耶制度比较论”“宗教对话与和谐社会”国际会议。
林国平，2007，“关于中国民间信仰研究的几个问题”，《民俗研究》第1期。
林国平、彭文宇，2001，《福建民间信仰》，福建人民出版社。
卢云峰，2013，“从类型学到动态研究：兼论信仰的流动”，《社会》第2期。
梁漱溟，2009，《东西方文化及其哲学》，商务印书馆。
李华伟，2015，“论杨庆堃对‘民间信仰’与‘弥散型宗教’的研究：贡献、问题与超越”，《宗教人类学》第6期。
莫里斯·弗里德曼，2016，“论中国宗教的社会学研究”，《中国社会中的宗教与仪式》，江苏人民出版社。
钱穆，2003，《中国文化导论》，商务印书馆。
色音，2012，“祖先崇拜的宗教人类学探析”，《内蒙古大学学报》第3期。
王铭铭，1996，“中国民间宗教：国外人类学研究综述”，《世界宗教研究》第2期。
王铭铭，1997，《社会人类学与中国研究》，上海三联书店。
吴真，2008，“民间信仰研究三十年”，《民俗研究》第4期。
武雅士，2016，《中国社会中的宗教与仪式》，江苏人民出版社。
王斯福，2016，“台湾的家庭和公共祭拜”，《中国社会中的宗教与仪式》，江苏人民出版社。
汪桂平，2004，“平安清醮与傩仪——谈道教与民俗文化之关系”，《世界宗教研究》第4期。
王天夫、王飞、唐有财、王阳阳、裴晓梅，2015，“土地集体化与农村传统大家庭的结构转型”，《中国社会科学》第2期。
夏当英，2017，“祖先崇拜：支撑乡村生活秩序的传统宗教内核”，《安徽大学学报》（哲学社会科学版）第3期。
杨庆堃，2016，《中国社会中的宗教——宗教的现代社会功能与其历史因素之研究》，四川人民出版社。
郑衡泌，2013，“民间信仰神祠祭祀空间规模及其影响因素——以民国时期鄞县平原为例”，《世界宗教文化》第1期。
张志刚，2006，“宗教是什么？——关于‘宗教概念’的方法论反思”，《北京大学学报》（哲学社会科学版）第4期。

赵巧艳，2016，“魂聚与魂移：侗族传统民居堂屋的共魂意象表征”，《宗教学研究》第1期。

Freedman M. , 1974 , “On the Sociological Study of Chinese Religion” , A. P. Wolf [eds.] , Religion and Ritual in Chinese Society, Stanford University Press, pp. 19 — 41.

Feuchtwang S. , 1974, “City Temples in Taipei under Three Regimes”, M. Elvin and G. W. Skinner [eds.] , The Chinese City between Two Worlds, Stanford University Press, pp. 263 — 301.

Harrell C. S. , 1974, “When a Ghost Becomes a God” , A. P. Wolf [eds.] , Religion and Ritual in Chinese Society, Stanford: Stanford University Press, pp. 193 — 206.

Jordan D. K. , 1972, Gods, Ghosts, and Ancestors: the Folk Religion of a Taiwanese Village, University of California Press.

Wolf A. P. , 1974, “Gods, Ghosts, and Ancestors” , A. P. Wolf [eds.] , Religion and Ritual in Chinese Society, Stanford University Press, pp. 131 — 182.

担当与求索：建构政策改革的机会空间

王　盼　清华大学社会学系 2015 级
指导教师　王天夫

第一章　问题的提出

1978 年的改革开放瓦解了那个国家几乎垄断了全部重要资源、控制了全部社会生活的“总体性社会”（孙立平等，1994），卓有成效地释放了经济增长活力，发展了社会生产力，带来了综合国力的腾飞。与此同时，中国社会结构也经历了深刻的转变。公民在市场交换中日益分化为贫富悬殊的不同阶层，利益主体在博弈中联结成多元的利益集团。在改革和转型过程中形成的总体性精英集团希望阻止进一步的变革发生，将原本具有过渡性质的“混合型体制”定型化（清华大学社会学系社会发展研究课题组，2012），以便维护既得利益。中国改革进入了攻坚期和深水区，中共中央提出“全面深化改革”，用以破除体制机制弊端，重新赋予经济社会发展的力量。然而，面对错综复杂的利益格局和根深蒂固的体制积弊，若要创造全面深化改革的机会空间，不仅需要决策者的勇气和决心，还需要行动智慧和思想共识。

专家参与公共决策，被视为提高公共决策科学性、民主性的关键环节。一方面在于，专家处在体制外部，地位相对中立，既有利于克服公共决策的惯性，又便于沟通民意；另一方面，专家掌握专业知识，能够对复杂的社会问题进行理性分析，提供具有科学性的政策建议。

乘着建设社会主义民主政治的东风，我国专家参与的制度和实践取得了快速的发展，也暴露出一些问题与局限。其一，制度落实不力，专家参与呈现出符号化和空洞化的问题。专家没有被赋予实体性的参与权，政府在设置议题、选择方案上握有垄断性的权力，在采纳专家提供的政策建议时有较大的主观性和随意性（朱伟，2013）。其二，专家本身存在知识和信息有限、观点和意见偏颇的问题。一方面，社会问题日益复杂多变，政策过程往往要求综合多学科、多领域的知识与技能，专家在知识的广度和深度上并不总能满足需求；另一方面，专家也有自利的偏好，不论是出于自身利益的考虑还是为了谋求所处团体的利益，都有可能造成政策建议的片面与偏颇（王锡锌等，2010；陈波，2005）。其三，受外部环境制约，政策改革议而不决或者难以执行。当专家无法在体制内突破阻力、在体制外建立共识时，公共政策改革极易陷入议而不决或决策难以得到执行的两难局面。

时代需要知识专家更加积极勇敢地肩负使命，探索更为有效的行动策略，从而更加深入地参与到公共决策和全面深化改革的事业之中，帮助决策者突破制度壁垒、利益阻隔与思维定势，创造和拓展公共政策改革的机会空间，同时也令自身的政策建议得到采纳，推动中国社会转型与进步。

20 世纪 70 年代末，为了支持社会主义现代化建设，我国确立了计划生育的基本国策，在实践中推行了“一胎化”为主严格的计划生育政策。三十多年来，计划生育催化了中国的人口转变，计划生育政策也逐渐积淀为一项级别优先、执行严苛、涉及领域广泛的公共政策。然而，迅速降低的生育率为人口结构风险埋下隐患，更造成了一系列严重的社会经济后果。面对僵化的计划生育政策与日益严峻的人口形势，许多学科的专家学者纷纷结成团体，凝聚力量，开展实验、调研、研讨、宣传、建言等活动，希望推动生育政策调整。一批人口学家组成的“21 世纪中国生育政策研究课题组”（以下简称“课题组”）在生育政策调整过程中发挥了不可磨灭的重要作用，为专家参与公共决策提供了经验与启示。

2001 年，顾宝昌教授和王丰教授牵头组建课题组，汇集了当时国内最著名的一批人口学家，部分计生部门官员也参与其中。同年 5 月，课题组在上海召开了第一次生育政策座谈会。专家们分工协作，历时3年，论证了调整生育政策的必要性和可行性，于2004年联名签署了《关于调整我国生育政策的建议》，建议生育政策调整要及早起步、分步推进、平稳过渡，报送中央及国家人口计生委领导。建议书的递交引起了利益各方对生育政策问题的关注，却也受到了严重的质疑。质疑主要聚焦三个方面，即生育政策和生育水平的关系问题、生育政策和出生性别比的关系问题、生育政策和计划生育工作的关系问题。

面对质疑，课题组一方面对甘肃酒泉、山西翼城、河北承德、湖北恩施这些从1980年代中期就开始实施二孩政策的地区，开展生育水平调研；另一方面到已经在农村地区推行单独二孩政策的江苏省，追踪调查具有二孩生育资格的夫妇的生育意愿和生育行为。课题组研究发现，生育政策并不是唯一影响生育意愿的要素，经济社会因素才是影响生育的主导因素，生育意愿不等同于生育行为和生育水平。课题组确信生育政策放宽后，人口规模依然可控。2008年，课题组举办了第二次生育政策座谈会，并于2009年联名签署了《关于我国人口政策调整的再建议》。专家们确信生育政策调整时机已成熟，呼吁政府部门及早放开二孩生育。建议书递交后不久，国家人口计生委宣布将生育政策调整事项提上议程。同年，课题组也开始面向媒体，走向社会，扩大影响。

2013年，全国的单独二孩政策出台。然而二孩生育遇冷，我国人口出生率继续走低，人口结构风险持续积累。2014年底，课题组召开了第三次生育政策研讨会，近40位与会者凝聚共识：生育率长期走低、人口老龄化日趋严重、城市化率不断上升、人口流动更加频繁、独生子女家庭数量巨大并继续增加，已经成为中国人口格局的新常态；人口是国力的根基，是经济和科技发展最宝贵的资源，建议中央顺应人口格局新常态，进一步实施生育政策调整，尽快放开二孩生育，并及时取消对公民生育数量的限制；课题组还强调，生育政策的进一步改革也是实现国家治理体系与治理能力现代化的重要举措。座谈会产生了《关于调整我国生育政策的第三次建议》。2015年初，习总书记对建议书做出批示，生育政策调整驶入了快车道。

2015年10月，党的十八届五中全会决定实施全面的二孩政策，2016年1月1日，提倡一对夫妻生育两个子女的新《计划生育法》开始实行。至此，中国正式进入“二孩时代”，中国生育政策的调整取得了阶段性进展。

综上可见，计划生育是我国一项重要的基本国策。从宏观决策的严格把控，到基层执行的严苛力度，计划生育都有着坚实的政治基础与利益基础。计划生育政策的调整面临着来自思想的、制度的、利益的巨大阻力。知识专家在其中扮演了重要的行动者，发挥了重要的知识更新、政策建议等作用。纵观十多年的生育政策调整过程，政策改革的机会空间是逐步、缓慢地扩大的——从学术界被允许讨论，到决策系统内部的争论，到社会舆论的广泛议论，再到最终政策决策。

由此提出本文的研究问题：

（1）一项公共政策改革的机会空间是如何建构而成的？

（2）在政策过程中，行动者的行动策略与逻辑是怎样的？

第二章　研究思路与调查设计

20世纪70年代以来社会学的“空间转向”主要沿着两条路径展开：一方面是在现代性架构下的空间思考，旨在检视空间与社会的交互关系对于研究社会结构与社会过程的重要性；另一方面是后现代的空间解释，包括资本循环和空间重组理论、权力和知识空间化趋势以及社会空间辩证法思想等（何雪松，2006）。“空间”的理论和概念令研究视角更加丰富、写作表述更为灵活，在实证研究中广为采用。现在，空间的意涵越来越与物理存在相分离，一步步抽象成为权力空间（施芸卿，2007；黄晓星，2011）。

政策改革的机会空间（opportunity space），描述的是与公共政策改革相关的制度环境，以及国家与社会之间、政府不同部门之间、不同利益团体之间的关系结构。机会空间的大小，决定了实现公共政策改革可能性的大小；机会空间的形态，与公共决策参与者的行动策略之间有着相互作用的关系。因此，机会空间不是一个封闭的场域，与政策议题有关的人员、知识、信息、资金等要素在决策体制内外密切地流动、交换。也正因为这种频繁的要素流动，机会空间的边界和形态处在不断的变化之中。本研究将政策改革的机会空间分为制度与认知两个层面加以考察。

一、有关建构制度空间的理论与研究

改革者的实践行动不能脱离特定的利益结构和制度环境，政策改革的历程必然地受到制度空间的形塑（Doug McAdam et al.，1996，1-20）。以公共政策改革为诉求的行动，只有发生在制度空间界限之内，才能获得合法性和改革成功的可能性。因此，梳理利益关系、建构有利于改革的制度空间，是行动者的一项重要任务，也是学术研究的一种切入点。

若要建构改革的空间，首先要了解一般意义上的权力空间结构。处在特定位置的行动者，只有根据特定的权力结构特征，采取适宜的行动策略，才能收获行动成效。梯利提出的“政体模型”和“动员模型”理论，对研究者理解权力结构和行动策略很有启发。政体模型以政体定义国家，公共行动者分类为政体内成员和政体外成员。政体内成员占据结构性优势，即使只花费很低的成本、只通过常规的制度性渠道，也能够对政府施加影响。相反，由于制度壁垒的存在，政体外成员在公共参与时处在劣势地位，他们能够对政府施加的影响十分有限，政体外成员必须付出更多的成本与努力，或者设法进入政体，或者设法变革政体。动员模型用于解释一场集体行动何以成功。梯利将促成集体行动成功的因素归结为六个方面：参与者的利益驱动、参与者的组织能力、社会运动的动员能力、阻力与推力、政治机会与威胁、社会运动所承载的力量。在这六种因素之中，梯利最看重动员的作用，组织力量是把社会成员的利益诉求转化为运动组织动员能力的关键。

沿着梯利的理论，集体行动参与者的重要任务是动员（mobilization），动员的内容包括人员、钱财、知识、情感等等。决定一场社会运动成功发起或是中途流产的重要因素在于组织机构所能利用的资源总量的多少（McCarthy et al.，1977）。动员行为的最终作用对象是政治机会结构，也就是理顺利益格局与权力壁垒，为改革诉求的实现创造宽松有利的制度空间。政治机会在社会运动中有着关键的作用，它决定了一个组织发起并赢得社会运动的可能性。

泰罗（Tarrow，1996，41-61）提出了政治机会结构（political opportunity structure）的概念。他将能够改变社会成员参与社会运动的政治环境定义为政治机会结构。政治机会结构是常规的、稳定的，但并不是永恒不变的。至少有四种因素能够改变政治机会结构：政体外成员进入了政体内部、旧的政治平衡被打破、原本的政治精英团体分裂以及社会上的利益团体结盟壮大。

Gamson 和 Mayer（1996）在实证研究中发展了政治机会理论，他们认为政治机会并不是完全结构化的，政治机会并非总是先于社会运动存在的，而是被社会行动者从纷繁复杂的政治环境中选中，或是被社会行动者创造出来的。对于一个社会运动来说，如何定义和寻找政治机会对于发起社会运动是至关重要的。赵鼎新通过对比“五四”“一二·九”“八九”这三个发生在北京的学生运动，比较三者在口号、诉求、行动上的差异，将宏观国家结构与微观动员策略有机联系起来，指出国家与社会的关系会影响社会运动者的话语策略（Zhao，2000）。

国内学者在研究集体行动、政策改革等题目时，也不乏制度空间视角的精彩论述。黄荣贵等人（2015）通过对比 40 个拆迁抗争的案例，发现客观的政治机会结构中不仅包括政府权力，还包括中央媒体的报道以及现行的制度法规。中央政府干预与中央媒体支持性报道并存的“多渠道强干预”是抗争成功的充分条件，而多渠道强干预则取决于有利的制度法规环境和抗争者的多重混合框架化策略。王绍光（2008）关注中国公共政策议程设置的模式，依据提出者的身份和公众参与的程度将其分为六类，即由决策者提出的关门模式和动员模式、由智囊团提出的内参模式和借力模式、由民间提出的上书模式和外压模式。朱旭峰（2011）也对中国社会政策变迁中的专家参与模式进行了分类。依据损失嵌入性的强弱、知识复杂性的高低，将专家的行动策略分为四种，即公众启迪—竞争性说服模式、内部参与—直接咨询模式、外锁模式、社会运动—简单决策模式。作者还强调，专家所组成的知识共同体有助于提高政策变迁过程中专家的影响力，知识共同体不仅能够促进研究成果交流，提高专家建议的质量，而且能够充分整合资源，使专家在参与公共决策时可以更加灵活地选择最有效的行动策略。

二、有关建构认知空间的理论与研究

文化对于每一个参与社会经济生活的个体来说，既是外在的行为规范和价值观念，经过日常生活实践，又会内化为“惯习”，成为引导人们认知世界的思维倾向，为实践行为提供一种恰在其位的限制感。与此同时，当人们想要对实践行为做出创新性探索时，文化又能够提供丰富的资源和灵感，充当工具箱的职能。斯维德勒（Swidler，1986）在阐述“文化工具箱”的理论时，将文化定义为一系列的符号、故事、仪式、观念等资源组成的集合，这些资源构成了行动者生活实践的工具箱，工具箱中的资源能够在生活情境中被调用，并通过支持或限制的方式来影响人们的行动策略。

具体来说，人们如何使用文化策略拓展共识空间，从而实现行动目标？“框架整合”（frame alignment）理论对此做出了详尽的阐释。斯诺等人（Snow et al.，1986）发展了戈夫曼的微观社会学理论，提出框架整合的概念，用于考察社会运动的微观动员过程。框架是指帮助人们认知、理解和标记社会生活中所发生的事物的一种解读范式。为了有效地动员群众，社会运动组织往往进行框架整合，将若干相近的意识形态、价值或目标进行改造和联合，用以吸引更广泛的社会力量参与其中。社会运动过程中常见的框架整合策略主要有四种。其一是框架搭桥（frame bridge），是指将结构上不相干、但在意识形态和价值认同上相近的框架结合起来；其二是框架扩大（frame amplification），当一场社会运动需要动员更多的组织和个人加入时，行动者通过强调或夸张那些价值和目标的重要性等手段来增强动员效果；其三是框架延伸（frame extension），是指一场社会运动为了动员更多的参加者或者获得更多的盟友，而将他们所信奉的意识形态、话语或目标进行一定的修改，来动员或联合那些原本与他们的利益和观点均有不同的组织和个人；其四是框架转换（frame transformation），当原本的框架策略不能成功动员参加者，或者当一场社会运动的发展受到严重阻碍时，行动者通常会修正甚至抛弃他们所持有的话语，并提出新的目标或框架。

在国外的实证研究中，一些学者聚焦框架策略本身。Gamson 和 Modigliani（1989）追溯了 1945 年以来美国公众对核能的认知态度变迁历程，发现大众传媒对于形塑公众舆论有着关键的作用，媒体话语可以被视为一种工具包，建构了公众舆论。在同一时期，不同媒体对核能给出了不同的表述，致使公众舆论分裂为相互对立的不同阵营。在不同的历史阶段，占主导地位的媒体话语各不相同，主流的公众舆论也随之变换支持或者反对核能的态度。Meyer 等人（2016）考察了支持绿色建筑的行动者们的话语策略。绿色建筑是一种新兴事物，公众对于绿色建筑尚无全面的认识和定型的态度。于是，行动者们从不同利益团体的价值观念中抽取不同的概念、信条，将其重新解读、拼接加工，创造出一套全新的理念，安放在作为新兴事物的绿色建筑上，从而获取来自多元利益团体的支持。作者将这种框架策略定义为框架去耦（frame decoupling），充实和完善了框架分析理论。

国内也有一些学者在框架策略、建构共识空间方面做出过精彩的论述。黎相宜（2009）在中国集体抗争的研究中发现了“框架借用”的现象，失地农民往往借用知识精英的合法、权利等话语来建构自身的运动框架，而知识精英在维权过程中也会借鉴失地农民的弱势特征来建构自身的叙事话语。作者强调，精英借用草根的话语框架，可能导致草根的利益诉求被失真处理，致使草根群体的部分利益诉求被置换。夏瑛（2014）考察一个反拆迁反高铁运动的全过程，发现文化情境会影响动员框架策略，反过来，随着社会运动的扩大，行动者主张的那些曾经的边缘价值也会重塑社会的文化情境。

三、分析框架

综合上述文献回顾，本研究认为，若要考察政策改革机会空间的建构机制，至少需要关注以下五点内容。

其一，机会空间与政体制度密切相关。政体制度是建构机会空间的环境与背景，限定了行动主体的行动边界。因此，考察政策决策的政体制度背景，厘清与政策相关的权力关系和利益格局，描摹制度空间的形态及演变历程，是理解政策改革的机会空间建构机制的基础。

其二，政治机会往往不是给定的，而是由行动者建构而来。在一项公共政策改革的过程中，结构的、或文化的因素，正式的、或非正式的因素，都会介入进来，都会融入到建构机会空间的过程之中。行动者不仅要适应环境，以便在其界限内行动，也可以积极地利用制度与机会，通过与政府部门、关键人物、学术共同体、重要媒体、舆论大众等主体的互动，创造有利于行动的政治机会空间。

其三，资源动员至关重要。在建构政策改革机会空间的全部行动中，核心和关键就是动员，包括知识动员、人才动员、情感动员等等。行动者通过资源动员，壮大和凝聚团队，锤炼诉求与主张，争取社会关注度，扩大决策影响力。

其四，建构机会空间离不开更新知识与拓展共识。建构机会空间的过程，往往需要改变已有的知识和常识体系，经过框架整合策略，更新知识、信念与价值，建构新的知识和常识体系，拓展共识空间。

其五，行动策略的选择会影响政策改革的走向。建言行动和机会空间建构都不是一蹴而就的，而是一步一步发展、成就的。行动者每一次的策略选择都决定着建言行动的成败态势，也影响到机会空间与政策改革的走向。

可见，公共政策改革的机会空间不是在阳光雨露下自然而然地生长出来的，而是经过多元利益主体反复博弈才逐步扩展开来的。认知空间和制度空间是共同构成机会空间的一体两面，是缺一不可、互不可分的关系。只有将结构的分析与文化的分析结合起来，将不同阶段的行动与策略连贯起来，才能获得一个完整性的视角，将那些微妙的互动和关系连根拔起，挖掘到建构政策改革机会空间的机制与逻辑。

但是，纵观前人的研究，不论是气势恢宏地梳理国家权力结构、分析制度环境对集体行动的推力与阻力，抑或是细致入微地剖析话语策略、剖析舆论共识空间的建构过程，都不可避免地落入结构分析或文化分析二元对立、非此即彼的窘境，均未能给出一种可行的、综合的、完整的分析方法。

孙立平老师重新定义了“社会事实”的概念，倡导一种“实践的社会学”，尝试用“过程—事件分析”的策略来克服既有分析模式二元对立的局限（孙立平，2000）。孙立平老师将实践状态社会现象的研究概括为四个环节和层次——过程、机制、技术和逻辑。过程是进入实践状态社会现象的入手点，因为深层的逻辑往往是在事件性的过程中得以充分地展现；机制是逻辑发挥作用的方式；技术是实践状态中那些行动者所使用的技术和策略，这种能动的作用是塑造实践逻辑的一个重要因素；逻辑是深度个案研究的目标。

回到本研究的分析框架上。首先，通过清晰地再现课题组建言计划生育政策调整行动的完整过程，梳理公共政策改革过程中的行动者和利益格局，勾画机会空间得以建构、维系、拓展的机制。接着，聚焦建言行动的事件、细节，通过分析课题组每一次与政府或公众的互动、博弈，归纳课题组为了建构机会空间所采用的策略技巧。最后，从行动者互动的过程中、从机会空间建构的历程中，洞察公共政策决策权力的运行逻辑与边界，从而探索更加积极有效的专家参与公共政策的模式。

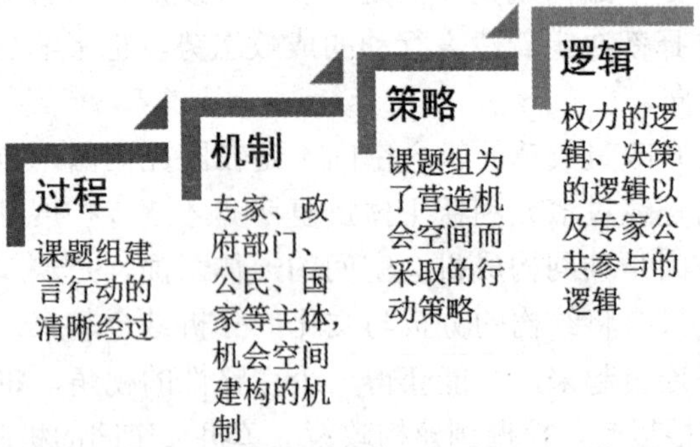

图 4.1 分析框架

四、调查设计

本研究采用的研究方法是个案分析法。围绕所关注的案例，将采取文献研究、深度访谈等方法，来收集资料信息，充实分析论证。

先说个案分析法。个案研究是社会学研究方法中常用的一种。本研究选取 21 世纪中国生育政策研究课题组针对计划生育政策调整的建言行动，作为唯一的“极端个案”（Flyvbjerg，2006），探寻政策改革机会空间的建构机制。分析案例时还应借鉴民族志研究的理念和方法，从“整体论视角”出发，收集不局限于案例本身的“情境化资料”，超越一个暂时的文化图景或事件，尝试描述事件发生时的历史、政治、经济以及环境，挖掘多种系统、多个层次之间的相互关联关系（费特曼，2007，15-16）。

再说文献研究法。在研究初期，通过文献法，梳理有关计划生育的法规政策、公众舆论、课题组话语的演变过程。

第一，搜集20世纪70年代以来的全国性计划生育法律、法规、政策，以及 20 世纪 90 年代以来全国各省份的地方性计划生育规范性文件，以此梳理我国计划生育政策演变历程。通过查阅书籍、资料，梳理计划生育工作部门的结构与规模，全面了解实施层面的计划生育政策，初步感知计划生育政策调整的阻力与推力。

第二，通过整理各大论坛围绕生育政策的发帖和讨论，以及门户网站关于计划生育的焦点报道和热点事件，描摹公众舆论的态度及演变，作为分析课题组行动策略的参照。

第三，将课题组的发声渠道分为三类，即学术著作（专著书籍、期刊论文等）、大众传媒（新闻报道、记者专访、专栏文章等）和政策建议书，对比分析，透视人口学知识更新的过程，为访谈打基础。

再说深度访谈法。在二手资料分析的基础上，通过与课题组的学者们进行半结构化访谈，深入挖掘二手资料无法呈现的思维过程和细节要点，从而厘清课题组组建、凝聚、决策、行动的全过程，以及每一位学者参与建言行动的动机、激励、风险、感悟等心路历程。在拜访对象方面，涵盖课题组的发起者、核心成员以及后来加入的成员。

在访谈问题方面，主要包括受访者对人口问题的认识、在课题组中的行动、对建言行动的评价与前景等几个方面。

需要说明两点。其一，本研究未将翟振武、梁中堂等著名人口学家纳入拜访对象的范围。因为他们并非课题组的成员，他们的主张和行动不能被化作课题组的诉求与策略，而是课题组建言行动所面对的学术共同体的环境与背景。其二，本研究在行文援引课题组专家的著述和访谈时，并未做匿名化处理。一是因为我国的生育政策调整已经取得阶段性成果，本研究所回顾的政策调整过程并不涉及太多敏感问题；二是因为课题组专家们已经主动公开表述政策主张、回顾建言行动的历程，不做匿名化处理也不会给专家们造成负面影响。

第三章　政策改革机会空间的建构机制

一项公共政策的决策，需要经过定义政策问题、设置政策议程、备选方案竞争、有权部门决定等环节，方能完成。机会空间的建立、维系、拓展是公共决策得以推进的前提和基础。本研究主要关注的是代表科学知识的专家群体在建构机会空间中所发挥的作用。除了知识专家外，还有政府部门、公民、自主性国家三类行动者参与到政策过程中。在政策改革的不同阶段，不同的行动者进入公共决策的场域，组成不同的力量关系格局，多元力量产生的交互效果作用于政策改革的边界，构成不同的机会空间形态。认知空间的扩张与制度空间的拓展互为促进，层层纵深，最终建构了有利于公共政策改革的机会空间。

一、建构“问题”：内生改革张力，机会空间初现

公共决策行为的价值取向是公共利益，落脚点是为了解决公共问题，服务和增进公共利益。从这个意义上说，出现了有损公众利益、必须通过行政决策才能解决的“政策问题”，是启动决策过程的第一步。在社会事实建构成为政策问题的阶段，只有少数核心层级的官员和专家智囊被允许参与进来，并且，行动主体此阶段的碰撞交锋基本只发

生在认知空间中。

1. 理论定势面临知识更新

社会科学理论的意义在于指导人们更好地认识、研究和解决社会问题，增进社会福祉。一套理论范式的建立、完善、发展有其自身的规律。占据主流地位的理论范式，经过长期的学习、交流与科研实践，会对科研工作者和社会公众产生深远影响，形成思维定势。然而，社会问题也在不断地发展变化，理论定势使得知识更新滞后于社会问题发展，这不仅阻碍知识专家及时发现新情况、研究新问题，还会构成认知更新的阻力，压缩政策改革的机会空间。

在传统的人口学理论中，控制人口的思想长期占据主流。该理论倾向源于马尔萨斯的“人口过剩”思想。马尔萨斯认为，生活资料以算术级数率增加，人口在无所妨碍时以几何级数率增加，人口增殖力远大于土地生产人类生活资料力。为了保持自然法则的平衡，唯有通过节育的方法来限制人口增长，才能避免因人口增加快于物质资料增长所造成的人口过剩，进而才能消除贫困，求得社会稳定（马尔萨斯，2008）。

老一代中国的人口学家也受到国际人口学理论思潮和国内计划经济观念的影响，总是倾向于认为人口增长也可以计划，中国的人口应该是越少越好，生育率下降得越快越好。刘铮、邬沧萍指出，我国人口的总数多、增长快与耕地面积少的矛盾要求控制人口增长，人口基数大、增长快与底子薄的矛盾也要求控制人口增长，我国当前人口的年龄结构轻，未来育龄人群大，更加迫切要求控制人口增长（刘铮等，1979）。宋健依据中国的土地资源和社会生产力，用数学模型模拟了2000年时中国的人口承载力，得出7亿人口是中国的理想人口数的结论（宋健等，1981）。老一代中国人口学家的认识主张和研究方法构成了之后数十年中国人口学研究的框架。

理论对问题的认识是一个不断深入的过程。早在上世纪80年代，中国人口学家们就认识到了人口增长具有“惯性大”“周期长”的特点，他们以此来预测未来人口增长高潮，从而论证实行严格的计划生育政策的必要性（林富德，1980；查瑞传，1982）。人口总和生育率跌出更替水平，中国进入低生育率国家的行列，但因为坚信人口增长具有巨大的惯性，为了稳定人口规模，专家们坚信必须稳定现行生育政策不能动摇（邬沧萍等，1995）。出生率降低、现代化人口转变被视为计划生育政策的巨大贡献（侯文若，1988）。1990年代以来，越来越多的学者关注到中国人口领域切实出现的新情况，如人口老龄化（刘长茂，1991）、出生性别比升高（曾毅等，1993）、独生子女教育（风笑天，1994）等等。然而，更多的人往往将其视为与持续低生育率相伴而生的“现象”（陈卫，1995），并未当作与生育政策有关的人口“问题”。

思想的交流、碰撞往往会激发理论的更新。改革开放以来，我国借助联合国人口基金P01项目，先后送几批年轻的人口学者出国深造。这些学者学成回国，用新鲜的理论和视角研究中国的人口问题，发出了不同的声音。虽然在那时，他们的声音只是微不足道的少数派，甚至连他们自己也还不能完全地确信自己的判断和主张。

顾宝昌老师是最早关注到中国人口转变的学者之一，他提出要全面地看待以“低生育率和高增长量并存”为特征的中国人口局面，并将此作为观察我国人口态势的基本点和出发点（顾宝昌，2002）。王丰老师在美国任教，他比较世界人口发展趋势，论证了把少生4亿人作为计划生育的政绩是不当的，强调经济社会发展对生育行为具有关键影响，建议适时调整生育政策（王丰，2006）。郭志刚老师是最早对官方公布的人口出生率提出质疑的学者，他潜心研究每一次的调查统计结果，揭示了我国人口步入低生育水平的真实局面（郭志刚，2000）。

2. 制度惯性面对新型问题

一套建立成熟的制度自有运行的规律和轨迹，能够不断自我完善，并抵挡变革的发生。制度惯性对于政策改革而言，是一种内生的、结构性的阻力，如果不能突破制度壁垒，开拓合法性空间，公共决策就无法直面新形势和新问题，从而进行相应的调整和改革。

新中国实行计划生育，是为了应对现实的人口压力。新中国成立后，人民温饱尚未得到保障，基数大、增长快的中国人口日益成为制约经济发展和国家安全的大问题。节制生育、遏制人口增长成了客观而迫切的需求。1955年，中央卫生部首次明确地指出节制生育是重大“政策性问题”。1956年，周恩来总理将“适当地提倡节制生育”列入增进人民健康、改善人民生活的若干主要问题。1964年，国务院设立了计划生育委员会，计生工作开始由专门机构负责。十一届三中全会召开后，党和国家的工作的中心逐渐转移到社会主义建设上来。为了实现建设小康社会的政治经济目标，必须“使全国人口自然增长率降到10‰左右，争取本世纪末人口不超过12亿”。1978年，国务院计划生育领导小组召开第一次会议，并明确地提出要求“提倡一对夫妇生育子女数最好一个最多两个”。1980年，中共中央发布了《关于控制我国人口增长问题致全体共产党员、共青团员的公开信》。自此，轰轰烈烈的“一胎化”为主的现行生育政策开始实行（梁中堂，2006）。

改革开放初期，我国把计划生育政策看作保障国家粮食安全、促进经济增长、建设四个现代化的关键环节，在组织机构、财力物力方面给予巨大投入。1981年，经全国人大常委会决定，正式设立国家计划生育委员会，首任主任由国务院副总理陈慕华兼任。国家计生委设办公厅、六个（后增至七个）司和直属机关党委，行政编制近200人。此外，国家计生委设有直属企事业单位13个，编制人员近千人。此后，全国设立省级计划生育管理机构30个、市级362个、县级2786个，设立相关科研机构、信息情报机构、新闻机构、宣传教育机构、干部培训机构、药具管理机构、计生服务机构、协会社团数量不计（彭珮云，1996，439-458）。庞大的机构，严密的体系，确保了计划生育政策被严格地执行，在硬币的另一面，也为政策改革时顽固的结构性阻力埋下隐患。

运行中的公共政策会不断地建构、强化政策问题，用以夯实政策存在的合法性基础。但是，当社会问题发生持续的、明显的质变时，政策决策者就不得不予以关注和应对。1990年代以来，我国人口总量虽然仍在逐年增长，但总和生育率却迅速下跌，维持在2.1的更替水平以下。这对“人口增长过快”的政策表述构成挑战。2000年，官方首次正式承认我国人口形势已经处于“低生育水平”，却同时强调，“人口过多仍是我国首要的问题”，要求进一步抓紧抓好人口与计划生育工作，“稳定”低生育水平。

由此可见，官方对低生育水平持乐观态度，并未对低生育水平可能引发的人口问题和风险表现出担忧。但这种表述方式的调整，反映的是官方对我国人口形势判断的一大转变。这种官方认知的微妙变化，构成一种内生的张力，为讨论“生育政策是否需要改革”提供了结构性的机会空间。

3. 应对新问题，政策改革机会浮现

对于一项基础性的、重大的公共政策的改革，政府部门的态度通常是保守的。在最初的阶段，改革的话题不会被放到公共领域，供全社会讨论，而是严格限制在决策者和专家智囊的范围内。

2000 年，第五次全国人口普查发现我国的总和生育率仅有 1.22 的低水平，这引发了学术界和决策系统部分成员的担忧。计生委意识到生育政策到了必须要调整的时候了，于是向学术界伸出橄榄枝，希望由顾宝昌老师牵头，组织一些学者调查中国计划生育政策执行的实际情况以及中国人口形势面临的实际问题。发起生育政策改革的第一次政治机会浮现出来。

借助这一契机，21 世纪中国生育政策研究课题组成立起来。研究发现，实践中的计划生育政策并不是一刀切的“一胎化”政策，而是以一胎化政策为主，兼有地域不同、城乡不同的一孩、一孩半、二孩甚至三孩的多样化生育政策。统筹计算，政策一孩家庭占比达到 63.1%，全国政策生育率低至 1.47（郭志刚等，2003）。生育政策的严格程度令学者们震惊和担忧，也引起了部分官员的重视。

2003 年，又一次生育政策改革的机会空间浮现。新一届党和国家领导班子高度重视人口形势，启动了规模浩大的国家人口发展战略研究课题。课题组集中了包括十多位两院院士在内的 300 多位知识专家，对科学发展观、人口发展态势、人口与经济社会资源环境重大关系等 3 个分课题及其 42 个子课题，进行广泛深入的调研和专题研究论证。

借助国家人口发展战略研究的契机，课题组整理过去 3 年的研究与讨论成果，撰写了《关于调整我国生育政策的建议》，呈报党中央和国家人口计生委。课题组建议决策者将调整生育政策提上议程，提议在一些地区开展二孩政策试点，提出一个为期15年、分类实施、逐步放开、两步到位的政策调整方案，并首次尝试将中国人口面临的现实“问题”界定为人口规模缩减、年龄结构老化和性别比失衡三个方面（顾宝昌等，2010，216-219）。

二、提上议程：知识游说权力，撕开合法性空间

建构政策问题阶段的互动主要发生在认知空间之中。理论的更新和问题的发展，激发了内生的改革意愿和张力，走在前列的专家和官员达成初步的共识。此时的共识并非“决定要改革”，而是决策者认同了“是时候思考要不要改革”。思想的闸门一旦打开，多元的利益主体就会参与进来，结构的壁垒、制度的阻力开始变得清晰化。

任何公共决策的做出都是利益妥协、平衡的结果。彼时的妥协为此时的改革留下了机会空间。任何公共政策的执行都需要多个部门的参与，部门利益分化致使决策系统无法维持“铁板一块”的格局，而是留出权力的缝隙。议程设置的阶段，专家群体游走于权力的缝隙，通过游说、联盟、对抗、瓦解的行动撕开正式启动改革的机会空间，为自身的建言行动赢得了制度合法性。

1. 利用地方政府的自由裁量空间

中国政府在公共过程中尤其注重调查研究和客观事实。缺乏调查数据支撑的理论推演结论，很难令决策者信服。专家若要论证“放宽计划生育政策不会引发生育率大幅反弹”，仅靠数学方法模拟是不够的，还需要到实行宽松生育政策的地区进行实地调查，用事实说话。计划生育政策独特的决策模式，为地方政府预留了巨大的自由裁量空间，形成了多样性的地方生育政策格局，也为专家的调查研究提供了宝贵的试验田，为建言行动提供了动员游说的结构性空间。

课题组找到的第一块调研试验田，是甘肃酒泉、山西翼城、河北承德、湖北恩施等一批20世纪80年代保留下来的二孩政策试点地区。

30多年前，虽然独生子女政策在党和政府的强力推动下得到普遍施行，但这样的政策从酝酿到颁布再到施行的全过程中，都存在保留

意见甚至是争议。在梁中堂、马瀛通等人的努力下，翼城、酒泉、承德、恩施等地纷纷获得上级部门批准，在不影响一胎化生育政策大局稳定的情况下，可以实行一对夫妇生育二个孩子的政策。这些地区 20 多年来推行二孩政策的实践对于人们认识生育政策与人口态势的关系是一笔宝贵的财富。课题组陆续组织多队力量，分别到上述二孩政策地区调研人口状况。调查发现，承德妇女总和生育率低于 1.6，农村低于 1.8，多孩率甚至低于实行一孩半政策的其他地区；酒泉的妇女生育水平在实施二孩政策后不仅没有上升反而进一步下降，总和生育率低于全省水平；晚婚晚育在恩施蔚然成风，出生性别比基本正常，计划生育工作开展顺利，“越穷越生”的怪圈被打破；而翼城虽然普遍生育二孩，但出生性别比基本正常，宽松的生育政策也成就了更加融洽的干群关系（顾宝昌等，2009）。

课题组找到的第二块试验田是江苏省。同是二孩政策地区，江苏是东部沿海经济社会发达的省份，从 2000 年左右才开始实践二孩政策。因此，江苏省的人口调查结果，能够与酒泉、翼城等地形成补充。

1982 年，国家允许地方为农村的“女儿户”开口子。当时，绝大多数省份都实施了“开小口”的政策，但江苏省顶住压力，仍然实行农村和城市统一的独生子女政策。不过，江苏省制定了“一代人”的独生子女政策，即允许独生子女夫妻生育二孩。21 世纪以后，江苏省的第一代独生子女陆续达到婚育年龄，越来越多的夫妇符合生育二孩的政策规定，可以生育两个孩子。这种由于人口和家庭结构变化带来的政策生育构成的变化，对计划生育工作提出了新的问题，而这些问题也恰是课题组热切希望探索的。于是，江苏省计生委和中国社科院人口与劳动经济研究所联合组成课题组，开展合作研究（郑真真等，2017，4）。经过长期的跟踪调查，课题组发现江苏省的人口生育水平并没有随符合二孩生育政策夫妇的增加出现相应的上升。进而提出，当前育龄妇女的理想子女数、生育意愿、生育计划与实际生育行为之间存在着逐层递减的关系（郑真真，2011）。

至此，课题组利用中央政府与地方政府之间的权力缝隙，开展实地调查，用科学的力量瓦解了生育政策与生育水平之间必然的因果关联关系。这是课题组获取开展政策建言行动的合法性空间的第一步。

2. 撕开政府部门利益的缝隙

另一种形式的权力缝隙，存在于政府系统内部的不同职能部门之间。在公共政策执行的过程中，各相关职能部门的利益会随之寄生在政策制度之上，各部门虽都有维持政策、维系利益的诉求，但是由于各部门在政策执行过程中的参与程度不同、承担职责各异，于是出现利益诉求的分化，决策系统内部主张反对改革的力量便不再是铁板一块。部门权力缝隙，是体制外的行动主体向体制内渗透、对公共决策施加影响的机会空间。专家群体游走于权力的缝隙之间，避免体制内反对改革的力量结成联盟，分化反对改革的力量，将来自体制内的阻力化整为零，各个击破。

课题组首先要面对的是计划生育工作部门，即各级计划生育委员会。严重的人口问题为稳定计划生育政策提供依据，而实行严格的计划生育政策又为维系计生委的机构设置提供合法性基础。长期以来，计生委受困于我国人口多、增长快的思维定势，又出于部门利益的考虑，总是倾向于落入“人口统计怪圈”（郭志刚，2012a，394-409）。计生委对我国“真实”的生育率期盼过高，过分强调人口调查中漏报的因素，试图用漏报来弥补人口统计与生育率期盼之间的差距，然而，漏报总是存在却又很难查清。于是，计生委每次调查到很低的生育率，就会将其归因于漏报，并大幅提高生育率估计，以此为根据继续严格生育控制，但再次调查又会得到很低的生育率，循环往复。尽管如此，作为政府系统内部主管计划生育工作的职能部门，计生委提供的人口数据与研判报告依然是高层决策者制定政策的主要参考。人口统计怪圈不断加固决策体制的壁垒，能够轻易地将变革的声音阻挡在外。

政府的经济职能部门利益也与计划生育政策息息相关。中国的官僚体系深受发展主义意识形态的影响，把经济增长视作大局，其他一切工作都要围绕保障经济发展的中心展开。但人口众多的国情成为摆在经济建设面前最大的阻碍。庞大的人口规模被视为瓜分经济总量的分母，反之，限制生育则能有效地降低抚养比，从而获取经济发展的人口红利。此外，长期实行计划经济体制也给决策者带来另一种认识：

人口也是可以计划和控制的，人口的增长具有灵活的弹性，可以服从于经济、政治发展的需要。针对经济职能部门的改革顾虑，课题组论证了人口规模扩大不会阻碍 GDP 增长。虽然 2000 年以前人口红利对中国经济增长贡献率高达 15%，但它是一次性的、不可重复的，高速经济增长对于任何社会来讲都是短期现象，是“非常态”的（王丰，2013）。低生育率是短期利益（人口抚养比）与长期利益（劳动力供给）的交换，人均 GDP 的增长根本上取决于生产效率提升和储蓄率增高，少生不仅不能提高人均 GDP，反而限制消费需求，不利于扩大就业和创业创新（梁建章等，2012）。

政府的资源环境职能部门也密切关注计划生育政策。人类是自然资源的消费者，是自然环境的破坏者，人口的增殖对环境承载力造成挑战，威胁到人类的生存安全。针对资源环境职能部门的改革顾虑，课题组提出控制人口增长不能解决资源环境问题的主张。经济发展资源瓶颈的论调在中国甚嚣尘上，但细查数据，中国的耕地、淡水、森林、石油、煤炭、天然气等重要自然资源人均占有量都处于世界中等甚至靠前的位置，中国的资源压力和人口容量问题并没有所说的那么严峻。纵观现代经济史，几乎没有国家是因为资源瓶颈而经济发展受阻的。资源压力和环境污染问题，终究是一个经济问题，依靠的是经济结构优化转型，控制人口增长，尤其是减少有创新创造力的年轻人口，对解决资源环境问题没有好处（梁建章等，2014）。

最后，基层的计生工作执行机构和户籍管理机关也对计划生育政策改革提出质疑。对此，课题组强调，放宽生育政策不仅不会削弱计划生育工作的重要性，而且有利于缓和干群关系。课题组调查江浙沪粤地区的计划生育工作，发现过紧的生育政策与群众正常的、合理的生育需求之间存在巨大矛盾，造成了人口计划生育事业发展内忧外患的局面。一方面，基层计划生育工作困难重重，计划生育目标考核责任制迫使基层计生干部在上级压力和群众不满的夹缝中开展工作。另一方面，计划生育管理思路和管理模式在时代性社会变化面前表现出极大的不适应性，无法为群众提供相应的卫生、技术服务（王涤等，2012）。考察二胎政策试点地区的计划生育工作与干群关系，发现计划生育工作不仅没有弱化反而得到加强，计生工作更加贴近群众需求，工作好做了，干群关系更为融洽（顾宝昌等，2009）。

3. 解构与重构，政策改革取得制度合法性

知识向权力渗透。课题组利用中央政府与地方政府之间，以及政府内部各职能部门之间的权力缝隙，开展调查、研究和游说工作，成功地“解构”了原有的计划生育政策价值，即生育政策与生育行为之间存在直接的因果关系，以及人口增长与经济发展、资源环境保护、干群关系维系之间具有负向关联关系。如此一来，课题组动摇了维持现行生育制度不变的理论基础，分化了反对计划生育政策改革的利益主体，瓦解了铁板一块的反对改革的制度壁垒，拓展了提出生育政策改革主张的机会空间。

课题组趁热打铁，提交了《关于调整我国生育政策的再建议》，呼吁政府部门尽早将生育政策调整提上议事日程。在第二封建议书中，课题组完成了生育政策价值的“重构”。课题组选择了在中国公共决策系统内优先级最高的两个价值理念：经济可持续发展，社会长治久安。通过扎实的实地调查研究，课题组将计划生育政策、人口问题、经济发展和社会稳定等元素联结在一起，提出两个论点：人口规模稳定是综合国力持续增强的基础，人口结构均衡是国家长治久安的根基。成功地把计划生育政策、人口问题、经济发展和社会稳定等元素联结在一起，融入官方的、正式的话语体系，获得与发展主义意识形态对话的资格。

调查研究与价值重构取得了实质性的成果。2009年，国家计生委公开发布声明，正式将调整计划生育政策提上议事日程。政策改革进入了新的阶段，课题组赢得了建议生育政策改革的制度合法性空间。

三、方案碰撞：动员舆论造势，压力倒逼改革

政策改革提上议事日程，政策议题就进入了公共领域，围绕改革的讨论在更大程度上得到官方的许可。方案酝酿的阶段是整个公共决策过程中开放程度最高的阶段。多样的政策方案——支持改革的或者反对改变的，激进改革的或者温和调整的——正式展开角逐，政策方

案背后形形色色的行动者——政府部门、专家、利益团体、普通公民等——积极地参与进来。在政策方案的碰撞交锋中，越来越多的人员、情感、资金、知识、声望等资源要素被动员进入政策改革的场域，来自体制内渴望改革的张力，以及来自体制外“倒逼”改革的压力积累发酵，公共政策改革的机会空间迅速扩张。

1. 竞争方案，竞争机会空间

知识专家掌握科学的理论与前沿的方法，长期钻研某一领域的问题与变迁，能够更加准确地认识政策问题发展演变的规律，提出具有前瞻性和可行性的政策方案。在政策方案酝酿的阶段，尤其是在复杂政策的改革过程中，专家扮演着政策方案倡导者的角色。

在现行生育政策调整的过程中，先后有三种声音出现、发展、壮大，分别是保守派、激进派和温和派，归纳如表 4.1。

表 4.1 生育政策的三大竞争方案

	保守派	激进派	温和派
出发点	经济可持续发展	道义与人权	人口发展客观规律
政策评价	现行生育制度利大于弊	彻底否定现行计划生育制度	现行生育制度曾经做出贡献，但已不适应现时的人口问题
政策主张	维持现行生育制度不变，不能放开对生育的限制	立即彻底废除计划生育，鼓励生育	推广二孩政策，并逐渐放开对生育的限制
代表人物	邬沧萍、蒋正华、宋健、张维庆、于学军、翟振武、李小平、程恩富等	易富贤、何亚福、刘忠良等	顾宝昌、王丰、郭志刚、郑真真、蔡泳、李建新、梁中堂、彭珮云、张二力、梁建章等
优势	成员在决策体制内外都享有较高的权威和声望	成员来自民间，较早开始舆论动员	论证详实，动员充分
劣势	政策观点与人口问题日渐脱节	缺乏体制内的资源和支持，说理逻辑不自洽	观点与传统的人口学理论相悖

倡导维持现行生育制度不变的主要是老一辈知识专家，他们在学术界享有很高的权威和声望，与政府的互动也非常密切，靠近决策权力的中心。保守派的政策主张直到 21 世纪初都享有极高的声誉。一方面因为传统人口学理论支撑：庞大的人口是经济发展和资源环境的负担，生育水平与人口政策正相关，政策一旦放宽，生育水平必然反弹，因此为了促进经济社会的发展，稳定低生育水平，必须维持现行生育政策。另一方面长期的政治宣传让现行生育制度拥有较为广泛的民意

基础，公民内化了计划生育利国利民的口号，为家庭经济负担计、为民族长远发展计，都认为计划生育政策是积极正面的。但是，随着人口生育水平持续走低，随着养老问题、失独风险、单身现象、用工荒等问题逐渐显露，保守派对中国人口形势的判断越来越站不住脚，保守派的生育政策主张也越发失去说服力。保守派在生育政策改革中逐渐丧失了主流地位，影响力日益衰弱。一些专家跟随人口形势的变化和生育政策的微调，改变了学术观点和政策主张。

倡导彻底变革计划生育政策的专家主要有易富贤、何亚福等。激进派的优势在于，他们来自民间，更加了解民意民情，懂得通过何种渠道、用何种话语能最大化地动员民意的支持。以激进派的领袖易富贤为例，2000年左右开始研究中国人口问题，提出“还不取消计划生育，更待何时！”的口号，他的博客获得超过200万的访问量，他的著作《大国空巢》多次再版，风靡全国，率先民间掀起反对计划生育的思潮。但是激进派的劣势也在于他们来自民间。在主张彻底废除计划生育政策的专家阵营中，几乎没有来自政府或主流科研机构的成员。结构的缺陷令激进派的建言行动始终游走于权力体系的外围，难以对决策者产生直接的、有效的影响。他们激进、反对的言论甚至一度遭到主流媒体的封杀。除此之外，激进派在著书立说时，为了追求轰动效应和震撼效果，忽视逻辑的自洽严谨性。随着中国网民理性精神的觉醒，激进派也逐渐失去了舆论一边倒式的支持。

倡导温和改革的专家大多为中青年群体，在大型科研院校任职，与政府计生工作部门有着调查研究上的合作关系。温和派在建言行动之初遭到了巨大的阻力，他们的观点与传统人口学理论背道而驰，他们对人口问题的预测与人们观察到的人口现象相去甚远。但随着人口问题的发展演化，随着与竞争流派的论辩交锋，温和派逻辑严谨、判断科学的优势日益显现。在方案碰撞的过程中，温和派专家积极与其他派别对话，向其他专家学习框架策略，一步一步赢得了当局的认可和舆论的支持，打开局面，将温和改革的政策方案从边缘地位推向主流舞台。

2. 民意介入，拉伸机会空间边界

随着政治民主的发展和深化，公民越来越成为公共决策中活跃的行动者，民意对公共政策的影响力越来越重大。一方面，国家为公民的政治参与提供更多的制度化渠道，如人民代表大会制度、政治协商制度、各类听证会、恳谈会、市长接待日等等。另一方面，大众传媒和新媒体技术的发展帮助民意变成强有力的改革力量。当来自体制内的阻力太大时，单靠专家群体与政府周旋，难以打开局面，推进改革；从体制外部借助民意，营造支持改革的舆论环境，进而形成倒逼改革的压力，从而突破政策改革的瓶颈，是一种“曲线救国”的办法。

计划生育政策改革进入议事日程，备选政策方案进入公共领域，形成竞争之势。为了联合更广泛的力量，提升政策方案的影响力，赢得决策者的青睐，保守派、激进派、温和派的专家们纷纷借助大众传媒，将动员对象拓展到普通公众。他们大力宣传人口问题见解和生育政策主张，将民众的目光引向生育政策改革领域，催生了一系列围绕“计划生育”的舆论热点话题，生育机会空间被民意的力量拉伸。

学术界的讨论热度向民间传递，专家主张的分异也投射到舆论之中。对于专家而言，通过媒体宣讲政策方案，是为了更加生动透彻地表达观点，争取公众的关注、理解与支持。反过来，对于普通公众而言，专家的学说唤醒了他们固有的、潜在的政策态度和诉求，为他们提供了表达主张的概念和框架。各流派的生育政策方案都见诸大众媒体，每一个公民接触多样的方案论述后，会结合自身的生活实践和情感体验，做出判断和选择。于是，讨论生育政策的民意空间也呈现出阵营分异的特征。与此同时，专家论述还构成了民意表达的工具箱。公民借用专家的逻辑框架来建构自己的话语，利用专家的概念理论来充实自己的表达，舆论表达从“自在”走向“自为”，民意诉求从分散变得集中，民意以愈来愈强的声势介入到生育政策改革过程之中。

在知识专家接触媒体、走向公众、呼吁改革生育政策之前，舆论之中就存在反对计划生育政策的声音。但在那时，普通公民只能用质朴的语言，讲述来自生活的、零碎的体验，表达个人化的、朴素的异议。

得益于计划生育政策的长期宣贯，舆论保守派首先发展成为自为的诉求表达团体。与保守派专家相似，舆论保守派也倾向于从人口增速、发展红利、资源承载、环境污染、教育质量等多个维度，论证严格的计划生育政策的利好。舆论保守派的特征在于诉求鲜明，即坚持实行严格的计划生育政策。

激进派从专家的论述中汲取“权利”的概念，变情感表达为权利诉求，为计划生育改革寻求合法性依据。舆论激进派的出发点与早期反对者相同，都是来自日常生活的经验与感受。舆论激进派希望生育的意愿得到尊重，身体的健康得到保障，赡养的压力得到缓解，他们习得权利的概念和法律的意识，借用生育权、生育自由、宪法、中央精神等词汇，为情感表达包装上“维权”的外衣。舆论激进派的情感动员效果显著，表述方式易于被普通公民学习和借用，于是在民意空间中发展成为声势最大的派别。但是，舆论激进派的局限性在于，缺乏明确、具体的政策主张，而维权的话语一旦脱离了政策诉求，就有纯粹的“诉苦”之嫌。

温和派从专家的论述中习得一套自成体系的“科学”的话语，用科学理性取代激烈情感。舆论温和派的主张与其他所有舆论派别有着本质的差别。一方面，舆论温和派的论证出发点是人口发展规律和人口问题形势，隐藏了具有私人诉求色彩的“我的感受”，喊出应对人口问题的“公共诉求”，试图将生育政策讨论变成一场无涉情感、无涉私利、纯粹的公共事务的论辩。另一方面，舆论温和派的论述，从人口规模数据到人口结构形态再到经济发展数据，形成一套自洽的逻辑，并不疲于回应其他方案倡导者从经济发展、资源保护、教育就业等不同角度提出的质疑，而是镇定自若地讲述自己的一番改革生育政策的道理。舆论温和派的加入，将民意空间的生育政策讨论，引向公共、客观、理性的新阶段。温和派专家的论述，因为极具科学性和逻辑严密性，在公众当中拥有大批拥趸。但是，正因为论述话语自成体系，未曾接受专业学术训练的普通公众很难学习和模仿温和派的表述方式，他们往往直接转载温和派专家的文章，撰写评论，表示支持。

3. 利益割据，“碎片化”机会空间诞生

在改革方案酝酿阶段，越来越多的政府部门力量、学术力量、舆论力量被拉进政策改革的场域之中。在内生的改革动力和外部的改革压力的共同作用下，生育政策的机会空间最大限度地扩张，机会空间的边界不断地向外拓展，新的力量关系结构逐渐形成。然而，在政策方案的碰撞、交锋之中，各方案流派形成了势均力敌的状态。为了让自身的政策方案在角逐中胜出，倡导者们积极地从政府、学术界、社会中动员支持者，扩大同盟力量。于是，在决策系统内、在学术界、在公众舆论中，都充斥着支持各种政策方案的声音，且各种政策方案背后的支持力量博弈对抗，不断壮大，形成一种平衡的、相持不下的力量关系格局。因此，政策改革方案激烈碰撞，却始终争执不下，迟迟无法达成改革决策。

从空间视角分析，根源就在于机会空间的碎片化。机会空间的界限虽然宽广，但空间结构是碎片化的。政策方案的倡导者们虽然积极地把各种资源动员进政策过程中来，但同时也将各种资源归入自身的阵营，与竞争方案对峙对抗，于是围绕生育政策改革的力量格局是割裂的、对立的，有关改革的共识空间是分立的、碎片化的，体制内外无法凝聚改革决策的合力，无法生成政策改革的共识空间。

四、决策出台：国家理性冲破藩篱，贯通机会空间

政策改革走进了瓶颈。就在竞争政策方案相持不下的同时，中国的人口问题也在悄然发展、恶化，人口风险日益加剧，生育政策改革万分紧迫。国家作为公共政策决策中的一个特殊行动者，开始展现它强大的力量。在国家理性的作用下，被部门利益和对立观念分化、割据的机会空间得以贯通、联结，利益争夺和观念冲突被迅速抚平，生育政策改革决策火线颁布。课题组专家顺应时势，借势而为，与国家意志站在同一立场，紧密动员舆论同盟，合力推动生育政策迅速转型，来到“二孩时代”。

1. 危机紧迫，国家理性贯通机会空间

人口问题的发展演变有着独特的属性：变化慢、周期长、惯性大。这一方面给预测人口前景带来挑战，另一方面给应对人口问题增加困难。1990 年代以来，诸如“应对老龄化风险”“警惕人口结构问题”等口号便被专家和官员们挂在嘴边。但那时，国家正在享受人口红利

带来的经济高速增长期，看着人满为患的加工工厂，看着春运拥挤的人潮，从政府到公众，都无法将中国与“老龄化”“劳动力短缺”“人口负增长”等词汇联系在一起。然而，计划生育政策导致的低生育率问题终于还是火山一般爆发了——小学“生源荒”、工厂“民工荒”、急剧老龄化等等。

“国家自主性”理论认为，在自主利益驱动和决策权力、执行能力的保障下，国家得以超越各种利益集团而坚定地追求自己的目标；并且这一自主性目标通常可以超脱个别利益集团的短视，指向全体成员的整体利益或长远利益（埃文斯等，2009）。在强国家—弱社会的格局下，国家拥有更强的自主性力量。面对利益集团无法达成协商妥协，而人口问题不断积累的局面，国家意志强势登上舞台。2013 年 11 月，党的第十八届三中全会通过了“一方是独生子女的夫妇可生育两个孩子的政策”。这标志着全国范围的“单独二孩”政策正式启动，中国的生育政策改革迈出了里程碑式的一步。

在国家意志的强力干预下，计划生育政策虽然迈出了改革的第一步，但并未取得预期的生育率回升的效果，并且，有关生育政策改革的争议再度响起，计生工作部门也很快在新的制度环境下创造出反抗的空间，改革再次陷入进退两难的局面。

2. 顺势而为，中止争议，推进改革

国家强势加入政策决策，加速推进决策过程，这让知识专家嗅到了新的政治机会。课题组迅速与国家理性所代表的公共利益、长远利益站在同一立场，动员国家成为自身政策改革方案的最强有力同盟和支持者，从而再次冲破理念争论，推动计划生育政策再次改革。

课题组在分析、概括我国的经济社会宏观局面和人口态势现状的基础上，结合全面深化改革和治理现代化的话语环境，将生育政策改革诉求与国家发展战略格局相挂钩。课题组指出，人口格局新常态的到来，要求政府必须重新审视长期以来的人口思路和人口决策，彻底改变以控制出生数量和降低生育率为目标的人口政策与计划生育工作。更加宽松的生育政策是利国利民的“德政”，适时调整生育政策是治理能力现代化的体现。反之，如果决策者为了个人或部门利益，拖延改革生育政策，贻误人口结构调整均衡的时机，剥夺千万家庭应有的生育机遇，加深生育水平长期无法回升的风险，将会被视为“懒政”的行为，应当受到问责和惩戒。

此外，课题组并未放松舆论动员，积极营造支持改革生育政策的民意声势。在二孩政策改革陷入新的僵局时，课题组召开生育政策研讨会，撰写了《关于调整我国生育政策的第三次建议》，通过互联网报道了建议书全文，并首次公开回顾了课题组围绕计划生育政策改革的建言行动过程。专家们建议决策者彻底摒弃过时的以控制出生数量为核心的生育政策，为养育子女积极创造条件，为长远计，提高家庭抗风险能力，增加未来劳动力的供给和缓解老年扶养负担，扩大国内需求和经济平稳增长，焕发社会活力和增强创新能力，提升我国的国际竞争力（周天，2015）。

新的舆论动员将有关生育政策的讨论推向了新的高潮。人口问题的发展和显现无疑为课题组的政策主张提供了注脚。经过新的讨论，课题组在更广大的范围内凝聚了进一步改革的共识。国家意志、民意诉求都加诸课题组的生育政策温和改革方案之上，使得该方案赢得了压倒性的优势。争论得以中止，进一步的生育政策改革呼之欲出。

2015 年 3 月，习近平总书记对第三封建议书做出批示。10 月，党的十八届五中全会决议全面实施一对夫妇可生育两个孩子政策。2015 年底，“国家提倡一对夫妻生育两个子女”正式写入新修正的《计划生育法》。我国正式进入“全面二孩”的时代。

3. 共识空间未能建立，政策改革任重道远

国家强势介入促成改革，虽然能够立即冲破制度阻力，省去利益博弈的冗杂环节，提高公共决策的效率，却也有诸多局限性。经过行动者反复博弈达成的政策决策，虽然缓慢、波折，但确保了共识空间的孕育生长。这种政策建立在行动者们协商、妥协、认同的基础之上，在实施中会面临较小的阻力。相反，由于国家意志的介入，博弈、协商、共识的环节被跳过，新的政策直接悬浮于各个利益团体之上，必然引发旧政策既得利益者的反抗。在新政策实施的过程中，新的支持者和反对者逐渐形成，他们的对抗、互动演变成为新的利益格局，为未来

的政策改革注入新的不确定因素。

认知层面的思维定势远未克服。如果说习近平总书记在十八届五中全会上就计划生育政策调整所做的说明让课题组成员看到了曙光，那么国务院印发的《国家人口发展规划（2016-2030）》又把一切打回原点。《规划》判断我国未来15年，“人口众多的基本国情不会根本改变，人口对经济社会发展的压力不会根本改变，人口与资源环境的紧张关系不会根本改变”。我国人口继续存在“劳动力总量充裕、人口红利期”等有利条件，因此应稳定计划生育基本国策，努力促进人口长期均衡发展，并与经济社会、资源环境协调发展。这样一来，人口在中国经济发展的诸多矛盾中依然处于服从地位，控制人口的思想没有变，只是计划生育的数量从一变成二而已。

共识空间未能建成，政策改革任重道远，课题组的建言行动远未结束。

第四章　专家参与的行动策略

在我国计划生育政策调整的案例中，课题组专家先后说服政府部门，联盟民意力量，借助自主性国家建构并拓展了有利于政策改革的机会空间，突破了利益壁垒，赢得了政策方案博弈，最终促成生育政策的温和过渡。本研究将课题组推动下的生育政策改革历程看作一个动态的、流动的实践活动，利益格局的每一次变迁、机会空间的每一次扩展，都不是因为“时机成熟”自然而然地“发生”的，而是行动者用智慧的策略和不懈的行动一步一步“推动”得到的。

本研究将课题组专家在建言行动中采用的策略归纳为四类：站定专家立场、获取关键中间人、动员公众舆论以及框架整合的技术。

一、身份：站定专家立场

中国社会有着崇文重教的传统。新近的研究也表明，处在我国社会地位最高等级的人是高级领导干部和高级知识分子，人们往往倾向于给大学教授、工程师、科学家、法官等群体最高的声望评价（李春玲，2005）。课题组成员是人口学界的权威专家，长期关注中国的人口问题，对生育政策的见解具有天然的说服力。站定专家的立场，充分利用附着于专家身份之上的资源，是课题组的明智策略。

1. 科学精神

专家群体享有优势的社会地位，源于他们对社会问题的深刻剖析，以及他们对科学精神的孜孜追求。课题组希望游说政府官员和社会公众认可他们的理念，首先就要站定专家的立场，守好专家的身份，在学术正确上站得稳，牢牢掌握“科学”的发言权。

科学精神的表现之一在敢于挑战权力，直面真相。1990 年代以来，中国人口的总和生育率下降到更替水平以下。然而政府头脑中应对人口规模问题的那根弦一刻不曾放松，时刻警惕生育率反弹的风险，久而久之，陷入人口统计怪圈——官方公布的总和生育率长期稳定在 1.8 的水平，不曾波动。课题组的郭志刚老师经过严谨的研究和反复的论证，发现中国的总和生育率在 2000 年时就可能已经处在 1.5 以下了，于是开始对官方数据提出质疑。但是，人口模拟的结果毕竟得不到调查验证，说服力有限。而计生委又对“漏报”的因素情有独钟，坚信人口调查的漏报率为 30%。郭志刚老师转变研究思路，积极与计生委“对话”，通过寻找其他导致生育水平降低的因素，来证明计生委对漏报率的夸大。循着这种思路，郭志刚老师发现生育意愿子女数降低、生育年龄提升、人口流动、性别偏好、婚姻年龄推迟以及其他经济社会因素都能对降低人口生育水平发生影响。促使生育率降低的因素是真实、客观存在的，那么生育率降低极有可能是实际发生的事实，全社会必须从生育漏报的幻想中挣脱出来，接受生育率降低的客观事实，研究真实的人口生育水平。

科学精神的另一表现在敢于挑战传统，直面问题。为计划生育政策提供依据的传统人口控制理论诞生于人口转变的历程中，并不能解释后人口转变时代发生的老龄化、人口负增长等新问题。要研究当今中国人口正在面对的新问题，必须寻找和发展新的理论。西方国家比中国更早经历低生育水平与老龄化，他们的理论与政策对中国有借鉴意义。课题组的王丰老师、蔡泳老师长期供职于美国的大学，他们利用开阔的视野和便利的资源进行对比研究，发现几十年来世界生育率下降表现出与社会经济发展之间强烈负相关关系，1970年代我国生育率下降的主因是政策，但1980年代以后主要是社会经济因素使然（王丰等，2011）。

坚守科学的精神，敢于挑战权力，挑战传统。在一次次的学术论争中，课题组推动了中国人口学科的更新换代，迎来了人口研究的新时期、新领域。与此同时，课题组也在更广的范围内获得更高的声誉，逐步确立了人口学届的权威地位。

2. 用学术交流替代政策研讨

从数据分析或实地调查中发现问题，组建课题组开展相关的调查研究，在研讨会上发表研究成果并接受质疑和讨论，之后不断修正和完善自己的主张。这是一般化的知识专家开展研究工作的过程，是知识专家最熟悉的工作方式和表达方式，也是专家群体独有的讨论公共政策的制度空间。人口学家们正是用他们最熟悉的“课题组”的方式来开展调整生育政策的建言行动。

最初，人口学家们的确是以课题组的形式组织起来的。计生委担忧人口生育水平持续走低，授意专家来调查生育政策实施情况和人口问题的演变趋势。他们得到福特基金会提供的资金支持，汇集了18位当时中国最优秀的人口学专家，合作完成了14篇研究报告，最终的研究结论和政策建议报送计生委。

但是，生育政策改革的阻力远远超出专家们的想象。第一封建议书递交之后，不仅反响极其有限，反而受到强烈质疑。2006年，人口计生委声称调查到总和生育率出现反弹，高达1.87，于是在全国范围内吹起了人口形势严峻、生育率严重反弹的号角，党中央要求千方百计稳定低生育水平，留给专家讨论生育政策改革的机会空间几乎压缩殆尽。在这样的被动局面下，人口学家们决定继续以课题组的名义进行研究和交流。采取这种策略的优势，第一是有利于继承前期的调研成果和政策建议，从而保持学术观点的一贯性和建言行动的延续性。第二，也是更重要的，有利于降低政策研讨的社会影响力，提升隐蔽性，为建言行动营造一个安全、稳定的制度环境。在课题组的名义下，人口学家们开展实地调查，撰写研究报告，举办学术研讨，低调而持续地进行着知识动员。参加课题组主办的生育政策研讨会的人员规模不断壮大，课题组得以吸收更多年轻、创新的力量。

用学术交流的方式替代政策建议的讨论，把公共参与和学术发展有机地结合起来，这种策略为专家持续开展建言行动提供了“耐力”保障。将论证生育政策改革必要性和可行性的研究，与个人的科研兴趣相融合，课题组的专家们成功地把政策建言和学术研究这两件事做成了同一件事。更充足的投入换来了更充分的回报，专家得以在人口学届立德立言，中国的人口学研究得以开拓新领域，改革生育政策的建言行动得以转为持久战。

3. 多样化的表达渠道

知识专家实现影响力的方式，主要是语言和文字。这是一种主观的、间接的影响力，它必须首先作用于接受者的思想，待接受者认同、内化之后，转化为接受者的实践活动。有鉴于专家群体的特殊性，政府为其提供了更多样、更充分的表达渠道，如发表学术著作、参加论坛研讨、加入思想库等。课题组充分利用这些制度空间，为建言行动带来诸多机会与便利。

在计划生育政策被提上改革议程之前，当绝大多数社会成员不被允许公开地议论改革计划生育政策的话题时，人口学家们可以在学界内部将人口问题作为一个纯粹的学术议题，进行研究和交流。课题组最初调查我国政策生育率，并对官方公布的生育率数据提出质疑时，曾向国家计生委的领导内部汇报，但计生委并未做出积极的回应。但课题组认为生育率数据的准确性事关重大，必须研究清楚，不能就此搁置下去。于是，郭志刚等老师便在各类人口学术会议上尝试着提出观点。在确信低生育率真实存在之后，课题组发表了题为《从政策生育率看中国生育政策的多样性》的论文，正式在中国人口学届发起了有关真实生育水平的讨论。

另一个案例是反驳计划生育“30年少生4亿人”的论断。2006年，在计生委调查发现人口生育率反弹，中央要求千方百计稳定低生育水平之后，政府为了强调计划生育政策对控制人口增长所做的贡献，声称根据人口专家推算，“到1998年底，我国少生了3亿多人；到2005年底，少生了4亿多人”（张维庆，2006）。王丰老师和蔡泳老师一直主张，现阶段导致生育率下降的主要是经济因素，于是撰写了一篇题为《4亿中国人是怎么少生的？》的文章，发表在《中国改革》杂志上。“学术交流”无疑是这篇反对官方提法的文章得以过审的保护伞。

此外，供职于官方思想库的专家，还可以通过撰写内参报告、参加听证会、评议会等正式的方式，或者通过向政府官员写信、递送建议书等非正式的方式，将学术界的观点和争论引入决策系统，更直接地向决策者发表政策建议。

站定专家的身份，秉承科学严谨的精神，用学术研讨包装政策建言行动，利用专家的学术表达渠道来发表政策主张。课题组充分利用了专家身份上所附着的各种资源，为政策建言行动营建了一个安全、有利的制度空间。

二、渗透：获取关键中间人

权力结构内外有别。专家在公共参与过程中所处的结构性地位较为被动，专家处在决策系统的外部，不享有政策决策权，只能通过向决策体统提供建议、施加影响来实现政策改革目标。面对这种被动局面，课题组积极寻找身处决策系统内部、愿意促成生育政策改革的关键中间人，以他们为桥梁，实现课题组与决策者之间的信息流动、意见互通，扩大专家对公共决策的影响力。

1. 获得核心信息

信息是公共政策决策中的一种核心资源。只有掌握最新的、可靠的数据，才能对形势和问题进行精确地研判；只有了解决策者的思想和动态，建言行动者才能制定最优的行动策略，把握最佳的行动时机。然而，这些可靠的数据、决策者的动态等关键信息，通常只存在于决策系统内部。只有在关键中间人的帮助下，体制外的行动者才能获取核心信息资源。

原国家计划生育委员会规划统计司司长张二力，密切关注中国的人口问题与计划生育政策，希望促成生育政策的改革，多次给予课题组关键的帮助。2000 年左右，人口学界已经普遍关注到低生育水平的现象，但是一方面碍于计划生育政策议题的敏感性，另一方面困于缺乏详实可靠的数据资料，而无法开展深入细致的分析研究工作。张二力提供了 1998 年至 2000 年全国各个地级市的详细人口数据。就是这关键的数据，帮助课题组迈出了生育政策改革实证研究的第一步。

课题组递交第一封建议书后，收效十分有限，很重要的原因在于，建议书中对人口形势的预测、对生育政策的建议都是出自数学模拟和理论演绎，并没有得到二孩或多孩政策实践地区的实证论据支持。于是，课题组再次找到拥有原国家计生委司长身份的张二力，在资深学者和政府高官的共同努力下，成功说服江苏省计生委，后者允许课题组在江苏省开展有关生育意愿的调查研究，并达成了合作调研的意向。

在生育政策多样性、二孩政策调研地等问题上，关键中间人张二力给予课题组重要的帮助，课题组才得以获得地市人口数据、二孩政策地区生育意愿和生育水平等核心的信息。这帮助课题组及时、准确地研判中国人口形势，预测人口问题走势，修正和完善生育政策改革建议，帮助课题组在政策改革方案的博弈中掌握了主动权。

2. 施加重要影响

专家是政府的“外脑”。为了提高公共决策的科学性和民主性，决策者重视专家的意见。但专家群体毕竟远离决策权的中心，只享有建议改革和提供备选方案的权利，政府在议程设置和政策决策的环节握有垄断性的权力，是否听取专家建议，是否采取专家方案，主动权都在政府。加之政府内部各个部门也会围绕政策改革进行利益较量，专家建议要送达决策者的案头，远隔千里且阻碍重重。在关键中间人的帮助下，专家建议能够更加顺利地传入决策系统的中心，

国家人口发展战略研究项目启动不久，官方就叫停了有关调整生育政策的讨论，课题组的建言行动陷入僵局。时任中国人口学会会长的彭珮云，召集了“人口预测技术学术讨论会”，为课题组提供了一次绝佳的向计生委领导阐述生育政策改革建议的机会。

彭珮云在任国家计生委主任时，就有意调整、优化计划生育政策，

大力扭转计生工作的方式方法。离开岗位后，彭珮云时常搜集人口学家的报告文章，利用身份便利，递送国家领导人批阅。2015 年，彭珮云应邀参加了第三次生育政策研讨会，会后，她将 39 位知识专家联名签署的《全面放开二孩生育取消对公民的生育限制》建议书直接递送习总书记和中央政治局常委，之后才有了习总书记批示、新华社调研、十八届五中全会决定，全面二孩政策正式出台。

彭珮云长期以来密切关注中国的计划生育事业，希望优化计划生育工作，完善计划生育政策，给予课题组热心的支持。课题组积极地与彭珮云联络、配合，促进了计划生育政策调整的历程。

课题组采用获取关键中间人的策略，获得了重要的人口数据资料，有利于深入研究人口问题、判断人口局势，在关键中间人的帮助下，得以突破制度壁垒和利益障碍，向决策体系内部渗透，对决策者施加更强的影响力。

三、借力：动员公众舆论

公共决策是一个开放的场域，伴随着民主化、信息化的纵深发展，民意越来越成为政府进行政策决策时的重要参考要素，国内外舆论环境的向背能够加速或者迟滞公共决策的进程。课题组在建言行动中所采取的第三种策略就是舆论动员。最初，课题组的舆论动员方式是单向的、讲述性的，随着动员策略的完善和成熟，课题组开始灵活、主动地与公众对话，在互动中赢得国内外舆论对放宽生育政策的理解与支持，从而借助舆论的声势，突破权力的壁垒。

1. 线上线下，讲述观点

2008 年左右，课题组初步完成调研分析工作，在学术上确信了对低生育率风险、人口老化危机的判断，更加坚定了推动生育政策改革的决心。然而，课题组越是坚信对人口问题的认识，越能感受到来自政府和社会的强烈的抵制改革的思维定势。走向社会、破除思维定势，是课题组建言行动的重要拐点。

课题组首先通过互联网平台，向公众讲解人口发展的科学规律以及独生子女政策所隐含的人口风险。于是，课题组的当务之急是获得大型门户网站编辑的支持，对网站编辑群体的说服工作，也是破除思维定势努力的一部分。课题组最先争取到的门户网站是南方周末、南方都市报、财经、财新等一些对新鲜事物最为敏感的网站。他们为课题组开辟版面，刊登郭志刚老师、王丰老师、顾宝昌老师等人的专访和稿件，报道人口领域的新闻热点。人口政策议题越来越具有新闻“价值”，越来越多的大型媒体希望采访课题组的专家们，报道生育政策改革的最新进展，新浪、腾讯、网易、澎湃、中国青年报等媒体纷纷参与其中，舆论动员的局面逐渐打开。

2009 年以后，国家计生委正式将调整计划生育政策提上议事日程，于是，越来越多的体现官方意志的“党媒”也开始报道人口问题，以及报道课题组专家们的主张与活动。新华社、人民日报社等媒体在报道生育政策时，常常会援引课题组专家的学说观点（胡浩等，2015；李晓泓，2013）。光明日报主动找到郭志刚老师约稿，辟出专门版面，介绍公众尚不知晓的“世界人口变化”（郭志刚，2012b）。

课题组在互联网上铺垫了有利的舆论环境后，积极走向线下，充分利用各种峰会、论坛、圆桌会议、发布会等机会，走近更多人口学领域之外的学者、学生、官员、商人、媒体、热心公民等群体，面对面地、生动形象地讲述中国的人口问题，呼吁适时调整计划生育政策。

2. 热点交流，实现共识

课题组主动走近公众，启发舆论就生育政策改革进行讨论。公众对生育政策问题有支持，有反对，也有质疑，课题组必须及时了解舆论走向，并予以回应和引导。于是，积极讨论互动，围绕热点事件开展解读、交流，实现广泛共识，成为课题组具体的动员策略。

最早尝试与网民互动的是李建新老师。2009 年 3 月起，李建新老师开通了网易博客，通过撰写博文、回复评论的方式，向普通网民介绍生育政策相关的知识和见解。为了贴近公众，李建新老师打出情感牌、道义牌，讲解深入浅出，用语夸张生动，博得了普通网民的关注，博客一炮打响。他的第一篇博文，题为《开放生育政策，天塌不下来》，一举获得超过 11 万次的阅读量，评论量近 1500 人次。

李建新老师的博客互动给课题组的动员策略提供了启发。计划生育基本国策在我国实施数十年，“只生一个好”的宣传口号已经被公民内化为理所当然的“生育观念”，人们几乎不会主动去质疑计划生育政策，而单纯地谈科学、讲道理又很难打动公众的心。但是，贴近日常生活的新闻故事容易引来舆论关注。课题组坚守科学的逻辑和基调，借鉴情感动员和道义动员的框架，更新宣传策略。从焦点案例打开突破口，吸引社会的同情和关注，通过解读热点事件背后的结构性原因，启发人们思考独生子女家庭的风险以及独生子女政策的弊病。

汶川大地震使人们强烈地意识到独生子女家庭面对天灾人祸突发事件是多么脆弱，“失独”家庭成为课题组用以动员舆论的第一个话题。进而，失独父母如何养老也成为公众热议的话题。随着第一代独生子女成家立业，“空巢老人”规模不断壮大，空巢老人如何养老、空巢老人的精神世界如何慰藉等问题也进入公众视野，对这些问题的探讨都构成质疑现行生育政策的认知启蒙。

“性别”问题是另一个重要的舆论热点。借着“光棍节”的时期，李建新（2010）提出了“剩男”的问题，向公众介绍性别比失衡的现状和婚姻挤压的问题，将宏观的计划生育政策与每个个体的婚配生活结合在一起，引起广泛的关注。

2011 年，“邵氏弃儿”案件引起社会广泛关注，于是课题组将调整计划生育政策与珍爱生命、敬畏生命的理念联系起来。王丰（2011）明确地指出，邵氏弃儿是计划生育的悲剧，更是对人的生命蔑视与权利践踏。人口绝不仅是冷冰冰的数字，每一个人口数字背后都是鲜活的生命，政府在强力推行基本政策的时候，要对生命充满敬畏，严守社会道德的底线。

四、话语：框架整合的技术

改革，需要在制度层面破旧立新，也要在认知层面重建新的理念。受既有理念和利益关系的影响，社会成员并不会自然而然地认可改革者的主张，甚至没有兴趣聆听改革者单调的阐述。改革者要将政策议题与社会各阶层所熟悉和信奉的价值理念重新组合拼接，形成一套更符合社会文化背景的话语，才能把改革的理念注入公众的头脑之中。

课题组在生育政策建言过程中所采用的第四种关键行动策略就是框架整合。

1. 框架搭桥，获得公共参与合法性

起初，课题组将低生育水平、年龄结构老化、性别比偏高等人口统计学现象，界定为中国人口面临的现实“问题”，并从专业角度预测人口问题将会引发的社会经济后果。在这一阶段，课题组大量使用人口学术语，虽然增强了论证的科学性，但却存在学术圈“自说自话”的局限性。公共政策改革的建议，必须进入公共决策系统之内，才有可能推进和实现。课题组必须重新建构话语，让政府倾听和理解。

课题组在调查研究的基础上，在总结与政府部门沟通经验的基础上，建构起这样一套话语逻辑：严格的计划生育政策的长期推行导致人口规模和结构异常，这种异常阻碍了经济可持续发展，不利于个人发展家庭幸福和社会安定，因此要渐进改革、平稳过渡到二孩政策，从而实现人口长期均衡发展。

首先，我国政府最重视经济可持续发展。人口规模稳定是国力持续增强的基础，严格的计划生育政策在迅速降低人口生育率、遏制人口增长势头方面起到了立竿见影的显著效果，为中国经济创造了一段“人口红利”期，为改革开放和经济高速发展注入活力。然而随着低生育水平的持续，劳动年龄人口规模萎缩，人口结构加速老化，社会抚养比将不断升高，人口红利的获利期即将结束，取而代之的是老年人口负担呈累进式加重趋势的“人口负债”期，人口红利的消失也将在一定程度上削弱经济的可持续增长活力（王丰，2006）。人口规模缩减、人口结构老化的后果远不仅如此。人口结构老化将给社会医疗保险基金和公共财政带来巨大压力，储蓄率提高，消费需求减少，创新能力削弱，对转变经济增长方式提出迫切要求（曾毅等，2006）。长期看来，人口规模是一个国家综合国力的基本构成要素，也是人类文明传承的重要载体，保持适当的人口规模关乎经济社会可持续发展。

其次，中国政府重视社会稳定，国家长治久安。人口结构均衡是国家长治久安的根基。研究发现，与独生子女政策相继出现的是人口性别比失调现象。性别比失衡的现象是多元因素共同作用的结果，包括性别偏好观念、胎儿性别鉴定技术、生育政策等，后者挤压了生育空间，对个体的生育性别选择施加显著的影响（杨菊华等，2009；刘爽，2009）。调查也证实，实行二孩政策地区的出生人口性别比基本处于正常范围。人口结构失衡最直接的严重后果就是婚姻挤压。组建婚姻家庭之后，由于计划生育政策作用，独生子女家庭比例增高，家庭规模减小，应对天灾人祸等风险能力减弱，家庭养老负担日益沉重。家庭是社会的细胞，家庭的稳固健全是社会和谐稳定的基础，家庭的和睦幸福关乎社会的秩序与风尚，人口结构长期均衡发展是国家长治久安的根基。

2. 框架延伸，营造支持改革的舆论环境

2008 年以后，为了把改革生育政策的理念带给普通公民，课题组重新建构了话语体系，他们将生育政策的价值进一步延伸，将“失独家庭”“空巢老人”“剩男剩女”“弃婴”“生育权”“公民权”等热点话题元素揉进生育政策改革的内涵之中，提出“人口政策与每个人的生活息息相关”的说法，将宏观、抽象的计划生育政策变为微观、具象的“他的悲剧”以及“我的幸福”，从而实现了更大范围内的舆论动员。

走出学术共同体，走出决策体系，走向普通大众，除了进行话语策略的框架延伸，还要改变语言表达的方式方法，更加生动具体的表述才能博得公众的眼球，获得公众的理解，赢得公众的支持。

一方面，课题组注重量化表达。比如在表述“负增长惯性”这一抽象、学术的问题时，课题组具体地描述为“从 2010 年开始，20-40 岁的新增青年劳动力将出现持久性大幅度下降，十年中将骤减一半以上”，如此一来，公众可以直观地感受到人口规模锐减的速度。又如在强调“人口红利”所剩无几时，王丰老师（2010）将其直观地表述为“中国人口红利仅剩三年”，这无疑给长期沉迷于人口红利创造的经济增长窗口的人们敲响了警钟。

另一方面，课题组提出一些便于理解和宣传的概念。比如顾宝昌老师（2012）在讨论人口年龄结构问题时，提出“劳动力队伍变化三部曲”的概念，清晰地表达了年轻劳动力减少、劳动力队伍老化、劳动力队伍规模减少的过程，即使是只接受过初级教育的人也能进行联想和理解。又如，王丰老师在强调中国人口红利不复存在时，提出“人口透支”的概念（王羚，2013），生动地表达了人口负债之深重，容易让人联想到财政赤字、花销透支等情形，引发强烈的危机感受。

3. 框架转换，反客为主促成改革

充分利用政治话语“工具箱”，能够让专家群体的建言行动事半功倍。灵活地使用官方的、政治的语言来表述人口问题与政策建议，能够把学术专家带入决策官僚的话语系统之中，赋予专家话语权和合法性，提升沟通交流的有效性。课题组在向政府部门游说建议时，也常常借用历史上的以及现时的政治话语，用以充实改革建言的说服力。

毛泽东时代的政治文化影响深远，不仅塑造着现阶段的政治环境与行政逻辑，还烙印在总体性时代成长起来的人口学家们的思维方式与决策风格上。李建新老师通过回顾和解读毛泽东的人口思想，为自己的政策主张寻求合法性支撑（李建新，2009）。郭志刚老师则摆出毛泽东的“政策生命论”，政策和策略是党的生命，不同的历史阶段要实行不同的政策。中国人口已经进入低生育水平，人口形势已经与设立独生子女政策时候大不相同，必须适时调整生育政策。

新时期，习近平总书记的语言风格极具特色和感染力，社会各界广为借用。课题组也结合全面深化改革和国家治理能力现代化的话语环境，积极借用“习式热词”，将及时放宽人口政策提升到国家发展战略布局的范畴之中。王丰老师总结道，我国正在面临这样三条“新国情”：一是现在的中国是一个中等收入的国家，二是未来中国经济增长速度和政府财政收入增长速度都将放缓，三是政府刚性支出的需求必将加大（白朝阳，2013）。在新国情的大背景下，人口格局也呈现出“新常态”，表现出四个预警信号，即我国生育率持续走低、老龄化日益加重、劳动力不断减少、独生子女家庭风险剧增。

在充分利用政治话语工具箱的基础上，课题组成功地进行了第三次框架整合，即框架转换。课题组将改革计划生育政策、放开对公民生育权的限制，定义为体现治理能力现代化的“德政”；将坚持独生子女政策、无视人口问题变迁的行为定义为“懒政”。政府部门应当正视我国经济和人口的新常态，扭转以往关于人口是负担的认识，重新确立“人口是国力的根基，是经济和科技发展最宝贵的资源”的观念。从这个意义上讲，放开自主生育，不仅是对公民生育权的尊重，也是对国民经济健康增长的保障（周天，2015）。

完成了“改革是德政、不改革是懒政”的价值建构，正确与错误、正义与反动的阵营就划分清晰了。课题组主张改革计划生育政策，是从全体公民的权利利益出发，从经济发展和社会安定的信念出发，目的是全面深化改革，实现国家治理能力的现代化。课题组站在了正义的、科学的、公益的立场上，从而占据更加主动和优势的行动地位，掌握了话语主动权。以往，课题组从社会问题出发，进行亡羊补牢或是防范风险的劝谏；现在，生育政策改革成为风险小、影响大、争议少，最为迫切和深得民心的一项德政，是全面深化改革的题中之义，政府有义务积极推进，否则将会受到“问责”。

第五章　专家参与的“沟通—合作”逻辑

分析至此，本研究已经梳理了生育机会空间得以建构的过程和机制，归纳了课题组专家们在建言行动中所采取的策略技巧。本章试图透过专家与政府之间复杂的互动经过，挖掘公共决策权力运行的逻辑及其行使的边界，同时揭示课题组在生育政策改革建言行动中的实践逻辑，并以此探索专家群体参与公共决策的新思路和新模式。

一、公共决策权力运行的逻辑与边界

新时期的全面深化改革与前一阶段的改革开放相比，虽然应对的形势更复杂，改革的领域更广泛，面临的阻力更深层、更顽固，但改革同样在党的统一领导下进行，仍然以经济体制改革为重点，着力解决政府与市场的关系。在一贯的政治环境和文化氛围影响下，一些改革的逻辑、公共决策的逻辑会被延续下来，继续影响新时期的改革路径。主导中国公共决策权力运行的逻辑主要有“稳定逻辑”

和“绩效逻辑”。

“稳定”是贯穿中国改革的“大局”。党和国家从十年浩劫中汲取教训，提出中国的问题“压倒一切的是需要稳定”，改革必须在党的领导下“有计划、有领导、积极而稳妥地进行”。在稳定逻辑的作用下，中国改革呈现出增量改革、注重试点、渐进开展等特征（林毅夫等，1993）。虽然不能单纯以变革速度来标记中国改革，但审慎决策、软着陆是中国改革的特色和艺术。计划生育政策的实施充分展现了公共政策决策权力运行的稳定逻辑。为了控制人口高速增长，国家将计划生育作为一项长期的基本国策，坚定不移地坚持下去。生育率降低符合计划生育政策目标，是计划生育政策的成绩。2000年左右开始，政府千方百计地稳定低生育水平这一计划生育政策成果，严禁计划外生育，严防生育率反弹。决策者认为，中国人口发展面临着复杂局面，人口与经济社会资源环境之间的关系总体上处于紧张状态，人口调控和管理难度极大，低生育水平时时面临反弹风险。因此，即便生育率持续走低，决策者也迟迟不愿做出二孩政策试点，或是放宽计划生育政策的决定。

奉行稳定逻辑的公共决策权力能够压倒许多反对的力量。它可以越过一个个独生子女家庭的脆弱和风险，也可以质疑人口学家关于政策已不是制约生育水平的主要因素、经济社会因素才是导致生育率下降的主因的主张。但是，面对真实客观的人口问题——若生育政策不变，生育率决不会稳定在1.8的水平不变，而是会持续降低，老龄化会加剧，人口将出现负增长——公共决策权力的边界显现了。真实的问题与风险遏制了稳定决策权的一意孤行。若不放宽生育政策，稳定的低生育水平以及均衡的人口结构将无法维持。决策者权衡利弊，只得调整计划生育政策。在尝试逐步放开二孩生育的同时，决策者反复强调“稳定适度低生育水平”，要求“做好再生育审批，倡导合理的生育间隔”，在制度上、设施上积极准备，应对政策放宽带来的生育率反弹和第四次“婴儿潮”。

发展是硬道理，“绩效”是政府最重要的合法性资源（何显明，2013）。改革开放把国家治理的中心任务从阶级斗争转移到经济建设上来。对于中央政府而言，抓好经济工作、建设四个现代化被确立为“中国最大的政治”。分税制改革后，地方政府逐渐获得了管理地方事务的自主权，与此同时也承担了地方经济建设的主要责任，对于地方政府而言，财政收益最大化俨然成为主导地方政府行为的支配逻辑（郁建兴等，2012）。计划生育政策的严格执行展现了权力运行的绩效逻辑。长期以来，人口数量是影响经济发展评价指标的重要参数，GDP 总量和人均 GDP 同为绩效考核的关键指标。因此，政府在执行计划生育政策、控制人口规模上从不敢有丝毫懈怠；从另一个角度看，为了避免经济建设成果被庞大的人口规模瓜分，政府高度重视计划生育工作，不断为计划生育政策赋予新的、重大的意义。

奉行绩效逻辑的公共决策权力能够超越许多社会的、文化的诉求。它可以踏过一个个家庭、一个个公民的生育意愿与生育权利，也可以将知识专家呼吁改革计划生育政策的联名建议书置之一旁。但是，面对真实客观的人口问题——若生育政策不变，人口老化将会加速发展，人口抚养比将持续攀升，人口红利将迅速转向人口负债，威胁到经济的可持续发展——公共决策权力的边界显现。增长的瓶颈和扶养的负担扭转了绩效决策权的态度。如果不放宽对生育的限制，经济持续、健康发展的目标将无法实现，决策者在短期利益和长期利益之间做出选择，允许二孩生育，用牺牲现阶段经济增长速度和社会抚养压力为代价，换取未来的经济发展和社会活力。

综上所述，在稳定逻辑和绩效逻辑的形塑下，中国的公共政策决策系统呈现出封闭性的特征。决策者建立了一整套关于制定政策、改革政策的标准和理念。来自外部的政策改革建议若能与决策者的标准和理念相契合，就会引起决策者的重视，政策改革建议就有可能得到采纳；反之，如果建言者的论述是依据另一套逻辑架构起来，论述的重点不能击中决策者的痛处，政策改革建议就只能受到决策者的选择性听取。

二、专家参与的“沟通—合作”模式

在全面深化改革的新时期，公共政策决策离不开知识专家更广泛、深度的参与，专家在公共决策中应当贡献更大的作用和影响。以往常见的专家参与公共决策的形式，不论是刚正直言、振臂高呼式的专家呼吁，还是云淡风轻、点到为止的专家意见，抑或是畏手畏脚、人云亦云的专家报告，都不利于取得将前沿科学观点转化为适宜政策措施的最佳效果。在公共决策的过程中，专家既要有积极参与的热情和担当，更要有积极求索的智慧和策略。课题组的建言实践为专家参与提供了宝贵的经验和启发。知识专家若要游说政府，动员资源，促成公共政策的改革，应当遵循一种“沟通—合作”的行动逻辑，探索专家参与公共决策的新模式。“沟通—合作”模式主要包含三个层面的内涵：一是恰在其位的角色扮演，二是稳扎稳打的节奏感，三是借机、借力、借势。

1. 恰在其位的角色扮演

在公共决策领域，政府和专家分别扮演决策者和建议者的角色，他们在结构位置、思维方式以及行为方式等方面，存在着巨大的差异性，但都是公共决策中不可或缺的行动者。只有当政府和专家都恰在其位地扮演决策者和建议者的角色时，公共政策决策才能顺利进行。

在中国的公共决策结构中，政府拥有控制决策进程的主动权，居于中心的位置。专家群体是掌握知识资源的决策建议者、政策咨询者，法律法规虽然不断地为咨询专家附加重要性意义，但毕竟没有赋予专家群体政策表决、否定等实质性权利。因此，专家群体在结构上依然处于被动的、边缘的地位。

面对政策问题和公共决策，政府和专家的思维方式大不相同。政府行为受到稳定逻辑和绩效逻辑的支配，倾向于从“实然的”角度看待公共政策。知识专家对科学和理性负责，倾向于从“应然的”角度评判政策效果。

在公共决策的实践中，政府遵循审慎原则和程序公正原则，环节复杂，耗时冗长。知识专家通常不擅长含蓄模糊的外交辞令，而是追求逻辑清晰、实事求是、准确简洁的语言风格。

政府与专家的思维、行动差异，根源在于决策系统与学术系统之间的文化、制度差别。政策过程发生在政府的主场，公共决策的节奏、制度自然浸染了决策系统的气质。知识专家客场出演，手中的脚本自然也是官员气质的台词与表演。跳出熟悉的学术系统，知识专家在公共参与中会感到束缚和不适。但只有积极克服思维方式与行为方式的差异，主动融入建议者的角色，努力用决策者的逻辑去思考、用决策者的价值去判断、用决策者的语言去表达，才能胜任表演。

频繁的交流、互动能够增进决策者与建议者相互理解和融洽，深入的合作、对话有利于在决策者和建议者之间搭建互信的桥梁。政府与专家的交互不应局限于提出建议的一个环节，而是可以扩展到调查研究、方案形成、方案竞争、政策决策的全过程，互动的形式也可以更加全面深入，灵活多样。

在交流互动、开放互信、互相尊重的良性循环中，专家更加适应政府部门求稳、审慎的行事风格，政府也更能认可专家提出的政策主张的可行性价值。决策者与建议者各司其位，配合无间，公共政策改革才能够顺利进行。

2. 稳扎稳打的节奏感

公共政策决策从来都不会一蹴而就。从制度层面上看，政策决策要经过发现政策问题、提上议事日程、政策方案竞争、做出最终决策等一系列程序。从认知层面上看，政府和公众都会在旧的问题和旧的制度中产生思维定势，破除这种思维定势绝非一朝一夕之功。因此，专家在公共参与时，要做好“持久战”的思想准备和行动安排。

公共决策的制度化程序为专家参与活动提供了框架与规范。专家可以依据制度程序，策划建言行动的步骤和策略。公共政策决策必须一步一步地推进，相应的，参与公共决策的专家群体也要拥有稳扎稳打的节奏感。

首先，建言专家要提出一套公共政策的建议方案，并从学术角度对方案进行论证、确信。知识专家不代表任何政府部门利益或是社会团体利益，科学和理性是专家群体的立身之本，专家所提出的每一项政策主张都要经过严密的逻辑推演和实证佐证。公共决策中没有唯一正确的备选方案，但专家要对自身所主张的方案寄予坚定的信念。

接着，从追求实效的目的出发，专家在向政府和公众提出政策方案时，要逐步实现方案的“可接受性”与“可操作性”。提出政策方案的过程，其实是专家与政府、与公众对话的过程。有对话，就必然有相互的协商、妥协，因此，专家几乎不能预先制定一套完美的政策方案，直接、单向地说服政府与公众接受政策建议。恰恰相反，专家的政策方案与表述话语，在与政府和公众的互动之中会被不断修正、调整。回顾课题组的生育政策建言历程，课题组在2004年递交第一封政策建议书时，建议采取一个为期15年、“分类实施、逐步放开、两步到位”的政策调整方案；但是到了2014年的第三封建议书时，课题组早已抛弃了最初的政策建议，转而主张“全面放开二孩生育，取消对公民的生育限制”。并不能以此否定最初的政策方案的价值，因为一套政策方案不可能天然就兼具可接受性与可操作性，第一封建议书的作用在于“沟通”，提醒决策者开始关注生育政策调整的事宜，为日后的政策建言铺垫共识基础。另一个例证是，课题组在建言行动之初，谨慎地避免使用“改革”的字眼，而是提议“调整”生育政策，限定讨论政策方案的性质。此外，专家还强调调整生育政策不是放弃计划生育，而是“放松一些的计划生育”，以增强政策方案的可接受性。

在“节奏感”的指引下，建言专家可以根据不同的政治环境或舆论态势，灵活地安排实践的方式。有时候，可以先在认知空间达成广泛的共识，再齐心合力地推进制度层面的改革。但更多的时候，争议难以平息，不同政策方案的建议者各自持有一套完整的逻辑推演，互不让步。此时，可以把目光转向实践的领域，用调查论证观点，用政策试点检验学说。

不论思路如何灵活，策略如何多变，专家参与公共决策的基础逻辑是“稳扎稳打”，步步为营，逐步拓展政策空间。专家参与不同于社会运动或集体行动，它是制度化的政治参与，必须在制度允许的空间内进行。起初，建言行动的合法性空间可能极其有限，仅限于学术讨论的范围内，知识专家必须充分动员资源力量，利用权力缝隙制造政策机会，一层一层地开拓建言行动空间，直至触及公共决策体系中心，促成政策出台。

3. 借机，借力，借势

“沟通—合作”的专家参与逻辑的第三层含义，是指知识专家不宜把建言行动局限起来。知识专家在参与公共决策时，可动员的资源、可联合的对象不限于学术共同体内部，实践活动的对象也不仅限于政府一方。专家们应该放眼关注更广阔的制度和环境，积极联通体制内外的各类行动主体，用积极的、开放的、合作的逻辑来主导公共决策参与活动。

首先是“借机”，考察制度法规的设置，梳理权力传递的脉络，搜寻权力的缝隙和制度的空间，借机游说政府部门，收获来自决策体统内部的支持。其次是“借力”，剖析与公共决策有关的利益关系格局，分辨同盟的力量、敌对的力量以及可以动员的力量，积极借助外部民意的压力对决策者施加影响，巧妙借助政府部门的自主性、关键中间人的斡旋实践，向决策系统内部渗透，拓展公共决策的机会空间。最后是“借势”，具备可接受性与可行性的政策方案，应当具有适当的前瞻性，但却不宜过于超前，超出政府、公众等群体的认知界限，建言专家应当把握时机，借助时势的力量来倡导公共政策，创造天时、地利、人和的最大合力。

借机、借力、借势，既有利于积极地适应制度环境，实现政策建议的目标；也有利于通过专家群体的公共决策参与实践，来营造、改善更适宜的政治参与生态。中国的全面深化改革进入了攻坚期和深水区，体制积弊和利益阻隔顽固异常，政策改革和社会转型的难度空前。与此同时，我国的政治民主化建设还处于不完善的阶段，民主参与的制度正在建立健全，公民的权利意识初步觉醒，但公民有序政治参与的意识和能力尚待培育。在公民政治参与、利益表达的实践中，显现出诉求碎片化、框架策略重情感而轻逻辑、组织化程度低等问题。在知识专家与政府之间，建立“沟通—合作”的关系模式，用专家的公共参与来教育公民，引领风尚，开拓公共政策决策的行动空间，引导各行动者进行有效的交流对话，完善联通决策体制内外的沟通机制，更新公共决策参与的制度环境。

第六章 结语

“先天下之忧而忧，后天下之乐而乐”，自古以来，中国的知识分子就有天下为公的情怀。“路漫漫其修远兮，吾将上下而求索”，五千年文明史，遍是知识分子担当道义的故事。如今的中国，处在经济社会快速转型的崭新时代，这是智慧敏锐的知识专家大有作为的时代。四十年来，中国特色的渐进式改革确保了市场化体制平稳着陆，却也创造、保全了垄断总体性资源的权贵阶层（孙立平，2014）。他们掣肘进一步的全面深化改革，固化一些过渡性的体制机制，搭建重重的利益屏障，将转型中的中国社会困入区隔。随物质利益一齐被隔断的，还有各阶层之间的良性交流和思想共识。重新赋予经济社会活力，推动改革向纵深发展，需要凝聚全社会的广泛共识。专家群体可以担当桥梁的职能，促进政府与社会之间、社会各阶层之间进行有效交流。

近年来，国家积极推动政治民主化建设。从新医疗卫生体制改革，到废除劳动教养制度，再到计划生育政策改革，重要的公共政策改革得到了越来越广泛的社会成员越来越深入的参与。但是，剖析课题组专家建言行动的案例，不难发现，中国的公共政策决策依然在一个十分封闭的系统中运转。虽然知识专家、社会公众、新闻媒体等行动主体，都能够参与建构政策改革的机会空间——知识专家沿着权力的缝隙进行动员游说，拓宽机会空间；社会舆论构成倒逼改革的声势，拉伸机会空间的边界。但是，调控机会空间建构节奏的主导权，牢牢垄断在政府部门手中——政府内部萌生改革意愿的张力，是机会空间得以浮现的前提；政府将改革事宜列入议程，是社会成员进行政治参与的合法性基础。公共政策改革每向前推进一个环节，都离不开政府的临门一脚，这就是现阶段专家参与公共决策所面对的环境生态。怀有改革政策抱负的知识专家，必须与政府开展积极的对话，建立互信，获得认可。

首先，知识专家可以发挥积极的能动作用，探索和适应当前的制度环境，让自身主张的方案建议经过行政决策而落实为公共政策。在专家的身份角色之上，附着有丰富的机会、信息、声望等资源，只要秉承科学的精神，紧跟理论的前沿，知识专家就能够实现对公共决策的影响力。知识专家是决策机构的外脑，虽然处在决策体系的外围，却能够与政府官员建立密切的联系，并通过关键中间人的帮助，把政策建言的影响力向决策体系中心渗透。专家是科学理性的代表，在崇尚科学的文化环境下，专家在借力民意、动员舆论造势时，带有天然的号召力。制度的空间，加之知识专家的担当与求索，使得卓有成效的专家参与在现阶段成为可能。

此外，专家参与可以对其他社会成员的政治参与起到示范作用和教育意义，有利于营造更加开放、包容的制度生态。在全面深化改革的推动下，政府在政治参与制度上进行着积极的尝试，社会成员对公共参与也表现出高度的热情，但不论是政府层面的政治参与制度建设，还是公民层面的公共参与能力建设，都还处在起步阶段。专家参与的意义绝不限于一个时期、一项政策之中，而是有着广泛的示范作用和教育意义。对于社会公众，专家肩负着弘扬科学理念、培育协商能力的社会责任，通过专家的公共参与，教育公众如何凝练诉求、如何理性表达。对于政府，专家既要引导政府科学地认识社会问题、前瞻地制定公共政策，又要增进体制内外的沟通互信关系，追求更加开放包容的公共决策系统，引领构建更加有利于民主参与和深化改革的制度环境。

参考书目

埃文斯、鲁施迈耶、斯考切波，2009，《找回国家》，生活·读书·新知三联书店。

白朝阳、王丰，2013，应对人口老龄化的关键在于激发经济活力，http://finance.people.com.cn/n/2013/0528/c1004-21636690.html

查瑞传，1982，“人口惯性及其对我国人口发展的影响”，《人口与经济》第2期。

陈波，2005，“专家的局限性及其控制——政府决策咨询视角”，《行政与法》第1期。

陈卫，1995，“中国的低生育率”，《中国社会科学》第2期。

费特曼，2007，《民族志：步步深入》，重庆大学出版社。
风笑天，1994，“独生子女家庭：一种新的生活方式”，《社会科学辑刊》第5期。
侯文若，1988，“中国人口政策评估”，《人口研究》第6期。
顾宝昌，2002，“论中国计划生育的改革”，《人口研究》第3期。
顾宝昌、王丰，2009，《八百万人的实践——来自二孩生育政策地区的调研报告》，社会科学文献出版社。
顾宝昌、李建新，2010，《21世纪中国生育政策论争》，社会科学文献出版社。
顾宝昌，2012，人口老化是全局性风险，http://china.caixin.com/2012-08-10/100422553.html
郭志刚，2000，“中国90年代的生育水平分析——多策略指标的比较”，《中国人口科学》第4期。
郭志刚，2012a，《中国的低生育水平与被忽略的人口风险》，社会科学文献出版社。
郭志刚，2012b，你不知道的世界人口变化，http://epaper.gmw.cn/gmrb/html/2012-11/04/nw.D110000gmrb_20121104_1-09.htm?div=-1
郭志刚、张二力、顾宝昌等，2003，“从政策生育率看中国生育政策的多样性”，《人口研究》第9期。
何显明，2013，“政府转型与现代化国家治理体系的建构”，《浙江社会科学》第6期。
何雪松，2006，“社会理论的空间转向”，《社会》第2期。
黄荣贵、郑雯、桂勇，2015，“多渠道强干预、框架与抗争结果——对40个拆迁抗争案例的模糊集定性比较分析”，《社会学研究》第5期。
黄晓星，2011，“社区运动的‘社区性’——对现行社区运动理论的回应与补充”，《社会学研究》第1期。
胡浩、思北、吴晶等，2015，全面二孩政策将带来哪些影响，http://news.sina.com.cn/c/sz/2015-10-30/doc-ifxkhcfk7423937.shtml
梁建章、李建新，2012，《中国人太多了吗？》，社会科学文献出版社。
梁建章、李建新、黄文政，2014，《中国人可以多生！》，社科科学文献出版社。
梁中堂，2006，“现行生育政策研究”，《市场与人口分析》第5期。
李春玲，2005，“当代中国社会的声望分层——职业声望与社会经济地位指数测量”，《社会学研究》第2期。
李建新，2009，毛泽东的人口智慧，http://www.sachina.edu.cn/Htmldata/article/2009/09/1870.html

李建新，2010，光棍危机：剩男才是大问题，http://view.news.qq.com/a/20101110/000048.htm
林富德，1980，“我国人口发展前景的预测”，《人口研究》第2期。
林毅夫、蔡昉、李周，1993，“论中国经济改革的渐进式道路”，《经济研究》第9期。
刘长茂，1991，“人口老化标准研究”，《人口学刊》第3期。
刘爽，2009，《中国的出生性别比与性别偏好：现象、原因及后果》，社会科学文献出版社。
刘铮、邬沧萍，1979，“控制人口增长是我国社会发展的客观要求”，《人口研究》第2期。
李晓宏，2013，单独二胎使2030年增加2200万劳动年龄人口，http://finance.ifeng.com/a/20131118/11101255_0.shtml
黎相宜，2009，“精英型与草根型框架借用：比较失地农民与知识精英的集体抗争”，《社会》第6期。
马尔萨斯，2008，《人口论》，北京大学出版社。
彭珮云，1996，《中国计划生育全书》，中国人口出版社。
清华大学社会学系社会发展研究课题组，2012，“‘中等收入陷阱’还是‘转型陷阱’？”，《开放时代》第3期。
施芸卿，2007，“机会空间的营造——以B市被拆迁居民集团行政诉讼为例”，《社会学研究》第2期。
宋健、孙以萍，1981，“从食品资源看我国现代化后所能养育的最高人口数”，《人口与经济》第2期。
孙立平、王汉生、王思斌等，1994，“改革以来中国社会结构的变迁”，《中国社会科学》第2期。
孙立平，2000，“‘过程—事件分析’与当代中国国家—农民关系的实践形态”，《清华社会学评论特辑》，鹭江出版社。
孙立平，2014，“新一轮改革的基本线索”，《商周刊》第18期。
王涤、周长洪、谭克俭，2012，《倾听基层计生干部的心声：来自江浙沪粤的报告》，社会科学文献出版社。
王丰，2006，“中国经济转型过程中的人口因素”，《中国人口科学》，第3期。
王丰，2010，中国人口红利仅剩三年，http://magazine.caixin.com/2010-11-

08/100196609.html
王丰、彭希哲、顾宝昌，2011，《全球化与低生育率：中国的选择》，复旦大学出版社。
王丰，2011，人口政策调整的认识障碍，http://money.163.com/11/0517/13/748QMD6400253B0H_2.html#
王丰，2013，人口红利消失后的中国，http://www.aisixiang.com/data/64188.html
王羚，2013，人口红利已不复存在，http://china.caixin.com/2012-08-10/100422553.html
王绍光，2008，“中国公共政策议程设置的模式”，《开放时代》第2期。
王锡锌、章永乐，2010，“我国行政决策模式之转型——从管理主义模式到参与式治理模式”，《法商研究》第5期。
邬沧萍、穆光宗，1995，“低生育研究——人口转变论的补充和发展”，《中国社会科学》第1期。
夏瑛，2014，“从边缘到主流：集体行动框架与文化情境”，《社会》第1期。
杨菊华、宋月萍、翟振武等，2009，《生育政策与出生性别比》，社会科学文献出版社。
郁建兴、高翔，2012，“地方发展型政府的行为逻辑及制度基础”，《中国社会科学》第5期。
曾毅、顾宝昌、涂平等，1993，“我国近年来出生性别比升高原因及其后果分析”，《人口与经济》第1期。
曾毅、李玲、顾宝昌等，2006，《21世纪中国人口与经济发展》，社会科学文献出版社。
张维庆，2006，“以人的全面发展统筹解决我国人口问题——关于人口热点问题的问与答”，《求是》第9期。
郑真真，2011，“生育意愿研究及其现实意义——兼以江苏调查为例”，《学海》第2期。
周天，2015，放开二孩呼声再起：39学者呼吁促生育自由，http://china.caixin.com/2015-03-02/100786969.html
朱伟，2013，“政策制定过程中官员、专家、公众的互动模式——基于政策‘类型—过程’理论框架的分析”，《南京工业大学学报》（社会科学版）第3期。
朱旭峰，2011，“中国社会政策变迁中的专家参与模式研究”，《社会学研究》第2期。

Flyvbjerg,Bent.，2006，“Five Misunderstandings About Case-Study

Research”, Qualitative Inquiry, 12(2).

Gamson, William A., and Mayer, David S., 1996, “Framing Political Opportunity”, Comparative Perspectives on Social Movements. (ed.) by Doug McAdam, John D. McCarthy and Myer N. Zald, Cambridge University Press.

Gamson, William A., and Modigliani, Andre. 1989, “Media Discourse and Public Opinion on Nuclear Power: A Constructionist Approach”, American Journal of Sociology, 95.

McAdam, Doug, McCarthy, John D. and Zald, Mayer N., 1996, “Introduction: Opportunities, Mobilizing Structures, and Framing Processes - Toward a Synthetic, Comparative Perspective on Social Movements”, Comparative Perspectives on Social Movements (ed.) by Doug McAdam, John D. McCarthy and Myer N. Zald, Cambridge University Press.

McCarthy, John D. and Zald, Mayer N., 1977, “Resource Mobilization and Social Movements: A Partial Theory”, American Journal of Sociology, 82.

Meyer, Michelle Annette, Cross, Jennifer E. and Byrne, Zinta S., 2016, “Frame Decoupling for Organizational Change: Building Support Across Divergent Stakeholders”, Organization & Environment, 29(2).

Snow, David A., E. Burke Rochford Jr., Steven K. Worden, and Robert D. Benford, 1986, “Frame Alignment Processes, Microstructural Approach to Differential Recruitment”, American Sociological Review, 45.

Swidler, Ann, 1986, “Culture in Action: Symbols and Strategies” American Sociological Review, 51.

Tarrow, Sidney, 1996, “States and Opportunities: the Political Structuring of Social Movements”, Comparative Perspectives on Social Movements (ed.) by Doug McAdam, John D. McCarthy and Myer N. Zald, Cambridge University Press.

Zhao, Dingxin, 2000, “State - Society Relations and the Discourses and Activities of the 1989 Beijing Student Movement”, American Journal of Sociology, 105.

安全食品的生产与社会的生产

颜青琪　清华大学社会学系 2015 级
指导教师　郭于华

第一章　导论

一、背景与问题的提出

B 市郊区的蔬菜大棚中，农场主人 SY 博士正在给西葫芦人工授粉，大棚外站着几个会员消费者，他们手里高举着刚摘下来的黄瓜，兴奋地大喊："哇，三十年前的味道！"与此同时，在 900 公里之外的东北 D 市，两万只鸡奔跑在山林中，"网红"企业家 RT 从蛋窝里捡出一颗浅绿色的蛋，开心地拍照、上传到微博。有网友在下方评论："不论哪个原因，都说明你们家的鸡确实是散养的。"

上文提到的西葫芦、黄瓜、鸡蛋等标榜"健康、天然"的农产品，是在中国独特的食品安全危机下应运而生的。当代中国的食品安全问题在阎云翔（2011）看来包括以下三个层次：（1）传统的食品卫生问题；（2）由于现代化生产、流通和消费方式所带来的非安全食品问题；（3）中国独特的"有毒有害"食品问题，即商家为了谋取商业利益有意识地向食品中掺入有毒有害物质。正是这第三个层次的食品问题唤醒了一定数量的城市居民，对制度、对专家、对市场的信任逐渐崩解之后，如何找到能够信赖的食物生产者已经成为十分紧迫的问题。他们开始尝试一些新的途径来保证自己和家人吃到新鲜、健康、安全的蔬菜及其他食品，包括阳台种菜、郊区租地种菜、购买有机认证的昂贵食物等等（鲍小东，2011；乾羽，2011；帅满，2013）。

SY 和 RT 就在这安全食品的大潮下瞄准了机会，针对特定的城市居民消费者生产并出售天然健康的农产品，与此同时，他们也更有志于聚集志同道合的生产者和消费者，以期建设更美好的公共社区，这便是从“市场性”延伸出来的“社会性”。从这里生产出的安全食品连接了超过 1000 户的城市居民家庭[①]，他们是两家企业固定的会员消费者。值得注意的是，这个消费者群体不再仅仅关注自身所处小家庭的健康和幸福，而开始更多地同农场团队、农民和其他消费者一同参与农居体验，讨论环境理念与社区生活。

“民以食为天”，食品安全危机向整个社会提出的是极为重大的难题。在政府出台有效的解决措施之前，市场并不能完全解决“买得好”“买得起”的问题；NGO 组织在提供有限的帮助之后，自身的发展也难以为继。此时，“社会企业”作为一种兼具市场性和社会性的组织实体，徐徐进入我们的视野之中。

相关学者如此诠释社会企业：“只要是以商业模式解决社会或环境问题的社会组织都可以成为社会企业”（郑南等，2015，44）。前文中提到的两家企业就被笔者囊括进社会企业的范畴，它们以生产绿色、安全、健康的食品为目标，是一种与工业化、标准化生产相对立的非标农业生产模式。在人人自危的食品安全问题下，这样的非标农业社会企业正是一种在政府、市场和 NGO 之外的新生社会力量。令笔者感兴趣之处也在于此，即，在解决食品安全问题、重建公共信任与讨论的过程中，社会企业究竟扮演了怎样的角色？在这其中，社会性的生产又有着怎样的逻辑和过程？

必须指出，笔者关注的不仅仅是经济学或管理学意义上的企业组织及其运行模式，亦非传统的社会研究中缺席市场的非营利社会组织，作为一种复合型组织样态的“社会企业”本身才是本研究核心的出发

---

① 这其中相当一部分家庭的中年家长只给年幼的孩子或老人吃这些“特供”食品，自己仍吃普通而廉价的超市食材。

点。历经艰辛而有趣的田野调查后，笔者选择从以下几个方面逐一理清整个问题过程：（1）什么是社会企业，社会企业承担的角色和责任为何？（2）社会企业的日常运行模式与组织概况如何？（3）社会企业在中国语境下实现“市场性”与“社会性”的机制和逻辑是怎样的？（4）社会企业作为新生社会力量的这一整套探索性逻辑能否可持续地维持？社会企业的前景如何？

探讨市场性和社会性两种力量在社会企业这一组织样态中的交织缠绕，不仅能够在理论上加深以往社会企业研究中对于组织性质本身的理解与诠释，而且能够触碰到这种新生社会力量的边界与内里，对于滋养和构建更广泛意义上的公共参与亦不失为有益的尝试。

二、理论文献回顾

（一）社会企业的概念及界定

“社会企业”的概念最开始由英国人 Freer Spreckley 于 1978 年正式提出，作为书面词汇被提出是在 1994 年经济合作与发展组织（OECD）的一份报告中，更早的意涵则源于社会经济概念（吉雅，2016；刘小霞，2012）。与非营利组织概念之精准性相比，社会企业并无通用之定义，范围界定也广泛多样，但学界对其同时具有经济目标和社会目标这一特征已有共识，也被称为社会企业的双重底线理论（杨家宁等，2010，180；朱蕴嘉，2014，8-9）。

常见的社会企业有两种形式，第一种是非营利组织等社会团体的市场化转型（朱蕴嘉，2014，8），第二种形式是营利性企业向公共 / 社会领域的延伸。在“光谱流派”中，两种形式都处于传统非营利组织与营利性企业之间的连续体之上，其间的任一点都意味着组织目标、动机和利益相关的不同面向（刘小霞，2012；田蓉，2016）。

（二）社会企业与社会的生产

通常谈起除却政府与市场的第三方力量，最常见的研究客体往往是非营利的社会组织（或团体、机构等）。国内外学界的声音大多体现在两方面，一方认为，中国的改革开放为社会团体和组织的生长提供了必要的政策可能性和中产阶层基础，另一方则更侧重政府体制性安排的延续带来的较大阻碍。在此种制度环境下，中国社会组织在政府机构的压制与排挤下无法充分伸展，前者甚至只能成为政府部门自上而下的变异性附庸，这种扭曲的“社会”因其非独立性被认为是“国家主导的公民社会”（State-led Civil Society）（沈原、孙五三，2007；史云桐，2014；王名、贾西津，2002）。

实质上，在学界对非营利社会组织的争论进入疲乏期时，也应看到不限于组织性质和形式的更多的可能性，尤其是在有着特定历史与制度语境的中国，这种可能性更因为稀缺而显得珍贵。对处于社会转型期的中国而言，长期被体制压抑的个体自由仍未完全得到释放，中国语境下的公民意识养成需经历一番从无到有的过程，不是“保卫社会”，而是“生产社会”（沈原，2007，171）。在这个意义上，需要被关注的社会力量组成就应不止涵盖到狭义的非营利社会组织，只要是公民愿赋予主体性而参与的社会运动，都应被纳入到这股逐渐汇聚壮大的社会洪流之中，而不限于参与主体的形式（沈原，2007，182-184）。

社会企业正是作为这样一种新生的社会力量为人所知，它突破了由社会团体所定义的非营利形式，同时也强调社区参与和公共治理，是欧林·赖特（2015）意义上的社会赋权。但纵览既有的文献成果，对社会企业的研究中有关“社会”的面目总是模糊不清，“社区”“公共”“社会影响”等字眼都只作为企业商业性的对立面被一笔带过，而很少有学者真正指出社会企业在中国社会参与进程中的深层含义。

就食品安全议题来说，源自西方的社区支持农业（CSA）就是一种特殊的食品社会企业模式。社区支持农业即“Community Supported Agriculture”（CSA），泛指把消费者同食物生产更紧密联系的举措（陈卫平，2014；戴君玲，2010），属于将经济发展嵌入社会关系之中的新型社会经济形式（潘毅等，2014）。一般来说，消费者提前支付一定期限（通常为一年）的费用，生产者在收获季节给予消费者新鲜的本地农产品，中间供应商的环节被抽出（A.L. MacMillan Uribe, et al, 2012; Cone & Myhre, 2000; C. Kaltsas, 2015; P. Fieldhouse, 1996）。就历史渊源来看，CSA 几乎同时起源于 20 世纪

60年代的日本、瑞士和德国，1985年以后，社区支持农业在美国大规模发展起来，被罗宾命名的“CSA”一直沿用至今（伊丽莎白、罗宾，2012）。现今，CSA模式已在全世界遍地开花，欧洲有大概4000个CSA项目和40万消费者，美国的CSA农场数量已超过4000家（陈卫等，2015），日本约有570个CSA项目和38万消费者[①]。中国的CSA发展还处于初期，但最近几年在各地的CSA农场也已经小有规模，总数超过了500家（石嫣，2014）。国内CSA渐成规模的主要原因在于市场化过程中道德实践层面上信任的缺失与缺位，这与国外保护环境、支持农户的侧重点不太相同。

（三）中外路径及动因分析

理清社会企业自身作为组织样态的运作机制是解释“社会企业如何成为新生社会力量”的关键步骤。从前文的梳理中可以发现，关于“社会企业是什么”的探讨与争论数不胜数，但甚少有聚焦于结构层面的机制分析。在经济和社会的双重目标之下，不同情境下的社会企业也呈现出了各有差异的组织形态、动机或逻辑，影响社会企业类型或路径的动因或环境也许才是促成理解社会企业的核心区域。

上世纪70-80年代，欧美国家在经济危机的大环境下普遍遭受严重的财政赤字，而危机下民众需要的社会服务反而大大增加，这对政府和社会的正常运营都是极大的挑战，社会企业正是在此时出现并兴起（Kerlin, 2010；杨家宁等，2010；郑南等，2015）。值得一提的是，社会企业在美国和欧洲的历史路径呈现出较大的分异：美国的社会企业主要源自非营利组织用商业化运营的收入来补上政府补贴的窟窿，市场作为支持性环境（supportive environment）是社会企业发展必不可少的重要一环；而在欧洲地区，政府则不得不出手为社会组织与企业提供资金和政策支持，促成以“就业整合”（work integration）为目标的社区经济的发展（Kerlin, 2006; Kerlin, 2010；刘小霞，2012）。

① 引自日本生活俱乐部协会官网“组织简介”，http://www.seikatsuclub.coop/coop/，该协会为致力于食材宅配的合作社联盟。

Kerlin（2006）认为，某个国家或地区社会企业的各方面特征取决于四个重要的影响因素：公民社会（civil society）、国家/政府职能（state capacity）、市场功能（market functioning）和国际援助（international aid）。总的来看，西方语境下社会企业的发展离不开国家、市场和社会的努力，而强大自发的社会力量是西方学者研究中理所应当的基础和前提。在市场发展比较完备的地区，市场和资金的支持为社会企业提供了充裕的物质保障；而相对完善的国家职能更可能是资金、人力、技术、政策等资源和组织正当性的强大来源（郑南等，2015）。

尽管1980年代的市场改革带来了一阵春风，但历史性的体制因素仍然给现代中国社会企业留下了不可磨灭的印记。与西方国家相比，现代社会企业在中国的处境要复杂得多，主要体现为行政、法律和社会认知等一系列的合法性困境（刘小霞，2012，15-16；朱蕴嘉，2014，22-36）。

首先，在国家政府层面，缺乏相应的法律实体形式与规定，经济、政策等资源支持力度较弱（刘小霞，2012；朱蕴嘉，2014）。2016年出台的《慈善法》已将基金会、社会团体和社会服务机构统一界定为慈善组织，而社会企业甚至没有完全对应的法律实体，需选择在工商部门注册企业法人，或在民政部门注册非营利组织，这使社会企业的身份从成立伊始就模糊不清，法律与制度规范环境的缺席更使得组织目标、形态各异的社会企业缺乏有效的管理和保障。

其次，在市场和公众（消费者）认知层面，食品安全危机来临的根源就在于恶性竞争导致的信任坍塌（阎云翔，2011）。普通公众或者消费者对作为新生事物的社会企业认知度极低，他们对社会企业的误解可能有三：（1）社会企业属于公益组织，公益慈善都是骗人的，前些年的“郭美美事件”暴露出的公益组织程序不透明等各种弊病站在了道德的风口浪尖（张继远，2012）；（2）社会企业属于公益组织，不应该赚钱营利，殊不知新教中的伦理精神与经济营利之间可能生发出一种“内在的亲和性”（韦伯，2010a，17）；（3）社会企业属于企业的一种，纯粹为赚钱而销售产品。社会企业高昂的内部管理成本可能会产生远高于市场的产品价格，而被消费者误认为是“物不及所值”的“黑心企业”（陈卫平，2014，91-93）。

最后，在社会参与层面。如前文所说，中国的社会力量构成尚处于雏形时期，民众的公共参与意识从无至有还需一段漫长的过程。

总体而言，社会企业的发展整体并不成熟，还处在摸索阶段。与其他组织相同，外部生存环境与内部治理环境决定了一个社会企业是否能够生存并维续。外部环境诸如国家政策、市场竞争、经济资金、社会参与等都可能将急于生发的力量扼杀在摇篮中，而内部环境如预算管理、人力成本、架构与运营模式等的不足更会加速社会企业的衰竭。吉雅（2016，23-30）结合社会企业的生命周期指出，社会企业在组织发展过程中先后会遭遇三种困境：（1）初创期的生存困境；（2）发展期的运营困境；（3）成熟期的制度困境。“打江山容易守江山难”，对社会企业的关注不止关乎如何萌芽，初创后的一派繁荣景象能够维续多久，如何维续，在理论和现实中都仍然缺乏细致的观察与有力的解答。

三、研究设计

（一）大体思路与框架

本研究试图在社会企业的既有概念界定之外，进一步理清其对于社会性生产的内在意义及个中机制。该核心思路在此文中的呈现与叙述框架大致如下：

第一章为导论部分，从社会背景引出并厘清研究问题，围绕问题本身展开既有的理论文献回顾，并介绍研究设计及实证资料来源；

第二章主要介绍两个社会企业案例的组织运行模式，从日常运转总结其业务模块、团队组织、生产端及消费端的自组织与合作概况，初探社会性的生成；

第三章对社会企业正常组织运作背后的机制做更进一步的分析，从权力下的合法化型塑、市场信任重建和社会理念的认同及实践三大方面阐释社会企业如何融入市场和社会的整套动态逻辑；

第四章就社会企业中后期的可维续性提出了质疑与探索性的讨论，

分别从市场、社会和组织管理的制度性困境给出了剖析；

第五章为结论和思考，总结本研究的核心观点，反思不足和可更深入研究的空间。

（二）研究方法

本研究主要采取质性研究的方法，主要涉及民族志、参与观察、深度访谈等调查方法，以及比较个案、扩展个案等分析与叙事方法，辅以简单的线上问卷调查。

参与观察是民族志田野作业最基本的研究方法。研究者进入富含原生经验的田野环境，并长期扎根其中，观察与反思所得关乎的绝不仅仅是个体，更关乎宏观层面的、社会与历史向度的体察，是一种社会学的想象力（郭于华，2012）。笔者初次进入田野是在2016年1月，彼时学校寒假刚刚开始，趁着闲暇联系好F农场负责人，提出以义工志愿者和调研员的双重身份加入团队内部。从1月到6月，笔者在课业之余往返市区与郊区，每周有4-5天的时间同F农场团队成员共同起居、工作和生活，日出而作，日落而息。从初次结识到熟稔农场业务，甚至能够独当一面，笔者在切身性的行为实践过程中，不但逐渐获取了对于农场整体结构性的认知，也反过来得到了团队的充分信任。与此同时，由于L企业的生产基地和团队分处东北三省中的两省，生产和消费的组织活动也主要在线上进行，笔者在L企业的实地调研时间集中在2016年7月下旬。虽然停留时间不及F农场，但笔者也随L企业负责人驱车千里，走遍生产基地和团队办公室，在现场观察同生产农户的博弈与合作，在千里路途中从副驾驶座位同负责人展开长达十几小时的漫谈，并借宿前主管家中，感知当地典型中产家庭中的粉丝消费观念与管理参与过程。在对两个案例的调研过程中，蔬菜大棚、猪圈、餐厅、会议、员工宿舍甚至车辆内部，无一不能成为田野，组织团队每个人言谈与行动之中透露出的细枝末节（权力的建构可能就隐藏其中），都被收入眼底并一一记录于当日的田野笔记。

在工作与生活参与的间隙，访谈成为深入理解意义及动机的最佳途径。访谈可以理解为一种情景，即在情境化的场景之下，访谈者与被访者主体之间来回穿梭的阐释互动。本研究中作为操作方法的访谈主要包括无结构或半结构的随访和结构性的深访两种形式，受访对象尽量涵盖到团队负责人、主管、普通成员、消费者和合作农户，其中以生产者视角的团队访谈为主，少量的消费者代表和合作农户为辅，前后访谈人数共有 18 人。

表 5.1 受访者信息简表①

受访者编码	性别	职位
SY	女	F 负责人
RT	男	L 负责人
LH	男	F 经理
WC	男	F 主管
WN	女	L 前主管
SXJ	女	F 员工，秘书、宣传
ZZ	女	F 员工，生产、配菜
CM	女	F 员工，客服
ST	男	F 员工，生产
QQ	女	F 员工，配菜
XR	女	F 员工，项目策划
JLS	男	F 前员工
WH	男	F 前员工
XJ	女	L 合作农户代表
XH	女	L 前员工，客服
LK	女	F 消费者核心小组成员
MY	女	F 消费者核心小组成员
GG	女	L 普通消费者

同团队成员之间的访谈主要选取在工作间隙、饭后小憩与就寝之前，针对当日观察中的问题做出随机发问，时长一般在 10 ～ 20 分钟左右；针对阶段性调研整理出的结构性问题列表，则另与相关成员约方便的时间进行深度交流，时长通常在 1 ～ 2 小时不等。同两个企业负责人的访谈相对更为集中，与 L 企业负责人的交谈往往集中于两地之间的车程之中，同 F 农场负责人则更多相谈于其居住的农家小院，每次访谈都基本持续在 1 小时以上。同合作农户与消费者的访谈则分散在育苗教学、参观采摘间隙等更具情境性的场景之中。

综合而言，作为本研究最基本的实证材料来源，笔者实地调研的

① 表中“前员工”指受访对象在笔者田野期间已离职，下同。另作为补充，根据笔者的后续追踪关注，此表中的普通员工在一年内基本都已全部离职，或回归家庭，或创业单干，或加入其他团队。

集中时期为2016年1月到8月，先后在两个企业内部停留的有效时长为40天左右，访谈及后续材料收集则断断续续地持续到2018年3月，最终收集到的访谈整理文本及田野笔记共近16万字。

在观察和访谈之外，相关文献和资料的收集也是必要的辅助工具。本研究涉及到的相关文本资料包括实体和非实体两种，后者主要指代通过互联网技术呈现的描述或叙事文本，这也为后续研究提供了充分和有利的条件。

在调研后期（2018年3月-4月），笔者参与的课题组①针对两个案例企业的消费者发放了线上用户版问卷作为补充②，了解他们关于安全健康食品的行为及基本认知，主要涵盖对食品安全问题的认知、在案例企业中的消费习惯与体验、信任测量及公民意识测量等几大方面，本研究中主要会涉及到消费者体验等相关问题。由于仅面向在两家组织有过购买行为的消费者，因此问卷发放渠道主要为案例企业自建的消费者会员微信群和团购微信群。两周时间内共回收有效问卷339份（其中F企业114份，L企业225份），实时访问量1255，回收率约为27%，平均填答时长为17分24秒。其中，81.1%的消费者处于31～50岁的中年阶段，绝大多数居住在城市（95%），90.6%拥有本科及以上的教育程度，个人月收入在8000元以上的消费者占比超过一半为64%；另，女性居多占57.5%，73.5%的填答者是家中食品的主要采购者。由此可得知本研究中消费者的大致轮廓：有着高等学历、重视家庭食品消费的城市中年中产群体。

不同于单个的案例研究，对两个个案做出差异化比较的目的在于，通过观察不同案例间的系统性差异，来发现它们形成的逻辑、验证抽象层面上的复杂性与强度，这种逻辑可能关涉到更大层面上的现象或制度呈现方式，这些都可能从个案间历史脉络的贯穿得来（卢晖临等，2007）。但同样地，两个案例中发现的特征仍不具有统计意义上的“代表性”，从中挖掘出的任何细微特征只是为了映射系统中哪怕极为模

① 清华大学社会学系“食品安全与社会重建”课题组，主持人为郭于华教授。
② 问卷发放平台为“腾讯问卷”，设置用户通过微信登录后方可填答问卷。

糊的结构性现象（加里·金，2014）。

在呈现和叙事方面，本研究更侧重从组织叙事的角度展开。“组织叙事为识别个体的特征提供了原材料”，但同时也完成了组织自身身份的建构（查尔尼娅维斯卡，2012）。不过，对研究者而言，叙事本身也是一种理解和解释，其中包含了叙事主体对叙事对象进行系统和有选择性地组织与分析，不仅组织对象，也组织关于对象的认知（黄海，2010），这对叙事意义的凸显是必不可少的，因此也多少带有主体性建构方面的不足。

（三）研究案例概述

F 农场位于 B 市郊区，是典型的社会支持农业（CSA）社会企业，创始人 SY 是国内生态农业圈子内倡导 CSA 理念的第一人。在 F 农场之前，SY 与“小毛驴”在好几年的时间内都被大众“捆绑”在了一起，后者的全称为“小毛驴市民农园”，SY 与现在的丈夫 CCW 都是当时的创始人之一。“小毛驴”自成立伊始就受到了社会的广泛关注，一方面，CSA 作为都市农业运动的标准模式自此进入了人们的视野；另一方面，从美国农场实习半年归来的 SY“洋博士”的标签被媒体抓住，更进一步为“小毛驴”的开业运营造势。在 SY 对于企业发展史的经典讲述中，最初的 50 户会员是她到老师和朋友家里一个个说服加入的，直到后来媒体关注后才有大规模的增长。

开始的时候，2009 年，我第一个农场[①]有 50 个会员，其中至少有一半，我挨家挨户每天晚上去给他讲……我就跟人说，老师（因为那会儿在大学嘛），你看今天晚上有没有时间，我去您家，讲讲我们的理念，讲讲我们做这个事儿为什么，跑了一个月。[②]

SY 的出走是在 2012 年，她离开“小毛驴”，自己创办了 F 农场。初创期的 F 农场由于缺乏资金和土地资源，必须选择与农户的全面合作。在现有的自有生产基地之前，位于马村、有 60 亩肥沃土地的郎叔郎婶一家是 SY 团队合作的主要农户。最初的团队直接吃住在郎叔家里，

① 指“小毛驴市民农园”。
② 来自 SY 对 70 人农场主参观团的介绍性演讲，2016 年 3 月 19 日。

通过跟郎叔建立信任关系，投资大棚、配菜房和冷库，监督他们生产出健康安全的蔬菜，才得以完成最初的创始工作。

2013 年初，SY 团队受到柳村[①]邀请，前往该区同村委和区政府谈妥了柳村基地，即村子把闲置的 50 亩土地租给 F 农场，每年收取 15 万元的租金。这 50 亩土地已然配备了政府出资建设的成套的基础设备，包括 26 座附带卷帘机的温室大棚和完备的沼气循环系统。团队从马村搬出，柳村成为 F 农场的主要生产和运营基地。[②]2015 年底，F 农场又在离柳村 10 分钟车程的村子租下了 220 亩果园，称为梨园基地。现在，F 农场团队主要生产和运营活动都集中在柳村和梨园基地，以蔬菜为中心，自产农产品品类涉及肉、蛋、禽、果等。

表 5.2 F 农场主体基地构成

年份	基地简称	规模及角色
2012 年	马村基地	60 亩，由郎叔郎婶种菜，农场下单采购
2013 年	柳村基地	50 亩，26 个蔬菜大棚，核心工作团队所在地
2015 年	梨园基地	220 亩，梨等果树、散养鸡等，含几间民宿

主营互联网线上电商模式的 L 企业并非实体农场，这离不开其创始人 RT 的“网红”特质。作为一个“类 CSA”的非标农业社会企业，与学院派出身的 F 农场相比，RT 和 L 企业是“半路出家”。然而，RT 打心底里认为，“（在农村）到处跑，就可能是天底下最好的工作了”（RT-160728）。

在进入生态农业领域之前，RT 身上的标签不止一个。热衷于在社交平台上发声的“大 V”，作家，社区网站管理人等等，不一而足。1984 年，RT 由于家庭原因考入军医大学，后来被分配至部队医院，前后 13 年的时间对他而言是极重的枷锁和束缚。等好容易从体制内逃出，他先是去了外资药企做销售工作，接受了系统的营销训练，甚至多次拿到“黄河以北销售冠军”（RT-160729）的突出成绩；2005 ～ 2007

① 文中的马村、柳村均为化名。

② 从郎叔家搬出后，蔬菜生产的合作关系并未解除，F 农场承诺，每年会以高于市场的采购价向郎叔郎婶采购 8000 斤蔬菜。笔者后来从前员工口中得知，从马村基地的采购价大致为 6-8 元 / 斤，涵盖各式运营成本之后向消费者卖出的价格为 15-20 元 / 斤。

年间，RT进入《万科》周刊，其后辞职，将前几年就完成的书稿删节出版[①]；2010～2013年重回万科，做同媒体人打交道的顾问工作。从纯粹商人到“大V”的转变就是从这份顾问工作开始的。由于在B市认识了许多媒体和知识界的朋友，RT开始参与不少公共事务，离开万科后，他决定去养鸡，这在他人看来很突然，但其实他早已胸有成竹。

我以前无聊的时候打开电视，一打开电视就看中央七台……从来没有在农村生活过，就是单纯的喜欢。养鸡是测算好的，当时就想着，我给你供应鸡蛋，里面放宣传材料，鸡蛋是高黏性的嘛，产生需求后很少再换。（RT-160728）

2015年7月底，L企业开始对外运营。主打产品鸡蛋和鸡肉的产地被定在了D市邻省的龙背村，因为此处是著名的“黄金玉米带”和肉牛养殖地，为养鸡和养蚯蚓都打下了很好的基础。同以XJ夫妇为代表的九户农民合作，L企业提供资金和技术标准，农户则以土地和人力入股，根据订单进行生产。L企业的运营团队位于D市，与生产地分属两省。与F农场类似，L企业的消费者也通过预付费购买产品，不同的是，消费者组织行为大多活跃于线上。凭借着早年公共事务经历积攒的一大批忠实“粉丝”，这群被RT标签为“吃三块钱鸡蛋的人”成为其商业和社会试验的消费与社群基础。随着龙背村养鸡业务渐趋稳定，L企业也开始开展其他项目。2016年初，以送蛋网络为联结的消费者尝试组织化，2016年下半年招募两班的“放牛班”，2017年初招募“每日一猪俱乐部”。消费者预组织试验都仰赖于庞大的鸡蛋年卡消费者基础，同时又反哺于后者。

虽然同样是在食品安全环境下应运而生的社会企业，F和L仍存在较大的特殊性，这也是本研究将二者作为比较案例的原因。首先，二者的相同点在：（1）以企业即市场组织的形式存在，但都有建立“消费社区”的志向；（2）两位组织负责人都是具有一定公众影响力和社会资源的公共知识分子。另外，除了组织经营模式存在不同，两位领导者不同的社会理念导向和制度设计方式也形塑了差异化的生产者/消费者自组织和企业组织架构。

① 书稿于2002年完稿，2008年出版，在当当网社科类书籍的影响力排名靠前。

表 5.3 两个案例企业大致情况

企业简称	F 农场	L 企业
负责人 / 地点	SY / B 市	RT / D 市
运营形式	CSA，线下为主	电商，线上为主
企业团队规模	30 人左右	5 人左右
会员消费者规模	700 户左右	4000 户左右
社会性导向	自然的食育与生活方式	政治性的公共讨论

第二章　组织运行：生产与消费两端的共生

一、日常经营样式

（一）主营业务

提前预付、每周配送的宅配模式是 F 农场的主干业务。根据 CSA 模式中的定量生产形式和有机标准，生产团队会在年初或季初制定生产计划，购种、育苗、移栽，蜂箱和人工结合授粉，定期打理植株。配送份额分两种，3000 元档的友情团和 8000 元档的铁粉团供新老会员选择。不同档位的配送份额单位价格相差不大，每次会员点菜下单后直接从预付菜款中扣费，直至用完为止。

除了宅配业务之外，F 农场也有其他几种业务模块：第一，食物社区 / 共同购买，以团购的形式处理盛产的蔬菜，分社区片区设立自提点；第二，劳动份额，每户会员租种 30 平方米土地，每周亲自耕作，收成自取；第三，公平贸易产品，销售经考察的其他农友或农场提供的部分商品；第四，在有机农夫市集上常设摊位，但一般以品相不足的剩余蔬菜为主；第五，“大地之子”食育教育项目，在校园或社区组织讲座或实践课程；第六，外来人员参访 / 接待，非会员收取门票，参与性采摘、体验活动、餐饮、民宿等项目都作为收入来源。

L 企业以邻省的农民生产合作社作为最基础的生产基地，五百多亩含山坡的田地中养了两万多只鸡、一百头牛和数十沟蚯蚓，同时种植 495 亩有机玉米，鸡、牛、蚯蚓、玉米形成生态闭环。L 企业初创时的主干业务是卖鸡蛋，消费者于年初购买 1188 元的鸡蛋“年卡”，每月得到一盒30枚土鸡蛋，一年发13个月的鸡蛋和两只鸡，相当于两只鸡为一户会员消费者下一年的鸡蛋。RT称之为“将商品销售转换为服务托管”（RT-151119），在某种意义上也是CSA的变换形式。

类似的农业合作项目在全国还有几个，例如小兴安岭某林业经营所开展的种木耳的林下经济、云南的茶叶、大连的樱桃等等。在固定的鸡蛋产品和持续稳定更新的合作农产品之外，L企业从招募“放牛班”开始，通过建立消费者组织从而创新产品形式，如以股权式众筹的方式养牛、养猪，消费者在该过程中共同商议，实现利润共赢。类似模式的项目在RT手下有至少三个，既是营利性的经济业务，同时也是提高消费者参与度的社区试验。

（二）运营日常：从下单、配送到售后

F农场日常的宅配业务是从生产和需求数量的匹配开始的。从点单到采摘，再到装配和物流，每一趟完整的配送需要两天：

表5.4 F农场日常运营流程—宅配业务①

周期	时刻	工作内容及流程
第1天	清晨	生产部预估采摘量，上架到电商平台，点菜
	傍晚	根据实际点菜量列出采摘清单
第2天	清晨	生产部根据前天清单完成采摘
	上午	配菜团队对新鲜的菜品逐一称斤分份
	下午	会员部统计订单，配菜团队逐户装箱
	傍晚	物流团队制定配送路线，将菜箱装车冷藏
第3天	清晨到中午	配送至会员家中

如上所见，除了个别品类蔬菜产量过剩的情况，F农场的日常运营中并不太需要专人专职的营销工作。CSA农场避免了农产品销路不畅的问题，从年初会员招募起，农场一年的生产及销售目标都仅仅为了满足当年的会员需求。因此，在每天程式化的工作流程之外，F农场在市场标准方面的努力还有所欠缺。

理论上而言，F农场的宅配模式保证了城市会员吃到当季、当地的

① 表中“电商平台”指“好农场”平台，SY丈夫CCW之前的创业产品，虽然创业公司破产失败，但平台依旧维系了F农场上新、下单等后台管理功能。除此之外，农场还有微店、淘宝店铺、微信群等购买及沟通平台。

新鲜蔬菜，同时也使农产品得到及时的采摘与销售，但由于丰俭由天定，时而盛产，时而因病虫害而绝收的情形时常出现，也并不能保证所有生产量都能够得到有效利用。整个运营流程中各个环节的衔接至关重要，现有产量预估是否准确、会员是否及时点单、是否保存得当等状况都可能导致供求不平衡或消费负体验等现象的发生。

售后工作主要由会员部负责，名曰“会员部”，却是基本只承担客服工作的“单人部门”，并未同会员消费者有过多互动或讨论。对于会员对菜品的反馈与投诉，F农场最常采用的措施是免费补发一份，后续跟进工作可分为两种情形：其一，如若近期关于某种菜品的投诉仅是个例，就可归为会员口味未完全适应的问题，如“按照有机方式种植的蔬菜周期较长、纤维化程度较高”是对菜品较老的统一回应；其二，如若近期关于该种菜品的投诉超过10例，则可核查生产与采摘环节是否出现农事记录未更新、采收不及时等问题。实质上，这种情况常有发生，但F农场的相关跟进工作并未形成常规程序。

与F农场不同，L企业以线上电商为主的模式决定了其消费者的地域分散性，食物的在地消费主要由具有时效性的快递物流来实现。当某日的多个订单到达后，位于D市的L企业团队会先通过第三方订单数据系统分发给养鸡基地或其他合作的生产者；合作农户根据订单类别有序地准备产品；产品的包装由L企业团队设计，但具体执行仍由农户完成，以便打包后可直接从产地发出；物流的合作方基本都选择价格不菲的顺丰，因为运送给消费者的产品必须保证时效性和完好性，对于易碎的鸡蛋更是如此。

由于除开鸡蛋年卡之外的产品零售稳定性较差，且生产、管理团队分属两地使得沟通成本增加，导致L企业对产量和需求的把控有失精准，供应不够就临时下架、供应过多就利用个人及企业各大平台“吆喝”促销的运营方式较为常见。不过，这种不稳定的风险被化解的方式有二：其一，负责人RT的众多拥趸在无形中为L企业带来了诸多销售渠道，不至于陷入滞销的困境；其二，L企业的“完美售后规则”帮助打消消费者可能的疑虑，即“只要客户不满意就退款，不需要照片，不需要理由”。这种向消费者“一边倒”的售后规则本身即抵消了几种可能的隐藏风险，厚着脸皮免费吃鸡蛋的消费者最终归入秩序，表面上对农民生产者有百害而无一利的规则，也最终成为敦促他们提升品控的主要动力。

二、生产端：合作与自持

（一）生产环节的组织化

为了提供让消费者放心的食品，F和L都选择与生产源头的农户合作，与农民共担风险，同时抽取中间商直接满足消费需求，生产环节的供应得以保证，生产者组织也在不断的挫败中萌芽。

F农场在农民合作方面有三种模式：（1）与当地农户合作模式。农场初创时期与马村的郎叔郎婶合作，2014年团队搬到柳村后，马村这户农民只负责少部分的种植任务；（2）“雇佣老农+孵化新农”模式。雇佣当地老农到农场参与工程建设、采摘分装，同时教与“新农人”种植技术，每两周付给老农500元的酬劳，同时孕育出可以独当一面的“新农人”团队；（3）考察代销模式。如上文所述，消费者更多元化的产品需求由其他农户或农场负责供应，F农场在自家平台代销。考察通常由SY夫妇负责，是否代销的标准通常是熟人信任或第三方认证。第二种模式是现当下F农场采用的主体模式，可以看到，SY独创的“新农人”孵化模式为安全食品生产端源源不断地输送着人才，是CSA概念中实习生项目的变形，而这些“新农人”“返乡青年”也为传统农业转型提供了新的路子，注入了新鲜的血液。但与此同时，“社区支持农业”支持本地既有农户的初衷却打了折扣：合作农户未成规模，人力雇佣成为替代。

不同于F农场，L企业选择合作的农户首先结成“农业合作社”，包括领导者XJ在内的九户农民以土地入股，RT团队提供资金和市场，提出订单需求和生产标准，并“作为电商代理帮助销售”。RT深谙市场之道，因此能结合当地资源布局为农民提出最佳的生产—效益组合，但他也承认，中国典型的“小农”群体缺乏一定的长远目光，而对眼前的利益则特别精明，“与农民打交道，需要耐心，再耐心”（RT-160106）。为了让农民遵守合作契约，提供达到安全标准的产品，经过多次的博弈，

L 企业的产品定价权最终被让渡给农民合作社，但相应地，合作社不仅要按标准生产产品，也要承担相应的品控责任。由此可知，L 企业选择的生产者不仅能够在平等的契约关系下成为安全食品的生产源，也在掌握定价权的基础上通过合作降低了农产品的生产和销售成本。

但也必须看到，在食品安全引发的生态农业潮流中，生产环节的组织化仍有很大空间。F 农场合作农户最终沦为雇佣是一方面，L 企业生产者合作组织内部的分工和分配机制同样远未成形。L 企业虽比 F 农场先行一步建立了所谓的“农民合作社”，但这其中是否是真正的“合作”，生产者是否因此而得以组织化、实现自主治理，似乎还任重而道远。

（二）自有团队的建立与维系

如果以消费者为面向，除合作农户之外，负责将产品传送到会员家中的F与L自有团队亦是生产端的重要部分，更何况F农场特有的“新农人”团队自身也是真正的生产者。

F 农场团队的组织架构与其业务模块是相对应的。负责人 SY 被称为“掌柜的”，其角色在农场具有结构上的不可替代性，销售、宣传、客服、人事等多种职务（部分兼职）集于一身。在她之下，负责农场具体事务的是经理 LH，还有协助经理进行日常生产、工程设计的 WC。最一线的生产部包含“老农人”和“新农人”共 15 人左右，负责人是来自山东的老农马叔，是技术权威的象征。

在生产部之外，农场的核心运营团队也出自“新农人”，由这些年轻人组成的团队或部门还有如下几个类别：配菜部、会员部、仓库管理、食物社区、“大地之子”，另有财务、宣传等，基本一人负责一种业务。农场团队总人数常年稳定在 30 人以内。

F 农场这一特有的“新农人”模式得益于从各地聚集于 B 市的较高学历年轻人，他们不顾家庭及周边社会环境的反对，前来 F 农场践行农业理想。从电视、互联网媒体或生态友人圈子中，SY 和 F 农场的名气逐渐传至这群年轻人耳中。在加入 F 农场之前，他们中有不少人都认为负责人 SY 是“女神”（ZZ-160521），农场是“行业标杆”，是理想中的一方净土。然而，这份想象中的认同和期待会在他们加入 F 农场之后的几个月内经历一番挣扎和苦痛，在后面章节中会更详细地讨论到这一问题。对于这一群体而言，“新农人”既是脱胎于传统农民的新生代群体，群体边界所形成的自我认同也逐渐显露，但理想与现实之间的相互博弈还是迫使他们不得不频繁更换生计，在生命周期的各个阶段承受相比于同龄人更拮据的生存境况。

总的来说，F 农场的人事架构大体分工有致，在逐年的变动与日复一日的程式化运作之后趋于稳态，但也必须看到，部门、岗位之间的具体界限并不明晰。在琐碎繁重的生产任务下，人员分配计划朝令夕改，财务去赶集卖菜、宣传去跑车更是常有的分工。

相比 F 农场相对复杂的组织构成，L 企业精简得多。由于同农户只是考察与合作的关系，企业团队自身并不负责生产、包装与发货，将物流外包给快递公司后，位于 D 市的核心团队工作内容主要是产品设计及销售、售后等后台运营，员工数常年保持在 5 个左右。“无论如何这个团队是不会超过 10 个人的，这个是我给自己设定的规矩，只要超过十个人，就说明我在架构上是有问题的。”（RT-160729）

前主管 WN 负责统筹协调，两位客服轮班负责为不满意的消费者退款或换货，一位数据管理员管控全国各个合作农户的订单状况、做必要的统计和留存，一位产品经理负责为老板找来的农产品原料设计产品形态、定价、销售宣传等。产品经理在底薪之外，可以拿产品 10% 的利润作为提成，以绩效激励为企业创造利润，其他员工按当地水准发薪。负责人 RT 在整个企业组织中的角色相对游离，他平日以出差为主，到全国各地寻找合作农户或项目，分配工作任务以远程联络居多。关于组织或项目变革的想法如年卡原则、“放牛班”等概念悉数由 RT 独自提出，团队只负责跟进和具体执行。

整体来看，L 企业的运行效率很高，物质激励和认同机制良好，但也存在一些问题。负责人 RT 常年在外寻找项目，团队间的沟通成本过大；团队结构虽简洁精巧，但每人所需负担的工作量通常会压垮部分员工，诸如此类，后文将详细讨论。

三、消费端：共建与共生

石嫣等（2011）指出生态农业的目标消费群体主要是看重绿色消

费的城市中等收入人群，也是RT口中“吃三块钱鸡蛋的人”。当众多消费者出于食品安全的考虑发现这个细分市场之后，除了预订、购买等经济行为外，健康生活和环境友好等理念是否能重塑社区中的公共生活和社会交往，还不得而知。F和L两家社会企业都在做市场之外的尝试，即消费者的组织化，由于组织理念、载体和机制等的不同，两家组织整体上存在一定的差异。

F农场致力于推行CSA理念，即表面的市场经济行为也应涵盖健康饮食、社区联结等社会理念，“大地之子”也是SY在外界的重要标签。为了让更多消费者不仅仅是“买菜”，SY采取了很多举措，笔者将其按照消费者参与程度由浅至深分为以下几种（此分类对L企业消费者参与同样适用）：

表 5.5 消费者参与层级

浅 ↓ 深	完全不参与，仅经济层面的契约关系
	到生产基地做实地参访
	参与线下体验活动（采摘、露营等）
	关于产品的沟通交流（同农场或其他消费者）
	参与较深度的公共讨论，如健康理念分享等
	深度参与，如参加线下讨论会议等

由于CSA本地化概念的限制，F农场绝大部分消费者都位于B市，组织化以线下的、在地的形式载体为主。从线上模糊的个体认知，到线下活动中的实际接触，主动了解食物生产来源对纯粹经济意义上的消费者已然是不小的转变；当个体认知成为群体沟通，“讨论”也成为可能；进而，讨论话题从食物本身，到农场生产事务，再到可能的公共议题，理想的消费者组织化结构可能会逐渐成形。

从笔者在F农场的实际观察中看，会员到农场的实地参访和采摘等体验活动是较为常见的会员参与形式，问卷数据结果中参与过此类活动的会员占比高达40.11%[①]。SY也尝试过更深层次的消费者组织，2016年4月底，F农场召集11位消费者会员成立了第一届会员核心小

① 来自课题组问卷调研数据。从L企业回收的225份消费者样本中，相应选项的比例仅为7.83%，这是由两个案例企业是否在地化生产的差异决定的。

组，希冀来自各行各业的消费者能更多地参与农场事务，“会员与团队共同治理、协作共赢，实现餐桌安全”（核心小组章程 -160430）。核心小组成立之后半个月，笔者同负责人 SY 聊起该组织的表现：“这次这个核心小组很让我吃惊……大家现在的参与度，我都觉得他们确实很想来参与这些事儿。”（SY-160515）然而，这种高涨的参与热情只出现在最开始成立的两三个月，这个被负责人 SY 看作是“历史性”的举措，实施不到一年就偃旗息鼓。在这期间，线下会议只组织过一次，加上组长职责不明确、管理不得当，小组事务不了了之。

在填答问卷的 114 户会员消费者中，仅有 10% 左右参与过较深程度的公共讨论（同一比例在 L 企业约为 30%）；而另有 31.32% 的消费者未曾参与过任何购买行为之外的活动[①]，同 F 农场仅仅保持经济层面的契约关系，“我自己也从另外一个角度考虑，至少在中国，我觉得他能买菜已经很不容易了（笑）”（SY-160515）。但与此同时，SY 又认为，这种现状也有继续改善的可能：

“我觉得可以划成几个不同的层序关系，一圈一圈的。农场的会员里，有一部分是最紧密的……甚至成为独立运动的推动者……然后最外围的普通的消费者，就是为了吃到健康的有机的蔬菜。最外围的也不是不会往里面走，可能随着意识的变化，时间的推移，可能也会往里圈走。”（SY-171023）

L 企业的消费者组织化也是持续试错的试验过程。“培养消费者参与社区生活的热情”是负责人 RT 尝试将消费者预组织化的初衷，这与他自诩“商人”“农民企业家”的事实并不相悖，两者在他的机制设计下不仅不会彼此牵绊，而且能实现极强的耦合性。对于追随负责人 RT 而购买产品的消费者而言，说服他们参与从来都不是问题，反而是热情太过容易导致制度管理上的障碍，这点会在后文有详细讨论。问卷数据中，L 企业有至少 60% 的消费者曾经参与过关于产品的沟通及更深层次的公共讨论[②]（这一比例在 F 农场仅为 28.57%）。

第一次消费者组织化的尝试是在 B 市召集本地消费者，创建线下

① 来自课题组问卷调研数据。
② 来自课题组问卷调研数据。具体而言，同团队或其他消费者的产品交流占 30.43%，理念分享、公共参与等较深参与占 20.87%，线下会议、监督生产事务等深度参与占 8.99%。

送蛋小组，每人享受年卡折扣，但需要10人共享一个收货地址，每月一人给其他小组成员送鸡蛋，期望能建立基于送蛋的小型公共团体。但由于缺少相应的约束机制，“送蛋”这个事务性的工作逐渐被消费者小组忽视，成员之间的情感联结减弱，送蛋试验以失败告终。

第二次试验是招募“放牛班”，即在全国鸡蛋年卡会员中众筹一千名消费者参与养牛生产过程，牛肉销售利润的80%交由消费者组织分红，L企业只取剩下的20%。对于后者而言，消费者直接参与生产、完成集体目标既是一种“公共社区生活的预组织和培训”，同时也能换来1000个人的“朋友圈资源”，是市场运作中可变现的销售渠道。问题在于，分布在全国各地、数量庞大的消费者们如何仅凭线上讨论达成向心力。RT将这一千人按照地域分组，通过共同讨论制订元规则，经由自荐和推选成立自组织机构，以及依照正当程序商讨与决策生产事务等，微观的公共场域得以形成。“放牛班”在初期的讨论很热烈，但最终由于权责不对等、搭便车现象频发，“放牛班”的社会试验也基本宣告失败。

总的来说，虽然F和L还未形成完整、成熟的消费者组织形态，但二者致力于市场之外的社区建设过程，这一努力本身就有益于“Food Citizenship”（De Tavernier, 2012; Wilkins, 2005）的形塑。

第三章　组织内里：双重底线如何成为可能

在初步了解了两家社会企业的组织架构及运行模式后，本章将集中讨论其背后的制度性因素与构建过程，亦即组织“表层”之下的“内里”。在学者孙立平看来，社会学的研究对象应是处于实际运作过程之中的社会现象，强调静态事实之外的动态性与流动性，这被他称为实践社会学（孙立平，2005）。对于社会企业组织而言，背后的这一整套逻辑正是动态的组织制度化的过程。

一、权力视域下的合法化形塑

在不利的组织环境下寻求最大化的合法性（legitimacy）支持，是保证社会企业生存的重要先行条件。在同国家权力的互动关系中，F和L打磨出了如下几种策略机制：

首先，基于现有规范的组织身份定位。在陈卫平（2014）对中国CSA农场70家生产者和425名消费者的调研中，高达40%的CSA注册为公司组织，其次是个体/家庭、合作社等形式。F和L都选择将组织实体注册为普通企业法人，RT也常常自诩“农民企业家”，两位负责人都清楚这只是一种形式上的妥协。“从性质来讲，肯定你注册的是公司嘛，但我们也希望叫社会企业……现在没有社会企业这个栏目。”（SY-170109）

其次，“以瑜掩瑕”，择长避短，在政策的空档和罅隙中寻求最大限度的支持。杨善华（2014）在其《缝隙中的改革》一书中指出，中央和地方及其各部门之间复杂的网络关系相互交织、彼此碰撞，会产生一些“缝隙”，这就为“变通”挪出了一定的空间。类似地，当地公共部门无法支持和理解CSA与社区共同体的概念，甚至无法认可社会企业的法律资格，F和L就以“乡村振兴”和“生态农业”为中心话语，得到了一定程度上的默许。

最后，努力构建利益共生的格局。戏剧性的是，从权力阴影出逃的RT最终恰巧完成了与权力的共赢。在L企业位于邻省的生产基地，九户农民组成的合作社带头人XJ因与L企业合作带领村民致富，闯出生态农业的新路子，已经成为当地政府赞誉的“典型”：“今年好多人都觉得我们这个模式特别好，都想加入，别的村都来找我……十里八村儿都知道，你开玩笑呢。我是市里的典型儿，省级三八红旗手呢哈哈。”（XJ-160728）合作社负责人XJ之所以成为“红人”，就是因为RT的社会企业模式全套触及了当地政府的政绩目标。当地工业和服务业都不发达，经济眼看就要凋敝，创新农业正是他们想要打造而未曾成功的经济支柱。RT深谙这些道理，并嘱咐XJ把当地科技局主动颁发的“循环农业科技生态园”奖项装裱成大牌子挂在基地门口，不仅不和权力对着干，反而适当加以利用，实现利益共生。

通过积极争取而不失稳妥的关系处理，公共权力部门与社会企业表面上搁置嫌隙，实现了浅层次合作的格局，这对社会企业的初步生存而言，虽不是极为充裕的处境，但也基本足够了。“我们也想让他们支持我们，因为有时你建设一些东西需要他们，但总体他们还是不把我们放在能够支持的领域里……总之你不是那个体系里的。”（SY-170109）同时也必须承认，这种暂时的合作并不完全平衡，若是稍有不慎对 RT 和 L 企业而言尤其如此，社会企业所处的合法性空间便可能清零。

二、市场：祛魅与重构

（一）标签重置

来自社会公众的接受和信任是组织生存并发展下来所需的另一种外部认可形式（W·斯科特，2010，67）。社会企业虽以社会目标作为驱动力，但为了维持自身运转的独立性，市场营收也是必需的工具和手段，如哈耶克（1997，224）所言，“道德”不应建立在牺牲经济自由选择的“无私”基础上被大力称道。关于经济理性与标签化传统的关系，韦伯（2010a，34）如此写道：“披着‘伦理’外衣，受着规范束缚的特定生活样式意义下的资本主义‘精神’，首先必须互相搏斗的对手，是人们可以称之为传统主义的那一种感觉与作风。”类似地，社会企业若想实现市场与经济的正当性，首先就需重置“社会组织的营利等同于耻辱”的道德标签，坦率承认经济理性的生活样态。

从 F 农场宅配份额方案中可以看到，农产品的单价比一般市场高了不止数倍，非农场会员直接到农场采摘的蔬菜单价更是高至 20 元 / 斤。如果要到农场参观并在食堂就餐，每人进门的参观费用就要 100 元，以炒蔬菜为主的食堂自助也要收取 50 元的餐位费。

表 5.6　F 农场 2016-2017 年度宅配份额方案

消费者类型	预付金额（元）	农场产品单价（元）			
		蔬菜 / 斤	鸡蛋 / 枚	鸡 / 只	猪肉 / 斤
友情团	3000	17	3.5	160	60
铁粉团	8000	15	3	150	55

来源：F 农场微信公号 2016-2017 会员招募通知，2016-06-05。

因为F农场承诺不使用农药、化肥，病虫害等工作几乎全部需要人工处理，管理投入相对较大，成本较高，但这些对消费者来说是“隐形”的。事实上，在陈卫平（2014）的调研中，全国70个CSA农场样本中，经营不善是它们面临的最大挑战，近一年中收入净亏损的农场占比高达52%。为了维持农场最基本的收支平衡，SY一直努力使这种高成本高消费正当化合理化：

“十年前我也跟很多人一样去理性分析，真的假的啊，贵不贵啊，但当我认真栽培了食物，真正去了解农民的工作，食物怎么生产的，把它们变成生活中很重要的部分，过去的很多困惑都解决了。”（SY社交媒体动态-180227）

看似是对饮食方式的理念性维护，实质上也包含了对农场生存的隐忧。2018年1月底，网络上有篇视频报道在文案中写道：“一个‘农妇’如何成为‘土豪’？如今坐拥200亩地，年入800万元，成为人生赢家。”[①]SY转发时不得不说明800万元只是F农场的年营业额，而非利润。据笔者了解，2015年F农场盈余100万元，但其中90万都是主办国际CSA大会的区政府等多方赞助剩余，纯粹的年销售利润仅有10万元出头（WH-160522）。因此，SY认为，如果想要做更多的事情，农场的“生存”要保证在第一位。“因为跟小毛驴那会儿是完全不一样的，那会儿我们是学校的一个项目，不用考虑生存问题……但对F农场，我们必须要靠CSA的会员把这个小的团队，把农户，那时候是郎叔那边儿嘛，马村那边，把这些人都要养活。”（SY-160514）

在这种意义上，谈论市场并不可耻，一切都为了组织的生存。在斯科特的论述中，基于生存伦理的小农经济更需要趋避风险，寻求安全与可靠的回报（斯科特，2001）。在F农场的语境中，农民家庭被替换成农业企业，为了有能力对抗随时可能到来的自然风险，需要有恰到好处的经济利润以作弥合。除了每周配送到会员家中的菜箱，F农场还开辟了诸多销售渠道，共同购买、农夫市集、微店、有赞等同步上新，既能增加营业利润，又能解决不定期产能过剩的问题。

---

① 来自央视网人物纪实节目《实励派》官方微博，2018年1月26日，https://weibo.com/6420615079/G0bgghWe4?sudaref=www.baidu.com&sudaref=passport.weibo.com&display=0&retcode=6102&type=comment。

与 SY 不同，RT 赚取利润完全出于商人的本能，他认为 L 企业争取合理基础上的最大营利是理所应当的，只有在物质条件得以改善之后，才可能谈论自由（哈耶克，1997，223）。L 企业成立后的第一年，农民合作社共分得 70 万元现金收入，创始的七个股东不仅拿回了本钱，还每人分了 10 万元的分红，“他们很满意，一开始大家都是情怀，被我硬逼着在商言商”（RT-160729）。2017 年 1 月份，L 企业的年卡用户超过 5000 人，2016 年全年流水收入超过 1000 万元。①

情怀不能当饭吃，“在商言商”算是 RT 给自己设立的公私生活的界限。他认为如果自己不能独立地、有尊严地拥有物质和精神上的富足，也就无法做到真正意义上的公共参与。这同阿伦特对于公共领域和私人领域的区分是不谋而合的，阿伦特在《人的条件》一书中写道，真正的自由应当是在“不必为生活所迫”的情境下避免对权力的臣服，这种说法源于雅典城邦时期，城邦公共事务之所以没完全侵占私人生活，并非出自自由主义者眼中对私有财产的敬重，而是因为没有立足之地的个体根本无法参与公民事务（阿伦特，2015）。而从事有机农业所获取的利润，正是 RT 做好公共事业的个人物质保障。

相比 F 农场的存续维艰，L 企业赚取利润却轻而易举，笔者总结原因有二：其一，RT 更不避讳“商人”之身份，营利之正当；其二，RT 在早年经历中练就的敏锐的商业嗅觉和头脑是 L 企业盈利的重要保障。RT 曾在医药外企接受了系统的销售理论和实践的培训，现今悉数运用到了 L 企业的运营上。“因为我毕竟在药厂里做过销售，也做过市场，整套东西都熟，了解怎么做。好像有些事儿对于我来说是骨子里的事儿，就像围棋的定式，不需要思考的，这是被大公司规制过的。”（RT-170422）

（二）信任重建

打破社会企业的市场性迷思后，如何恢复并重建这种通过经济契约维系的信任关系成为下一个难题。或者说，二者并无顺序上的先后关系，甚至是互为基础的。良好的市场行为有助于信任网络的形成，而信任更是健康市场关系的黏合剂。在帅满（2013）对于上海菜团的

① 来自 RT 社交媒体动态，2017 年 1 月 2 日。

研究中，熟人的关系网动员、认同与情感成分的增加、业缘兴趣和理念的互动等等因素都为信任循环构建了坚实的基础。在本研究中的两个案例中，达成信任的主要因素有以下几种：

首先，个人声誉效应。个体或组织的声誉建立在不同群体与个体之间共同承认的基础之上，归根结底是一种社会制度（周雪光，2003，251），对于两家社会企业而言，领导者个人的声誉同组织的声誉是结合在一起的。两个组织负责人的良好声誉无疑都是获取会员信任过程中不可忽视的重要一环。

SY 是国内顶尖高校毕业的博士和博士后，并主动去美国农场做了一年的“实习农民”，回国继续倡导 CSA 理念并获得一定的国际声誉（担任国际 CSA 联盟副主席、达沃斯全球青年领袖[①]），高学历、高素质、高声望，这些附在 SY 身上的个体标签对都市家庭选择安全食品供应渠道而言都是极具吸引力的参照，是可信任的依据。很多家庭正是出于对 SY 的信任才选择了 F 农场，“在我们家我也是用对 SY、对农场的信任让家人放心”（会员核心小组成员 MY-160511）。而在问卷调研中，消费者对负责人 SY 人品品质和价值理念的信任程度分别为 65.79% 和 68.42%，略高于产品认证（61.40%）和技术（63.16%）等其他选项[②]。

相比而言，消费者选择信任 L 企业则有赖于 RT 在早年经历中表现出的可靠性。后者设计的组织机制总是既能自证清白，又能保证整个过程的公开透明。接下来的很多事件也都证实 RT 是“人品好”“有能力”的公共知识分子，消费者对其人品品质的信任程度高达 84.89%[③]，因此，从长年积攒下的几十万“粉丝”中催生出几千个“爱屋及乌”的 L 企业会员消费者不足为奇，据 RT 猜想，这个转化率甚至可能高达 90%（RT-170422）。

其次，公众媒体效应。公众媒体的关注主要表现在 F 农场的例子中，且往往与 SY 个人捆绑成一体，在 114 份问卷样本中，有接近 1/3 的消

① SY 获得的是由达沃斯世界经济论坛组织的 2016 年“全球青年领袖”（Young Global Leaders）奖项，当年获选者中包括更多女性、来自新兴经济体的代表和科技与公共部门的创新者。中国区进入名单的有 13 人，包括青年女演员姚晨等。

② 来自课题组问卷调研数据。

③ 来自课题组问卷调研数据。

费者最初通过电视、报纸、互联网等公众媒体的专访和报道才得以知晓F农场。从2008年回国创建“小毛驴市民农园”开始，“归国种菜的女博士”SY就被铺天盖地的报道争相推上新闻头条，虽然已经过去了十年，但配合“乡村振兴”“绿色农业”的主流话语，这个话题至今的关注度仍不减当年①。对于普通的城市居民消费者而言，媒体报道无疑是促成信任的正面因素，尤其是政府媒体作为“权威”的加持。

第三，社会关系网的传递效应。相对于制度信任，基于血缘、地缘或业缘等关系运作的人际信任在中国社会更为普遍，或出于血缘共同体，或出于社会地位相似性的共有心理（彭泗清，1999；李伟民等，2002，11），安全食品的购买决策更可能会一传十，十传百。而对农业从业者而言，在当下信任成本较高的情境下，再香的酒也需要口口相传才能建立起持久的口碑和渠道，“因为有很多好东西确实卖不出去”（SY-160319）。对于F农场来说，“口口相传”甚至成为现阶段主要的会员招募方式之一，会员规模大致稳定下来之后，再加入的新会员都是在老会员的极力推荐下找到农场的，43.86%的现有会员经由亲朋好友、单位同事或社区邻居介绍而来②，已经超过了初期来自公众媒体的会员占比。

RT对公共生活的关注和强大的机制设计能力为他积攒了一大批“粉丝”，也结识了不少自带资源网络的朋友，“等于是攒了点儿声誉和人脉”（RT-160728）。不同于F农场会员的口口相传，L企业的消费者群体最初是以RT和他的公知朋友为核心，传播的主要载体依然是以微博为主的互联网平台，这也是L企业消费者加入的主要渠道（64.89%）。

第四，技术信任。就经济契约关系来说，人际关系之外的法制规制手段也是信任建立的补充机制（彭泗清，1999，64）。消费者选择购买安全的非标农产品，最本质与最核心的就是购买安全的有机种植技术。在每年的会员招募文案中，F农场都向消费者做出绝不使用农药

---

① 近期如前文提到的“800万土豪”报道，央视网人物纪实节目《实励派》官方微博，2018年1月26日，https://weibo.com/6420615079/G0bgghWe4?sudaref=www.baidu.com&sudaref=passport.weibo.com&display=0&retcode=6102&type=comment。

② 来自课题组问卷调研数据。

化肥和转基因品种、严格遵照有机种植养殖理念和技术的承诺。但值得注意的是，遵照有机的生产方式并不意味着严格的国家级有机产品认证。F 农场统一的对外口径中避免说是“有机产品”，也正是因为其自有产品并未做过相关认证。负责人 SY 有两方面的考虑，其一是以参与式认证替代有机认证，这是 CSA 模式的优势所在，CSA 鼓励消费者参与到农场劳动中来，亲眼看到自家餐桌上食物的生产流程，同时，F 农场在质量检测和种植标准也丝毫不敢放松，因为他们“做的是不做认证的真有机”（WC-160317）。

SY 第二方面的考虑在于有机认证的费用太高，农场负担不起这样的成本。抛开现有的有机认证体系规范和市场信任程度的争论，SY 和 RT 二者都认为有机认证是和金钱直接相关的。F 农场的主管 WC 曾提到，农场要想做认证是再简单不过的事，很多认证机构甚至过来“跑业务”求着做。L 企业下的所有产品在上架前都通过了有机认证，RT 认为这样能省去向消费者过多解释的必要，但同时他也不怎么认可这种形式，更多依赖之前他同合作社农户商谈的技术标准，如必须用不打药的玉米秸秆喂牛、用自养的蚯蚓喂鸡等。

“国家给认证嘛，在猪屁股上盖蓝戳这样的方式，现在这个东西很烂嘛，就是只要给钱就给干，你看我们现在连（玉米）隔离带也没有啊，（认证）就出来了。只要给钱，其实是说认证一次给两万多块钱，然后他要求你每个鸡蛋上贴个贴，这个贴一分多钱，我们每年两百多万个蛋嘛，就数万块钱，其实是以挣钱为目的的。”（RT-160729）

最后，程序信任。有效、公开的企业程序或制度也是获取消费者信赖的手段之一。面向消费者的信息发布途径包括企业微信公号、微信群、产品宣传文案等，尽力在全套生产流程中保证可追溯性，这同样是 CSA 模式的重要特征。“有些农场不愿意暴露，我们就愿意，我们有什么问题就愿意说，也并不一定是个坏事儿，所以我们整个团队里营销的人都非常非常少，就是把自己真实的情况通过社交媒体，现在的微信平台，写几篇文章”（SY-160319）。L 企业的程序性信任还体现在消费者对 RT 设计的前后期机制的认可。RT 早年“送饭”和如今“放牛班”的制度设计都是自洽的，这一点在后文还会详细说明。消费者奔着他的制度设计能力而来，这既是对程序的倚赖，亦是对个人的信任，两者合二为一。

三、社会：理念与机制设计

对两个案例的讲述到目前为止，合法性的形塑和市场信任的重构基本完成，关于组织的社会性如何在此环境中得以生发，笔者关注的两个关键性因素分别是认同层面的理念和实践层面的机制设计。

（一）理念认同类型

赵志裕等（2005）认为，当个体与群体所重视的价值恰好一致，或组成某群体的绝大多数成员都重视同一种价值，那么该价值即社群成员所拥有的客观共识（objective consensus）。同样地，在本研究中，两个案例社会企业持有的核心社会价值（此处更应被称为“理念”）首先应当被它们所映射的对象所认同，后续的活动参与才有可能。

在相关的企业研究中，陈先红（1999）认为企业理念的贯通总体上是一种价值内化，这被陈哲（2002）进一步总结为三个过程：设计、导入、认同。从领导者或专家团体设计企业理念开始，向内部员工和外部社会公众的同步导入可能会引发二者的主动或被动认同，而认同的过程又分为递进式的三个阶段：观点认同阶段、情感认同阶段和价值认同阶段。对于 F 和 L 两家主打安全食品的社会企业而言，理念的传导或灌输同样有三种对象类型：农民、团队和消费者。

表 5.7 面向三种对象群体的理念类型

	理念类型	主动性	认同类型
农民	有机种植的技术理念	被动	观点
团队	理想主义的从业理念	主动→被动	情感（价值）
消费者	核心的食物 / 社区理念	F：被动→主动；L：主动	价值（情感）

先从总体来看，F 和 L 的整体理念是不同的。F 农场倡导的是健康饮食教育、亲近土地一系列生活方式，而 L 企业关注的则是以社区共同体建设为目的的消费者预组织化。不同于后者在公众场合的隐匿性，F 农场的理念自身就带有宣传属性，是“明面儿”上的符号话语，如“‘土

豪’就是以土地为自豪”“食在当地、食在当季”等①。

显然，两个案例企业的核心理念主要源自创始人 SY 和 RT，而他们二人及其所代表的独立意义上的企业组织，正是实施理念“导入”过程的主体。在这个过程中，陈哲（2002）意义上的“导入”与“认同”是在主客体之间相互建构、彼此巩固的双向过程。

首先，基于观点认同的传统农民生产者。习惯于通过农药化肥提升作物产量的传统农民起初极不认同有机农业的种养模式。F 农场在马村的合作农户起初就有一次扛不住病虫害，给满棚的茄子苗打了药，被 SY 团队发现后拔了苗。“他们也不理解不用农药化肥是为了什么，因为你用了就马上见效。有一个大叔老爱跟我调侃，每次见我都说我‘傻博士’”（SY-170109）。与农民之间融洽的合作关系也需要经历长期的磨合，包括 L 企业常常以权责对等甚至博弈的现代契约模式来约束农户，最终达至对有机种植理念和方式的认同。但这更多是基于合作契约关系的观点性认同，主动性的成分相对较少。

其次，基于情感认同的企业组织团队。此项在 F 农场的“新农人”团队中反映得尤为明显。绝大多数的“新农人”都是慕名远道而来的青年，加入的理由不一，或欣赏 SY 作为 CSA 倡导者的魄力，或学习专业的有机农业技术，或想从事自然教育，或寻找一种新的生活方式等等，但无一不怀有投身于生态农业事业的理想情怀，甚至还有一位重点高校毕业生为了实现务农理想，有意瞒骗家人而加入 F 农场（ST-160515）。可以说，在团队加入之前，极高的理念认同就已经实现了，甚至能够迅速转化为对组织团队的身份认同，后者主要是个体基于其成员资格的社会角色认知（赵志裕等，2005）。

然而，农场生产事务繁杂，加上一些制度管理上的问题，团队成员口中的“情怀”逐渐转变为了一份勉强糊口的“工作”（QQ-160407）。名义上是仅负责生产的农人，但实际中的很多运营工作也需要共同承担，基本没有时间和精力负责额外的社会性事务。此时，基于理想主义的情感认同已经逐渐丧失主动性，转化为基于现有组织依附的被动

---

① 来自“实励派”报道和 2018 年 F 农场会员招募文案。

接受。老员工SXJ将这种状态理解为两方面的后果："一方面是他们的管理，另一方面也有我们自己的因素，因为大家来的时候期望过高了。"（SXJ-160408）

最后，基于价值认同的消费者群体。如前文所说，L企业的消费者首先是认同RT的公共生活理念才选择加入，这一点毋庸讳言，属于主动性的价值认同。也正是因此，当RT放出"放牛班"的招募通知，每人1000元的加入门槛并不低，但在短短24小时之内1000人的名额就满了。据L企业前主管WN讲述，RT完全没意料到这样的速度："他其实自己一开始也没那么大信心的，开始就觉得五百个，这事儿就算成了；三百个，这事儿就麻烦了，得一个月才能齐；没想到一天就（齐了）。"（WN-160731）如果不是出于对RT和L企业的充分认可，应该很少有消费者会买这笔"账"。这种价值上的契合甚至还在L企业的消费者之间形成了隐形的群体范畴，即RT口中"吃三块钱鸡蛋的人"——基于同类产品的消费使他们与这个群体之外的人划定了边界，而该边界则是以中产、参与、品味等标签凸显的。

F农场不同，SY面对的是对CSA理念毫无认知的城市中等收入居民群体，她要做的首先便是持续不断地对外传播，面向公众和消费者进行价值性的对外导入："它的销售其实是靠倡导得来的……得到认同你这个说法的人，他就成为了你的会员。"（SY-160515）她的社交媒体和经由她口的媒体报道成为宣传重地，而她本人则成为"理念的代言人"。媒体上出现的SY，往往同猪圈、虫子结合在一起，给人留下亲和、朴素而坚定的女性形象。每逢节气，她总会发布一条社交媒体动态，底图是码放有序、缤纷多彩的蔬菜瓜果，上方配上精心的文字如"让种好菜吃好菜成为一件让人骄傲的事"等，形成一套独特的农场美学。而通过"天地与我同耕，万物与我一体""大自然是画师"等正向话语来向消费者传达理念，通过塑造迎合人们本心的"自然性"以建立合乎情理的基点，以期达至消费者群体的主动认同。

（二）机制设计及实践

在理念认同之后便是如何参与的问题。F和L两家企业在社会性领域的重要目标之一是将消费者组织化，形成社区形态的消费共同体。

这整个过程中的制度设计及实践是关于奥斯特罗姆（2012）意义上公共治理的探讨，在此我们首先讨论所需的制度要素与机制[①]。此部分的讨论主要基于两个消费者组织的探索，即F农场的“会员核心小组”和L企业的“放牛班”。

其一，元规则的设立。根据CSA理念中消费者直接参与农场生产的理念，F农场设立消费者会员核心小组的主要目的在于会员与团队合作治理与改善农场，达成会员权益、农场发展和健康理念推广三方面的使命[②]；而L企业招募“放牛班”的目的则是在生产性利润之外，执行消费者共同商议的社会试验。

虽然按照《章程》规定，F农场的会员核心小组是“会员自治、共同管理的常设机构”[③]，但主要体现在为数不多的小组例会，并未在后续跟进制定系统、规范的组织管理程序。在这方面，L企业显然做得更为充分和完备，这在很大程度上依然得益于负责人RT的个人经验。“放牛班”在保持公开透明方面的制度性保障则是，RT代表L企业每月向所有消费者提交关于经营状况的书面报告，并不定期召开“听证会”[④]。

其二，可自洽的自我治理规则。

在F农场会员核心小组《章程》中，会员核心小组的主要角色体现在以下四方面：第一，顾问层面，即辅助农场的战略规划和管理结构调整；第二，监督层面，即农场与会员双方之间的信息桥梁；第三，直接参与与服务层面，即提供具体的服务与劳动时间；第四，理念推广层面，即同农场一起倡导与宣传相关食品与生活理念。

具体而言，各有所长的小组成员每周需向农场提供一定时长（一般为两小时）、不限形式的服务型劳动，可包括设计、财务、人力、食育教育等各个方面，共同参与农场建设。另外，核心小组亦须参与农场生产考察、监督，并将信息传达给更多会员消费者。作为回报，

---

① “制度”本身是极其宏大的术语，它可以是结构性原则之下的一系列实践中的社会规则，也可以是各学科中新制度主义的种种表述，而此时此地它的使用场景则是社会企业社会目标得以实现的结构化逻辑过程。

② 参考《F农场会员核心小组章程（暂行案）》，以下称《章程》，2016年4月30日。

③ 同上。

④ 参考RT：《养鸡札记之十三——放牛班招生简章》，L企业微信公号文案，2016年7月18日。

F 农场承诺每年为每位小组成员赠送三百斤蔬菜的配送份额。双方职责和责任的制度性约束一旦建立，自我管理便有据可依。

L 企业的“放牛班”在最顶端的“元规则”之下又自行产生了许多执行性细则。“放牛班”招募了 1000 名分布在全国各个区域的消费者加入，为了方便参与和讨论，RT 将这 1000 人按照地域分为 10 组，组建了 10 个微信群，每个群的规模不超过 150 人，在此，RT 参考的是上线为 147.8 人的“邓巴数字”[①]，以便实现相对公平和有效的表达与沟通[②]。社群的结构框架由 RT 搭建，而规则的制定和修订，以及关于一切规则的执行、监督等实践过程，则完全由消费者社群独立自主进行。在后期机制类似的“丘阿公社”中，风波的解决就倚仗于制度的规制与正畸，可见，制度设计本身就是一种作为方法论的理性工具，经此才能达成有效的实践。

在具体制度样态的设计之外，我们也必须关注到虽在制度外围但依旧不失其重要性的要点，它们同样关乎这种社会性实践的成败。

首先，具备完善的可退出机制。这甚至被 RT 总结为“机制设计的核心”，即自由地退出要比自由地加入更为重要。“放牛班”中，交 1000 元拿到成员资格，但如果后悔随时可以退出，这对可能需要承担风险的消费者来说，做出参与的抉择基本是零成本、零门槛。

其次，对“搭便车”的态度。奥斯特罗姆（2012，19）眼中的制度性“成功”，是制度在充满着“搭便车”的诱惑的处境下，依然能够使人们实现有效的自我组织和治理。F 农场的会员核心小组规定成员每周奉献两小时的劳动时间，SY 认为 11 个成员应该都会有“自觉度”，但由于未曾设置任何监督或激励机制，仅有两三名成员参与的农场建设成果就为其他大部分人提供了“搭便车”的机会。实质上，在 L 企业“放牛班”的项目设置中，这种可能性更高。卖得多，可以拿足够多的佣金；但就算一斤牛肉也不卖，也能分到数量不少的集体分红。但反过来看，当牵涉到利益的分配不均时，“搭便车”本身就具有了话题性，刚好

---

① 由英国人类学家罗宾・邓巴提出，亦被称为“150 定律”，即人类大脑认知能力允许拥有稳定社交网络的人数为 147.8，约为 150 人（Dunbar，2003）。

② 来自 RT：《养鸡札记之十四——放牛二班招生》，L 企业微信公号文案，2016 年 10 月 19 日。

为社群提供了可讨论的集体议题，成为共同商议的一部分。

第三，事务性工作作为制度维续之纽带。罗家德（2010）认为自组织（Self Organization）的产生有两个阶段，第一是从多个散乱的个体形成小团体，第二就是这个小团体必须包含作为集体行动需要的特定目的，并且为了这个目的而有所分工并采取行动。“消费者组织一定要有事情可做”是SY和RT的共识。在会员核心小组的章程设置中，SY尝试让他们根据各自的职业领域或特长为农场提供劳动时间，细分领域都由专人协助负责。

在前文中提到，L企业在“放牛班”之前的“送蛋网络”试验失败的主要原因同样被RT归结为事务性工作的缺失，“之前是说我们轮流送鸡蛋，这是个事务性工作才能把人组织起来，后来大家就说别送鸡蛋了，定期吃饭吧，你看，吃两次就不吃了嘛……先有事人才能聚集”（RT-170422）。“送鸡蛋”的任务实质上是作为强制维续网络粘度和强度的纽带存在的，是保持更高层面互动的基础。“放牛班”中这方面的机制设计主要体现在消费者社群对养牛生产事务的参与和讨论。在“放牛班”的招募文案中，1000人社群的最终目标只有一个：集体利润分红可以使得每个人免费得到一张价值1099元的鸡蛋年卡。为了实现集体目标，抓牛犊、选定饲料、养成屠宰等各个环节的生产、预算决策等依托于“放牛班”的讨论交流，L企业做执行并定期汇报，成品后的包装设计、销售等也需要消费者一同参与，除却佣金后赚得利润的80%分与“放牛班”，L企业则同时获得资金源和销售渠道。

至此，关于两家社会企业运行的一整套机制与逻辑大致讲述完毕。在中国特殊的语境下，同作为权力话语的国家保持良好关系，运用重建后的市场关系保持企业的营利性，这二者是组织保有社会性初衷的固有基础。而社会性自身的孕育，一定离不开有效的制度设计与实践，这正是有智识的消费社区共同体不可或缺的尝试。

第四章　组织的延续：尚不在场的制度

上文中讨论到的逻辑过程与机制都只是社会企业处于初创阶段的

探索，随着组织生命周期的进一步发展，如火的热情与美好的情怀散去，管理和制度上的困境也进一步显现出来。凭借着挤出的合法性空间、重塑的市场信任关系和探索性的社会性机制设计，社会企业暂时立住了“脚跟”，但我们必须看到，这一整套机制在组织可维续性上仍旧面临极大的挑战。

一、市场：“慢钱”的双重意涵

SY在社交媒体上发布了一条动态，自带了“慢钱”二字作为标签。她认为在当前的社会环境下，生态农业基本无法形成资本和市场所需的规模性利润，因此必须依靠“情怀”和足够的耐心缓慢朝前发展[①]。对高校象牙塔出身的SY来说，矛盾就在于此：要利润，也要情怀，而且为了情怀不能无限提高利润。

情怀和市场在SY这里从来都不是完美契合的。对于那种纯粹浪漫化的想法，SY也有过自嘲和怀疑。CSA倡导“支持农户”，但F农场最初在马村合作的郎叔郎婶一家，甚至比普通的城市居民还要富裕。但由于这家农户能为他们提供创始期的土地、硬件和技术，为了农场初创期的生存，SY妥协了，这时不是团队支持农户，而成了“农户支持团队”。当然，“慢钱”或许是对农业情怀的坚守，也或许是F农场营利能力不足的借口。无论出于哪种原因，对于SY和F农场而言，不能坦率承认市场的正当性，转而极力宣扬公益理念正是他们打出的“情怀牌”，这是F农场诸多项目得以存续的基础。

不同于SY和F农场，RT认为合理限度内最大化的利润是实现消费者预组织化最牢靠的基础，因此L企业的市场营利能力也远远超出F。但对于L企业，更根本的问题在于现当下市场的可持久性。“慢钱”的第二层意涵正是笔者针对L企业所引申出的。从L企业成立至今，其消费市场基础都在很大程度上来自RT庞大的“粉丝”网络，他们的消费行为更多基于对商品附带的象征符号的感知与诠释（汪舒，2014），是极具热情的价值效应引发的“快钱”消费：“这并不是一

---

① 参考SY社交媒体动态，2018年2月27日。

个正常的销售数据，而是朋友们竭力相帮的结果……‘RT吃不上饭了’，这个说法足以让我的一些朋友慷慨解囊。”[①]初期支持的消费者中可能有90%都是“粉丝”老友，这既让RT感动，但同时也有些纠结和隐忧：现阶段L企业消费者的购买行为仍旧是“人情买卖”，还是说纯粹出于对产品质量的信任和喜爱？毕竟暂时的热情和情怀必须要依靠产品转化为制度性的、细水长流式的消费行为，基于人情的人际信任应当要转化为基于理性选择的制度信任（杨光飞，2004）。

这在我们的消费者调研数据中也能看到一些端倪，将近20%的L企业消费者原来就同负责人RT相识，在他们选择购买安全食品的影响因素中，“负责人值得信任”占比最高为20.35%，F农场相应的两个比例分别为2.63%和15.53%。在消费者对该组织各方面的信任程度中[②]，相对于F农场相对均衡的分布，L企业消费者对负责人的信赖远远超出产品生产本身。

表5.8 消费者信任程度对比—细分维度

	F农场	L企业
负责人人品品质	65.79%	84.89%
负责人价值理念	68.42%	83.11%
产品认证形式	61.40%	59.11%
种养殖技术	63.16%	58.67%
生产模式和活动组织机制	67.54%	63.11%

二、社会：如何有效、可持续地参与

消费者参与的积极性不高是F农场在社会性议题上面临的主要难题。在买菜的契约关系之外，会员体验活动报名人数少，劳动份额[③]和核心小组等长期项目又总是虎头蛇尾，对此，负责人SY认为是中国社会转型阶段的结果，消费者的社区意识还没发展到成熟阶段，“他要没在他成熟的时候参与，还不如不参与……你就真的做好一个吃菜的

① 来自RT：《养鸡札记之三——一周报告》，L企业微信公号文案，2015年8月6日。
② 信任程度指标取自细分变量样本中选择“比较信任”和“非常信任”的比例之和。
③ 劳动份额是长期供给会员的土地租种项目，在30平方米的土地上可以种上自己家喜欢吃的作物和蔬菜，每周末可以自己打理或委托给农场成员，收成自得。但据团队成员讲述，参加劳动份额的会员大多数到后期就坚持不了，干脆放弃，土地荒草丛生。

人就可以了，然后有时间来农场来玩一玩就可以了。”（SY-160515）当下仍处于转型期的中国社会确实无法提供良好的社会参与氛围，这是外部环境因素，但组织内部的制度设计能力也须为此承担一定的责任，毕竟在各个项目起初，仍然有为数不多的消费者会员有较大的参与热情。

在这个问题上，L 企业与 F 农场面临的是两种截然不同的局面。L 企业同时具备了 F 农场缺失的两个要点：具有良好社会参与意识的社群基础、有效的组织制度设计，但仍然未能做到善始善终的理性参与。因此在 L 企业不断试错的社会性试验过程中，“好的机制缘何失败”仍然是未解之谜。

“放牛班”从初期的热情参与到闹分裂，再到完全放弃后的股份制改造，只经历了不到半年的时间。我们先回顾一下事件过程。事件起因或者说是导火索发生在 2016 年 10 月份，合作社农民未按约定抓小牛犊，而是抓了 100 头半大牛，这样每头牛的养成周期就从一年减少为六个月，同时养半大牛可以降低病死的风险。这么做的后果不但会降低牛肉质量和口感，而且预算直接增加了 60 万元。对于这样的突发事件，“放牛班”内部“吵作一团”，他们商讨后的结论是立即召开“听证会”听农民的解释，并投票决定接下来的应对措施。

对于多出的 60 万元成本，RT 在群里给出了几种建议，包括 L 企业自认损失、算作借款、增资扩股、托底收益比例但分红归 L 等。735 人的投票结果中，由 L 企业托底收益的选项占比最高[①]。这样一来，牛肉和销售和经营状况无论如何，都不会影响到成员的保底收益，这就在极端的意义上允许了“不卖肉只搭便车”的行径。其实这个方案选项的投票数比占比第二的方案只多了不到 30 人，后者主张 60 万算作 L 企业借给“放牛班”的借款，也就是说，这个投票结果的内部结构较不稳定，随时有分裂的风险。

果不其然，公开投票虽然经过了正当的制度程序，但这个结果依旧引发了占比最高的两拨人的争论与不满。“搭便车”的支持者不仅

① 参考 RT:《养鸡札记之十四——放牛二班招生》，L 企业微信公号文案，2016 年 10 月 19 日。

倾向于趋避风险，还为这种消极自由找了“你东西不好，咋卖呀”的借口；而更愿意积极参与销售的成员则希望能借着有趣的制度框架尝试更大的目标和更多的可能性，因此决定“闹独立”[①]。必须指出，该情境下的争论已经不再出于共同商议的需求，而是没有制度依据的争吵和分歧。再加上完全基于线上形式的交流容易导致信息失真，更可能造成情绪的发酵和信任的崩塌。就这样，“放牛班”分裂了。在“放牛二班”的招募文案放出之时，选择保守路径的一班已经完全失去了“参与”的实质意义，从根本上只是为养牛众筹提供了初始资金。而二班过于自由的制度模式也没能维持多久，2017年1月初，RT在其社交媒体上提到该试验项目失败的迹象，“以众筹的方式成立放牛班之后，持续保持参与热情一直是个问题，搭便车的人越来越多。所以我打算发行股票了[②]”。2017年3月，“放牛班”项目彻底改造为股份制模式。

对此，即在参与基数和初始机制设计都成熟的前提下为何会失败，笔者有几点不成熟的猜想。其一，线上或线下的形式。“放牛班”的实践在一定程度上证明了纯粹线上形式的弊端，互联网虽然提供了沟通上的便利，但它也藏匿了“昵称”背后真正的“人”，经由网络建立起的信任也相对薄弱，容易成为情绪的爆发地。但总体而言，线上或线下仅仅是种形式，关键在于是否能把互联网适度地工具化。

其二，规则设立后的共同遵守。奥斯特罗姆（2012，112）认为，即便是在重视信誉、规则认可度高的情境下，“信誉和共同准则本身并不足以生产出长期稳定的合作行为”。每一次集体行动过后，都应返归制度本身，“放牛班”分裂前夕的“全民公投”既然是替代集体做出抉择的制度手段，那么之后为何又没能共同维护高票的保守方案？对制度的长期维续需要时常的反思，也或许需要在监督和制裁方面投入更多的资源。

其三，热情参与，理性讨论。社会的生产当然需要唤起公民参与公共生活的热情，但仅有热情是不够的，在长久的共同商讨中，保持

① 参考RT:《养鸡札记之十四——放牛二班招生》，L企业微信公号文案，2016年10月19日。
② 当时正在筹划中的“丘阿公社”项目。

理性和包容的姿态更是有效探讨问题、解决矛盾的良方。L企业“丘阿公社”项目的负责人HQC甚至认为这种热情有时太过于“狂热”，反而是公共议题不可能维续的原因之一。“一个组织的初期，大家因为理想和激情而来，看似风风火火，却非常脆弱，意料之外的鸡毛蒜皮般的小事情都可以让初具雏形的组织轰然倒地。”①

总之，在社会性领域的探索中，F农场和L企业都在尝试用更积极的姿态和更有效的制度去解决问题。在尚未具备充分公共意识的中国社会之中，期冀调动消费者参与社区共同生活的积极性，而更为有效、可持续的制度建设则是为了使这一愿景更为长久，这整个过程对两家企业而言都是不断试错的社会试验，也是现当下亟待走出的组织困境。

三、组织与管理中的改革悖论

（一）多重目标下的人才管理

相比纯粹市场化的企业和非营利社会组织，社会企业组织目标的多重性是更加显而易见的。如果没有紧密有效的团队管理作为后盾，社会企业自身的存续则未可知。根据吉雅（2016，25-30）关于社会企业的生命周期理论，社会企业在发展期与成熟期往往会由于综合运营能力、制度规范和人才流失等问题陷入管理和制度困境。

市场化的薪酬激励体系是RT对其团队成员最基本的回馈，RT认为赚来的钱除了分给股东，也应该分给跟着自己干的员工，“赚来的钱不如给员工多分点，留着干嘛？”团队成员个人所得和企业所得二者完全并行，“多劳多得”，而RT也能在这样的“激励合同”（incentive contract）下为企业谋到更多的利润，实现委托人和代理人的利益目标一致性（周雪光，2003）。

虽然如此，L企业团队的稳定性依然不高，人员流失现象较为严重，RT本人和前主管WN都感叹过“招人难”的问题。据笔者观察，团队成员的压力来源有二：一是由老板RT和过于激烈的竞争淘汰机制带来的压迫性，因工作压力过大情绪崩溃的客服XH被RT认为“情绪不稳”“沟

① HQC在诉讼风波后的致全员说明，2017年2月25日。

通技巧欠缺”而劝退离职，能拿到最多利润抽成的产品经理，“给你六个月的实习期，工资就四千块钱，但到第七个月，你的收入没达到两万块钱是要被开除的”（RT-170422）。

第二种压力即源自L企业组织目标的多重性。在销售安全食品的市场行为之外，L企业在社区建设方面的努力主要是“消费者的预组织化”。在RT看来，这一桩桩关乎消费者的社会试验都是他一人设计并负责实施的，他的团队只负责产品的销售和售后，不参与L企业的社会性事务。但笔者同时也被前主管WN告知，RT只是“想主意的人”，概念出炉之后，“其实具体执行还是需要下面去做具体事务”，这些反而更加琐碎。市场性和社会性的工作事务同时压到3～5个人身上，再加上分配和管理机制欠缺，很容易“压垮”员工。与此同时，由于RT忽略了理念的传达与共享，导致员工参与过程中的认同缺席，认为“想法多，想得快，有的时候跟不上他”（WN-160731），在这种情况下，组织整体处于相对割裂的境地。

作为国内倡导CSA理念的第一人，SY自己背负了许多责任。她更倾向于将自己看作是这场社会运动浪潮中的一分子，对她而言，F农场更像是她对CSA理念的实践试点，再加上其他工作模块，牵涉到的更多是她自身“个人阶段”的问题。但实质上，团队只有一个，不到20人的F农场团队常常要负责生产之外的诸多事务，其中的主力就是“新农人”。繁重的农业生产之外，当组织团队的承载力明显跟不上F农场整体设置的多重目标，团队很容易出现“有心无力”的现象。资深前员工JLS离职时在农场微信群留下留言：“我明日收拾洗漱一下，离开农场，诸位后会有期。说句不该说的话，‘量凿而正枘，谋定而后动’”（JLS-160429）。

据农场资深前员工WH总结，F农场人才出走的频率大致为“每两三个月换一小拨，每大半年换一大拨”（WH-160523）。这种人才管理困境也在困扰着负责人SY，甚至在会员核心小组的分工中特意安排一位有丰富人力资源经验的会员协助农场团队的管理工作。SY将该困境归结到社会环境对年轻人的影响。单单就社会环境而言，从事农业工作对当下的年轻人是较有挑战性的，不富吸引力的薪酬、相对低下的社会职业地位、劳累的工作等都可能是促使他们离开的原因。SY 认为，尤其是对处于特大城市市郊的 F 农场，繁华的市区就是“大染缸”，只要去过的年轻人都会被吸引。然而，据笔者在农场团队中的深度参与，几乎所有的“新农人”都并非为了金钱和地位而来，他们也不惧农活劳苦，但最终依旧怀着失落和落差而去。笔者通过观察和调研，从团队成员的视角总结出如下几方面的原因：

第一，团队分工不明确、权责不分明。这导致员工不能聚焦于更专门的工作领域，身体和心理上都缺乏“意义”。虽然大体分工有序，但临时性的“借调”频频发生，个体成为哪里有需要就被安置在哪里的“螺丝钉”。平日里负责宣传工作的老员工 SXJ 因为是考取驾驶执照的少数几个人之一，经常被叫去拉货，她对此也很无奈。已经调去配菜房接替离职员工的 ZZ 却被要求同时负责大棚内的生产记录，她哭诉自己不是“铁人”，要求“专人专职”（ZZ-160521）。由于分工无序，大部分新农人在 F 农场都没有找到自己的方向，中层员工 WC 也是如此，他之前在新疆做建筑，曾经有过不错的收入。

“跟以前的工作相比，一个可以填心不可以果腹，一个可以果腹不可以填心。现在就是符合理想，但现实很痛苦。宁愿让我管五个棚我都不怕，但现在就完全就在打杂，整天都在忙，但不知道自己在忙什么……之后的打算？你是问我被逼到哪个程度才会离职吧。今年年底之前，要不就在这儿找到明确的目标，要不就再找到一个可以坚持下去的类似的农场。”（WC-160513）

第二，缺乏有效的制度规范体系。农场确实有着诸如安全生产制度、食品检测标准等规章细则，但对于指导团队的日常工作并未发挥多大作用。结构性的制度是组织运行可持续性的必要条件，而笔者所见的制度制定往往朝令夕改。团队里的 CM 以捡垃圾为例总结出农场“制度环境乱七八糟”，“一直没有设立，都说是小事，一步步来，但我现在捡了垃圾，过了一个月还是这么多垃圾，然而制度还是没有建立起来，那不是没用吗？”（CM-160407）甚至在最核心的生产和配菜部门，规范化、制度化的生产统计流程还没形成，导致经常出现生产浪费、采摘过早或不及时等问题。

第三，物质层面的激励制度欠缺。由于 F 农场自身利润也仅够日常维持运营，团队成员的薪酬待遇远不及B市当地标准。新加入的“新农人”需在农场实习一年，期间薪资每月800元，转为正式成员后的基本岗位薪资2000元，工龄每增加一年增加500元的工龄工资，其他的绩效奖励机制基本没有。食堂每餐提供几样炒蔬菜自助，一般为当季盛产导致多余的菜品；偶尔杀猪后也会提供少量荤菜①；住宿条件也相对很差。SY认为这样的待遇水平还算可以，相反B市的正常收入对农场员工是一种“诱惑”，“比如在我们老家②，你在一个公司上班，一个月工资四五千块钱就已经算是收入挺高的了，你一个普通的工作你收入也就是两千块钱或则三千块钱，反正没有那么大的差异，就没有那么大的落差”（SY-160514）。

如上所述，“新农人”其实对薪资待遇并没有过高要求，能满足基本的生存需求即可。但是当团队员工进入特定的生命周期，靠理想和情怀维系起来的农场归属感也会遭遇结婚生子的现实问题，这也说明，目前F农场提供的物质条件无法满足团队成员在当地“有尊严地生活”。况且，组织目标与团队成员的行为之间是需要通过激励作为正反馈加以连接的，唯有制度化的认同和激励机制才能保证组织运行的可持续性，理想目标也不应成为提升物质条件的阻碍（郭于华、杨宜音、应星，1999；W·斯科特，2010；周雪光，2003）。

第四，精神理念层面的关怀和认同。有员工认为SY对一期期新加入的“新农人”缺乏情感关怀，“我们在她面前都是一样的，（是）没有名字的人”（CM-160407），员工ST认为F农场最大的问题之一在于“缺少讨论交流的空间和可能”（ST-160515）。在一次会议上，SY问团队中谁看过CSA指导手册，“真是挺让我惊讶的，就是没有人看过”（SY-160514）。SY认为这种“学习和成长”需要个体的“主动意识”，而团队成员又抱怨没有学到有效的知识和经验，这显然是双方缺乏沟通交流的结果。身体上的劳累、物质上的匮乏都抵不过心理层面的无意义感，个体在组织中寻求自我概念的过程被中断或打碎（孙

① 一般是较肥的部分。另有一次两头猪因肺疫病死，埋了病得严重的，另一头交与食堂做菜，无人敢吃（2016年5月）。

② SY老家在华北H省的普通地级市。

健敏等，2009）：“大家那个时候估计也没有特别注重金钱，愿意在这里待着。以为和你志同道合，但是后来发现并不，他们才离开的。”（ZZ-160521）

（二）制度转型中的威权传统

社会企业组织的人才和综合管理困境在某种程度上与领导者脱不了干系。杨家宁与陈健民（2010，177-179）从领导者视角对社会企业进行了阐释，他们认为，在社会企业的初创阶段，具有较高个人能力的领导者起着不可或缺的关键作用，然而随着发展期的到来，领导者继续独大将会忽略团队和组织层面制度化的安排。米歇尔斯曾经提到，组织即意味着专制的倾向（周雪光，2003，13），当领导者的角色未曾被制度所取代时，威权主义的苗头则会渐渐显现。

正如前文所提到的，SY一路积攒的大量资源使其成为F农场最为核心的人物，与政府、学界和媒体谈合作，利用自身声誉招募会员，也因此在生态有机农业业内成为传奇，在团队成员的最初印象中，SY是被赋予光环的卡理斯玛式领导者。L企业的RT亦是如此，一年的大多数时候都奔波在寻找合作项目的路上，所有消费者活动的概念和制度设计也出自他的一人之力，可以说是组织中的灵魂人物。

两位领导者也在不同程度上意识到了制度角色的缺失。F农场在组织层面一直努力转型为现代管理模式，如逐渐放权给中间层的农场经理LH，“需要把（我）这个位置能相对让出来”（SY-160514），不再事必躬亲，试行扁平化的团队管理等。RT认为领导者在社会企业中的不可替代性是完全可以用制度和机制解决的问题，他认为三年之后，“我就应该没有用了”，“我一直在说，你们不要相信我的人品，我是个坏人，机制设计就是为了防坏人嘛，（如果）机制最后有用是说哎呀我相信这个机制有用是因为我人品好，我说那这个机制就一钱不值了嘛”（RT-160728）。

但实质上，在这一系列的制度转型过程中，传统性的因素也不时卷入进来。在韦伯对支配社会学的经典论述中，如初期社会企业家般的卡理斯玛式领袖正体现了这个弱点。当卓越的卡理斯玛式领袖特质逐渐消逝[1]，丧失了其个体性的基础，与传统的结合即是最通常的可能，尤其是在“生活技术的理性化尚未发达的时代里”（韦伯，2010b，273）。这在F农场中体现得更为明显，其表现有二：

第一，传统型威权的延续。苏勇和何智美（2009，224）提出“温和式独裁”，指领导者对团队抱有一定的信任，但前者仍掌握最终的控制权，团队时常处于奖赏与惩罚并存的谨慎状态下。相应类似地，虽说做出了“放权”的决定，但SY下放给经理LH的权力实则有限，5000元以上开支的审批权和重要事务的决策权仍自己保留。而作为领导者和团队成员之间的中层执行人，经理LH的个人能力必须经得住考验，否则很容易受到来自两方的“夹板气”（ZZ-160516）。

第二，组织结构的家族化。F农场在正常招募新老农人团队之外，基于SY夫妇二人血缘和地缘的家族关系网络也逐渐扩展开来。被SY寄予厚望的农场经理LH是SY丈夫的表弟，经理的父亲H叔是农场养殖负责人，经理妻子负责订菜平台的运营，SY夫妇两方的父母也常来农场久居，或做志愿者或主管厨房；而从H省和F省投奔农场的同乡更是数不胜数，被安排在建筑工队和食堂等杂务职位上。农场所有成员按照地域可以分为两部分：H省或F省人、其他地区的人。

在中国社会企业处于步履维艰、人才难留的现状下，家族血缘或地缘网络带来的可能是最为忠诚和完全可信赖的社会资本，韦伯和福山称之为难以普遍化的特殊信任（彭泗清，1999；李伟民等，2002），从一方面来说，这种特殊化的家族信任的确能够极大地降低社会企业的运营和管理成本，但另一方面，家族式的组织结构也必然会阻碍企业制度化转型的进程。此外，家族式结构无疑也形成了新的权力区隔，边界之外的成员被疏远、排斥（杨宜音，1999），“里面”（inside）比“外面”（outside）更接近资源和信任中心，而这种优越感是后者无法通过后天努力达成的。两省之外的“新农人”被排斥在外，员工SXJ和CM都表示，像他们这样从外地过来的才是“打工的”，

① 在韦伯意义上，领袖的卡理斯玛特质需要确证其力量才能获得正当性，其力量主要体现在为信奉者带来生活的福祉。因此，当信奉者未曾从领袖处获得幸福、不再承认时，领袖的力量也就失去了。

“人家就是个家族企业，谁都看得出来”（CM-160520）。

当卡理斯玛神话消散，组织制度化转型又远未完成，传统或者家长式的权威类型实质上是打破组织内部平和局面的“最后一根稻草”。新农人团队从“事业合伙人”到“打工者”的心理落差、不容置疑的技术和管理权威等等隔阂让团队对 SY 愈发不理解，不食人间烟火的“女神”变成了“财迷”“有太多缺点的老板”（ZZ-20160519；CM-20160408）。

从组织与管理的视角来看，两家社会企业陷入的人才困境在很大程度上是由缺乏有效的制度体系而造成的，“企业组织的效率和适应是通过组织的结构化、稳定化来实现的”（周雪光，2003，319），在组织外部环境之外，组织的内部管理制度同样是组织可持续运转的关键性因素。

第五章　结论与思考

不同于以往研究中对于“社会企业”含混不清的界定和缺乏结构性的阐释，本研究将食品安全背景下的两家非标农业社会企业作为研究案例，进一步理清了“社会企业”这一组织形态在公共权力和普通市场之外的角色位置和运作过程。最终我们发现，食品安全问题下涌现出的社会企业不仅仅是一场社会性的“自救”运动，更以食物为纽带，孕育了共同消费和社区重建的空间和可能。而从纯粹的组织发展视角来看，中国语境下的社会企业在理念和管理上还存在诸多问题，制度化的持久运作仍任重而道远。

一、食物共同消费与社会重建

食品安全背景下，政府部门监管不足，甚至一些内部单位自建保障性食堂，普通市场信息不对称引发信任危机（彭泗清，1999），公众能够选择的空间已经相对狭小，在这种视角下，社会企业首先是作为自主性的社会力量而出现的，是食品危机之下的一场“社会自救”

行动，目的是通过一己之力寻得安全可靠的食品来源，让“健康地吃”成为可能和习惯。

可喜的是，在安全食品的生产与交易背后，关乎产品的纯粹互动也拓展出了多方面多视角的公共空间，以“安全的食物”为核心，重新建立生产者和消费者之间的信任关系。非标农业社会企业部分地承担起了“虚拟食物社区”的重建工作，从个体到社群，“社会力”（Social Force）的生发也或许得以可能（罗家德，2010）。

我们也必须看到，F和L两个案例中的社会参与机制和形态并不十分成熟，主要表现在消费者参与积极性不足或后续保障机制发力较弱，这其中有组织参与机制设计的问题，也有外部社会环境参与氛围不足的原因。但整体而言，像F和L这样的社会企业，能够以食物为联结纽带，尝试并搭建起初具雏形的消费社区共同体，这一努力本身就或可促成社会力量的形成与发展。

二、理解社会企业：当下与未来

如果只是需要唤起消费者公共意识的社会性力量，非营利组织或团体机构同样能够完成使命。回到“社会企业”概念本身，从以往的研究中，我们已充分了解该概念在各种话语下的界定和定义，但它在现实中的真实运作逻辑究竟如何，目前还没有得到充分的讨论。

（一）稳态下的机制合力

社会企业的创立在中国语境下从来都不是一帆风顺的。抛开初始期的资金等困境不谈，维持最基本的生存状态、达至经济与社会双重底线已是社会企业最基础的诉求，而在这背后，多种力量都缠绕其中。

以F和L两家社会企业为例，在生产端、消费端和团队的日常运行之下，组织为实现基本生存和额外使命所做出的努力主要涵盖权力、市场和社会三大方面。合法性形塑是前提，市场营利是保障，社会性的萌芽正是以二者为依托，再加上有效的制度设计与实践，消费者参与便有形可依。也必须看到，这个环环相扣的过程并非静止的结构化形态，而是在不断实践、修改与再生的动态过程中逐渐形成的。两个案例模式虽略有差异，但笔者更倾向将这一整套逻辑看作二者得以创立并进入稳态的共同机制，以试图更系统化地理解社会企业的运行方式。

（二）社会企业的维续与转型

从两个案例当下的组织进程中，笔者发现了这套组织设计逻辑的非持久性。组织市场性的基础并非源自正当的承认或制度性的产品创新，社会活动参与要么积极性过低，要么太过热情导致无法理性参与，组织内部管理也因多重目标下的制度缺席陷入困境。

整体而言，F和L两家社会企业所处的情境有着较大差异，笔者将其看作是组织理性化连续进程中的不同阶段。在韦伯的意义上，从狂热的、情感的、无经济关怀的不稳定状态向恒常性的制度化稳态的过渡，是组织理性化的进程（韦伯，2010b，271-298）。对于中国语境下的社会企业组织而言更是如此，初期社会企业家创造的创业激情显然无法长久地维续，纯粹的公益使命仍然需要市场性来支撑，而基于领导者个人或家族权威的运行模式则很容易使组织陷入管理困境。如何更好地平衡市场性与社会性，如何运用更有效的制度达成更持久的社会性参与和自洽的组织管理，是F和L两家组织目前面临的可维续性难题。

表 5.9 组织理性化的分区类型对比

	非经济性 / 公益性 → 经济性 / 市场性	
威权 / 传统主义 ↓ 制度 / 理性主义	F 农场	
		L 企业

基于上文对两个案例的持续讨论和比较，我们可以总结性地探讨两个案例的大致差异。从经济性与制度性两个视角出发，笔者简单地用“传统 / 威权主义 - 制度 / 理性主义”“经济性 / 市场性 - 非经济性 / 公益性”四种指向[①]组成如上分区，并标出两个案例的大体位置。

① 在此，四种指向仅作为纯粹性的理念类型出现，以更好地理解两个案例所处的组织状态和情境。

总的来说，F农场同权力部门走得相对较近，组织本身又混淆了各类传统因素，对内缺乏激励、对外灌输情怀，市场化程度相对较差；对比而言，L企业在组织理性化的道路上走得相对更远，虽然还未觅得最持久的社会参与机制，但不断的制度设计努力已然排除了部分个人因素，且能在正当姿态下赚取利润并投入社会努力，市场和社会相对平衡。

三、反思与讨论

本研究从当下社会的食品安全危机出发，从社会自组织的角度探讨了社会企业以食物为纽带重建社区的整个过程。从食物的生产到社会的生产，社会企业俨然已成为在非营利社会组织之外的新生社会力量，为城市居民提供安全食品的同时，尝试生产者和消费者两端的预组织化，弥补了政府、纯粹市场与社会的缺位。

通过与权力、市场、公众甚至组织自身相博弈的动态过程，社会企业形成了一整套融合经济性与社会性以获生存与延续的独特机制，这既是社会企业作为组织形态的发展史，更是通过食物赋予消费者主体性的社会力量发展史。本文的这一努力将公共参与和社会企业两个议题相结合，一方面弥补了以往社会研究中对社会企业组织的忽视，另一方面也为之前由公共管理和商业管理学科视角所主导的社会企业研究（吉雅，2016；王世强，2012；朱蕴嘉，2014等）引入社会学视角，期冀能对双方领域的研究方向产生些微的影响。

而在此之外，社会企业初步稳态之下显露的制度不确定性，正预示着其并不明朗的前景。根据既往的社会企业研究，中国语境下的社会企业在创立与发展阶段确实存在诸多外部问题，研究者得出的结论更多倾向于在政策层面为社会企业发展提供更充分的环境（吉雅，2016；朱蕴嘉，2014）。探索性地，笔者在本研究中尝试用组织理性化与制度转型的视角来剖析社会企业在市场经营、社会设计及组织管理等多方面的问题，以期从更深层次理解其困境及前景。

在方法论与具体执行层面，本文依然存在诸多不足，主要有三：

其一，研究中选取的两个案例虽具可比性，但在同行业案例中，由于在创始初期便具有得天独厚的资源基础，F和L两者的代表性可能相对较差。

其二，由于实地状况和笔者个人的原因，对两个案例的实地观察中止于2017年4月，后续的实证材料收集更多限于网络问卷、媒体、文案等文本型资料，因此对于近一年内的组织变革实况，本研究的解释力较为有限。

其三，在企业团队的参与观察赋予了笔者极为敏锐的组织内部嗅觉，从生产者和团队视角的分析和阐释相对较多，而针对消费者行为的讨论更多作为辅助，这在一定程度上也限制了本文的分析视角。

在调研过程中和文本撰写期间，笔者也产生了一些困惑，限于研究水平和能力未能做更深层的探讨，在此提出并作为之后研究的参考，以期更为有力的阐释。首先，如何准确看待领导者即社会企业家在组织中发挥的作用仍值得做进一步讨论，如领导者的个人经历和理念如何具体影响到组织形态的形成等。在社会学的探讨中，我们力求避免不必要的个体因素影响对于事实的解释，但最终的组织样态在多大程度上源自领导者个人的努力，本文还不得而知。

第二，“市场”和“社会”在社会企业当中是否存在更隐含的互动关系。笔者深信，市场的作用绝不限于为组织的社会使命提供物质保障与支撑，而应有更深刻的意涵。在潘毅的“社会经济”概念中，经济发展对于社会关系的再嵌入是核心（潘毅等，2014，2），与此相应的，社会企业究竟更侧重“社会化的市场”还是“市场化的社会”？在这其中，市场与社会之间是否存在更隐秘的对话？对二者关系做更深入的探讨，理应是将来社会企业研究当中的重要问题之一。

参考文献书目

阿伦特，汉娜，2015，《人的条件》，商周出版。

奥斯特罗姆，埃莉诺，2012，《公共事物的治理之道：集体行动制度的演进》，上海译文出版社。

鲍小东，2011，“‘供港蔬菜’真相”，《南方周末》9月22日。

查尔尼娅维斯卡，芭芭拉，2012，《组织中的叙事和关于组织的叙事》，瑾·克兰迪宁主编《叙事探究——焦点话题与应用领域》，北京师范大学出版社。

陈卫平，2014，《社区支持农业：理论与实践》，经济科学出版社。
陈卫平等，2015，《菜篮子革命：中国社区支持农业典型案例》，经济科学出版社。
陈先红，1999，“论企业理念及其认同的重要性”，《武汉交通科技大学学报》（社会科学版）第2期。
陈哲，2002，《企业理念：设计、导入及其认同》，华中师范大学。
戴君玲，2010，“台湾社群支持型农业的发展与运作：岛屿社群生机农场的个案研究”，国立台湾大学。
郭于华、杨宜音、应星，1999，《事业共同体——第三部门激励机制个案研究》，浙江人民出版社。
郭于华，2012，“社会学的想象力到民族志的洞察力”，《清华社会学评论》（第五辑），社会学科文献出版社。
哈耶克，1997/2016，《通往奴役之路（修订本）》，中国社会科学出版社。
黄海，2010，《灰地：红镇“混混”研究（1981-2007）》，三联书店。
吉雅，2016，“我国社会企业发展困境及其对策研究”，华北电力大学（北京）。
金，加里，2014，《社会科学中的研究设计》，上海人民出版社。
赖特，欧林，2015，《真实乌托邦》，群学出版有限公司。
李伟民、梁玉成，2002，“特殊信任与普遍信任：中国人信任的结构与特征”，《社会学研究》第3期。
刘小霞，2012，“社会企业研究述评”，《华东理工大学学报》（社会科学版）第3期。
卢晖临、李雪，2007，“如何走出个案——从个案研究到扩展个案研究”，《中国社会科学》第1期。
罗家德，2010，“自组织：市场与层级之外的第三种治理模式”，《比较管理》第2期。
潘毅、严海蓉等，2014，《社会经济在中国——超越资本主义的理论与实践》，社会科学文献出版社。
彭泗清，1999，“信任的建立机制：关系运作与法制手段”，《社会学研究》第2期。
乾羽，2011，“‘自行开荒种菜’里边的公众渴盼”，《大众日报》5月19日。
沈原，2007，“社会的生产”，《社会》第2期。
沈原、孙五三，2007，“‘制度的形同质异’与社会团体的发育——以中国青基会及其对外交往活动为例”，沈原主编《市场、阶级与社会：转型社会学的关键议题》，社会科学文献出版社。

石嫣，2014，“都市食品安全运动：四种类型——兼论我国‘社会农业’的现状与发展”，清华大学。

石嫣、程存旺、雷鹏等，2011，“生态型都市农业发展与城市中等收入群体兴起相关性分析——基于‘小毛驴市民农园’社区支持农业（CSA）运作的参与式研究”，《贵州社会科学》第2期。

史云桐，2014，“社会生产的双重困境：‘国家化’与‘市场化’”，郭于华、沈原、陈鹏主编《居住的政治——当代都市的业主维权和社区建设》，广西师范大学出版社。

帅满，2013，“安全食品的信任建构机制——以H市‘菜团’为例”，《社会学研究》第3期。

苏勇、何智美，2009，《组织行为学》，格致出版社。

孙健敏、姜铠丰，2009，“中国背景下组织认同的结构——一项探索性研究”，《社会学研究》第1期。

孙立平，2005，《现代化与社会转型》，北京大学出版社。

田蓉，2016，“超越与共享：社会企业研究新进展及未来展望”，《南京社会科学》第12期。

图海纳，阿兰，2008，《行动者的归来》，商务印书馆。

斯科特，W. 理查德，2010，《制度与组织——思想观念与物质利益》，中国人民大学出版社。

王名、贾西津，2002，“中国NGO的发展分析”，《管理世界》第8期。

王世强，2012，“社会企业的官方定义及其认定标准”，《社团管理研究》第6期。

汪舒，2014，《社群网络与粉丝消费行为》，复旦大学。

韦伯，马克思，2010a，《新教伦理与资本主义精神》，广西师范大学出版社。

韦伯，马克思，2010b，《支配社会学》，广西师范大学出版社。

阎云翔，2011，“解决食品安全问题必须回到社会公正原点”，《东方早报》8月17日。

杨家宁、陈健民，2010，“西方社会企业兴起的背景及其研究视角”，《中国非营利评论》第1期。

杨光飞，2004，“‘杀熟’：转型期中国人际关系嬗变的一个面相”，《学术交流》第5期。

杨善华，2014，“缝隙中的改革：黄宗汉与北京东风电视机厂的破冰之旅”，三联书店。

杨宜音，1999，“‘自己人’：信任建构过程的个案研究”，《社会学研究》第2期。
亨德森，伊丽莎白、范·恩，罗宾，2012，《分享收获：社区支持农业指导手册》，中国人民大学出版社。
斯科特，C·詹姆斯，2001，《农民的道义经济学：东南亚的反叛与生存》，译林出版社。
张继远，2012，“新时期非营利组织危机管理探析”，《经济与社会发展》第3期。
赵志裕、温静、谭俭邦，2005，“社会认同的基本心理历程——香港回归中国的研究范例”，《社会学研究》第5期。
郑南、庄家怡，2015，“社会组织发展的新形态——台湾社会企业的发展与启示”，《学术研究》第9期。
周雪光，2003，《组织社会学十讲》，社会科学文献出版社。
朱蕴嘉，2014，“中国社会企业发展的困境及其对策研究”，复旦大学。

A.L. MacMillan, Donna M. Winham, Christopher M. Wharton, 2012, “Community Supported Agriculture Membership in Arizona: An Exploratory Study of Food and Sustainability Behaviours”, Appetite, 59(2).
Christopher Kaltsas, 2015, “Harmony at the farm: rediscovering the ‘community’ in community supported agriculture”, William and Mary Law Review, 56(3).
Cone, C. A., & Myhre A, 2000, “Community-supported agriculture: A sustainable alternative to industrial agriculture?”, Human Organization, 59(2).
De Tavernier J., 2012, “Food Citizenship: Is There a Duty for Responsible Consumption?”, Journal of Agricultural and Environmental Ethics, 25(6).
Dunbar, R., 2003, “The Social Brain: Mind, Language, and Society in Evolutionary Perspective”, Annual Review of Anthropology, 32.
Fieldhouse P., 1996, “Community Shared Agriculture”, Agriculture and Human Values, 13(3).
Kerlin J A., 2006, “Social Enterprise in the United States and Europe: Understanding and Learning from the Differences”, Voluntas:

International Journal of Voluntary and Nonprofit Organizations, 17(3).

Kerlin J A., 2010, "A Comparative Analysis of the Global Emergence of Social Enterprise", Voluntas: International Journal of Voluntary and Nonprofit Organizations, 21(2).

Wilkins J L., 2005, "Eating Right Here: Moving from Consumer to Food Citizen", Agriculture and Human Values, 22(3).

就近城镇化与家庭决策中的代际伦理

余朋翰　北京大学社会学系 2015 级
指导教师　周飞舟

第一章　引言

刘先生是村中的“瓜经纪”，每年大棚甜瓜快要成熟的时候，他都张罗着在村里主干道的两旁摆好长条形的摊位。因为他在外给本村大棚甜瓜做推广，外地水果商都慕名而来，他们只需要在刘先生的摊位上找到他，就可以跟着他巡视瓜农各家的收成。瓜商和农户之间可不能少了刘先生，瓜商来收购瓜果人生地不熟，农户也害怕瓜商买卖大欺负人。说起大棚水果，刘先生无所不知，头头是道，邻县的合作社也想请他做技术指导。但要是说起儿子的婚事，刘先生的眉头就再难舒展了：“娶媳妇我的老天爷，加上房子小车，到老了整不好就是你坟头！……有本事的搞个媳妇儿回来，没本事的跟孩子们使劲也罢，买车买楼吧，娶媳妇。”

真正让刘先生皱眉的不是结婚条件苛刻的风气，他实际上发愁的是儿子的心态。三年前儿子 19 岁，还在职业学校念书，过年回家带了个女朋友，把人家安顿在县城以后给老两口打电话说：“我让你们见见儿媳妇吧。”刘先生当时很不高兴：“19 的孩子就说儿媳妇儿了？”等那个女孩儿走后，夫妇两人就把儿子说了一顿。结果打那以后儿子就再也不着急找女朋友了。提起这件事，刘先生叫苦不迭：“这没办法了，怎么整啊，咱辛辛苦苦这一辈子，再上边的老人辛辛苦苦这一辈子，我哥五个。我老四，底下还有一个五兄弟。当老人的辛苦一辈子，俺们也是靠大棚，没别的本事。对不？这没法，攒着钱吧……”刘先生是不太发愁这笔钱的。而且他在一定程度上还寄望于儿子有本事自己“搞个媳妇儿回来”，这样不用花很多钱。实际上，他这个22岁的儿子从技校毕业，做的是“测绘的工作”，每天在全国各地“搞土地确权”，具体是什么状况，刘先生自己也说不清。他攥着存款没有买房，是想等沁汗县城的房价降一点再出手，虽然他知道县城的房子是早晚要买的，躲不过去，但是儿子今天在涞源，明天在徐水，又不愿意回来种瓜，一时半会儿也没办法真的在沁汗安家，房子买了也只能是空着。不光他们家是这样，他们小组一半的家庭都买了沁汗县城的房子，很多都是没有人住的。

刘先生快要五十岁了，身体仍然很健康，还可以从事繁重的大棚种植。谈到以后的生活，他很随意：“你不在这儿养老怎么啊？等着儿子以后结了婚又买了房子，能把俺接了，咱就上那儿养老去呗。要不能，就在家里养老呗。反正还是愿意在家里养老，不愿意出去。”显然，他预期儿子会在沁汗或者某个城镇里，就是刘先生嘴里的“那儿”，他说的“这儿”就是村里，究竟是到哪儿去，得看儿子本事了，至少儿子肯定是不会回村里了。

进城买房的钱在刘先生手里，但他并不很愿意进城里住，却又努力让儿子成为城里的人，这是一种什么样的家庭代际关系？如果房子买在县城，县城找不到工作养活一家人，那么谁来居住？这是一种什么样的城镇化过程？以后村里的大棚由谁来种？这些问题构成了这篇文章最初希望解决的问题。

一、背景和问题的提出

改革开放以来，随着我国城乡人口流动限制从严到宽的几次变化，乡村向城市的人口流动规模发生了从无到有、日渐扩大的转变（李强等，2015）。根据国家卫生计生委流动人口司发布的报告，2010年全国流动人口的总量已达到2.2亿，2015年增长为2.47亿人，其中持农村户籍向城市地区流动的占85%（王培安，2011、2016）。农业转移人口自90年代初引起学界关注（朱泽，1993；何良，1992），其生存状况和流动趋势往往与学者对中国城镇化发展状况的关注结合起来（白南生等，2008）。一方面是因为农村户籍流动人口是城镇化水平提高的潜在可能；另一方面，我们在计算城市化水平时，会把长期居住在城市的庞大农村户籍流动人口划为城镇常住人口，这些人未必自视为真正的城市人口，类似的误解已经引发了城市化水平真实性的争议。

有学者很早就从城镇化的实质含义出发，指出这些特殊的城市常住人口无法享受与城市户籍持有者同等的医疗、教育和社会保险等各方面权利，以户籍制度为首的各种壁垒使得城市化水平并不能反映真实的城市化程度（陆学艺，2004；蔡昉等，2001；王春光，2006）。也有学者从社会融入的角度指出农业转移人口在城市生活中的边缘化状况，反映出这些城市建设者在其所建设的城市里只是匆匆过客（陈映芳，2005）。还有研究以批判的视角指出城镇化应重视提升人的发展能力，重视更为平等和积极的经济参与和社会投入，而不仅是人口机械迁移的过程（任远，2014）。总之，距离农村户籍流动人口结束“候鸟式”迁移、成为真正的城市人口，在各方面都还有一定距离。

通过与西方发达国家以产业和工业化带动的城市化模式进行对比，改革开放初期的研究者认为，农村和周边乡镇依靠社队工业遗留而发展起的乡镇产业也可以吸引剩余劳动力，完成“就地城镇化”和“就近城镇化”（张庭伟，1983；李培林，2013）。同时，中央政策对人口流动限制是从小城镇逐级向上次第放松的，因此这一阶段的城镇化特点是人口流动距离短，工业化速度超过城市化速度，在此意义上比较接近西方国家历史上的城市化过程。而以小城镇为主导的城镇化与西方不同的地方在于，中国县乡区域在历史上就曾经发挥较强的集镇职能，在沟通周边乡村地区方面有较好的基础，尤其表现在历史上乡村集镇之间的经济交换上（费孝通，1984；费孝通，2005，第十四章）。

但是乡镇工业化的发展以当时的中央－地方财政关系为条件，这一条件在1994年的税制改革后便不再具备（周飞舟，2006）。代之而起的城市化机制相对复杂，在高增速的城市化率数字之下，是一股多方参与的高度结构化的合力。一方面，从1990年代中期开始，农业户籍持有者落户中小城市的政策限制逐渐放宽，农村剩余劳动力进入城市务工的趋势也日趋明显；另一方面，大城市和特大城市作为吸引剩余劳动力最多的打工地，仍然有较严格的落户限制条件，居住和生活成本也非常高，导致农村劳动力无法在这里真正定居，虽然在城市化率的统计中成为了城市居民的一员，但是始终无法真正享受城市居民的各项公共服务（陆学艺，2004；李培林等，2013）。

近两年来，一些经验研究发现部分地区出现了新的“就近城镇化”的流动趋势，一方面，县域、镇域内的某些特殊产业可能会形成人口流动的特别趋势（徐宗阳等，2016），这也揭示出产业带动的城镇化依然能够促进城镇和乡村的互动，解决农村空心化和留守人口的问题（李强，2013）；另一方面，长距离外出打工者携带所得资金彻底返乡后也可能会在户籍所在乡镇或县城购房（王绍琛等，2016）。

那些最终无法在城市定居的流动人口会返乡，但是返乡的目的地并不总是原籍乡村，最明显的差别是不同年龄层之间形成的代际差异，新生代农民工的定居意向明显不同于第一代农民工（曾鹏等，2016）。而单就已经完成了务工生涯的年龄较大的农民工的实际返乡状况而言，也并不表现为返回原籍所在地乡村的单一情况，他们有可能回到户籍所在地的镇区或县城，定居目标形成若干层次（王绍琛等，2016）；同时，农村流动人口可能一开始就因为产业集聚效应等原因，以户籍所在地附近的城镇为迁移目标，形成梯度城镇化（徐宗阳等，2016）。作为一种新现象，这一阶段的就近城镇化在机制上还需要更多说明，也需要在不同的地区展开研究调查，为今后的讨论获取更多的材料。

在数目庞大的返乡人口中，不同的人会如何选择自己的回迁目的地？哪些人更可能在县城定居？哪些人更可能回到乡村？返乡的决策过程是如何完成的？本文所关注的就是在调查地区，外出务工的返乡人员如何，农村家庭关于是否购房、购房地点以及家庭成员定居方式的决策过程是如何达成的。

二、已有研究综述和评议

目前学术界对农民返乡目的地和相关家庭决策的研究还较少，更多的研究集中解释了人口流动和定居的影响因素。

（一）人口流动影响因素研究

较早的研究借用了欧美国家城市化过程中的研究成果，经济学所借用的托达罗的模型认为农民外出的主要原因是寻求更高的收入（Todaro，1969），而回乡不再外出一方面是因为1990年代末期高薪工作减少，另一方面是由于“家庭原因”（包括回家结婚、抚养小孩等）。这是由于其调查对象多是尚未结婚就离开乡村，而且外出务工并不像今天的调查所见那么普遍（白南生，2002）。

托达罗的收入预期模型也很像城市社会学中经典的推拉理论。Herberle在讨论德国东部地区农民向城市流动时指出，农村子女在能够继承足以养活一家人的土地时，是不会轻易被高工资吸引到城市的；而当城市经济在产业革命的推动下蓬勃发展，同时农业生产所需劳动力因为各种原因减少时，离开乡村进城务工的大规模迁移才可能出现（Heberle，1938）。因此，人口流动以改善生活条件为目的。当这种城乡之间的力场不再存续或强度不足时，流动人口就会回到家乡或者去往其他打工地（Christiansen et al.，1983）。

二战以后，新经济迁移理论修正了传统模型的某些假设，一方面强调家庭作为决策主体的重要性，根据家庭预期收入最大化和风险最小化的原则，决定家庭成员的外出或迁移；另一方面强调了参照群体的重要性（Stark，1982，1991）。该理论由此认为回流更多是因为在城市没找到满意工作或是因为城市参照群体形成的相对贫困和相对剥夺感，而家乡的生活成本相对更低。

更晚近的研究引入了家庭生命历程的视角，强调美国过去25年间的家庭内部变迁使得原有的迁移理论模型过于简单。早期阶段的家庭事件史分析将婚姻、生育、成员离世等影响家庭成员数量的事件依次纳入家庭迁移影响因素的模型中（Dieleman et al.，1989；Mulder et al.，1993）但是有研究认为更多的迁移刺激对于家庭而言并不是预期之中的，最新的数据显示出包括短距和长距在内的所有迁移中，有四分之一是非预期的刺激造成的；同时，短距和长距移动并不像之前的研究结论中所解释的那样分别归因于住房调整和工作调换。在考虑到所有这些因素以后，最终的结论只能是：迁移定居行为是非常复杂的，现有的模型还需要修正（Clark et al.，2007）。

从这几篇研究我们可以看出，运用人口迁移理论模型解释中国的劳动力流动有一些前提。除了学术界已经给予足够重视的户籍制度以外，国内的经验研究需要在以下两方面回应或补充国外人口流动理论模型：第一，中国人口流动的“家庭化”趋势应如何描述、如何解释；第二，中国劳动力的大规模回流、彻底返乡是如何形成的。

首先，“家庭化”在人口学研究里指的是人口流动中不同于传统理论中的个体流动的举家迁移现象。这一趋势自2000年出现之后，逐步引起人们关注（周皓，2004）。有研究者指出，举家迁移只是流动趋势的一个方面，至少有六成家庭仍然呈现分散的迁移状态（李代等，2016）。还有研究者认为对于深受传统家庭伦理影响的中国家庭而言，家庭化迁移原本就是理想选择，只是被户籍制度和生活成本打断了这一进程，分工外出是一定成本约束下的次选择（盛亦男，2014）。

第二，国内的研究将返乡原因首先归结为就业困难（白南生，2002），1990年代末这种困难实际上是由于农村户籍流动人口对国有企业改革中的下岗员工造成的再就业压力，促成了政策上对农民工的限制（陆学艺，2005）。此后，随着第一代农民工年龄逐渐增大，而在劳动力市场上逐渐居于劣势位置时，返乡的问题才逐渐受到人们关注。

章铮的研究指出，年龄因素是最主要的返乡原因。劳动密集型产业对劳动力的年龄有比较苛刻的限制。而且他发现，务工收入越高，一部分农民工越是会提前返乡，这部分农民工是愿意回乡创业的（章铮，2006）。这给我们一个启示是，虽然农民的迁移确实追随更高收入，但也必须注意农民积累资金的目的所具有的影响。对于第一代农民工而言，其外出的经济原因得到满足后就会返乡，返乡原因也就是外出原因。农民外出追求经济收入是另有目的的，这一目的究竟是什么，这是章铮文章没有明确表述的。

还有一些人口学和经济学研究将农民工是否回流作为一个基本的二分变量，运用logistic回归分析检验年龄、教育水平、婚姻状况、收入等个体变量的影响力，试图回答什么样的人更愿意流向城市、定居城市的问题（李珍珍等，2010；熊波等，2007；张新民，2012；胡建坤等，2013）。这些研究根据地域范围确定抽样框，包括流入地和流出地，试图通过扩大抽样总体所覆盖的地域范围，让不同地区人口所存在的个体性差异相互抵消，得到一个相对恒定的相关关系。这些回归研究的思路存在两方面问题。

第一，研究对象大多是大城市里的打工者，短距离迁移务工的研究较少（曾鹏等，2016）；迁移也被理解为乡村和大城市之间的两点运动。实际上，忽略外出务工形式的多样性不仅降低了模型应用的代表性——即使把抽样的范围扩大到中西部地区，把“就近城镇化”操作化为农民就近打工时在务工城镇的定居行为，务工人员流出地的基本社会经济状况仍然是被忽略的。流出地的社会环境对外出务工人员的影响始终没有被纳入理论，也就始终没有办法真正理解农民工外出和返乡的动机（李代等，2016）。

第二，这些研究在利用各种变量刻画、解释打工者的迁移行为时容易“忽略这些因素对定居意愿产生影响的微观机制或过程”（王玉君，2013）。也就是说，家庭结构、家庭成员教育水平、婚姻状况等变量实际上蕴含着丰富的社会学意义，打工家庭成员对于这些变量的理解其实是家庭事件，而事件的意义在解释中是缺失的。通过回归分析得到的机制性解释根本上是在建立回归模型时就已经由假设所决定的，即使是将部分社会性因素作为中介变量引入分析模型，变量对于研究对象的真正意义仍然十分抽象。譬如有的研究发现农民工的社会网络规模对其城市归属感具有正向作用，但是对其居留意愿的总作用却是负向的（王玉君，2013），类似的结论实际上无法真正说明家庭决策的具体机制。

针对 logistic 回归研究的这两点不足，本文将结合实地调查和访谈获得的材料，从更直观的角度回答就近城镇化的动力来源问题，将观察的终点放在人口流出地的社会环境、打工家庭的社会关系网络对流动意愿的影响究竟在哪里。

（二）相关的家庭决策研究

实际上，农村家庭作为决策单位，已经在其他三农问题研究里引起注意。譬如在农地流转的起因问题上，已有人明确家庭联产承包责任制度使家庭重新成为农村经营基本单位（钱忠好，2008），这些研究揭示出改革开放以来家庭已经重新成为行动决策的基本出发点。

盛亦男（2014）在个案访谈基础上，试图将农村家庭的迁移决策过程归结为一个相对理性的程式，发现农村家庭决策在何种程度上是根据成本收益的理性计算完成的，假设家庭在决策中的理性程度介于完全理性和全凭直觉盲从之间，将家庭迁居决策总结为五阶段的决策链条。这一分析在访谈内容基础上建构较多，但值得注意的是，她指出“……家庭关系的利益序列却有很大差别，抚养和赡养的地位并不平等。传统代际关系中的，‘反哺模式’尽管在延续，但是受到了弱化。”认为文化因素对家庭决策的影响是外生的且经历了历史的变化。但是，对文化因素的理解不应该停留在“习俗”这样几乎完全外在于家庭的层面，特别是涉及代际关系时，应该将家庭中具体关系的伦理内涵通过微观决策过程揭示出来。流动人口并不是根据自身个体所具有的各种指标决定自己的迁移或定居，而是在考虑自身所处其中的家庭关系基础上做决策的，而关系包含着伦理道德，构成了文化的最重要内涵。在作为决策单位的家庭中，每个人的位置都不是自主决定的，反哺模式及其削弱描述的是农村家庭决策的外在结果，深入挖掘其机制，才能补充流动人口定居迁移影响因素研究的盲区。

进一步言之，家庭中的社会关系对于城镇化的影响不只通过家庭决策体现出来，实际上，在更长的周期里，家庭成员如此分散而没有瓦解，正是稳固的亲缘关系力量所在，但这样的关系也使每个外出务工的劳动力都负担着子女的婚姻和教育。第一代外出务工者大多没有在打工城市落地，他们在返乡的时候可能出于子女结婚的考虑将积累的资金投向小城镇，虽然没有在打工地实现城市化，但是从更长的时间段来看，这是一个代际城镇化的开端（王绍琛等，2016）。这一研究的突出之处在于其调查对象集中于一个县级行政单位，从人口流出地的角度观察，有特别的意义：1. 同县范围内的所有家庭都有一定程度的同质性，这意味着更强的可比性；2. 这一视角包容了自乡镇以上的所有级别的城镇区域，可以让我们直观看到“返乡”一词的丰富内涵，虽然看起来大部分人都因为户籍壁垒或生活成本障碍无法留在打工地，但是就近城镇化的脚步在没有产业的情况下也在悄然推进。

这篇研究观察了一个农业产业仍占主导地位的县，类似的方法可以用于观察产业结构更加复杂的县市，这样可以帮我们了解在乡村工业无法发展的情况下，就近城镇化是否能够依靠产业推动；更进一步，产业推动的就近城镇化与劳动力向大城市流动是什么关系，都是有待回答的问题。

有研究者在调查中注意到婚姻市场助推城镇购房投资的现象，将其概括为文化因素促成的劳动力流动和城镇化（栗志强，2011；刘燕等，2015）。通过在城镇地区购房可以在婚姻市场上提升自身价值，婚姻交换法则、子女教育问题和农村的攀比心态被共同归结为促进农民向城镇流动的文化因素（黄志辉等，2012）。如果这些解释就是婚姻行为和撤点并校对城镇化的全部意义，那么婚姻等问题就只是城镇化的一种暂时的推动或阻碍，推拉理论仍然具有实质上的有效性。婚姻市场本身是如何运作的？这些研究没有告诉我们。

在农村婚姻问题的角度上，如果把以结婚为目的的买房看作彩礼的延伸，那么结婚促成的购房和人口流动无疑涉及到家庭中的代际关系（王德福，2014；陈讯，2018）。王德福的研究揭示出彩礼议价主体从父代（家长）过渡到子代（新婚夫妇）身上，形成了彩礼数量质变的重要条件。这一判断虽然与本文关注的农民城镇购房和居住问题没有直接关系，但是启发我们，所有的家庭决策的具体机制应该深入到决策主体上去，如果说决策过程里存在一种独立于文化因素，其影响应该具体表现在决策过程中。陈讯的研究强调了人口流动强化导致的农村男女比例失调如何推高了婚姻对男方家庭造成的负担，这种负担的不可推卸根源于父代对子代婚姻的伦理责任。本文将沿着这一线索进一步挖掘这背后的家庭决策机制，尤其是在婚姻缔结过程里发生在男女双方两个家庭之间的交涉所凸显的婚姻市场竞价的非经济性质，这种非经济性质之所以重要，是因为其与代际支持紧密相关。

（三）既有文献评议

综观农村家庭定居与迁移决策的影响因素研究，有这样一些发现。

许多抽样调查研究从流入地视角出发，分析同一打工地的居民特征。这些研究共同的思路是在扩大抽样所覆盖的地域范围，通过问卷调查把握那些能够或愿意在打工地定居的流动人口特征。

既有研究突出了政策取向，但即使从政策角度把握农村外出务工人员的流动动机，也仍须挖掘研究变量对于农村家庭的实际意义。家庭结构、婚姻状况和教育程度等等因素背后对于农村家庭的意义，会构成一套不同于当前人口迁移理论假设的机制解释，这种不同的解释我们姑且称之为“微观机制”。而农村家庭决策基本的出发点是社会关系，必须进入家庭成员间的具体关系中才能真正说明什么样的条件会驱使农村家庭在城镇购房居住，这方面研究还不充分。大范围的问卷调查得到的logistic回归关系背后的机制仍然有待揭示。微观机制的解释所具有的普遍性并不是统计意义上的代表性，而是一般家庭所共享的文化价值。

家庭对于农村家庭的重要性不仅在于“家庭化迁居”这一形式上。在更多没有实现举家迁居的家庭里，家庭成员分散的情境里家庭是如何凸显其地位的，这是目前研究没有很好阐述的地方。实际上，解释过程中忽视家庭社会关系，也就必然无法形成打工回流的微观机制解释，这也和本文调查过程中的感受相符。

通过选取人口流出地进行小范围的集中访谈，一定程度上可以控制农民工自身的社会经济条件，尝试把握打工者所处其中的社会关系内涵，在此内涵的基础上分析打工家庭对于家庭结构、婚姻状况等因素所赋予的意义，或可挖掘出打工者流动的微观机制。

三、研究问题和研究方法的进一步阐明

本文预期完成一项从返乡农民工在小城镇购房这一较近出现的经验事实出发，对“就近城镇化”问题和当代中国家庭的代际伦理问题达成一定描述和解释的实证研究。

主要发现来源于2017年夏季在石家庄市周边地区所做的田野观察。这次调查涉及该地区4个县级单位，它们是富临、沁汗、六节和方化；走访共7个乡镇，每个乡镇内选择2到3个村进行面对面座谈和访谈调查。其中富临和沁汗两县访谈资料较为翔实，牛家庄、彩霞、贤集、大进、佑堂、瓜棚、古家寨、吴家庄和毛集这9个村的资料是本文的主要论据，在必要时也兼及其他乡镇（见本章第4节）。

访谈的对象既包括村委会干部，也包括比较了解村庄状况的村民。另外在县市、乡镇、和村庄三个层次都同领导进行了座谈，目的在于了解辖区整体状况。座谈的提问是结构式的，主要对象是各个村的村委会成员，提问内容聚焦在村庄的人口数量、产业分布、外出务工的主要目的地等基本信息上，包括村庄中在外购房的家庭的相关信息；访谈主要寻找村庄中比较了解整体情况的村民小组组长或小队长，重点询问其所熟知的村庄范围内不同家庭的务工状况和住房情况。

由于城市化的基本定义就是人口自乡村向城市地区的流动，其内容包括就业、居住、教育以至思想特征等多个方面。在个体向城镇流动的过程里，居住和就业可能发生分离，这也是笔者在调查地区了解其城镇化过程时最先遇到的问题。当前研究认为大城市职住分离现象源自郊区和城市中心在居住和就业上的分配失衡（吴瑞君等，2017）。但是石家庄地区的小城镇居住模式与此又有差别，农村家庭在购买城镇住房时并不完全是出于实用的考虑，在使用过程中也呈现出多种方式。本研究希望呈现出农村家庭购房和使用的基本动机：农村家庭在做出买房决策时，主要考虑了哪些因素，这些因素又是如何发挥作用的？除了经济收入和住房成本以外，有哪些不可忽视的社会关系因素影响农村家庭对定居地点的决策？具体言之，要回答的问题是：劳动力从城市向农村回流的家庭决策里，家庭整体的影响是如何凸显出来的，这种决策逻辑对于城镇化意味着什么？

通过调查地区的基本状况可以发现，一个农村家庭的购房和居住涉及村庄与县城的交通距离、村庄内主导的非农产业和家庭打工方式等多个因素。调查发现，即使这些因素的分布可能千差万别，各个家庭内的代际伦理仍然发挥着相对稳定的作用，突出体现在婚姻缔结的代际支持中。彩礼和购房成为了婚姻中最重要的代际支持形势，间接推动了城镇化的出现。这种伦理不仅在家庭内决策时发挥作用，也在社区中形成舆论的判断标准，形成社会压力和竞争。

在此基础上，本文或许可以弥补既有的城乡人口流动的经验研究在家庭决策逻辑这一微观基础上的不足，进而对中国当前的城市化推进方向提供一些猜想。

四、调查地区基本情况列表

为方便阅读，在此将文中涉及的所有访谈对象所在的县市、乡镇和村庄对应关系列表于此：

表 6.1 文中县市、乡镇、村庄与访谈对象编号一览表

县	乡镇	村	访谈 / 座谈对象
富临	牛家庄镇	牛家庄	第六组
			刘先生
			座谈
			妇女
		彩霞村	第三组
			座谈
			妇女
	辛家庄镇	贤集	座谈
			第五组
		大进	第一组
			第三组
			妇女
沁汗	卫津镇	佑堂	东北片
			第十一组
			第二组
			东南片
			座谈
		瓜棚	座谈
			第一组
			第六组
			第三组
	砥石镇	古家寨	第六组
			第八组
			第十组
			第十五组
			座谈
			第七组
		吴家庄	第十组
			第一、二组
			第五组
			座谈
	司家寨镇	毛集	座谈
六节	梨庄镇	梨庄一村	座谈
		梨庄二村	座谈
方化	嵩岱乡	嵩岱	座谈
		莓岭	座谈

调查地区所覆盖的 4 个县、7 个乡镇和 13 个村庄各有其特点，这

些特征大多是论述过程中不时出现的。现将各个区域的基本特点罗列于此，以便阅读过程中随时查阅。

表 6.2 调查所涉及的乡镇、村庄特征

县	乡镇名及特征	村名及特征
富临	牛家庄镇：处在五县交界位置，交通便利。人民收入较高。	牛家庄：镇政府所在村，水果种植开始较晚。新民居很多都卖给了外村人。
		彩霞：种梨历史较长，种植面积大于粮食种植面积，人均耕地达 2 亩，年轻人在邻县打工。
	辛家庄镇：距离邻县距离比所属的富临县更近。人民收入较高。	贤集：种梨不用中间经纪人，80% 的梨都运往六节销售，年轻人在邻县打工、买房。
		大进：村中企业发展好，年轻人在本村打工多。新民居价格非常便宜，仅 590 元 / 平方米。
沁汗	卫津镇：距离沁汗县城较近，人口集聚效应较弱，新民居鲜有人购买。	佑堂：人口多，村中人在沁汗县城做家电和广告生意较多。
		瓜棚：大棚甜瓜种植领先，家庭收入水平较高。县城买房家庭多，入住率低。
	砥石镇：距离邻县更近，远离沁汗县城。依赖邻县的大理石雕产业。彩礼价格本县最高。结婚不要求县城买房。	古家寨：以外出安装大理石雕为主要务工途径，在县城买房家庭少。
		吴家庄
	司家寨镇	毛集：全村依靠毛发收集以及假发制作、氨基酸化工的产业链，发展较好，家庭收入高。
六节	梨庄镇：种梨历史长，在华北地区颇有名气。	梨庄一村
		梨庄二村
方化	嵩岱乡：位于方化县北部，且处于平原的边缘，沟通了方化北部山区的居民，形成本县次中心	嵩岱：远离县城，缺少特色产业，家庭收入较低，在县城购房的家庭少。
		莓岭：草莓种植发达，形成了自身产业链。

第二章　购房与产业：农村家庭购房的基本经济约束

作为一般意义上城镇化过程中最重要助推力的产业，在石家庄地区如何分布？对该地区的人口流动和城镇化形成了怎样的影响？实际上，该地区的城镇与非农产业的关系比较复杂，本文将首先处理这一问题。

一、调查对象住房的三层决策

调查地区的农村家庭大致有三种途径获得住房：继承父代宅基地上的自建房、申请获得宅基地自建房以及购买商品房。按照房屋的土地性质，前两种都属于宅基地自建房。随着该地区耕地保护要求日趋严格，宅基地存量耗尽，申请新的宅基地难度逐渐变大，宅基地建房的途径逐渐转变为在原有的宅基地自有住宅上重新翻盖新房。

宅基地翻盖新房在文中称为“盖房”，这种获得住房的方式不参与城镇化过程。与之相对地，文中的“购房”是指农民在城镇地区或村庄内购买“楼房”。在买房的农村家庭眼中，这些楼房不同于宅基地自建房的主要特点是：1. 没有自家的院落，不能暂存农产品，无处放置农机农具，也不能饲养家禽家畜；2. 冬季供暖效果比自建房好，也更方便；3. 楼层较高，如果没有电梯就不方便老人居住；4. 更进一步地，“楼房”意味着一种生活方式，住在楼房里不适合从事这一地区的任何一种农业生产，但农业生产本身也不为年轻人所喜，住进了楼房就像是过上了城镇的生活，与农村的生活拉开了距离，因而相对受到年轻人的青睐。

农村家庭居住的第二个选择是购房的地理位置。对于调查地区的农村家庭而言，购置房屋可以选择在户籍所在地镇区，也可以选择在县城，甚至是与户籍所属县相邻的另一个县内[①]。不同区位的房屋在土地性质上可能存在很大差异，用地性质将“楼房”区别为村集体建设用地上的小产权房和城镇地区国有建设用地上的商品房。

但农民对于“楼房”的理解着重于其是楼房而不太着意于产权性质，这使得房屋区位的选择在产权性质之外纳入了更多的因素。具体言之，调查地区的许多村庄都建有“新民居”，其土地性质通常都是村集体所有的建设用地，投资方可能是个人，可能是集体，也可能更多元，是否存在开发商也因村而异，在农村家庭的理解中实际上就是盖在村里的楼房；同时，由于镇区往往包括一个或几个行政村，所以镇区的楼房的用地性质也属于“新民居”，但因为其位置不同于村里，村民的态度也可能不同。另外，一个村中的“新民居”可能不公开出售，而优先卖给本村的居民，价格也较少受地区商品房单价的影响，保持相对低水平。

在调查中笔者发现，尽管同样是楼房，同样是“新民居”这样的小产权房，甚至同样是在镇区，不同的村庄对于这些楼房的认识差别很大。价格方面，根据调查进行时访谈对象提供的信息，新民居的单价在每平方米 1100 元到 1500 元不等[②]，远远低于县城商品房的单价，调查的四个县里房价最高的是富临市，每平方米 5000 元到 6000 元；其他几个县商品房单价在 4000 元到 5000 元。即使单价如此悬殊，沁汗市卫津镇的佑堂和瓜棚两村基本都没有村民到镇里购买“新民居”，卫津镇的新民居销量惨淡。与该镇相邻的另一个镇上的毛集村，上文提到，在县级及以上区域买房的只占所有购房者的 10% 到 20%，但本村所建的“新民居”销路非常好，第三期新民居开工在即；同样的村内新民居在佑堂村销量就很有限了[③]。可以看出，不同的镇，甚至同镇的不同村里，购买城镇商品房的农户比例都存在差别。

在确定了购房的区位之后，家庭要做的第三个决策是房屋的使用

① 贤集村五组访谈。该村有一部分居民选择在相邻的县购买住房，因为这些家庭的年轻人可以在该县找到工作。

② 大进村较为特殊，第一期新民居单价低至 590 元 / 平方米。见大进村一组访谈。

③ 毛集村座谈。

方式问题。有的家庭可能举家搬入新居，有的可能年轻一代居住新房而老夫妻留在村中，还有些家庭干脆全家留在村中旧宅，县城里的新居只在冬天农闲时全家取暖才住进去[①]，更有部分家庭因为购房花钱太多，暂时不打算装修的[②]。同时，在不同的村庄访谈的过程中，可以注意到，有的村庄虽然购房比例接近，但是在商品房的使用方面差别仍然存在。譬如瓜棚村购房后的入住比例明显低于同镇的佑堂村。

盖房与购房、购房的区位、房屋的使用方式，构成了调查地区农村家庭住房问题的三层决策。在调查中笔者感受到，每一个家庭都结合自身的条件进行了复杂的考虑。由于笔者调查的主要对象是村庄中的干部和熟悉村庄情况的村民，因此本文的分析将在村庄的层面上展开。论述围绕村庄中对购房的三层决策产生了广泛影响的各种因素，在梳理了各个村庄不同产业禀赋所造成的差别化影响后，我们会更加明确地看到那些共同的驱动力背后反映出的农村家庭的代际伦理关系。

二、打工与务农：农村家庭的基本经济形态

家庭的就业形式会影响农村家庭的住房选择，在这个过程里，家庭收入水平是次要的，更直接的影响来自就业地点和就业灵活程度（表现为外出周期），其中还包括了家庭中的农业从业人员配置和务工人员流向。

（一）非农产业就业与购房区位

通过访谈我们可以概括出该地区家庭的基本就业结构和经济状况。年轻人普遍不愿意务农[③]，更愿意“打工”或“上班”。当前在田地里务农的主要是从外地打工回到本村的上了年纪的人。村中劳动力在外从事的大部分是对体力有要求的工作，即使是技术工种也有一定劳动强度，根据访谈对象的回忆，打工劳动力到了55岁就必须回村了[④]，

① 彩霞村三组访谈。

② 坚固村东北片仿谈。

③ 根据访谈，年轻人不务农的主要原因是认为务农不体面，比上班更脏更累，大部分时候收入不及打工。散见各个访谈和座谈。

④ 这时候即使是想继续打工，用人单位也会出于安全角度考虑不再聘用。见古家寨村六组访谈。

回村以后就会从事农业劳动。也有一部分务农人员是40岁以上，55岁以下，他们不外出打工的原因主要是帮助子女照顾孩子（即带孙子孙女）并担负起全家若干口人所分田地的耕种。

概括而言，调查地区的就业特点是近距离灵活就业和远距离自我组织就业相结合。通常，年轻夫妻的男方在外务工，离家较远，而年轻的妻子选择更多，可能是在村庄附近打零工，也可能是在附近的县城、镇区工作，还可能和丈夫一同外出务工，视周边非农产业发展程度而定。家庭劳动力配置以及成员的分散程度，很大程度上都受到村庄周边就业机会影响。原则上，年轻人即使愿意外出打工，也不愿意离家太远，即使是年轻男子，在选择就业机会的时候也会优先考虑离家近的工作：

“在本村挣3000，远一点挣5000都不去，因为在家里能帮老人干点活。”①

“主要是30岁以下，没有分到地，即使种地也只能种父母的；这部分人以打工为主，但也给家里地帮忙，几乎没有一点农活不干的。妇女出去打工的比男性少，季节性更强，打零工。”②

“基本家家户户都有葡萄。到石家庄打工的不多，很少。富临打工的也不算多。打工都往松印县去，做服装，做皮衣。三四百人去松印县打工，五六千工资，多的上万，骑电动车去，十来分钟……主要都是妇女。”

“（在松印县打工）年轻的多，最大的45岁不到50，小的20岁。最多是20-35岁。上学考不上高中就去松印县打工，女的生了孩子家里走不开就不打了，男的还是打。”③

“男的有出去打工的，还有在附近工厂的。外出的不多。因为村在开发区里面，工厂都用这个村里的工人。外出打工的少，都在附近打工。这里有工业园区。”④

这几段材料显示出，村内企业发展较好时可以吸引更多的劳动力就近就业；即使村庄内不存在下乡投资的大型企业，若邻近地区有发达的特色产业，也会吸引大量劳动力就近就业。除了富临市牛家庄镇彩霞村的例子，沁汗市卫津镇佑堂村的年轻人也依托村里人在县城经

① 辛家庄镇大进村座谈。
② 辛家庄镇镇政府座谈。
③ 牛家庄镇彩霞村座谈。
④ 卫津镇毛集村座谈。

营的家电商场和广告公司找工作。另一方面，如果村庄周边缺少这样的特色产业，村庄的男性劳动力在外出打工时会形成乡邻组织，相互传授技能或介绍工作；或者形成一些包工队伍，砥石镇古家寨村赴各大城市帮忙安装大理石建材的队伍就是一例。还有的情况是近距离特色产业和远距离连带就业同时存在，毛集村的假发收集和分拣加工就是这种情况。

总之，这些村庄里的就业方式十分灵活，但是在单个行政村的尺度上则呈现出相对简单的规律，依产业条件而定。如果村庄附近的镇区或县城有发展较好的第二或第三产业，可以吸引年轻劳动力前往就业，包括临时性就业和稳定就业。这些家庭在购房时也会优先考虑其工作地而非户籍所对应的镇或县。这方面比较典型的例子是富临市辛家庄镇的两个村，这两个村中在松印县买房的都是出于工作的考虑[①]，与单纯出于结婚目的的购房考虑不同。购房以后的入住率也会较高，这时入住城镇的就是年轻劳动力，他们在居住地区有工作，是城镇化进程的真实参与者。

同样，如果村中既有的非农产业非常发达，那么村集体牵头开发的新民居就会很受欢迎。这不仅是因为这样的村庄聚集了很多年轻劳动力，实现了乡村工业化；而且，由于本村生活水平高，村中的年轻男子在婚姻市场上颇受周边娘家的青睐，娘家人往往不会提出在城镇购房的结婚门槛，所以该村的“新民居”销路一直很好，入住率也很高。

问：就咱们村，儿子结婚娶媳妇一定要在沁汗买房子吗？

答：不一定，这个要根据个人条件，因为我们村也是新民居。

问：就是说要是你家里条件还可以的，就在那里（沁汗市）买房？

答：不可以就在咱们这里买。

……

问：（在沁汗）还是结婚买房的最多？

答：对，结婚是最多的原因。

问：条件差一点的，也不用非得在沁汗买房，也可以在这里买房。

---

① 贤集村座谈。

答：沁汗的买不起呀。[1]

通过访谈我们可以感觉到，本地非农产业发展带动的就地购房，替代了其他村外出就业在县城、镇区购房的选择，但是仍然存在一部分村中购房无法解决的难题，让孩子在县城就读公立学校和部分女方家庭对婚姻提出的城镇购房门槛仍然是无法替代的。下文还将详细分析出于教育目的的购房在乡村地区的家庭里具有怎样的选择作用（第三章 3.3）。

总而言之，距离较近的非农产业会通过就业机会影响农村家庭在购房时对位置的考虑，也会影响购房以后的入住水平，从而形成人口的真实迁移。

（二）农业劳动投入与住房空置

相反，如果村庄的第一产业将劳动力束缚在村中土地上，那么即使在县城中购买了住房，也有很大可能空置。以特色经济作物种植为主要增收来源的村庄就是例子。

调查地区的主要粮食作物是小麦和玉米。种植粮食作物的方式是一年一季小麦加一季玉米，两季作物总净利约 1000 元，根据土地状况和市场价格略有浮动，但相差不多。大部分村庄都有一定比例的经济作物，种类各不相同。一小部分村庄大面积种植利润较高的经济作物，但是也要求更高的劳动力投入。

较为典型的经济作物种植包括沁汗市卫津镇瓜棚村的大棚瓜果蔬菜种植，一年一季甜瓜加一季其他蔬菜瓜果，市场情形好时可以达到每亩净收入 10000 元以上，但是大棚种植非常辛苦，在农忙时节也需要较多劳动力，如果不雇佣家外的劳动力，每一个劳动力每年最多能打理两亩大棚[2]。另一方面，这也创造了更多临时性就业，因为每年有若干个种植环节，种植经济作物土地较多的家庭会雇佣附近居民，按日结算工资。在这种种植利润较高的情况下，村中从事农业的劳动力年龄整体会更低[3]。类似的水果种植也可见于富临市牛家庄镇彩霞村、

① 毛集村座谈。
② 瓜棚村座谈。
③ 瓜棚村第一组。

方化县上碑镇莓岭村等等。

调查地区的人均耕地面积在一亩到二亩不等。如果一对夫妇只生一个儿子，那么儿子娶妻后家庭内的耕地大约有四到八亩不等，耕地较多的村庄里一个家庭耕地还可能更多。在一个儿子的情况下，年轻人会把耕地委托老人照料，既可能种植粮食作物也可能种植经济作物，一般情况是二者兼有，视老夫妻的体力决定。如果村中有关系较好的家庭外出打工或经商，也可能以十分便宜的价格将其土地流转给自己，如此自己耕作的土地面积可能达到十几至二十亩。在粮食种植基本实现机械化以后，一对老夫妻打理十几亩小麦玉米不是难事。

但是这个片区的流转基本只限于小规模自主流转，大规模流转很少。根据访谈对象介绍，农户将土地大规模流转给外来资本时，流转价格达到 800-1000 元，远高于私下小规模流转。虽然访谈中不少人提到种植业“不赚钱”“只靠这点地也会饿死”，但是仍然没有人愿意流转土地，因为“你接管了他没事干了，他找不到合适的工作，不愿意流转”[①]。家庭分工中农业劳动基本都是老人在做，土地收入也因而都归老人所有，也基本就是他们的全部收入。一般情况下，这部分收入除了负担老人的吃穿用度，还要负担孙子孙女的零用开销，因为年轻人打工时子女可能留给老人照看。另一方面，大规模流转的种植业规模经营盈利机会较少，粮食作物利润低，流转成本高；而经济作物难以实现机械化，如果尝试雇佣农户种植实现规模经营则会遇到管理方面的问题，在调查地区很少见到成功依靠规模种植经济作物本身盈利的下乡资本，仅有的几家企业都是依靠国家补贴生存。平原地区的大面积土地流转和资本下乡规模经营所遭遇的困难已有研究者关注（徐宗阳等，2016）。总之，这一地区农地规模流转少，既因为农民对于流转后的生活方式没有预期，也因为流转资本盈利机会较少。

在水果种植更加广泛的村庄，家庭农业收入往往较高，购房的家庭比例也更大。

瓜棚村家庭整体收入水平较其他村庄为高，有更大的可能性在县

---

① 大进村三组。

城地区购房，瓜棚村干部告知我们的村中购房情况也证实了这一点，虽然有近一半的家庭在县城有楼房，但与此同时瓜棚村家庭购房后的入住比例明显低于同镇的佑堂村。

问：这一半在沁汗买了房，会住在沁汗吗？

答：不住。

问：房子空着？

答：空着。[①]

……

问：所以，比如说，我家，我在村里面种大棚，但是我为了孩子，在县城里面买了房子，这房子我也就只是买着了，装修么？还是装修了不住？

答：放着呗。

问：冬天会去住么？

答：冬天没有事情，他从秋季干到冬天，住一段时间就回来。[②]

对比上文梳理的两类村庄的情况可以发现，相似的进城购房比例下，进城居住与否很大程度上受到村庄自身产业重心的影响。彩霞村和佑堂村等构成了周边非农产业发达的类型，许多家庭里年轻人都在县城或邻近城镇经商或务工，而且那些灵活就业的工作机会（如安装广告灯箱和商场服务员等）始终对本村人较为开放，所以在那里有住房的年轻人可以比较容易地实现住房和工作两方面落地县城。但是另一类村庄，以瓜棚和莓岭等村为代表，其中的年轻人结婚以后也不会离开本村，离开了本村也不会集中到县城或邻近城镇工作，由于缺乏工作机会，这些村庄的年轻人只能远距离外出打工，更不会居住在新购置的城镇居所中了。

不管是外出打工经商还是留在村中种植大棚蔬果，沁汗县城与瓜棚村在人口流动上的联系都是比较疏远的。这套新购商品房确实很大可能会空置，即使年轻夫妻有人在沁汗找到工作，出于交通便利和帮父母（公婆）打理大棚的考虑，也会选择住在村中，与县城通勤[③]。除非老一代夫妻选择放弃村中田地，住到县城商品房中，照顾孙子孙女，

① 瓜棚村第六组访谈。

② 瓜棚村第一组访谈。

③ 在调查地区成为“两头顾”，见牛家庄村六组访谈。

但这也意味着舍弃每年数万元的收入，全家人的开支都由年轻人负担，只有少数比较富足的家庭可以做到这一点。

三、“镇在村里”：乡镇区位与购房比例

购房区域的选择还受到乡村和县城之间距离的影响。有些乡镇的房屋受到农村家庭的追捧，而其他一些乡镇的楼房则无人问津。

如果乡镇所辖村庄靠近县城，村中往来县城很方便，那么乡镇的人口聚集力量就会很弱。上文提到的佑堂村和小留村就是这样的情况，这在交通便利的石家庄地区也比较常见。富临市辛家庄镇也处在富临和松印两县中间的位置，两边都可以借助电动三轮车或摩托车往返。这种情况下极少有家庭考虑在镇区买房，在有些村民看来，镇区实际上也就只是另一个村，并没有什么特别之处，有些村庄的集市规模可以自足，实在找不到去镇区的必要。

答：在砥石镇赶集的很少。因为咱村的这个市场平常比砥石镇的市场大。

问：噢，咱们村的还大一点……买不着的东西就去沁汗和曲阳。

答：对对对，或者方化。①

“打工有很多季节性的，但是比例估计不出来，做生意的（开门市的）估计有二十个人里有一个，去绿诺打工的很少。没有去镇里的，镇里有嘛？镇里就是个镇政府，什么也没有。去县里的也少，都是去市里、外地。”②

“大概估计在县城有房的一百户以上，石家庄的也有一百户，村里的新民居70多户，镇里梨庄的新民居没有村里人去买。”③

在调查所及地区，并不是所有乡镇都发挥着《江村经济》中震泽所具备的“乡脚”的功能。许多乡镇镇区所在都是根据乡镇政府所在划定的，实际上很大程度上不是贸易基础上自然发展起来的一定规模的聚落，用当地人的话说就是“政府落在村里”。很多自然发展起来的商贸聚落直接变成了县。这或许是因为这片区域地势平坦、交通发达，每个集镇辐射的范围很广，在家家都有摩托车和电动三轮车的今天更

---

① 古家寨村第七组访谈。
② 六节县梨庄一村座谈。
③ 梨庄二村村座谈。

是如此（施坚雅，2000）。卫津镇也有小商品房，但是销量很差[①]，即使单价只有每平方米1400-1500元，远低于县城。

相反，在远离县城的区域，乡镇就发挥着重要的贸易功能，也更能吸引周边人口聚集。方化县县城位于县域南部，嵩岱村位于方化县北部，且处于平原的边缘，沟通了方化北部山区的居民，自然形成了方化北部的次中心。因此，嵩岱乡的房屋虽然不是小商品房，但是销售情况很好。

“最近组里没有人盖新房子。有门面的人，都是住在门面里面，或者楼上。在村里也有房子的也有。赵组长的兄弟，四个都有门面。商业街主要是在1组、2组的，以前就住在那儿。”[②]

四、家庭生命周期与代际接力的城镇化

年轻人外出打工时的去向选择具有路径依赖的性质，难以脱离“传帮带”的影响，主要体现在行业的入门，技术的传授，社会网络的搭建等等。调查地区的若干个村庄都可以隐约看到一种“一村一产业”的现象。

在年轻劳动力务工与中老年人从事农业劳动之间存在着个体生命的阶梯过渡。该地区农村劳动力的生命周期存在一个基本模式，从特色农业到非农产业，这种模式或清晰或模糊，却始终存在。兹举例说明。

一部分村庄依托临近城镇地区的非农产业实现灵活就业，同时保证农忙期间回家帮忙务农（佑堂村、古家寨村、彩霞村），在行业不景气订单减少或劳动者自身达到一定年龄、体力条件不能胜任行业劳动时就会回到村庄，接管全家人的土地耕作[③]。

以古家寨村为例，就业依靠邻近的曲阳县大理石石材加工业，这个产业的一个特点就是按年龄分工很明显：一般做技术性雕刻工作的都是年轻人，大多在30岁左右，工作地点在曲阳。而安装石材的则年龄偏大，在30岁到50岁之间，工作地点也不固定，依据订单和包工队伍的协议在全国各地奔波。雕刻的日薪在200-300元/天，技术好

① 坚固村十一组访谈。
② 嵩岱村访谈。
③ 瓜棚村一组访谈。

的最高能到 1000 元 / 天；安装工人日薪约为 100 元 / 天。这个行业的临时就业特质也很明显，各工种都是跟着项目或是任务走，没有工作时就回家种地或是找别的零活。

而达到返乡年龄、退出城镇劳动力市场的个体没有留在城镇地区，这其中有多种原因：

“你村里要搞好了，他还回来住，不愿意在城里住，村里搞好了，环境好了，没有污染，还是愿意回村住。年轻人愿意在城里住。老了回来住的，现在都有七八个了，还是愿意回村里住。我们村空气好。”①

问：外出的人万一在那边买不起房子呢，年龄再大一点？

答：那个谁想过那个啊，买不起就回村呗。他一般都是大家里再凑钱，老人们给凑钱呗，家里都掏空了买了房子了。……有点儿就贷款买房子。要不村里穷呢，钱都上城里买房子了。小孩们有条件都在外面上学，要不怎么说教育费用高呢。看病都扔到城市去了。②

从类似的回答中我们可以感觉到，目前退出劳动力市场的年龄较大的打工者并不是十分愿意留在城市里，部分是因为习惯了农村生活，这与农民工的城市融入问题有一定关系；但同时也反映出，在资源十分有限的条件下，返乡打工者会将进入城镇的机会让渡给子女。全家两代人同时脱离农村生活的是富裕的少数③。

那些外出打工距离较远的村庄情况也是类似的，这些村庄或是没有可以就近依附的非农产业（吴家寨村）；或是村中产业本身要求长距离外出（古家寨村、毛集村）。前者打工只能依附包工队伍，外出到城市的工地上做工人，技术门槛低，收入也不甚高；后者例如毛集村，年轻人外出在华北各省收购理发店剩下的头发，往往是两人结伴而行（夫妻、兄弟或朋友），达到足够量以后返回村庄④。在村庄里分拣、整理回收的头发的是不同年龄段的女性，男性可能到附近的氨基酸厂或化肥厂上班，也是毛发回收行业的下游产业。

---

① 坚固村村委会座谈。

② 吴家寨村一组、二组访谈。

③ 古家寨村八组访谈。这样的家庭在本组 91 户中有大约 3 户。

④ 毛集村座谈。

根据上文，那些特色农业发展较好的农村，也呈现出年轻人外出打工，结婚后逐渐返乡种植特色经济作物的趋势。不过经济作物的种植，尤其是蔬果，劳动强度也较高，瓜棚村、梨庄一村的水果种植都表现出年轻人比老年人更加得力的现象[①]。

总结该地区的劳动力流动的历时性规律可以发现，年轻人倾向于外出打工，而随着年龄的增加，越来越多的人会退出有一定劳动强度要求的跨地区劳动力市场，选择回到村庄从事相对轻松的农业劳动，或者到离家较近的工厂上班，又或寻找短期的计件零工（古家寨村、大进村）。一年中的大部分时间里，村庄中的人口年龄也呈现出两头大中间小的“哑铃型”结构，但是石家庄的模式与许多劳动力输出地区又有区别，人口外流并不严重，劳动力在可能的情况下就地就近解决就业。

目前已经返回村庄的第一代农民工，其子女大多都已经在城镇安家，条件较好的定居石家庄，条件普通的就在县城。较为年轻的子女还没有成家，但是父母已经为其做好了进城的准备：

答：小子22了……还没结婚呢。这没办法了，怎么整啊，咱辛辛苦苦这一辈子，再上边的老人辛辛苦苦这一辈子，我哥五个。我老四，底下还有一个五兄弟。当老人的辛苦一辈子，俺们也是靠大棚，没别的本事。对不？这没法，攒着钱吧。买房子。给孩子，不管他上学行与不行，对不？我花个钱，买个工作，叫他出去。我两个孩子，两个孩子都买工作。花十几万。……

问：给他娶媳妇是不是得买楼啊？

答：没有呢……没买呢。

问：钱攒着？

答：攒着钱买呗。我刚才说的呗。[②]

在县城房价持续上涨的情况下，购房花费越来越多，但是第一代农民工仍然将子女住房视为自己的一个任务。按照富临市、沁汗市目前的商品房价格计算，今年完成这个任务会花掉家中十几年的收入，返乡农民工在城镇务工所得又重新投入了城镇地区。这个过程将有能

① 牛家庄镇座谈。
② 瓜棚村第六组访谈。

力在城镇购房的家庭的第二代纳入到城镇中，而老人和没有条件购房的家庭留在了乡村。在这个模式下，就近城镇化是在代际的向下支持中完成的。而且不论村庄增收依赖特色经济作物还是非农产业，这个接力如同劳动力的代际配置一样具有一定的普遍性。

所以，若要完整解释该地区城镇化的模式，还必须说出代际接力的城镇化运作的基本动力所在，为什么农村家庭的两代人之间存在这样的接力？家庭内购房一进城的传递怎样形成？

综合本章的论述，农村周边非农产业的分布有利于实现家庭中较年轻的劳动力进入城镇居住，完成人口向城市的流动；村中特色经济作物的种植很可能限制这一流动的发生，导致家庭在城镇新购住宅的空置。现在我们自然要问的问题是后一类村庄中的家庭为什么要买房？这也是在解释城镇化过程中代际接力的发生机制。

石家庄地区的城乡位置关系特点在于交通比较便利，非农产业距离村庄较近，家庭的分散状态并不严重，即使长距离打工，大多也只是短期或一年内多个周期。顺着这样的劳动力分布模式，似乎原本可以比较自然地得出就近城镇化的机制，即距离村庄不远的小城镇通过非农产业吸引劳动力流入，逐渐形成城镇的集聚效应，本文称之为就近城镇化。产业分布和就业机会解释了本章开头所列居住的三个决策中的后两个（购房位置和使用方式），但这一模式中没有解释的是部分县镇大量的空置住房成因，以及居住和就业的代际差异：从打工的地区回到乡村，再为子女在城镇里购买一套住房，这样的生命历程对于个体、家庭而言意味着什么？为了回答这些问题，石家庄地区的就近城镇化推动机制还需要进一步梳理。

第三章　婚姻、彩礼与购房：家庭决策中的代际伦理

调查地区的农村家庭在村盖房或在城镇购房时支付主体和实际居

住的主体在代际上经常是分裂的。购房成本由上一代人承担，而房屋在名义上是买给下一代人使用的。实际上，即使很多家庭因为子女在外奔波，城镇住房空置，也没有出现父母进城居住的状况。

“谁住啊？就说买了，你总不能上县城住着去，坐车再回来做活来吧？房子基本上现在……你们调查这个情况你们就能看出来，现在，县城，石家庄，空房多少啊你看。都卖出去了。没人住。”①

问：首付是老人给还是孩子给啊？

答：（首付）老人条件好的，老人就给了，老人条件不好的，孩子挣钱给。

问：但是本来老人就不住。

答：本来就是交给孩子的，老人住啥？

问：那最后每个月还钱谁还？

答：老人有能力的就还了，没能力的就小的还，如果这个老人岁数不是很大，五十多岁、六十岁（就可以还）。没什么能力挣钱了，还不了，只能依靠孩子还。②

可见城镇房屋虽然是买给儿子住的，但支付时首先考虑的是父母的能力。即使子女已经有收入了（而且收入往往高于父母），偿还房贷也未必都由子女负担。谁来还贷款体现出儿子儿媳对待父母的态度。

“保定那边是贷款小两口还贷，这边老的带着账。老人死了或者没劳动能力了才是孩子还。”③

虽然瓜棚村凭借大棚蔬果种植提高了家庭收入，村貌也十分醒目，超过一半的家户都在过去五年里重新翻盖过房屋，但是根据访谈对象介绍，这种翻盖房在结婚时并不能降低女方家庭所提出的要求，有些女方家庭仍然会提出在县城买房的条件：

问：要是盖了那种房子的话，不在沁汗买房，娶了媳妇也是能够娶到的？

答：娶媳妇就是，家里面有楼房也不咋地啊，一说有楼房就是都是沁汗有楼房，你像盖这些房子的人家小孩都小呢。

问：所以说等他们的孩子长大之后还得去沁汗买房？

---

① 瓜棚村六组访谈。
② 坚固村第十一组访谈。
③ 彩霞村妇女主任访谈。

答：对，还得去泌汗买，家里面的楼房不算有！（众人笑）[①]

给孩子买房最主要是为了结婚。而且女儿结婚是不需要买房的，在缔结婚姻的过程里，提出购房要求都是女方家庭。

"现在娶媳妇要'三金三小'，小楼、小车、小婆婆[②]，婆婆年纪得小，大了不能看孩子。不然娶不上媳妇。"[③]

问：但无论本村外村都要买房。如果不买能娶媳妇吗？

答：这个看女方吧，女方不要楼了，在村里盖，你没有房她也跟你。如果女方就要你买，不然不跟你，你就得买。不一样，没法衡量。[④]

随着房价攀升，购房成本飞涨，这样的婚姻门槛成为许多有儿子的家庭的负担。"小楼、小车、小婆婆"的要求外加几万到十几万不等的彩礼，每一个男方家庭为了儿子的婚礼需要花费30到70万元不等。为什么父母有义务为孩子的婚礼肩负起这样的经济压力？回答这个问题可以帮助我们理解农村家庭的决策如何帮助完成了上文所提出的石家庄周边地区的就近城镇化模型。为了简化行文，我们姑且把父母为了孩子结婚而在城镇购房称为"结婚买房"。

一、农村家庭购房的非经济性

至此，为理解结婚买房亟需回答的问题包括：1. 结婚买房压力的性别不平等问题：为什么是男方家庭有义务购房？购房是否是男方家庭向女方家庭支付的彩礼的一部分？2. 结婚买房的主体为什么是父母而不是儿子本人？结婚的子女在家庭决策中扮演什么角色？通过梳理访谈对象对这两个问题的看法，本文将呈现该地区农村家庭进城购房的决策所具有的非经济性的一面。

（一）"风气问题"：调查地区婚姻成本的两种性质

有的研究者认为婚姻市场中男女比例的失调推动女方家庭不断提

① 瓜棚村座谈。
② "小婆婆"是指婆婆的年龄不能太大，否则就不能分担更多家务，反映出女方家庭对嫁入男方家以后的生活品质有挑剔心态；"三金"是指金戒指等三种金饰品。
③ 牛家庄村座谈。
④ 坚固村西南片访谈。

升婚事的门槛，而男方家庭则由于代际支持的伦理必然性愿意满足女方家庭的要求，造成了婚姻市场中先咬牙买房然后结婚的现象越发普遍（陈讯，2018）。这一研究已经指出了代际伦理与城镇买房之间的关系。

但是聘礼的性质与访谈中的结婚买房是否一贯？现在简单梳理聘礼的性质，比较其与结婚买房的关系。传统社会的婚姻里存在的财产转移包括聘礼（彩礼）和陪嫁（嫁妆）两部分。

聘礼是男方家庭在缔结婚姻之前交给女方父母的一笔财富，在传统社会里，其源头可以上溯至《仪礼·士昏礼》中的六礼制度，在六礼中存有“纳徵”一节。汉儒郑玄注解《士昏礼》的这一条时说：“徵，成也。使使者纳币以成昏礼。”纳徵在“纳吉”之后，“请期”之前，即在此之前还是两家人商议这对年轻男女是否合适，在此之后就是选定婚礼日期了，纳徵意味着这门亲事已经说定，“成了”。在当代的民俗研究里，仍然发现聘礼、聘金或彩礼等男方家庭移交女方家庭的财产转移过程具有确认和约定的含义（刁统菊，2007）。

嫁妆是女方家庭在婚礼当天移交给出嫁的女儿本人的一笔财产，通常都是家用实物和首饰，由女儿带入新组建的小家庭中。嫁妆的起源在儒家“三礼”经文中源起不明确，但有研究者指出其由来亦久，汉代已见于史料（毛立平，2006），而且直到清代女性都保持着在新婚家庭中相对排他地处分陪嫁的可能。

虽然现有材料不足以判断彩礼与嫁妆的相对差额是否存在固定比例，但是对于调查地区普通家庭而言，嫁妆的一个主要经济来源就是男方家庭给的彩礼钱。男方所出礼金有一部分经过陪嫁的环节流向了新组建的小家庭中。虽然没有人明确提出判断标准，但是访谈中谈及此事时都认为陪嫁金额不能比彩礼数额差太远：

问：最后陪嫁给买的东西不够彩礼钱是吧？

答：十好几万吧，她花不了那么些钱。这些剩下的钱成小两口的了。……比较合适就（彩礼）给多少就弄回多少去，嫁闺女也没掏钱也没落下钱。[①]

① 大进村妇女主任访谈。

虽然如果女方家中还有准备娶妻的兄弟，需要筹备高额聘礼，会显著影响新娘带入新家的陪嫁额度，但即使如此，访谈对象仍然在观念上认为彩礼置办了嫁妆以后最好全部由新娘带到婆家。

在调查地区，彩礼价格在过去的一段时间内经历了快速上涨，买房作为婚姻门槛也是最近几年出现的新风气。

“三个女儿都结婚了，最小的结婚 10 年多了。小女儿结婚时不需要买房，那个时候结婚都是嫁妆三五万，彩礼一万。现在彩礼八九万，甚至十一二万。”[①]

“我孩子结婚是 2011，那时不兴买房买车，彩礼五万，现在突破十万了。外县的媳妇到富临来，都得二十万。本地的十来万，外地更多。”[②]

结婚买房在访谈对象口中被称作一种“不好的风气”[③]，有的地方更加严重，为什么这些地方会出现这样的变化呢？访谈对象对此的第一回应是男性多女性少[④]。但是这种男女比例的失调并不只是来自生育时的男女比失调，而是受到人口流动的性别选择影响。

问：现在娶媳妇为什么这么难？您从一个父亲的角度能理解现在女孩家长结婚要求这么高这件事吗？

答：不好。风气不好。

问：您觉得是怎么这股风就刮起来了？是女孩太少了吗？

答：女孩太少了。现在彩礼少的七八万，多的十五万。[⑤]男的也是上学吧，他也是结了婚在外头养不活家，挣不了多少钱，还得买房，他都回家来了。

……

答：（女孩）有的在外面念书，对象找哪的都有，有的找的是贵州的，你说那地方的有时都在咱这边跑。也有的念念书找的四川的，还有找山东的。

问：也没有结婚之后回来富临的？

答：那样的少。都是在外面，在哪工作在哪结婚。

问：咱村的小子找对象都是找的本村人吗？

---

① 贤集村第五组访谈。
② 牛家庄村第六组访谈。
③ 坚固村东北片、第二组访谈。
④ 古家寨村第十组等访谈。
⑤ 贤集村第五组访谈。

答：你看这会，看咱书记说的，都是寻本村的，差不多是。[①]

在从农村向城市流动的过程中，年轻女性在上学或务工期间，比年轻男性更可能通过婚姻进入城镇生活，或者嫁到条件更好的农村地区去。这使得出生男女比本就高于正常值的农村地区常住人口婚育年龄段的男女比例更加失调。有研究者认为这就是造成婚姻市场中男方家庭甘心参与竞价、彩礼价格不断上涨的原因（陈讯，2018）。

但是考虑到家庭中的伦理既包括父母必须帮儿子谋得一门亲事，也包括女儿得到的彩礼父母不能拿太多，笔者认为实际上彩礼和嫁妆的上涨机制还要更加复杂一些。通过访谈我们可以发现，虽然二者都是女方家庭提出的要求，且近年趋于苛刻，但是结婚买房和聘礼仍然是有一点性质上的差异。

"儿媳妇通情达理，现在房本上没有自己的名（儿媳妇）就不帮忙还，老的给买的房本上没自己名字不算自己的财产，（我家）儿媳妇不赖，没计较这个。"[②]

这段材料暗示我们，婚前购房是否登记女方姓名是一个可能产生争论的问题。在买房本就是男方父母责任的语境下，似乎一般都认为这仍然是男方家的财产。在这个意义上，城镇房屋不会像礼金一样变成由女方家庭尤其是新娘本人的财产。正是在这样的基础上，这个访谈对象认为自己的儿媳妇是不错的，因为她是站在一家人的角度上看待这个问题的。

所以，在访谈对象的观念里，结婚买房虽然是女方提出来的要求，但是不同于彩礼，婚房虽然由男方父母出资提供，但会直接作为新婚年轻夫妻的生活基础。在有些地区，结婚买房的要求硬度不及另一些地区，譬如砥石镇的两个村访谈对象就指出在宅基地上翻盖新房也是可以娶到媳妇的[③]。可以猜测，作为结婚门槛在城镇地区买房性质和自家翻建新房更加相似，其逻辑不同于礼金。女方在要求男方家庭购买一套城镇地区的楼房时，目的不是为了占有这套房屋，而是为了自己家的女儿嫁过去以后生活条件更舒适，而且正因为观念里房屋潜在地

① 大进村妇女主任访谈。
② 大进村第三组访谈。
③ 古家寨村第十五组访谈。

属于男方家庭，对于出嫁的女儿在身份和面子上更有了标志意义。

（二）代际支持的伦理义务

那么家庭中的责任分配是怎样形成的？为什么男方家庭中父母需要负担儿子结婚买房的成本？部分访谈对象作为给儿子买房的亲历人描述了基本的心态。

“都是这样，没办法。没钱娶不上媳妇。”①

“家里外边有一处（房子）大人就尽到这份责任了。有的娶不上媳妇大人斩钉截铁也给你买。”②

“农村人认为，娶媳妇盖房是老人的事，就是这种观念。天经地义的。好比国家不养老，孩子给你养老，是一个道理，养儿防老。”③

“给小子娶媳妇就是完成任务。给为老的养老送终也是义务，儿子的任务。”④

老人们为了儿子结婚而举债买房的背后有一种道德义务的迫切感受，认为让儿子有条件娶到妻子就是父母（尤其是父亲）自然而然的责任，正如将来儿子要为父母养老送终一样无需说明。换言之，以村中旁观者角度看一个农村青年男子的婚事，成功的关键也在其父母。儿子通过自身努力跨过结婚的门槛⑤，会得到村中友邻的夸赞；但只要儿子不是无赖，那么如果自身也没钱买房、支付聘礼，村中舆论一时也只会指向其父亲，认为这个父亲没有能耐。

答：没结婚这户，他那小子有二十多了，都是父母买，有那个家里实际没多少钱，他家里想法也得要弄一套。

问：家里没钱呀。

答：没钱借呀。⑥

如何理解通行于乡村地区的这种责任分配观念？有不少研究者指

---

① 牛家庄村第六组访谈。
② 牛家庄村妇女主任访谈。
③ 大进村第一组访谈。
④ 牛家庄村座谈。
⑤ 可能是在外打工、学习，通过自由恋爱的方式求得两厢情愿的婚事，这时聘礼的话费就会较低，村中人玩笑称为“骗到个姑娘”；亦或全凭自己打工经商挣钱支付彩礼，有的家庭父母没有钱，儿子较为能干，可能出现这种情况，这时儿子和父母究竟各出资多少外人不得而知。
⑥ 大进村妇女主任访谈。

出了支撑着中国传统社会的代际支持伦理，认为费孝通曾经提出的中国家庭代际哺育一孝养的“反馈模式”在现代文明的冲击下逐步呈现出“恩往下流”的倾斜，原有的平衡的代际关系在日趋激烈的乡村阶层竞争中被打破（贺雪峰，2009）。在新的代际关系里，父代为子代提供包括结婚买房以至婚后家务的近乎无限的帮助，而子代的反馈则日益减少，父代的付出顺应了婚姻市场的竞争（陈讯，2018）。

费孝通先生于1983年提出的“反馈模式”描述的是子女对其父母赡养义务的现象，这种赡养追求的是代际经济互惠的均衡伦理，这种互惠的重要体现是全家经济统一核算（费孝通，1983）。这种统一核算在今天仍然没有成为过去，调查地区的年轻一代只有一个儿子时两代人是不会明确算账的[①]；只有当老夫妻有超过一个成了家的成年儿子时，账才会算得特别清楚，为的是“一碗水端平”。这一基本情形与费老文章里所描述的江村没有显著的变化，甚至两代人因为房屋紧张不分家而“分灶”的情形也是一样的，费老笔下的江村养老在非经济的方面也是不足的，但是伦理上这种要求仍然是真实存在的。

发生变化的是村庄的经济社会状况，周边城镇地区的产业推动了村庄年轻劳动力近距离临时性就业的可能性，另一重要变化是在村青年男女比例的失衡造成的婚姻竞争。但是婚姻市场竞争的机制并不是纯粹的市场逻辑，彩礼的上涨经历了比公开竞价更复杂的过程。

（三）石家庄地区农村婚姻市场的竞价行为

结婚买房计算的不是一本经济账，而是一本伦理账。彩礼的上涨机制也不是一个稀缺市场的竞价行为。这也与上文论及的结婚买房不同于彩礼的性质有关。

买房最初的性质如前所述，与男方家的经济状况和地理位置等一样，属于男方家庭的“基本条件”。这些条件在一定程度上可以和彩礼实现兑换。越是贫困的村庄和家庭，彩礼钱的数额就越高，砥石镇的彩礼数额就是沁汗最高的，平均达到18万。其逻辑在于，如果女儿嫁到这家来会吃苦，那么就一定要求男方支付更高的彩礼钱，作为女

① 古家寨村座谈、大进村妇女主任等访谈。

方家庭的一种补偿；如果男方家条件很好，反而不需要支付很多彩礼，如果男方家所在村庄比较富裕，也会适当降低礼金数额。

答：一般都是十八万，最少也得十二三万。没房得折十万，没车最少也得折十万。……再说这个彩礼吧，我们砥石和承安，是我们市里面最多的。越到市区，一万的，两万的。①

问：要是买了房子这个房子归谁呀？

答：也是商量的。你要愿意要你出个钱。一般这个家里都是男方买的，女的一般不要。都是家里大人给买的房子，这个一般都不给女方，女方也不要。②

类似地，可以将学历、房产也理解为一个影响礼金数额的条件，这种条件只是分享给作为新的家庭成员的媳妇，而不是交予处分。

那么彩礼数额是如何上涨的？访谈对象将涨价理解为一个风气问题，虽然有男多女少的大环境，但贫困家庭的行为多少也成为带动婚姻市场彩礼金额整体上涨的直接原因，十分微妙。

"……都是穷人给挑起来的。媳妇要的多，这家跟他家说，他家还给不起。他家也很穷，也怕儿子娶不上媳妇。这边给五万，给不了，我家出六万，说到咱家来吧。越穷越往高里挑，是穷人挑起来的。"③

"'你别说，我多给你点'，很多人不敢在外边说，一说大家都骂，有小子的都骂他，把行情抬高了。女的说别人家给多少多少，我怎么这么不值钱？有攀比。所以价格不断地升。"④

第二段材料内涵丰富。它告诉我们男方家庭条件不好时，不能像拍卖市场一样公然喊价，但是又必须多给一些使得女方家庭同意这门亲事。公然喊价被认为是助推彩礼上涨，在为儿子娶亲成本高昂的时期这样的喊价会受人批评，更深层次的原因我们不得而知。这一竞价的非经济性尤其体现在女方的反应上，一方面多少出于经济的考虑会接受一个"私下"许诺的高额礼金，但另一方面也很难始终保持沉默，不把这个价格告诉他人。因为这个价格关系到女方家庭的面子，出嫁

① 砥石镇政府座谈。
② 牛家庄村妇女主任访谈。
③ 同上。
④ 大进村第三组访谈

的女儿自己也非常在乎。所以定价的意义很大程度上取决于社区中为人所知的价格，更少地取决于实际的金额。彩礼价格就在这样的私下出价、私下许诺和暗中公开实际价格的过程里逐渐上涨。这或许就是某些访谈对象所说的“风气”问题。

在这个背景下我们才可以理解为什么女方比男方更可能炫耀彩礼价格，这些彩礼有一部分会转变为陪嫁，而炫耀陪嫁在这个意义上就比从前更多了一层含义，因为大家都知道一个高额陪嫁背后很可能依靠着高额彩礼。

问：以前不是炫耀嫁妆吗，现在炫耀楼了？

答：男方的，不是女方的。以前是女方炫耀炫耀。现在是炫耀男方的，男方没有这些东西女的不信你。女的陪送也炫耀，支票都是拿帖子陪送过来的，不是偷偷摸摸的给的闺女。拿来一打开，支票。①

一言蔽之，彩礼数额体现了两个家庭条件的相对价格，婚姻市场男女比例和男方家的其他实力通过面子的机制影响这个数字。

礼金会经历从女方家庭通过女儿出嫁转移到新婚夫妻手中的过程，具有财产转移的性质，这是结婚买房所不具备的。作为一种财产，房屋的可转让性更差，由于购房在很大程度上包含了父子代际的伦理考量，因此年轻人对待买房更不是持一种纯市场的态度。

“他有的还没装修，现在攀比也大，你买我也买，买了房没钱装修，还有没结婚的，结了婚的就过去住。”②

问：房子也不住为什么非得买呢？你说有个面子问题，这个怎么讲？

答：闺女觉得没房没车就不好，谁都挑你不挑就傻。③

这种攀比不仅是嫁女家庭之间的攀比，同时也是男方家庭之间的攀比。

“别人说你，这么大的孩子怎么还不盖房，不给房子娶媳妇了？你盖没人夸你，不盖都说你。”④

---

① 彩霞村妇女主任访谈。
② 坚固村东北片访谈。
③ 彩霞村妇女主任访谈。
④ 同上。

这一则材料更加说明结婚买房是从前的盖房结婚的延续。为儿子盖房具有一定的义务性，无法完成任务的父亲会受到社区舆论潜在的贬损，完成了盖房任务的父亲会感到充实和如释重负的轻松。但是不能认为父亲是顾及自己声誉而挣钱或借钱买房，因为很多访谈对象在谈到购房压力时都会首先提到儿子，“不能对不起儿子”“欠别人的债能还，儿子娶不上媳妇的债还不起”。这更是体现了结婚买房所具有的伦理基础。这个基础既催生了父亲在负担购房成本时的无限义务，本身也造成了攀比本身，原本“不盖房没面子”的义务转变成了谁能更好地完成人生任务的攀比。这是结婚购房的复杂所在。

到这里我们可以总结出结婚盖房和彩礼价格两种婚姻成本提升背后不同的动机。对于男方家庭而言，虽然可以通过多给一些彩礼钱求得女方家庭的同意，女方也愿意接受这一提价，这种提价因为陪嫁机制的存在将会提高新娘在婆家的地位；但是这种提价对男方家庭而言有很大的舆论压力，一个额度公开的昂贵彩礼既意味着男方家庭自认家境颇不如人，也会让其他给儿子准备婚事的家庭感到压力。而结婚购房在本质上是给自己家增加筹码，也是父母践行自己伦理角色的直接体现，因此可以猜测，一个稍宽裕的家庭有更强的伦理动力多承担一点债务在城镇购房增加自家娶媳筹码，而更不愿意主动提高彩礼价格来提高自身竞争力。

综上所述，结婚买房并没有直接形成就近城镇化，它只是给产业推动就近城镇化提供了来自返乡务工人员的资金，这些资金以家庭代际支持的方式转变为城镇中的商品房，但是并没有决定那些年轻人住在这些楼房里。特色农业村周围的空房和依赖周边产业完成人口向城市流动的村庄，城镇化进程更多地仍然取决于产业发展水平。

二、教育的选择：代际伦理的责任限度

更复杂的情况是，在不同的乡镇，即使家庭在城镇地区购房比例接近，产业发展状况相似，实际入住率也会有一些差别。进一步梳理购房动机，可以发现这些差别既不仅反映了乡镇产业结构的特点，也会从侧面显示出农村居民为下一代负担住房时的“责任范围”。

除了家中男孩结婚以外，最主要的购房动机是小孩上学。访谈对象在提及这一问题时都表示相信“教育改变命运”的命题，在家庭决策中认为县城教育资源优于乡村。由于县城的公立中小学要求凡欲就读者须具县城户口，因此有部分家庭专门为此在县城购房；即使家庭中没人在县城落户，又不愿意买房，也可能选择交高学费让孩子进入县城私立小学。在村中就近上学则是免费的。对于不在县城购房、以择校费方式让孩子入学私立小学的家庭，学费负担是每年 4000 元到 5000 元，且父母因不在县城居住无法周全照管这些读私立学校的小孩，只能让他们住校，所以还会产生一笔伙食和住宿开支。每个孩子每年总计会在私立学校花费一万元开支。[①]

问：为了结婚买房有几户？在沁汗那边买房都是为了结婚吗？

答：不是不是，他们主要是为了上学。孩子在沁汗上学。那几户都是，没房不让人上。

问：那咱组结婚的，翻修房子就行了？

答：在组里这几年没有结婚的。[②]

需要注意到，吴家寨村在县城购买商品房的家庭比例是调查地区中偏低的，而且村中的访谈对象都认为“风气还好”，结婚并不必然要求在县城买房。在县城买房的少数家庭里有很大一部分目的是上学而非结婚。类似的情况也出现在同镇的古家寨村。

问：孩子在那儿上学……是买房才能在那儿上学吗？

答：对对对。县城有户口才可以上学，没户口学校就不收。[③]

可见，在购房原因上，吴家寨和古家寨两村考虑小孩上学的家庭比例更高。直观地看，这是因为砥石镇结婚对县城商品房要求低。但是进一步考虑结婚和上学两件事情对于一个家庭的意义差别，就会发现存在于砥石两村和卫津两村之间的差别不仅在地理位置上。访谈中的所有干部和村民都会认同，让儿子能够结婚是父母的义务，所以彩礼钱和婚房的购房款由父母支付，父母虽然觉得价格不菲，也只能表

① 瓜棚村第三组访谈。
② 吴家寨村第五组访谈。
③ 古家寨村村委会座谈。

示无奈。甚至当孩子没有余钱的时候，不能指望孩子帮忙偿还结婚造成的欠债。

“嗯，还是小家小户的好，有了各人奋斗目标了。各人拿着各人生活。二儿子结了婚了，我们把责任尽到了，我们就分开（分家）吧。”①

但是上学买房就不具有同样的伦理基础，老夫妻不会将其作为自己的人生责任。年轻夫妻也不能因为自己的孩子要上学就要求长辈出钱购买县城商品房，此时两代夫妻已经分家了，父母没有义务承担孙子上学产生的开支。而且上学对购房的要求，其硬度远远不及结婚：不在县城购房尚可以就读县城私立，或者就近在村里上学。

所以，卫津镇地区受结婚买房风气影响，村民更可能集中两代人（尤其是返乡的第一代人）的财力以及社会关系网络的力量来购买县城商品房，这种情况下购房并不反映商品房所有者家庭的真实需求和经济能力；但砥石镇受此风气影响较小，以孩子上学为目的的买房不像结婚买房那样负担在家庭中老一代的肩上，因此教育购房更倾向反映年轻父母自身的经济能力。这种经济能力往往同时表现为能够真正入住新购房，在城镇经商或在机关单位工作，实现完全意义上的城镇化。而出于结婚目的购房的家庭可能会在支付购房款后暂时不具备整体搬迁进入城镇的条件，出现空置住房的情况。所以，砥石镇的两村虽然整体经济条件较差，但村中有在城镇地区购房的家庭基本都搬迁进入了城镇，体现的就是教育购房对农村家庭条件的筛选作用。

这一区分不是清晰明了的，只要稍将观察时间延长就会发现结婚买房本身就可以作为第三代人享受城镇基础教育的凭借。而且，对于条件更好的家庭，会在儿子年龄尚小的时候就将城镇房屋预备好，这时候其“动机”是没有明确区分结婚或教育的。对于这两个问题，笔者认为：以购房作为城镇生活的敲门砖，在城镇化的意义上，对于一个代代延续的家庭而言基本是一次性的，但是这次调查显示出，当前的就近城镇化有一部分动力来自家庭中的代际伦理，而这些伦理发挥怎样的作用的确有一定的情境性。区分结婚买房和教育购房的目的在

① 古家寨村第十组访谈。

于说明一个家庭在决策过程中即使不以一种清晰的“情境条件充分性”的方式思考问题，也仍然会在承担沉重的经济负担时以伦理的视角考虑自身行动的意义。

三、结婚买房的其他影响

在代际伦理、婚姻市场和攀比风气共同塑造的村庄社会环境下，调查地区乡村社会中人们对人际关系的感受和态度发生了一些变化。

首先，伴随着男性结婚成本的飞涨，农村家庭的生育行为发生了变化，超过一个儿子意味着异常沉重的负担。许多夫妻第一胎生下女儿时几乎是毫不犹豫地选择继续生育第二胎。但当第一胎是个男孩时，这对夫妻就会思前想后是否“冒险”再生一胎。

“头胎是小子的，生二胎他就左考虑右考虑，他怕二胎再生个小子。头胎生姑娘的，绝对会生二胎。二胎是嘛算嘛。有个别户，生了一个小子就再不生了。如果头一个是小子，再生一个又是小子，对啦，小子还年幼的时候他就开始干了。拼命挣钱了。孩子们上学花多少钱，盖房花多少钱，娶媳妇花多少钱……没有一百万下不来。”①

其次，嫁入男方家庭的媳妇地位被认为是提高了，在媳妇和公婆的关系里有的媳妇表现跋扈，访谈对象认为这与彩礼价格高昂有关，如果因为家庭矛盾导致媳妇提出离婚，那么已经付出的彩礼至少是不能全部追回的。这一点在不同的村庄访谈对象描述不同，有待继续观察。

另一方面，子代之间关于老两口财产的争夺也纳入了购房的内容，趋于复杂。

问：我在一个村听到了这么个事情，结婚五六年了儿媳非得要老两口给她们买房子，买不起然后他们真离婚了。你觉得儿媳这么做……

答：可能是因为有女儿?

问：没有女儿了，出嫁了。

答：还是有女儿呀。

问：她还担心老两口把钱给出嫁的女儿呀?

答：诶，对啦。有这个意思。家里要是有女儿的情况下儿媳妇永远拿不到钱。

---

① 吴家寨村第十组访谈。

她怕钱给了女儿。[①]

在这个材料里面，访谈对象认为故事中看似蛮不讲理的儿媳要求公婆给他们家买房是因为不愿老两口把钱交给家中已经出嫁的女儿，希望以买房的理由将公婆剩下的财富拿到自己的小家庭中来。在这个比较极端的案例中，儿媳没有把自己当作这家人，其公婆也不将她视为自家人，虽然出嫁的女儿对自己没有赡养义务，老夫妻仍然愿意把钱交给她而不是未来更可能赡养自己的儿媳。

除了小城镇集聚作用的辐射范围对购房位置的优先性影响外，村庄、乡镇与县城的距离还在另一方面影响了购房决策。整体观察访谈资料，我们发现，距离县城较远的乡镇，居民结婚时女方家庭对男方在城镇购房的要求硬度更低，沁汗市砥石镇、方化县嵩岱乡都属于这个情况。

“彩礼十几万。大部分都要车。就是在外头上班的，有要求买房的。在家打工的，不要求在外头买房。”[②]

“到县城、石家庄买房的不多，村里结婚不必须买房子，翻新就可以了。……我们村里没有规矩必须结婚到县里买房。”[③]

除了这几个距离周边县城较远的村庄和上文提到过的自身非农产业发展很好的两个村庄外，其他地方的访谈对象无一例外告诉我们村里结婚对城镇购房要求很严，如果男方家里不为他在县城购置一套楼房，女方家庭最后是不会答应这门亲事的。为什么这种婚姻条件会和村庄与县城的距离有关？这个问题目前暂时没有解答，有待继续调查研究。

第四章　结论和问题

为了分别解释调查地区农村家庭的购房和居住决策，本文前后描述了调查地区的产业分布和家庭劳动力分工，以及婚姻市场中家庭对

① 牛家庄村妇女主任访谈。
② 古家寨村第十五组访谈。
③ 嵩岱乡莓岭村座谈。

彩礼和购房的基本态度，目的在于明确代际伦理在城镇化过程中发挥作用的环节和机制。对于一个农村家庭而言，居住地周边的就业机会分布是无法改变的，但是这个家庭中的劳动力可以外出寻求工作。劳动力的流动虽然受到就业机会的基本约束，但在家庭的尺度上，成员的流动在个体发展机会的逻辑之外，也体现了代际分工。除了产业分布和就业机会，流动的决策还受到家庭自身固有思维方式的影响。结婚买房这一现象客观上迎合了城镇化的基本趋势，但又凸显出了家庭决策中经济合理性思路之外的那种逻辑，也就是本文所谓“代际伦理”。家庭中的伦理关系在婚姻缔结过程中有复杂的表现，本文对比了结婚买房与彩礼、彩礼与嫁妆、结婚买房与教育买房等三对关系，说明了伦理关系的强度和较为明确的适用范围。

一、石家庄地区城镇化的基本图景

石家庄地区的乡村聚落分布较为密集，由于地处平原，凭借道路和公交等基础设施的完善，县级城镇的非农产业可以吸引较广范围内的年轻劳动力前往就业，借助摩托车、电动三轮车等交通工具可以完成通勤。因此，调查所及地方的人口流动确实在城乡之间发生了，但并没有形成大规模长距离外出打工，更多的进城务工距离较短，时间周期较为灵活。在家庭内的分工方面，大部分村庄里年轻人外出就业，少数凭借改革开放以来的历史优势发展非农产业的村庄能够吸纳就业；达到一定年龄以后，外出就业者逐步返回乡村，从事农业劳动。打工者从乡村外带回的资金会用于盖房或在城镇买房，近年由于子代婚姻门槛提升，兼之攀比风气，许多家庭都会花费高昂成本在城镇买房。

石家庄地区小城镇的主要职能并不是为本乡镇居民提供居住场所，乡镇比县城更体现这种居住功能的缺失。与县城距离的远近会影响乡镇职能的发挥，距离近的乡镇在城镇化过程中并没有像更远的乡镇那样扮演集聚中心的角色。许多乡镇直接坐落在一个中心村里，形成“村中镇”的局面，使得乡镇在城市化过程里略显尴尬。

城镇化的含义原指人口从乡村向城镇流动，城镇对外来人口的吸纳包括居住、就业、教育等多个方面。在调查地区，居住模式与购房行为要分别解释。居住的核心的影响因素是产业和劳动，由于石家庄地区的近距离就业机会分布在县级城镇，对每一个村庄的劳动者而言可得性不均等，造成了不同村庄中家庭对城镇住房使用方式的差异：依赖特色经济作物种植或村内非农产业的村庄，年轻人在县城就业较少，在城镇购房后空置比例较高。

但是产业、劳动和人口迁移虽然解释了购房区位和空置，却没有解释空置产生的原因，没有解释农村家庭为何选择购房而非宅基地建房。不同村庄中的家庭在城镇地区购房的偏好水平并不是直接对应于其城镇就业机会的。子代婚姻在城镇化中的位置由此凸显出来。

二、代际伦理在就近城镇化过程中的作用

调查地区的年轻人都会到村庄之外的地区务工或经商，对他们而言，上班是一种"更体面"的工作方式，城镇生活也是更时髦的生活方式，这种时髦的重要体现之一就是住进楼房。对于一个待嫁的女孩而言，有住进楼房的机会自然要把握；对于娶妻的男孩而言，也很可能借机向父母索要一笔首付款，在城镇给自己购买一套住房。

父代出资为儿子在城镇地区买房，以应对女方家庭的要求，这是许多普通收入水平的家庭最初的买房动机。家庭内父代对子代的支持具有伦理必然性，这是目前的研究已经指明的。农村婚姻市场中男多女少的基本现象形成了男方家庭家庭之间的竞价。沿着这一判断，本文梳理了彩礼和陪嫁在婚礼中所起的财产转移功能，指出了彩礼和购房之间的性质差异。

彩礼额度在人们的观念中表达的是男女两方家庭基本条件的相对差异，额度上涨使得女方家庭更有面子，但会使男方家庭承受抬高彩礼价格的舆论压力，这使得彩礼额度的确定过程并不完全依循市场竞价的逻辑。男方私下提高彩礼数额以求女方家庭同意，又希望公开场合里声称维持较低数额，以免显得自己的家庭相对条件低人一等；女方一方面接受涨价，另一方面又有动机公开实际的涨价结果，显示自己家条件的优越和女儿的出众。结果是男方家庭偷偷涨价，女方家庭偷偷"泄密"。

买房则不同，作为男方家庭自身条件的直接表现，城镇买房在婚姻中的角色是曾经结婚盖房的延伸，在代际支持的伦理中，为子代提供住房本身就是父代践行伦理的能力的表征，因此老人们本身在伦理上是不抵触买房的，甚至可能自身就参与攀比风气的形成。在村庄的尺度上比较，结婚买房和彩礼上涨的两种不同机制显现出来：结婚买房风气较盛的是那些距离县级城镇较近的村庄，而不一定是贫困的村庄；但越是贫困的村庄越可能产生高额彩礼，因为此时的男女方家庭相对条件差异较明显。实际上，婚姻市场里的男方家庭不是在和同村的其他家庭竞争，潜在的竞争者包括了村庄之外的条件更好的家庭，女方家庭在提出高额礼金时，意味着女儿是有机会嫁入更好的环境的。

伦理作为一种道德义务，虽然在条件硬度上非常强，可以使父母为儿子婚事承担近乎无限的义务，但是在内容上有一定界限，这体现在教育购房的责任分配上。父母愿意为了子女在县城念书而购买城镇的学区房，但是这一对年轻父母的责任不会因而转嫁到其父母（也就是孩子的祖辈）身上。

通过以上的材料和分析，我们可以得出这样的结论，男女比例失调不能单独地解释婚姻市场竞价，婚姻市场的竞价也不能顺理成章地导向结婚买房的现象。竞价行为发生在农村社区内，有复杂的非经济特征，引入家庭伦理时须仔细分辨出在社会关系中的行动者所具备的心态。代际伦理和乡村社会关系网络的相互作用是解释彩礼和购房竞价的关键。

石家庄周边地区正在发生的就近城镇化是一个产业发展和家庭伦理共同作用的过程。对于中国农村的打工家庭而言，其成员在日常生活中可能是分散的。但是中国的城镇化复杂之处就在于家庭成员的分离并没有使得家庭瓦解，在家庭生活缺失的前提下，家庭仍然维持了很强的纽带关系，证据就是父母出于子女教育、婚姻的考虑而不计价格和成本地在城镇中购买房屋。城镇化是一个窗口，透过它我们看见了社会关系对参与城镇化的个体的作用，这个关系的背后有伦理的支持。

三、调查地区乡村社会的未来展望

在不发生拟城镇化的前提下，城镇化本身具有一次性特征。一个家庭迁移进入城市，就不会再次回到农村社区。在城镇没有提供足够的就业、住房和教育资源时，家庭从农村向城市的迁移过程很难一次完成，石家庄地区的就近城镇化展现的是举全家之力先给年轻人在城镇中找到住所，此时的年轻人也只有一只脚踩在城镇的土地上。在城镇自身发展到足够水平之前，并不能提供给所有在城镇有住房的年轻人一个栖身机会。对于文中提到的许多家庭而言，城镇化是一个多少有些被动且漫长的过程。

留在村庄里生活的大部分是完成了子代婚姻任务的老人。村庄的老龄化现象已经清晰可见了，当第一代外出务工人员还处在打工阶段时，村庄中的人口是“留守的”，但是当这些人返乡，第二代打工者离开乡村以后，有多少人会在达到年龄以后再回归乡土？结合他们自身的意愿，至少可以说比第一代务工者更少，村庄很可能会变成老人的村庄。老人的村庄如何完成农业生产？如何完成养老任务？这些问题笔者非常好奇，无法回答。

对于小城镇而言，非农产业是否始终能够创造足够的就业岗位吸纳进入城镇的年轻家庭？这些年轻家庭的家长们是否会接过代际伦理的担子，给子代创造向上流动的机会？这也是笔者无法回答的，在这一研究的最后，这些问题都留在了笔者心里。

参考书目

白南生、何宇鹏，2002，“回乡，还是外出？——安徽四川二省农村外出劳动力回流研究”，《社会学研究》第3期。

白南生、李靖，2008，“城市化与中国农村劳动力流动问题研究”，《中国人口科学》第4期。

蔡昉、都阳、王美艳，2001，“户籍制度与劳动力市场保护”，《经济研究》第12期。

陈讯，2018，“婚姻要价、代际支持与农村青年城镇化——基于晋西北W村调查”，《中国青年研究》第2期。

陈映芳，2005，“‘农民工’：制度安排与身份认同”，《社会学研究》第3期。
刁统菊，2007，“嫁妆与聘礼：一个学术史的简单回顾”，《山东大学学报》（哲学社会科学版）第2期。
费孝通，1984，“小城镇大问题”，《江海学刊》第1期。
费孝通，2005，《江村经济：中国农民的生活》，商务印书馆。
辜胜阻、刘传江、钟水映，1998，“中国自下而上的城镇化发展研究”，《中国人口科学》第3期。
何良，1992，“试论开放中的农村剩余劳动力转移问题”，《特区经济》第2期。
贺雪峰，2009，“农村代际关系论：兼论代际关系的价值基础”，《社会科学研究》第5期。
胡建坤、苏强，2013，“农民进城买房行为研究”，《城市发展研究》第2期。
黄志辉、李飞，2012，“非经济动力——农民‘住城’的文化动因”，《华中科技大学学报》（社会科学版）第3期。
李代、张春泥，2016，“外出还是留守？——农村夫妻外出安排的经验研究”，《社会学研究》第5期。
李培林、田丰，2013，“城市化与农民工的社会融入”，载李培林《当代中国城市化及其影响》，社会科学文献出版社。
李培林，2013，“城市化与中国新成长阶段”，载李培林《当代中国城市化及其影响》，社会科学文献出版社。
李强、陈振华、张莹，2015，“就近城镇化与就地城镇化”，《广东社会科学》第1期。
李强，2013，“主动城镇化与被动城镇化”，《西北师大学报》（社会科学版）第6期。
李珍珍，陈琳，2010，“农民工留城意愿影响因素的实证分析”，《南方经济》第5期。
栗志强，2011，“农村男青年婚姻移民推动下的‘城镇化’问题——基于豫北L县的调查”，《理论探索》第6期。
刘燕、叶敬忠、胡晓江，2015，“从主动投资到被动选择：农民工家庭在集镇购房的动因转变”，《农村经济》第4期。
陆学艺，2004，《当代中国社会流动》，社会科学文献出版社。
陆学艺，2005，《“三农”新论：当前中国农业、农村、农民问题研究》，社会科学文献出版社。
毛立平，2006，“清代妇女嫁妆支配权的考察”，《史学月刊》第6期。

钱忠好，2008，“非农就业是否必然导致农地流转——基于家庭内部分工的理论分析及其对中国农户兼业化的解释”，《中国农村经济》第10期。
任远，2014，“人的城镇化：新型城镇化的本质研究”，《复旦学报》（社会科学版）第4期。
盛亦男，2014，“中国的家庭化迁居模式”，《人口研究》第3期。
施坚雅，2000，“城市与地方体系层级”，载施坚雅《中华帝国晚期的城市》，中华书局。
王春光，2006，“农村流动人口的‘半城市化’问题研究”，《社会学研究》第5期。
王德福，2014，“变色的嫁衣：作为代际剥削手段的彩礼——转型期农村彩礼习俗的性质嬗变研究”，《湖北民族学院学报》（哲学社会科学版）第2期。
王培安，2011，《中国流动人口发展报告(2010)》，中国人口出版社。
王培安，2016《中国流动人口发展报告(2015)》，中国人口出版社。
王绍琛、周飞舟，2016，“打工家庭与城镇化——一项内蒙古赤峰市的实地研究”，《学术研究》第1期。
王玉君，2013，“农民工城市定居意愿研究——基于十二个城市问卷调查的实证分析”，《人口研究》第4期。
吴瑞君、朱宝树、古荭欢，2017，“上海市就业人口的职住分离和结构分异”，《中国人口科学》第3期。
熊波、石人炳，2007，“农民工定居城市意愿影响因素——基于武汉市的实证分析”，《南方人口》第2期。
徐宗阳、焦长权，2016，“茶与城镇化：新时期乡村经济生态的案例研究”，《学海》第4期。
曾鹏、向丽，2016，“中西部地区人口就近城镇化意愿的代际差异研究——城市融入视角”，《农业经济问题》第2期。
张庭伟，1983，“对城市化发展动力的探讨”，《城市规划》第5期。
张新民，2012，“农民工在打工地购房意愿影响因素研究——以广州市番禺区大岗镇为例”，《江西农业大学学报》（社会科学版）第1期。
章铮，2006，“进城定居还是回乡发展？——民工迁移决策的生命周期分析”，《中国农村经济》第7期。
周飞舟，2006，“分税制十年：制度及其影响”，《中国社会科学》第6期。

朱泽，1993，“‘民工潮’问题的现状、成因和对策”，《中国农村经济》第12期。

Christiansen, R. E. & Kydd, J. G. 1983, “The Return of Malawian Labour from South Africa and Zimbabwe”, The Journal of Modern African Studies, vol. 21, no. 2.

Clark, W. A. V. & Withers, S. D. 2007, “Family migration and mobility sequences in the United States: Spatial mobility in the context of the life course”, Demographic Research, vol. 17.

Dieleman, F. M. & Schouw, R. J. 1989, “Divorce, Mobility and Housing Demand”, European Journal of Population / Revue Européenne de Démographie, vol. 5, no. 3.

Heberle, R. 1938, “The Causes of Rural-Urban Migration a Survey of German Theories”, American Journal of Sociology, vol. 43, no. 6.

Mulder, C. H. & Wagner, M. 1993, “Migration and Marriage in the Life Course: A Method for Studying Synchronized Events”, European Journal of Population / Revue Européenne de Démographie, vol. 9, no. 1.

Stark, O. & Taylor, J. E. 1991, “Migration Incentives, Migration Types: The Role of Relative Deprivation”, The Economic Journal, vol. 101, no. 408.

Stark, O. 1982, “Rural-Urban Migration and Surplus Labour: Reservations on Bhatia”, Oxford Economic Papers, vol. 34, no. 3.

旧集新散

张宇婧　中国人民大学人类学系 2016 级
指导教师　赵旭东

第一章　导论

“驼铃古道丝绸路，胡马犹闻汉唐风。”[①] 古道、驼铃、丝绸，眼前仿佛出现一幅古丝绸之路上，商人骑着骆驼载着丝绸从中原前往西域售卖的图景。“一带一路”发展战略的提出，使得对其沿线民族地区的经济和文化生活研究具有一定的现实意义。位于丝绸之路南道上的三甲集镇的牛羊交易市场作为一个空间存在，内部呈现出多元化市场关系，外部又同其他地方性市场一起流转变迁，流转通过道路实现，不同主体又有着不同的道路选择，展现了文化转型背景下一带一路沿线民族地区牛羊交易市场经济与文化意涵。因此，我采用线索民族志的方法，从三甲集镇牛羊交易市场出发，研究人和物在市场中通过道路实现的交换与流转的关系，再联系道路与其他地方性市场，呈现出三甲集镇东进西出、南来北往的重要交通位置，从而使得对它的研究可以透视丝绸之路沿线地区人们的经济与文化生活。

一、问题的提出

北京、西安和洛阳等地的博物馆，展览着几件引人注目的三彩陶

① 来源于网络上流传的《七绝：重走丝绸之路》一诗，具体作者不可考。

驼和陶俑，这是在陕西、河南等地出土的唐朝初年的宝贵文物。陶驼体呈赭黄、棕红以及其他颜色，不同的色釉装饰着头颈和四周。它们背着花毯，驮着丝绸，抬头挺立，整装待发。牵驼的陶俑穿着翻领的衣服，系着腰带，目光深邃而又悠远，流露出怡然自得、潇洒利落的劲头，正是他们在满怀信心准备开始万里征途。这些制作得异常逼真的陶驼和陶俑，令人不由得回想起古代的商旅们是如何从“丝绸的故乡”出发，跨过千山万水，在古代丝绸之路上进行贸易的场景，也令人记起这条路上的人们长期商贸往来的历史传统。

我国丝绸在公元前五世纪开始西传，销往罗马、希腊和印度等地。公元前四世纪时起，他们称呼中国为“赛里斯”，就是丝绸之国的意思。而丝绸开始大量西传，是在丝绸之路开通以后。

公元前 138 年，张骞奉汉武帝的命令出使西域，但在途中被匈奴拘留，张骞并未就此放弃，而是时刻伺机逃脱，完成出使西域的任务。终于，公元前 126 年，张骞重回长安（今西安市）。这就是历史上著名的张骞出使西域的故事。他一共两次出使西域，开通了横贯亚洲内陆的东西交通要道，使者和商旅不断前往西域进行政治和贸易活动，同时西域的商旅也从这条路前往中国。从此，东西方的经济与文化交流出现了空前繁荣的局面，大批的丝绸通过这条路源源不断地运往西域，也因此，这条交通要道被称为“丝绸之路”。

丝绸之路并未因为时代变迁而不复存在，相反，迈入 21 世纪之后，国家根据现阶段的发展需求，提出了“一带一路”发展战略，并对它进行全方位、多层次的战略规划。2013 年 11 月，中共十八届三中全会通过的《中共中央关于全面深化改革若干重大问题的决定》中，提出“推进丝绸之路经济带、海上丝绸之路建设，形成全方位开放新格局”，这一说法标志着“一带一路”成为国家战略。2015 年 3 月，国家发展改革委、外交部、商务部联合发布《推动共建丝绸之路经济带和 21 世纪海上丝绸之路的愿景和行动》，标志着对中国发展将产生深远影响的“一带一路”战略进入全面实施阶段，同时也让科学解读“一带一路”战略以及认识其所带来的一系列发展与问题成为可能。

因此，研究处在“一带一路”沿线的民族地区的经济文化发展具有一定的战略意义，人类学的参与也是不可缺少的一环。在这样的背景下，导师申请到的国家民族事务委员会关于“一带一路”课题的研究也迫在眉睫，从文化转型视角出发，研究民族地区如何参与“一带一路”所带来的世界新格局，并在这种格局中如何对自身文化进行新的调试与呈现。基于此，2017 年夏天，我与同门一行三人，前往甘肃兰州、临夏回族自治州等地调研，该地作为“陆上丝绸之路”的重要城市，其多民族聚居的特性贴合我们的研究主题，通过调研，我们希望看到，处于丝绸之路上的少数民族在新的文化转型下，是否出现了新的应对，呈现了一种怎样的面貌。

我们将道路与商贸作为我们的研究切入点进行调研，在这个过程中，临夏回族自治州广河县三甲集镇的牛羊交易市场吸引了我的注意。该地素有“西北第一集”的称谓，是古时候茶马古道的旱码头，丝绸之路也途经这里。这里虽不是牧区，却有全国首屈一指的皮毛交易市场，其牛羊交易市场更被列入甘肃省五个大型特色农畜产品交易市场之一。牛羊交易作为西北人民传统谋生方式之一，在这个市场中焕发了新的生机与活力。牛羊交易市场这个空间内部存在着特殊的交易规则、交易路线及往来联系，空间外部的茶马古道、唐蕃古道也并未消失，而是在这个地域以新的面貌带动着商贸的流通，特别是丝绸之路经济带战略部署之后，宽阔又畅通的国道、省道、高速公路的出现，承载并促进了这个牛羊交易市场的存在与发展。新集与旧集，新路与旧路，新旧的变化与流通出现了新的面貌，这一切吸引了我的研究兴趣，也由此产生了几点思考：

第一，三甲集镇的历史与地理情况是如何成为牛羊交易市场诞生的原因的？

第二，牛羊交易市场是怎样变迁的？市场内部的交易主体、交易规则、交易路线是什么样的？管理人员在这个市场中充当了怎样的角色？市场内部各个主体之间是如何互动的？

第三，牛羊交易市场同地方性市场之间的联系是如何建立的？他们之间如何互联互通形成一个整体性的市场？我们是否可以从中感知到一带一路民族沿线地区人民经济和文化生活？

二、理论背景

（一）关于道路的研究

我的研究关注的重点主要在于道路与集市的互联互通关系，从具体的集市出发，联合其他地方性市场，结合道路的存在，呈现一幅独有的经济及文化生活，借此从中感知整个“一带一路”的景象，因此在这里对道路和集市的研究进行梳理。

现有对道路的研究，如果进行划分的话，主要是关注道路的功能、社会文化及道路史研究。道路的交通运输功能及其经济效益是首先被强调的。“要致富，先修路”，这条口号的存在正是对道路所具备的经济效益的认可，除经济方面以外，道路和政治的关系也是一直备受关注的，国家使用道路来加强统治实现政治目的的案例也比比皆是，中国古代道路上的驿站即是如此。

道路和社会文化的关系所涉及的面也较为广泛，除了经济、政治以外，文化变迁、宗教传播、人口迁徙、城市化、环境等皆离不开道路，也吸引学者从文化、地理、旅游等多个角度加以研究。翁乃群从社会科学的角度关注铁路建设对沿线村落的经济生活、社会文化变迁所带来的影响（翁乃群，1997）；而刘文杰则对我国的路文化进行梳理，简述中国道路的发展历史，涉及与道路相关的历史兴替、人物事件、地理环境和文化传统等方面，关注道路对政治、军事、经济、生活、文学、景观、生态等方面的影响，全面系统地介绍和讨论了路文化的多元性（刘文杰，2009）；而周永明关注路学研究，对道路及其社会性进行多方面的探讨和研究（周永明，2016）。

除此之外，“一带一路”战略出台后，关于“丝绸之路”“茶马古道”等具备历史文化价值的道路的研究层出不穷，但主要关注道路的历史、背后的文化意义及历史功能。如蒋文中梳理茶马古道形成过程，分析茶马古道所带来的经济效益及历史意义（蒋文中，2014）；雍际春系统全面地论述了丝绸之路开辟和发展演变的全貌，展现了丝绸之路所具备的文化价值与历史影响（雍际春，2015）。这类研究主要是对于历史线路的追溯与澄清，基本上都是在国家提出“丝绸之路经济带”

与“21世纪海上丝绸之路”的说法之后成书。

赵旭东认为，“‘一带一路’战略的提出，成为中国人类学走出去的机遇。需要我们去重新审视中国文化，对其如何发展给出策略。我们需要赋予‘一带一路’建设跨越文化的界线走向世界发展的定位，由此看到世界范围内资源流动存在的文化意义。在这个意义上，我们可以从对道路人类学的研究转到对‘一带一路’的人类学研究上来。”（赵旭东，2017，55）

在他看来，“一带一路”的人类学研究是必然趋势，并且，“丝绸之路经济带中包含的文化必然性与中国西北的区域文化发生了关系，较明显的就是游牧和商业文化。陆上丝绸之路有一个关键地点——临夏，上百年的现代化的发展历程并没有使得其中蕴含的文化特征消失，而丝绸之路中贸易往来的文化形态又沉淀到了沿线人民的经济行为当中，他们用商业的方式来补充在农业上的不足。”（赵旭东，2017，55）

牛羊交易市场位于临夏三甲集镇，通过对牛羊交易市场展现的经济生活与文化观念联系同地域的其他市场进行分析，并将这些作为道路的一小段来透视整个“一带一路”，将道路与市场连接起来论述，从而呈现丝绸之路沿线贸易往来的文化如何沉淀到沿线人民的经济行为当中，展现“一带一路”上该少数民族地区商贸流通的景象。

（二）关于市场的研究

中国的农村问题一直以来都是国内外学者研究的重点领域，无论是中国的人类学家，还是国外早期的汉学家，都将村落作为分析中国社会的起点。早期的村庄研究主要关注村落组织、社会习俗、民间信仰、宗族关系等问题。

牛羊交易市场实际上是农村集市研究的一种。集市作为一种周期性市场，在我国农村地区是普遍存在的，人们在定期聚集的集会里出售或者购买所需物品，来维持生活的正常运转。集市的变迁在某种程度上是可以反映村庄的变化过程的，但早期阶段集市极少得到研究者的关注，仅将集市作为农村研究中的一个片段出现。

费孝通在《江村经济》一书中描述了江南地区的集镇。在他看来：

贸易区域的大小决定于运输系统——人员及货物流通所需的费用和时间。消费者直接购买货物的初级市场局限于这样一个区域，即买者不需要花很多时间以致妨碍他的其他活动便可在其中买到货物。中级市场是初级市场的零售商用批发价格购买货物的地方。（费孝通，2012，226）

他认为，“社会义务、互相接待、留宿和互赠礼物是不够的，它不足以使村里的一个农户获得他自己不生产的日常必需品。”（费孝通，2012：216）因此，农民必须前往农村集市满足自己的需求。但是农民又不只有集市这一种途径，在他看来，小贩、零售店、航船等方式同集市构成的流通系统一起形成了满足农民需求的途径。在《江村经济》中，集市仅是费孝通研究江村时所观察到的，并不是研究的重点，研究也并不深入。

杨懋春在1945年对山东台头村所做的社区研究中，在对村际关系进行描述的时候，对集镇进行了系统的描述：

集镇把周围的村庄联结起来，集镇辐射范围由该地区的交通运输设施以及自然屏障决定。有些地方是集镇与集镇之间的交错地带，也有处于几个地区之间的中立区。但总的来说，尽管没有明确的分界线，每个集镇仍有可辨认的确定区域，它把某些村的村民看作他的顾客，相应的，这些村民也把它看作他们的镇。（杨懋春，2012，190）

他通过分析集镇同村落的关系、集市举办的周期性时间、集市的政治功能，指出集镇在受到商品化和工业化时代浸入的农村变得越来越重要。集市所带来的商业功能是首要功能，农民在其中进行交换，也通过这样的方式，村庄与外部的联系也日益加强（杨懋春，2012）。

由此可见，早期的研究中国农村问题的学者主要是以家庭为单位对农村的社会经济生活及基层组织进行研究，关注农村的社会问题，虽然对农村集市有所提及，但是仅将其作为农村研究一部分提出，并没有进行过多深入的探讨。

美国人类学家施坚雅吸收德国地理学家沃尔特·克里斯塔勒的“中心地理论”“中心地理论”是由沃尔特·克里斯塔勒提出，在他看来，集镇是周围农村独一无二的中心，较大的城镇使得许多集镇联系起来组成一个体系、构成一个地方区域中心，更高一级的中心是满足农村和小城镇需求的较大城市（沃尔特·克里斯塔勒，2010，34）。施坚雅在此基础上构建了他的市场共同体理论。他认为，“农民的实际社会区域的界线不是由他所居住的村庄的狭窄的范围所决定，而是由他的基层市场区域的边界决定。”（施坚雅，1998，40）施坚雅的这一理论认为市场结构具备农耕社会的全部特征，将集市看成一种社会体系，从而否定了将村落作为农村研究的基本单位，在这里，他主张的是一种注重研究集镇，轻视村落的研究方法。

杜赞奇并不赞同施坚雅的看法，在他看来，“市场并不是造成农村交易活动的唯一原因，村民纽带在提供多种服务、促成交易方面也有着重要的影响。”（杜赞奇，2003，17）他认为市场体系及村民纽带一起造成了乡村的经济往来，仅仅用市场共同体理论难以解释农村社会繁多的现象。

以上各个学者的研究为我们提供了研究中国农村集市的特殊视角，也使得当代关于中国集市的研究不单单局限在经济学，地理学、历史学等其他学科都对集市有所关注。总的来说，现有研究可以分为对集市的分类、集市的起源与变迁及集市功能的研究。

中国称呼的“集市”一般认为指的是农村的集市。长江以北的地区一般叫做“集”，长江以南的地区一般叫做“市”。不同的学者对于集市的分类有着不同的看法。石忆邵将集市划分为每日市场或者连续性集市、周期性集市或者有着固定日期的集市、特殊性集市与国际性集市这四类（石忆邵，1995）。慈鸿飞引用施坚雅的理论将县以下的集市分为中心市场、中介市场与村级市场这三个级别（慈鸿飞，1998）。

集市的起源与变迁研究既包含了在宏观层面上对于集市的发展变化研究，也包含了一些研究具体集市变迁过程的微观的研究。钟兴永认为集市的产生来源于社会分工，社会分工使得村民之间出现交易需求，当交易成为定期举行的时候，集市便产生了（钟兴永，1996）。龙登高认为在原始社会末期，已经存在了传统形式的交换，农村公社是传统农村市场的历史起点，随着商品交换场所的扩大，商品生产规模也得到扩大，商品交易的地点就越来越集中，使得集市开始在固定地点举办（龙登高，1997）。李正华全面分析了华北乡村集市在近代形成的原因，展现了集市的特点，同时又对集市与经济、社会、政治、文化等因素之间的关系进行说明。通过这样的论述方式，向我们展示了乡村集市发展变化的特点以及这样的发展给社会进步带来的重要影响（李正华，1998）。奂平清从乡村集市的变迁的角度分析了具有典型农业社会特征的华北乡村社会的转型（奂平清，2006）。

集市的功能研究主要关注集市的经济、文化功能、社交功能及集市的政治作用。毛佑全认为集市是云南边疆各族人民经济和文化生活的重要场地，在集市中可以感受到先进的思想文化，传播有用的消息等（毛佑全，2005）。王铭铭认为，中国的集镇“不是简单的市场，而是库拉圈、互惠场所、夸富宴的举行地、再分配的网结、社会的竞技场和文化展示的舞台。”（王铭铭，2005，131）在这里，集市被看作一个社交平台，不单单是纯粹的交易场所，而变成了相互交往对话的地点，具备了社交功能。黄宗智从政治学的角度论述了 1949 年以前长江三角洲的小农家庭与市场，提出了过密化理论，论述了国家的权力与关系对集市发展的影响（黄宗智，1986）。

综合以上发现，前期有关集市的研究主要是在对乡村进行研究时，将集市仅作为乡村的一部分而有所提及，后期对集市的研究则大部分关注集市的变迁及功能研究，更多的落脚点在于集市因满足人民的经济需求而存在。对于道路与集市的互联互通关系，仅仅在论述集市发展初期时提及道路的存在是集市存在的前提之一，并没有过多进行分析。

因此，我在这篇文章中将主要关注以下几点：首先，道路的变化并没有改变当地的传统生计方式，而是将道路沉淀的文化浸润到农民的经济生活中。其次，牛羊交易市场是当地农民经济行为的表现，市场内部呈现出多方主体的交易与关系，人和物的交换与流转通过道路的通达性实现，而这个市场也并不是孤立的存在，它同其他地方性市场一同处在这样的道路流通中，牛羊集市的每一个环节都离不开其他地方性市场，在这中间所展示的出来的经济生活与文化呈现了转型背景下“一带一路”民族商贸参与的积极性与流通性。最后，通过这样线索民族志的方式，将市场与道路相联系，并将这一段展示的面貌结合到整个“一带一路”背景下，具有一定的特殊性。

三、研究方法及路径

我所调查的牛羊交易市场位于甘肃省临夏回族自治州广河县三甲集镇，调查时间为2017年7月19日到8月14日，主要分为三个调查阶段。第一阶段是从政府及政府官员处获取相关材料，并对市场管理人员进行访谈，从官方层面了解市场的基本情况；第二阶段主要是进入牛羊交易市场，观察交易情况，同市场参与人员沟通，现场感受市场交易面貌；第三阶段则是多方位了解市场上人与物的流通线路及该镇其他产业，牛羊交易市场是如何同其他产业形成联动，促进当地经济发展，道路又在其中发挥什么作用。

在研究方法上我主要采用赵旭东所提出的“线索追溯法”，它不是某种点上的静态观察，而是循着人或物的移动轨迹生发出来的各种现象去实现一种在点之上的线和面上的整体宏观理解，这种理解的核心就是把人和物都放置到某个自然或人造环境的大背景之中，由此去追溯人行动的轨迹（赵旭东，2015，48）。因此，我将牛羊交易市场作为一个线索，通过这个市场中存在的交易秩序、规则、流通与人情往来，连接市场范围外的道路与市场，从中透析人与物如何通过市场进行交换与流转。从牛羊市场基本情况入手，洞悉市场情况，它作为三甲集镇产业的一部分，如何同其他产业借助道路的流通实现一种往来与互惠，从中透视整个“一带一路”沿线地区人民的经济和文化生活。

在这个过程中，我主要运用田野观察及非结构访谈的办法。实地参与牛羊集市，观察牛羊市场状况及交易情况，以交易双方、市场管理人员、牙行[①]为主要观察对象，他们在牛羊集市当天如何行动与交易，在其中又是担当什么样的角色。

---

① 指在牛羊交易市场中买卖双方交易的中间人，通过在袖口里比划价格的方式，协调价格，促成交易的完成，并抽取固定佣金。在这个市场中，合法牙行由市场办颁发牙行证，并且展现了他是集中介、喂养、住宿、销售、运输于一体的多重身份集合体，后文有详细叙述。

除了田野观察以外，我还采用了非结构访谈的办法，对市场进行观察之余，利用交易间隙对牛羊交易人员进行访谈，发现市场之内存在的几大交易主体，本地与外地、家养户与二道贩子，不同的主体在市场内有着不同的交易经历与体验，特别是传统的买卖中介——牙行，在这个市场中有了新的身份角色，因此，对他们的访谈主要集中于个人生活史、市场发展史以及牛羊交易、流通、管理状况等内容。

市场外的访谈对象包括政府人员、工商所管理人员、已退休的市场管理人员、皮毛交易中心的创始人、茶叶市场老板及工人、信息部、旅馆老板、餐厅老板、蔬菜市场小贩等同牛羊市场有关产业的相关人士，获得牛羊交易市场的兴起与形成过程、个人生活史、在牛羊市场的经历及所从事产业的发展历程与现状。

文献研究也是我调查过程中不可或缺的研究方法之一。在这个过程中，我主要是利用从政府获得的地方民族志、政策性文件以及一些统计资料，对整个三甲集镇以及牛羊交易市场的历史与变迁建立整体性的认识。

第二章　三甲集镇

任何一个社会都是由特定的居民与一定的地域及互相作用的自然环境共同构成的人类活动的空间组成。作为研究对象的特定地域，是一个具有特定时空特征的结构，因此，在对所调查地域进行分析前，离不开对其历史变迁及地理环境进行描述。

一、作为交易中心的三甲集镇

三甲集镇牛羊交易市场是当地的称呼方式，其官方名称为“广河县三甲集牲畜市场”，位于甘肃省临夏回族自治州广河县三甲集镇东关村。广河县历史悠久，从两汉沿袭至今。现拥有 6 镇 3 乡：祁家集镇、三甲集镇、买家集镇、庄禾集镇、城关镇、齐家镇，水泉乡、南山乡、阿力麻土东乡族乡。

三甲集作为地名，是根据明代实行的里甲制得来的，三甲以“三甲”行政区划而得名，集则是因为这里很早就形成集，所以加上去的。临夏州古代的时候叫河州，三甲集是河州的集市之一，据清宣统元年杨清编修的《河州续志》记载，河州有宁河集、三甲集等共 26 个集市，清朝末年，又陆续增加了许多集市，至民国 32 年（1943 年），共计 46 集。但是至建国前夕，由于民不聊生，临夏地区集市贸易极其萧条，有些集市已经名存实亡。

建国之后，随着生产贸易的恢复，集市贸易渐渐兴旺起来，特别是土地改革后，政府开辟、恢复一些集市。后来到 1955 年，供销社在各乡镇普遍建立，一些小集市也相应消失。1958 年，农副产品及生产资料的购销由公社、大队统一管理，禁止进入市场采购，取消牲畜市场，对农民上市赶集横加限制。“文化大革命”时期取缔自由市场，农村集市贸易不断缩小规模。直到 1978 年后，初级市场管理执行改革、开放、搞活的方针，恢复农贸市场，原有的集市也都恢复到了之前的集期，三甲集镇的集市贸易也恢复正常，每月阴历逢一、逢四、逢七为集日。1982 年起，除综合市场外，形成了皮毛、牲畜、木材、蔬菜等专业市场[①]。

三甲集镇位于东经 103° 71′ 15″ ～103° 77′ 19″，北纬 35° 52′ 89″ ～365° 61′ 76″，处于临夏回族自治州与广河县的东部，其东边与定西市临洮县辛店镇隔河相望，南临水泉乡，北靠东乡县果园乡和车家湾乡，西边接广河县祁家集镇，是临夏通往兰州、定西、临洮、天水的必经之路，总面积约为 91.42 平方公里，耕地面积 2.84 万亩。

三甲集镇地处黄土高原与青藏高原的过渡地带，多为山地、河谷相间，海拔在 1809—2626 米之间。位于农区和牧区交界地带的特殊地理位置，属于西北干旱半干旱区，较为缺水，这里的山都是干山，因此，这里的粮食作物以春小麦、玉米、洋芋为主，畜牧业是当地农民很重要的生计方式。

---

① 历史资料部分整理自从临夏回族自治州州志办获得的《临夏回族自治州州志》。

因为地势西高东低，南北山峦起伏，中间呈带形山谷，所以三甲集镇政府官员马永[①]称当地地形为“两山夹一川”。如图所示，南山和北山之间有一条广通河横贯其中。我们可以看出，当地的道路主要是东西向的，有三条主要交通干线。第一条路是康临高速公路，是沟通临夏与省会兰州以及中国东西部联系的交通要冲。第二条路就是中央大道，这是一条 2016 年底通车的道路，它连接的地域在某种程度上是三甲集镇新区的所在地，三甲集镇未来经济发展的重点区域。三甲集镇政府、东关村村委会及正在建的皮毛交易中心位于这条大道的东侧。第三条路是兰朗公路，也可称为三甲集镇街道，是东关村的主街道，也是三甲集镇最为繁华的一条街道，这条街道的两侧多为商铺。

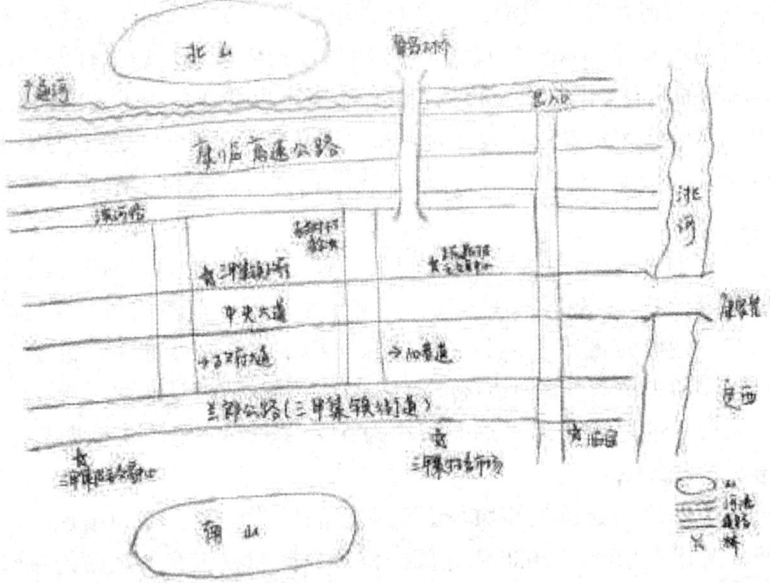

图 7-1　三甲集镇道路图

旧有的三甲集皮毛交易中心在三甲集镇街道的西侧，我所调查的

① 来自 2017 年 7 月 22 日在三甲集镇政府同马永的访谈资料，文章所用人名皆为化名。

牛羊交易市场则处于靠东位置，与它紧挨着的是蔬菜市场。顺着街道一直向东走，就是三甲集镇交通中转站——临园的所在地，来往车辆都在这里集散，前往兰州或者其他地方。

三甲集镇共有15个行政村，157个合作社，6694户，人口5.25万人，98.2%的人口是穆斯林，主要是回族、东乡族，比例约为8：2，98%都以马为姓氏。汉族集中在水家村，以水、裴姓为主。牛羊交易市场所在的东关村有常住人口约为6000人，加上流动人口约为11000人，共有15个社。

二、东进西出与南来北往

三甲集镇由于处于农区和牧区交界的特殊地理位置，因而成为中国西部的重要的商埠，享有“西部旱码头”的美誉。自古以来，这里就是沟通中原与西域的黄金纽带，丝绸之路成名前，这里是玉石之路和青铜之路的必经之路。汉朝时期，作为“丝绸之路”的南道重镇，往来商贸发达。唐代的“唐蕃古道”穿行而过，明代又是“茶马互市”的重要市场，可谓是中国商贸流通的起源地、中国商人的出发地，经过历朝历代的发展，成为中国西部最重要的皮毛、牲畜、茶叶等商品集散地。

据与《河州史话》等著作的主编、前临夏州州志办主任、临夏本地学者马志勇先生访谈所得，得出丝绸之路主要有三条路线。

北路从长安出发，沿泾河西北向，经过咸阳、泾川等地到平凉，再经过六盘山东麓至固原，然后西行到景泰的小口子（河西今称索桥）附近过黄河，直到武威，再沿着河西走廊内的永昌、山丹、张掖、酒泉、嘉峪关、安西等地直达敦煌，再西行到达中亚、西亚。

中路从长安出发，沿着南线路线到达临洮，经阿干河谷到达兰州，从河口渡过黄河，经过永登，攀越乌鞘岭，过武威，到达张掖与南北两麓会和直抵敦煌、西域。

南路从长安出发沿着渭河向上到达宝鸡东边，越过大震关，经过秦安、通渭、陇西、渭源、临洮到达临夏，在永靖炳灵寺，或积石临津渡（今大河家），或经东乡红崖子渡黄河“飞桥”，再经青海的民和、乐都、西宁等地，越祁连山过扁都口到达张掖，与北路汇合一处直抵敦煌、西域。

丝路东段的这三条路线是从汉代开辟的，汉武帝从北路巡视河西走廊，唐代高僧玄奘和诗人岑参走的路是中路，法显、隋炀帝、文成公主走的路线是南路。总的来说，南路虽然路途较远，但是沿途经济富裕，道路通达，人口密集，是以商业利益为目的的商旅以及有政治目的的使团所走的路线。北路荒僻，中路因黄河天险需要渡黄河浮桥而过，所以在北路、中路两路常常断路的情况下，南路显得更为重要。而河州作为丝绸之路南线的重要地点，南方商旅在这里卖茶售丝，西域商人旅居经商，附近羌族骑马赶集，买卖马匹、牛羊，市场繁华。

唐王朝的建立标志着当时的中国进入了发展的鼎盛时期。“安史之乱”以后，唐朝势力缩小，吐蕃势力渐大，并且乘机占领了陇右和河西，河西交通被断绝，丝绸之路南道（土谷浑路）就开始活跃起来，西方的商人多从此路来到中国。广河是丝绸之路南道的重镇，前往长安的阿拉伯商人大都经过这里，还有一部分留居于此，同当地民族融合。随着这条道路的兴盛繁华，驼铃声不停，商队往来不绝，商品荟萃，呈现出前所未有的繁华景象。而这些来自阿拉伯的穆斯林商人被称为“蕃客”。

明代，河州商业在继承的基础上更是有了极大的发展，特别是茶马贸易兴盛所带来的经济繁荣。其实茶马贸易在唐代已经出现，唐代中原茶叶传入吐蕃，已经成为高原人民不可或缺的日常饮品，藏区有“宁可三日无粮，不可一日无茶”的说法。中原地区也因为耕田和作战的原因急需用马，所以，茶马贸易就成为中原与蒙古、回鹘和吐蕃等地经济联系的重要内容，并且茶叶的需求量极大，上至贵族下至平民，每时每刻都需要消费，所以这项贸易也成为内地与青藏地区贸易的核心内容。

宋朝茶马贸易也日渐兴盛，宋熙宁九年在河州设立了官办的买卖市场——榷场，由市易司管理，在全国招募商人进行交易。这时候中原的农产品与民族地区的畜产品、南方的茶叶和西部的马匹生意是大宗，并且令秦州（天水）、河州（临夏）等地的牙行们，组织民族地区的物资到市场上买卖，吸引各地的买卖人互通有无，资助防务及战争。

明朝时期，茶马贸易推向高峰，形成了规模化和制度化的茶马贸易。为了解决军马所需，明朝设立茶马司，河州是诸多茶马司的核心司，每三年征马一次，每次几千匹到上万匹不等。河州设立大市、中市，常年交易，各县都设有集市，河州成了中原同藏区的贸易纽带。后来清乾隆时期茶马司淘汰，茶马贸易也随即从官办变为民间发展，汉藏的商业贸易也更加繁荣。大批茶叶和内地生产的布匹、衣服、绸缎、铁器等商品通过河州销往藏区，藏区的各种土特产、畜产品也通过河州销往内地①。

茶马贸易一方面促进了少数民族畜牧业和畜牧业经济的发展，改善了牧民生活，另一方面也促进了内地农业地区农业生产发展和各种商品经济的发展，促进了种茶、制茶业等与西北少数民族需求有关行业的发展。而河州之所也成为茶马贸易的重镇，是因为这里连川滇、接新疆、通秦陇、达西藏的特殊地理环境，也被称为“河湟②雄镇”，形成了颇具实力的旱码头。

总之，丝绸之路与茶马古道使得三甲集镇成为“东进西出”与“南来北往”的集散之地。各方商人聚集于此进行交易，促进了中国西北地区商贸的发展与流通。

三、市场的诞生

三甲集镇位于农区与牧区交界的特殊的地理位置，属于西北干旱半干旱区，较为缺水，山也因此都是干山，所以畜牧业是当地比较重要的生计方式。人口以回民为主，对于回民来说，没有牛羊肉是没有办法过节的，婚嫁吉日也没有办法设宴招待客人，他们通常会烹饪“手抓羊肉③”，这是当地最为常见的一种美食，餐桌上必不可少。因此，

---

① 历史资料部分整理自从临夏回族自治州州志办获得的《临夏回族自治州州志》。

② 这里的“河湟”指的是今甘、青两省交界地带的黄河及其支流湟水流域，其地理范围大致包括今天青海省的西宁市及海东地区、黄南藏族自治州的同仁县和尖扎县、海南藏族自治州的贵德县、甘肃省临夏回族自治州及兰州市部分地区。

③ 手抓羊肉是生活在我国西北的蒙、藏、回、维托民族喜爱的传统食物，原以手抓使用而得名，吃法有是三种，即热吃、冷吃、煎吃。

三甲集镇特殊的地理位置、自然环境与少数民族的人口特征，使得牛羊交易成为当地人民不可缺少的生活方式。

三甲集镇是多条古道的交汇之处，作为丝绸之路的南道重镇，茶马古道的旱码头，这里素来是商贸集散之地，东部的丝绸通过这里运往西域等地，南部的茶叶通过这里销往西北五省，也因此，三甲集镇有着“东进西出”“南来北往”的集散优势。

牛羊交易市场诞生于此也就顺理成章。如果说道路的存在是市场存在的前提与交易集散的基础，那么，三甲集镇这里有着集散之地的历史古道与现代化并行的三条东西向道路，加之邻近省会城市兰州的区位优势，使得在国家政策的引导下，建立牛羊交易市场成了当地政府所做出的正确选择。

三甲集镇的牛羊交易市场的特殊性又不限于此，这里有着利用政府权威构建市场规则的基层管理人员的智慧和活力，也有关系亲疏远近决定规则如何执行的灵活应对，更有市场内各个群体因身份不同而展现的不同的交易心态。规则、关系、群体成为解读牛羊交易市场的关键存在。

因此，下一章节我主要讲述牛羊交易市场作为一个空间，其内部存在的各种交易规则、交易流程、交易关系与行为，这部分是通过论述牛羊市场从旧到新的变迁过程，呈现牛羊市场现有的空间布局，在这个空间内部，交易各方怎样在市场办所制定的交易规则下进行交易与集散，又因交易各方关系错综复杂，通过论述市场内部存在的各个关系形式，分析这种错综复杂的关系形式是否会使得他们在这个市场中的交易行为发生变化。

第三章　市场与交易

市场作为一个空间存在，内部存在着多个交易主体与交易形态，各个主体之间也呈现出错综复杂的关系。本章通过追溯牛羊交易市场的历史变迁，展现市场的整体空间布局变化，呈现一种旧与新的对比，在这种新旧背后存在的是市场管理人员对市场空间与交易规则的管控，在这种管控下，市场有着商品集散的特定规律，多方主体在其中往来互动，这种往来互动的关系网因利益偏好的不同又形成了一条环环相扣的关系链。

一、旧与新

牛羊交易自古就有，但是作为一个市场存在的历史是可以追寻的，因此，通过对牛羊市场历史变迁的叙述，呈现现今牛羊市场的空间布局，这背后除了受到自然地理因素影响以外，几任管理人员在其中发挥的作用也是不可忽视的，这些因素同市场交易主体、交易行为、交易文化等一起，使三甲集牛羊市场成为一个特殊又值得探讨的存在。因此，这部分主要说明集市从旧到新的变迁过程，其不同阶段的管理人员对牛羊市场进行了不同的区域设置，形成了现如今牛羊集市的空间面貌。

（一）市场变迁

因回民饮食及风俗习惯的原因，当地对牛羊的需求一直存在，牛羊交易因此也一直存在。最开始的时候，三甲集镇集市举办当天，牛羊交易会相对较多，自 1978 年恢复三甲集镇集市后，村民便会在农历逢一、逢四、逢七的集日当天，在道路两旁进行牛羊交易。

1982 年，三甲集镇政府开始出面，逐步建立皮毛、牲畜、木材等专业市场。三甲集镇牛羊交易市场就是在这样的背景下建立，它是由三甲集镇政府牵头征用农民土地，三甲集镇工商管理分局在现在的蔬菜市场的位置建立并管理的专业牲畜交易市场。

因为市场为农地租用，所以需要给土地所有者赔产量，于是，三甲集镇工商管理分局同土地的所有者签订合同，达成了长期的协议，每年赔产量，每亩地按照 1000 公斤小麦计算，单价则按照当年价格折算现金进行赔偿。但是，由于管理问题，收支不平衡，2005 年时工商管理分局将牛羊市场的管理交由三甲集镇政府，并欠下农民两年地租无法偿还，共计五万元。

三甲集镇政府并没有自己管理，而是将市场交接给东关村村委会管理，2006 年 6 月，东关村村委会成立东关村市场管理办公室并且自制市场办印章一枚，成立市场办领导小组，管理人员共计 6 人，各司其职。他们并未收取工资，而是将市场所收费用用于赔偿工商管理分局负责时所欠农民的地租，直至费用还清。

由于当时市场占地面积仅 13 亩，随着牛羊交易规模不断扩大，往来客户不仅仅限于当地，甚至超出了西北五省[①]的范围，有很多从山东、河南、安徽、云南过来，甚至最远的还有来自海南的客商。交易规模的扩大，往来人员的增多，无论是原有的仅能容下农用三轮车的入口，还是市场的整体面积，都没法满足牛羊交易需求。由于市场空间不足，来往交易人员经常占据三甲集镇街道进行买卖，将车辆停放到道路两旁，给三甲集镇的主街道带来一定交通负担，经常堵车以及发生纠纷。

在这样的背景下，2000 年左右，政府出面再次征用农民土地，将原来处于石炭沟（位于现在牛羊交易市场内）沟西的牛羊交易市场移到沟东，并将面积扩大到 30 亩，涉及土地租用户数 25 户，在合同中达成协议的期限为长期租用。

三甲集牛羊交易市场本来并不是附近的唯一市场，周围的祁家集、临洮等地之前都有牛羊市场的存在，但是因为管理、道路、产业集聚等方面的原因，这些市场现在都不复存在，而三甲集镇牛羊交易市场也就顺势成了西北最大的牛羊交易中心，甘肃省所列的全省五个大型特色农畜产品交易市场之一。据市场上牙行马忠说，“以前其他地方的市场，牙行不正规，他们在交易的时候谋求自己的利益，管理也不行，慢慢的大家都不爱去，市场也就没了。”[②]

总之，三甲集牛羊交易市场从最初的零零散散到有固定地点，再由于往来人员的不断增加，旧有的空间区域无法满足交易需求而转移到现在的位置，政府在其中不断的进行调解与帮助，市场办管理人员也适时地根据市场需求改变市场样貌，也因此形成了牛羊市场特有的空间布局。

（二）管理变更

从三甲集工商管理所将市场管理交由政府，政府再转给东关村村

① 这里指新疆、甘肃、宁夏、青海、陕西。
② 来自于 2017 年 7 月 25 日在牛羊旅馆同马忠的访谈资料。

委会管理后，村委会管理人员经历三次变更，因此，市场办管理人员也经历了三次变更。

工商所对于市场的管理是极其随意的，他们并不会时时刻刻都在市场，对于收费，也是有时候收，有时候不收。本地卖羊人马景称当时的工商所管理人员是“土匪”“我从景泰拉的羊，家里当时路窄，车停不进去，所以想到那个市场去卖，没交钱，就把我赶出来，赶出来以后又把我抓到派出所，赔了1000多元，拉了30只羊，每只才赚十几块，结果赔了那么多”。当时管理人员收费就是“没有方向，混乱的很”[①]，外地牙行马来说，“100只羊，100也收，200也收，收费不一样，为什么不一样，看人的情况，外地客呗。”[②]总之，对于工商管理分局对当时市场的管理，根据常年呆在市场上的人及村委会工作人员的回忆，是混乱且没有规则的，所以导致拖欠农民两年地租，后将市场管理权交还政府，而政府又将其交由东关村村委会管理。

当时担任村委会书记的是马严，他在东关村极有威望，时任村委会书记已经31年，在接管牛羊交易市场后，他便成立市场管理小组，一共6人。2007年，牛羊市场发展迅速，经村委会的申请，政府对牛羊交易市场进行投资，建大门、修路、硬化、修斜坡、购买电子屏等，一系列举措使得牛羊交易市场更加正规化与规模化。市场管理小组的分工也逐渐明确，一人负责出入大门收费，进场费用小车1块，大车的话收2块，收费人员马仓说“区分大车小车的标准就是看三轮还是四轮[③]”，收费人员一般会记着谁交钱谁没有交钱，如果空车进去不收费，但出场时候拉有牛羊的话就按照这个标准收费。后来，私人在市场内沿着石炭沟4桥旁边的公共厕所附近安装称牛的电子秤，上称收费，一开始2块，私人1块，市场办收1块，但是由于欠农民地租还没还清，电子秤收费变为一头牛4块，私人2块，市场办2块。据我得知，

① 来自于2017年7月21日在村民马景家里的访谈资料。

② 来自于2017年7月27日在牛羊旅馆同马来的访谈资料。

③ 3来自于2017年7月26日在牛羊市场同马仓的访谈资料。4位于牛羊交易市场内的一条沟，下文有详细介绍。

称牛的电子秤其实为马严的亲戚安装，借由市场办的认可，这个称牛的电子秤获得了在市场中的合法地位，成了肥牛交易中不可缺少的一环，这一方面成为市场办收入来源之一，一方面也是借助管理人员的亲属关系身份在市场中谋取利益。

市场管理人员分工明确，有两个市场办工作人员会在肥牛称重的时候负责维持秩序，除此之外，其余工作人员负责市场整体秩序、处理纠纷、指挥停车。总之，市场办管理人员各司其职，牛羊交易市场逐步正规化发展。

由于市场进行规范化管理，2009 年市场发展较好，名气也越来越大，吸引了很多外地客户。除了西北五省以外，山东、河南、安徽、云南都有客户过来，最远的来自海南，他们主要是到市场购买肥牛，直接活牛拉运。每个逢集日，牛一天可以卖出 200 多头，一头牛能卖到 7000 元左右，羊一天可以卖 3000 到 4000 只，一只羊大概 500 元。电子秤也移了位置，由公共厕所附近移到现今的警务处前边。

2011 年马严退休后，由当时的副书记马森接任其职位，2012 年市场办自己投资栏杆，用栏杆围成一个个小型的羊圈或者牛圈，但是当时并不是市场全部覆盖，而是仅在市场四周设置，同时开始征收摊位费，一般收费标准为每个摊位 3 元，如果摊位占地面积较大的话则收 10 元。在将所欠农民地租还清后，2015 年市场办工作人员每人发放 4000 到 5000 元年工资，2015 年后变为每人每年 10000 元。

2016 年，东关村村委会成员再次变动，组成了现在牛羊交易市场的管理人员。村委会书记为马风，他是三甲集镇本地人，现年 30 岁，原先是东关村包村干部，在本次换届选举中，由政府任命成为东关村村委会书记。他中专文秘专业毕业，16 岁开始从事基层工作，自考西北师范大学本科，就读汉语言文学专业，后来又成为甘肃省委国民经济学的研究生。他是一名思想颇为活跃的基层干部，构思出一套以政府权威为基础的管理模式来规范牛羊市场。村委会主任和会计则由村民选举担任，选举出来的主任是村里颇有威望的马严书记的儿子。村书记、主任、会计三人同之前收费的人员构成了新一届的市场办管理人员，马风负责整体市场秩序的维持，村主任马是负责市场停车秩序的维持及道路的畅通，会计马明则负责收摊位费以及费用支出问题。上任以后，市场管理小组以马风为中心，在他的带领下，先是整理市场的环境卫生状况，后进行基础设施建设，规范市场布局，整改市场环境，维护市场交易安全，形成了现今的市场空间面貌。

首先是对集市环境进行整改，对石炭沟内到处散发恶臭的死羊、垃圾进行清理，并聘用市场卫生清理人员 1 名，负责每天集市结束时市场环境卫生的清理。接着，他推动一系列市场的基础设施建设。利用金属栏杆从整体上将场地进行功能分区，设置牛围栏 20 个，羊围栏 35 个，区分牛羊交易使市场更有秩序。围栏是他通过镇政府向县里申请后通过公开招标后搭建，牛羊可以有固定摊位进行买卖，在某种程度上可以减少丢羊的事情发生。除此以外，警务室也是这时候设置的，他得知派出所要在镇上建立警务室，便同县上协调，将警务室建到市场里面。虽然现在警务室并没有警务人员，并且现在已经成为电子秤称重的时候称重的人员工作的地方，平时并不开门。但用他原话说，他认为警务室的存在就是一种“震慑性”[①]。

与警务室一起安装的是高清摄像头以及路灯，这个摄像头全省联网且清晰，在公安系统中可以同步看到牛羊交易市场的交易情况，路灯也改变了之前只能晚上只能靠着手电筒交易的情况。通过摄像头，市场办管理人员可以即时看到市场交易情况及道路拥堵情况，如果哪辆车挡路，工作人员会直接在喇叭内喊车牌号，指挥车辆停放到合适位置，解决道路拥挤问题。当发现有偷盗行为时，喇叭中也会传来工作人员的提醒，这时候市场交易人员便会注意自己随身物品，从而使得市场更有秩序。卫生的清理，围栏、警务室、摄像头、路灯等一系列的建设改变了牛羊市场之前偷羊丢羊的情况，使得市场布局、市场秩序与市场环境都更为合理与规范。对于市场的下一步规划，马风书记想要将市场所有土地硬化以及搭建大棚，因为目前市场地面主要是泥土地，硬化土地及搭建大棚以后牛羊交易也可以在雨雪天进行，同

---

① 来自于 2017 年 7 月 22 日在镇政府对马风的访谈资料。

时大棚还可以抵挡夏天炎热太阳的直晒。

目前市场成交量为每天大约可以成交5000只羊，每只价格在600到700元之间，成交牛的头数为300头，每头牛约为8000元左右，同2009年刚刚步入正轨的市场相比，经过对市场布局的不断改善，现在，牛羊无论是成交的数量，还是成交的单价，都有所增长。

马风书记最初是乡镇干部，他实际上是以乡镇干部的身份直接进入村一级的管理，也因此，在对市场进行整改的过程中，他利用自身特殊的身份直接同上层领导沟通，在某种程度上体现了国家力量对村一级的管理与这种从政府出身的基层管理人员的智慧与能力，而他作为唯一由政府任命的干部，同其他由村民选举的市场办工作人员之间的关系也是极其微妙的。

在政府的引导下，市场办管理人员经历三次人员变更，每届管理都吸收前届的经验教训，不断完善市场设置，也造就了牛羊市场现有的空间布局。

（三）空间布局

牛羊交易市场位于兰朗公路上，前往三甲集的南来北往的车辆到达临园这个中转站后，向西走便可到达牛羊交易市场。牛羊交易市场位于三甲集镇街道南侧，首先映入眼帘的是写有市场名称“广河县三甲集牲畜市场”的大门，从大门进入市场大约有200米距离，道路两旁是商店，主要有零售商店、饲料店、兽药等市场往来人员所需要的商店类型。如果当天有集，道路与市场的交接处便会有一名市场办工作人员收进场费用。

进入市场后，给人的第一感觉便是宽阔而又空旷，市场交易结束的时候，这里就是安静的，但是当有集的时候，这里便人来人往，熙熙攘攘，看似无序的随意停靠实则是有一定迹象可寻的格局安排。

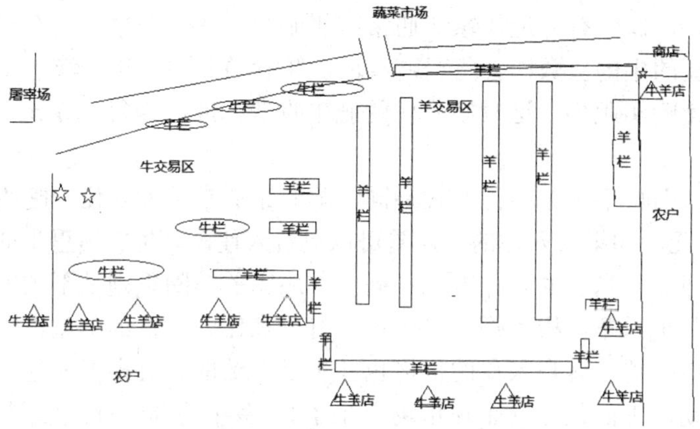

图 7-2 牛羊交易市场空间布局示意图

市场面积约 30 亩，是块呈长方形的场地。市场的西边是有一条沟，即上文提到的“石炭沟”，沟的中间有一座桥可以通往隔壁的蔬菜市场，牛羊交易市场同蔬菜市场仅有这条路可以直达，否则便需要从三甲集街道的与牛羊交易市场大门相邻的蔬菜市场的大门进入。

除了西边的石炭沟以外，位于市场其他方位的便是牛羊旅馆，市场内部大约有 10 家牛羊旅馆，市场周围也零零散散的分布着一些。牛羊旅馆是搬到现在这个地理位置才出现的经营方式。牛羊旅馆的店主每年花费 2 到 4 万不等的租金租下房子，然后在市场开办羊旅馆或是牛旅馆，而牛旅馆和羊旅馆通常有着不同的经营方式。

据牛旅馆老板马庆说：“入住牛旅馆的牛通常是西藏来的藏牛，藏牛都是本地人拉的，没有西藏人，他将牛存放到牛旅馆后便可以回家，等到集日当天再过来售卖，行情不好的话，一个集日很难将一次拉的一车牛全部卖掉，所以通常在卖完之前牛都要在牛旅馆存放。收费标准为每头牛每天 3 元，草料以每斤 1.3 元的价格单算[①]。”人跟随牛入住的话有两种情况，一种是人可以免费居住，只收牛居住的费用及草料费用，但是自己负责照顾自己的牛，另一种则是每人每天收 20 元的

① 来自于 2017 年 8 月 5 日对牛羊旅馆经营者马庆的访谈资料。

住宿费用，但因拉藏牛的大部分都是本地人，所以极少有人入住。除了藏牛以外，偶尔有外地买家（通常购买肥牛）在一个集日没有买够自己所需要的牛的头数，会将已购买的肥牛存放到牛旅馆，等着下一个集日继续购买肥牛，这时候入住的肥牛收费标准则为每头5元，草料另算。

羊旅馆则与牛旅馆经营方式不同，羊旅馆通常是人入住一晚收费标准为15元，如果人入住的话，羊可以免费入住，同牛旅馆里牛圈中的牛之间间隔一米五的入住方式不同，羊旅馆的羊圈里则是不大的地方存放着几十只羊，极为拥挤。市场上有一家比较特殊的羊旅馆，位于市场入口位置，客户入住的价格也并不是一致的，会根据入住对象而有所变动，里面住着一个在市场上呆了20多年的80岁的老牙行，他是评羊的牙行，名叫马元，并不在本地，但因市场又基本上天天都有羊的买卖，所以他大多数时候都呆在三甲集，又因为他是老客户，所以羊旅馆的老板并没有按照每天15元的收费标准，而是每天只收他5元的住宿费用。而这个羊旅馆的特殊之处在于，其门口摆放了一个电子秤，它是羊旅馆老板添置的专门称羊的秤，每只羊上秤只收1元。肥羊交易日当天，买卖双方单价达成一致后便在该秤上称羊的重量，根据羊的重量付费后买卖双方便达成交易。虽为私人所有，但市场上买卖羊的双方相信这个秤的准确性，据卖羊人马品说，有一次他从家里将羊称重后再来这个市场称，得出的重量是一致的，所以极其信任这个秤得出的重量。

牛羊旅馆主要是为了便利被当地称为“二道贩子”的商贩，他们或外地或本地人，从外地收购一车羊或者牛以后，到这个市场进行转卖，因为交易时间、交易行情等原因，他们通常不能一次性达成交易，需要地方存放等待下次集市。而对于一部分需求量大的外地买家来说，牛羊旅馆则为他们提供了一个短暂停放所购牛羊的位置，能够使他们多次参与集市直至收够所需数量。因此，牛羊旅馆在某种程度上为买卖双方提供了极大的便利，也成了牛羊市场不可忽略的附加产业。

市场办将市场地理区域划分为两块，分别为牛交易区和羊交易区，羊交易区位于市场前半部分，牛交易区位于市场后半部分以及沿沟位置，羊交易区大约是牛交易区面积的两倍。在牛羊的交易区内，分别设置牛栏和羊栏，即上文提到的金属栏杆，这样方便卖方将牛羊放在指定位置，使得市场买卖地点较为固定有序。除了栏杆以外，牛羊交易区内各有一个呈斜坡形状的高地，它主要是为了方便牛羊上车而修建。

市场的北边即是警务室，警务室上方有一个电子屏，据前任市场办管理人员介绍，“电子屏主要是信息公开栏，会在上面发布安全制度、交易规则等，同时强调公平交易，但是现在就没再使用，没人操作，也没多大用处”。与其紧挨着的是市场办办公室，其所处位置原来是东关村村委会，现在变为市场办管理处。从牛羊市场到市场办有一条安全通道，这是市场内车辆往来通行的道路，这条道路也是市场内仅有的一片得到硬化的土地。电子屏虽然没有使用，但是市场四周还存在着一些喷涂的标语，悬挂的公示栏及横幅等，规范市场交易行为。

总之，市场看似面积很大，但实际上经过划分后各个区域功能明确，无论是买卖双方、牙行、牛羊旅馆老板、其他商贩、围观群众，还是市场办管理人员，都在这个看似无序的牛羊市场中找到自己所处位置，共同促进了牛羊市场的发展，也吸引了越来越多的外来客户，这样空间布局的形成离不开政府与市场办管理人员的把控与智慧。

任何市场的发展都不是偶然的，三甲集镇牛羊交易市场的发展更是多方位因素导致的结果，除了地理位置、地形等自然因素以及多条古道交汇所蕴含的文化因素这种客观因素以外，离不开政府不断引导的政治因素以及市场办管理人员对市场整体空间布局的设置。同时，市场办管理人员对市场的交易也做了明确的规定，规范市场交易行为。市场内交易双方、牙行、市场管理人员等各方主体之间本身之间的关系错综复杂，在各种规定的制约下，呈现了一幅只有这个市场存在的关系链，也使得市场中的牛羊交易与集散成为一个值得研究并探讨的特殊存在。

二、集与散

牛羊交易市场作为一个交易场所，在管理人员的管控下，有着一套完善的交易规则，市场在这套规则的规范下，交易当天呈现出仅在这个市场存在的交易现象，买卖双方从各个地方赶来市场进行交易，这是商品集聚的过程，交易完成又有着不同的分散路线，因此，市场的交易过程就是集与散的过程，因此，对集与散的叙述主要通过描述市场的交易过程，其中包含着市场中存在的交易规则、交易流程及集散路线。

（一）交易规则

在对市场整体空间布局进行调整，市场基础设施建设逐步开展的同时，马风书记同时出台一系列政策，制定市场办章程，规定集市日期、上称时间、牙行合法化、举报制度以及新的收费标准。

在对规则说明之前，首先要讲述市场交易的内容，规则即对此做出规定。牛羊市场，顾名思义，以牛羊交易为主，偶尔会有其他牲畜出现。羊主要是藏羚羊、小尾寒羊、山羊，本地偏爱小尾寒羊，主要食用 20 斤到 30 斤的小羊羔。牛主要是秦川牛、藏牛、西蒙塔尔牛，家养以秦川牛为主，本地通常称为黄牛。市场有育肥牛和肥牛两种交易形式，羊也是如此。

由于市场发展步入正轨，客流量越来越大，每月农历逢一、四、七的定集已经无法满足多样化的牛羊需求，因此，市场办重新规定了牛羊交易日，每逢农历一、四、七为正集，养行牛羊的交易日，也称混合集，当天交易的主要是育肥牛羊，直接按个交易，不用过秤。每逢农历二、五、九（小月二十八、大月二十九）为肉行牛（肥牛）的交易日，每逢农历三、六、十（小月二十九、大约三十）为羊的交易日。

牛羊交易时间按照交易类型区分开后，市场更加专业，牛羊买卖双方可根据自身需求前往集市，针对性的购买所需物品，提高成交速度，天天有集的规定也满足了人们的交易需求，缓解市场承载量不够的压力。

肥牛交易需要过秤，市场办规定过秤的时间为早上 5 点，过秤时，通常有一人读取称重重量及收受称重手续费，另一人则在外负责称牛秩序。称重时有一个暗含规则，因为卖方交易当天通常会多喂牛草料以增加其重量，所以称重时会有每 100 公斤除去 2 公斤的称重规则。

在这里，一方面，电子秤所有者借助市场办的力量，将上秤办公地点设置在警务室内，获得交易双方的信任。另一方面，虽规定称重时间，但实际市场办并不参与称重行为。因设立单独肥牛交易日，电子秤仅在肥牛买卖当天使用，肥牛交易当天规模相对较小，因此通常只有会计及收费两名工作人员到场维持秩序，市场办为减少工作量，就不再参与上秤行为，这使得电子秤逐渐脱离市场办的管控，电子秤称重所获收入不再同市场办平分，而是全部归私人所有。但对于市场的交易双方来说，电子秤是值得信任的，这种信任感建立在对市场办工作的认可，认为电子秤是市场办官方所有物，警务室的办公地点更是加深群众的信赖感，因为两种附加意义的存在，电子秤成为肥牛交易时候买卖双方极为认可的交易工具。

针对市场上存在的不正当交易行为，特别是有些交易双方的中间人——牙行中出现的谋求利益的行为，马风书记构想了一套赋予牙行合法化地位的方法。他规定了什么是“合法”的牙行从业者，他们需要有五年的从业经验才可以申请“牙行证”，接着村委会对申请者的背景、人脉、人品进行审核，达标后才可以通过。只有拥有“牙行证”的人在这个市场中才是合法的牙行，他们的行为受到市场办的监管。同时市场办规定牙行的中介费为每头牛交易双方各收 10 元，羊则各收 1 元。如果发生扰乱市场交易的行为甚至是违法行为，市场办会处理这些行为；但是如果交易双方雇佣非法牙行进行交易，发生纠纷市场办则不承担任何责任。这样一来，虽然市场办并没有强制驱逐非法牙行，但是交易双方会更趋向于选择由政府“盖章定性”的“合法”牙行，即使这种所谓的“法”只是马风书记自己所创立的制度。通过这种制度，市场办还对牙行的数量进行控制，按照马风的预想，评牛的牙行定为 30 人，评羊则为 50 人，目前经过市场办认证的评牛的牙行有 26 人，评羊的牙行还未开始规范化。

市场办规定市场牛羊交易时间为从早上 5 点开始，只有到 5 点钟肥牛才可以上秤。同时进一步明确收费标准，进场小车收费 2 元，大车 5 元，占地费为 3—4 只羊不收费，10 只的话 5 元钱，10 只以上则为 10 元。1 头牛收 2 元，多的话则 10 到 20 元不等。

除此之外，为了能够及时解决市场纠纷，马风书记在市场上张贴市场办每个人的职务、职责及联系方式，为在市场交易时候遇到问题的买卖双方解决难题，比如不知道如何购买的外地人与卖不出去的养家户，同时当发现市场上存在不合理的交易行为时也可即时向市场办举报。

虽然市场办对交易的费用、时间、买卖中介等有明确规定，但是在实际执行过程中市场中的不同主体面对不同人群有着不同的行事策略与选择，这是因为彼此间的关系有亲疏远近以及利益偏好不同，关于这部分的展开将在之后的关系部分进行详细论述。

（二）交易流程

从逢集日前一天开始，从外地过来的牛羊的买卖双方已经陆续到达三甲集镇。晚上六点起，藏区来的牛羊、临夏本地的牛羊和来自西北各省的3000头牛羊开始进入市场。交易之所以晚上就开始进行，有两方面原因，一是白天市场人来人往，车无法进入，所以需要提早过来找位置；二是有些附近县市的客户因为餐饮需求提早过来购买牛羊，尽早交易完成便可返程，不耽误当天的生意。因此，逢集日前一天晚上，市场便迎来了来自四面八方的客户。

牛羊存在着不同的交易时间点及流程，不同的羊贩子也会有不同的情况。如果是从武威、张掖收购羊，他们会提前一天前往市场；如从临洮收购，他们则差不多午夜零点出发；当地养家户则通常凌晨两点左右前往市场。基本上凌晨2—3点是交易的高峰期，这时候的买家多为外地及本地宰肉用的客户，本地买瘦羊的客户一般则6—7点前往市场。

交易高峰期来买羊的客户通常会一次性买40只左右，他们会在口袋里装一瓶喷色剂，瞅一圈羊圈，看着有不错的羊，便掐下尾巴，拽下腿，再抱起来看看牙齿，估摸一下羊的年龄及重量，全方位查看羊的品质状况。如果遇到合适的羊，价格又同卖羊人无法达成一致的时候，他便通过牙行协调价格，瘦羊是商量整只价格，肥羊需要过秤则商量单价，价格达成一致便可完成交易。一旦达成交易，买羊人便在羊的身上的某个部位用喷色剂做标记，表明这是自己选择的羊，之后再去其他摊位选羊，待挑选足够数量的羊的时候便装车离开市场。

凌晨3—4点则是卖牛的高峰期，买牛的人一般会看牛的品种、毛色、精神状况来评估牛的价值，一头牛的价格要远远高于羊的价格，因此，羊的交易中偶尔并不需要牙行存在，但在牛的买卖中，牙行必不可少。买卖双方通常不说话，而是同牙行在袖口里捏指头谈生意，一方用手势开价，一方用手势还价。手势所代表的具体数字是：伸拇指代表一，伸无名指与小指代表二，小指、无名指与中指代表三，伸小指、中指与食指代表四，五指全伸代表五，伸小指与拇指代表六，拇指、食指与中指捏在一起代表七，伸拇指与食指代表八，伸出食指钩状代表九，出一拳表示十。牙行凭借自己的本领同买卖双方商量价格，使得双方都能够以预期的价格达成交易。同瘦羊一致，瘦牛是直接商量整只的价格，肥牛则是商量单价。

早上5点钟，是市场办所写的“交易开始的时间”，实际上这所谓的“交易开始时间”是牛羊开始上秤的时间。一个肥牛的集市差不多有200到300头牛需要称重，电子秤一次只能称一只，所以达成交易后卖家便开始排队称重，从5点开始，一般7—8点全部牛即可称重完毕。除了已经达成交易的，还有一部分是先来过秤后再进行售卖，称重完毕后电子秤工作人员会将牛的重量写到一张纸条上，这种纸条实际上是5元钱所购买的称重凭证，这也是买卖双方之间达成交易的凭证。虽电子秤是私人经营，但以秤所显示的价格进行交易是市场办更为倡导的交易方式，能够保护不太懂行的养家户的利益，并且“5点开始上秤”的规则使得买卖双方之间有了更多选择的余地，在某种程度上减小了冲动交易的风险。

5点钟实际上也是市场办工作人员围栏收费的时间，会计通常会从牛圈开始，按照固定的方向开始一个个收费，收费只进行一次，因此也存在一些弊端，如果养行牛羊在收费之前达成交易且离开市场或者说在收费之后到达市场，就可以错过收费时间，也就可以不用交围栏的费用。门口进场费用也是如此，收费人员通常会在2—3点到达市场，11点左右离开，在这段时间之外的车辆因为没有人员收费就可以不交。

6—7点过来市场的通常是本地养家户，他们这时候过来市场看看有没有合适的养行牛羊可供挑选，如果品种好，价格合适，他们便会入手购买。而在 8—9 点钟，称重完毕后牛的实际交易行为达成以后，牛买家便会不断离开市场，10 点钟，羊的卖家也开始陆续离场。差不多 11 点，牛羊买卖双方基本离场完毕，市场归于平静。

集市当天，买卖双方通过各种路线到达牛羊交易市场，完成了一种集聚的过程，在交易过程中，遵循市场默认的交易程序完成交易，之后便离开市场，前往自己的目的地。买方可能再次售卖，也可能回家喂养，卖方可能思考自己需要在下一个集市售卖，也可能前往其他地方收购，总之，交易完成之后他们有着各自的交易选择及流通路线，这些路线离不开牛羊交易市场而存在。

（三）交易路线

牛羊交易市场的牛羊总体上来说来自西北五省及西藏地区，通过三甲集的这个市场，再销往西北五省及中东部，而不同地区不同的身份对牛羊有着不同的需求。

首先对于牛来说，瘦牛分为藏牛、本地黄牛和西蒙塔尔牛三种。藏牛来自拉萨，通常有三种拉运形式，一种是藏牛贩子在三甲集本地拉运蔬菜，主要是土豆、大葱、胡萝卜到成都贩卖，从成都拉运百货到西藏，再从西藏藏牛回到三甲集镇。第二种是藏牛贩子同亲戚或者朋友合作，他负责在西藏到农户家里收购藏牛，当收够一车牛的时候便找车发往三甲集，并没有人跟车，而藏牛贩子在三甲集接车。一车藏牛如果行情好则一个集市便可以卖完，否则需要几个集市，而西藏那边也会根据这边的贩卖情况及时进行收购，购买藏牛的人通常来自三甲集本地或者附近县市，购买藏牛多为繁殖用。除了藏牛以外，市场上其他品种的瘦牛或者来自二道贩子从其他市场上收购，或者是母牛繁殖而来，养家户购买后回家育肥再到市场上进行贩卖。

外地客户主要在市场购买肥牛，本地养家户育肥的黄牛及西蒙塔尔牛都是他们的选择，或者是牛贩子到养家户家里收购统一到市场售卖，或者是养家户直接到市场售卖。外地购买完后通常有两种销路，一种是拉到贵州、山东、河南、安徽、四川等地牲畜交易市场进行活禽售卖，一种则是宰肉售卖到广州、深圳等东南沿海，他们通常会加工肉丸子，东部的上海、浙江沿海等也是主要的销往地。西北五省则可能拉到当地的牲畜市场交易，也可能到达当地后再宰肉售卖。

藏羊主要销往外地，当地并不喜欢吃藏羊，偏爱 20 到 30 斤左右的小尾寒羊，这种肉质最好。养家户通常从市场收购瘦羊育肥到合适斤数再到市场上售卖，贩卖对象主要是当地或者周边区域。如果养家户养羊的规模比较大的话，他一般会有固定客户，养家户马成说："我们一般是宰成肉，给客户送过去，我们客户是直接发往广东，宰成肉，经过冷冻后飞机送过去，送到广东回民区，那边也有自己的客户，比如哪个区有多少清真餐厅，每天晚上会说要多少，第二天根据要的品种送过去。从我们到广东差不多是四个多小时，一次运输 100 只羊，费用是一万多，但是广东那边羊价格高，也能挣到钱。"虽然客户是从市场结识，但通过这样的方式，养家户实际上可以脱离市场进行交易，只从市场购买瘦羊，育肥之后则有自己的销路。但是如果偶尔有几只育肥羊到了售卖的时候，养家户也会选择到市场售卖。市场上东乡族过来收购羊的人比较多，东乡族位于同三甲集镇一山之隔，他们在市场上收购合适的小尾寒羊卖给东乡的餐厅或者收购瘦羊卖给养家户喂养。

除此之外，市场上还有一些从定西、武威、张掖过来的二道贩子，定西主要是从农户家里收购合适的瘦羊或者肥羊到三甲集售卖，武威、张掖的二道贩子则从那边的市场收购，赚取差价。

市场上不同群体有着不同的牛羊偏好与选择，他们的选择影响着市场的交易行为与牛羊去向。瘦的牛羊主要来自二道贩子从其他市场或者养家户中收购，养家户购买是为了育肥，购买育肥牛羊的客户则是为了宰肉，销往西北五省或者中东部地区。活的牛羊的买卖人员或沿着丝绸之路北路来自武威、张掖等地，或沿着丝绸之路南路来自青海、西藏等地，也可能沿着成都一路向南到达贵州、云南等地进行活禽买卖。而当牛羊以宰肉形式出现时，它们超脱了地域的限制，借助空运等形式直接实现两点上的互动，不再有实体路线的勾画，范围也愈加广阔，运往中东部多个地区。

三、关系网

牛羊交易市场内部关系错综复杂，交易人员因各自身份的不同而在市场中有着不同的交易行为与交往方式，特别是买卖中介牙行，成为多种身份于一体的特殊存在，在市场中的行为更是因对象而异。因此，本节主要梳理市场内部呈现的各种市场主体间的关系，他们的行为表现如何统一在这个市场空间内，使得市场呈现出多样化的关系形态，市场规则在这样多样化的关系形态中呈现什么样的变化。因市场是围绕买卖双方展开，所以总的来说市场关系表现为买卖双方同其他主体之间的关系，即交易方与第三方的关系，也就是买卖双方同牙行、围观人员、市场办管理人员的关系。

（一）交易方与牙行

买方和卖方之间的交易通常要借助牙行完成，一旦价格无法达成一致，他们便会寻找相熟的牙行进行调节，对于买卖双方来说，牙行是值得信任的人，他们通过牙行达成交易，对于他们来说，牙行是决定着他们交易价格及交易成败的关键人物，而买卖双方则是牙行的收入来源，牙行通过抽取交易佣金生存。所以对于牙行的选择也是极为重要的。养家户马景说："这边一般都是认识的牙行，呆得久的，陌生的，可能是买方卖方，不可能找陌生人当牙行，牙行是双方认可的，即使一方从外边过来，另一方会找熟人牙行，如果陌生牙行过来，市场上不认可，慢慢就被排挤，买卖双方自动选择，没有几年熟练的技巧，交易的行话，就不用他[①]。"

在市场中，买卖双方身份的不同也会影响到同牙行的关系。

首先是养家户、二道贩子与牙行，据牛羊旅馆老板马庆说："养家户是单独个体在市场上进行买卖，没人帮他，一般贩子能看出来是病牛不会买，但是养家户看不出来，牙行也不会提醒，提醒就得罪了卖牛的人，市场上都是这样，假如你卖西瓜，肯定都说西瓜好，不会说西瓜不熟，牙行能看出来，也不会说，假如是认识的人才会说。这

① 来自于2017年7月21日在村民马景家里的访谈资料。

是一锤子买卖，卖牛的时候养家户也不懂行情，卖得便宜。[①]”对于牙行马力来说，“做生意就凭一句话，就这牛，你自己看好，你愿意要了，我给你买了，你说买的是病牛或者买的高了是不能回来找的[②]。”做生意是买卖双方的事，牙行说这个牛有问题的话，二道贩子的牛便卖不掉，这样的方式虽对买方不公平，但只能怪眼光不行。二道贩子们在这个市场中是利益共同体，他们之间经常会沟通市场行情，因此，养家户在这个市场中属于相对弱势的群体，他们个体进行交易，作为买方担心买到病牛，作为卖方因为不懂行情又经常卖得便宜。牙行则处于中立地位，如果不是他认识的人或者客户，只负责交易达成，“都是做生意的，牛不是羊毛，装到袋子里，反正凭自己的眼睛，眼睛要擦亮一点，如果是我的客户我就直说，不是我的客户绝对不能说，人家客户相信我，不能做缺德事，新客户还盼着人家过来。”[③]

其次是本地与外地之分，如果是外地卖家，市场的收费必须按照标准来，不能交少，本地则可以讨价还价，外地卸货的时候也不会有人帮忙，虽然有这种现象，但是公平才是这个市场的规则。牙行马力说，“人的心思都不一样，本地有欺负外地的人，但是不是都这样，我经常给做生意的人说，咱们自己，把这个市场做起来，书记一个人是不行的，我们做生意，靠这个吃饭，外地人过来，我们要关照下。我会随身携带牙行证，外地人一看你是正规的，对你很信任。”[④]

最后就是汉民与回民，在市场上交易的人员大部分是回民，从定西过来的二道贩子则主要是汉民，但是有更多担忧的则是来自外地的买方。调查过程中，有一名来自白银的汉族买牛人，名叫张文，他是精准扶贫的对象，家里有5头牛就可以一头补500元，听说这个市场比较好，考察了几次决定过来买，他同他儿子一起过来买牛，育肥繁殖用。儿子在北京学美术，长发，马丁靴，在这个回民地方显得格格不入。他说：“我儿子学美术的，这儿一般的人都怕，进来很多人都

① 来自于2017年8月5日在牛羊旅馆对经营者马庆的访谈资料。
② 来自于2017年8月10日在牛羊旅馆对牙行马力的访谈资料。
③ 来自于2017年8月10日在牛羊旅馆对牙行马力的访谈资料。
④ 来自于2017年8月10日在牛羊旅馆对牙行马力的访谈资料。

在看。”[①] 借助牙行成交后，因为需要等市场人稍微少一些才能出去，所以他们将所购的5头牛存放到牛羊旅馆，父亲看着牛，儿子则不停的出去到市场上查看是否自己是否买贵。当儿子将得知的有人的牛愿意低价卖的信息告知父亲时，父亲指责他这一行为，“你不要乱说了，不要乱转了，你说我们不要了，说下次再来这儿”[②]。询问得知，他不是害怕儿子再买，而是认为这里是回民地方，不像我们汉民地方，害怕吃亏，这次的交易只是尝试，不知道是否可行，只是买回去试试。显然，虽然牙行一直强调回民最注重公平交易，也不断地向他传递这个信息，但是买牛人依然因自己身份的不同而在这个市场小心翼翼，即使借助牙行达成交易，但是依然没有对他完全信任。

交易双方与牙行之间的关系本应是客观中立，牙行作为交易的中介，在买卖双方无法达成一致价格的时候进行调节促成交易，但是实际上牛羊市场的牙行会因为买卖双方身份的不同呈现不同的行为选择与表现，牙行也不单单是交易的中介，而成为了有着多种身份的集合体。

（二）牙行的多重身份

市场关系错综复杂，牙行在这个市场中更是呈现了多重的身份地位。他的特殊性，可以从时间和空间两方面进行解读。时间上首先可以从历史角度进行解读，牙行不是现在市场发展所产生的角色，而是历史悠久，关于牙行活动的文字记载最早可以追溯至西汉，历经唐、宋、元、明、清发展到近代，牙行一直在商品流通领域担任重要的角色。原来在茶马古道的码头中，穆斯林一般充当回藏交易的中间人，就是现在的牙行，当交易价格无法达成一致时，便会雇佣牙行，牙行通过袖口中的手势同买卖双方比划价格，在他们之间不断协调直至促成交易，牙行从中抽取固定佣金。

空间上来说，牙行的社会空间关系网络具备一定的深度及广度。在这个市场中，牙行的存在贯穿着整个牛羊交易，从入场到离场，每个阶段其担当不同的角色。以某一在市场中呆了30多年的牙行马力为

---

① 来自于2017年7月23日在牛羊市场对外地汉民买牛者张文的访谈资料。
② 来自于2017年7月23日在牛羊市场对外地汉民买牛者张文的访谈资料。

例，首先他是交易的中介，外地客户到市场，他凭借自己的能力调节买卖双方的价格，帮助外地客户购买牛羊，一旦交易达成，他成了双方交易的担保及见证，证明买方是否已经付费，虽然网络支付方式的盛行在某种程度上也影响到了市场，但是对于大部分买卖双方来说，还是会坚持用现金交易。一位24岁的卖羊人马翔说："40岁以上的人大部分都是没文化的，微信转账不好操作，不相信，所以还是现金交易，如果经常交易比较熟悉，可能会银行转账。"[①] 因此，牙行成了这种现金交易的见证人，由于牙行都是长时间呆在市场，这种长时段也赋予了他在市场上的权威性，所以由牙行作为担保人对于买卖双方来说也是值得信赖的。如果市场上出现纠纷，买卖双方首先求助的并不是市场办的工作人员，而是求助牙行，买卖双方认可他的权威性，只有牙行无法解决问题的时候，买卖双方才会求助市场办。这种权威性牙行并没有意识到，在牙行看来自己只负责解决一些小事情，市场办认为牙行只是负责交易的进行。

部分牙行还是牛羊旅店的老板，他为还未出场的牛羊提供停留的地方并且免费提供草料，负责联系车辆装车前往指定地点，并且会借助自己的特殊身份免去车辆的出场费用。这样，从外地客户入场挑选购买牛羊，到牛羊出场，牙行一切包办，在这期间客户仅需付50元交给牙行即可，卖方则需要按照成交牛羊数量付给牙行中介费。牙行有时候也会从市场上收购牛羊，一般是需要育肥的品种，将牛羊育肥后，便寻找相熟的客户售卖。除此以外，牙行在一定程度上是市场办的智库，因为对市场足够了解，认识的人多，所以当市场办制定政策的时候会询问他们的意见，比如有牙行曾经提议可以先用石灰在市场地面分块，然后再安装栏杆。每个在市场上的人都离不开牙行的存在，他们的各种需求的满足都需要借助牙行，牙行作为牛羊交易的关键的人物，又使自己不局限于这一职责，从而获得了多重身份。

牙行在牛羊交易中，首先是买卖双方的中介，其次又因这种中介身份获得信任感，更重要的是，市场办通过颁发"牙行证"的方式认

---

① 来自于2017年8月12日在牛羊市场对卖羊人马翔的访谈资料。

可了牙行的合法性，这使得牙行成为市场中较权威的存在，并且由于足够了解市场，市场办在某种程度上还需要听取牙行的建议对市场实施管理。牛羊市场是牙行的收入来源，但他们并不满足于仅靠佣金这一收入，而是不断在市场中寻求生意，开办牛羊市场，买瘦牛卖肥牛，成了集喂养、住宿、销售、运输于一体的多重身份集合体，也因此成了牛羊交易市场中比较特殊的存在。

（三）其他关系

买卖双方交易的时候通常会有一些围观人员，既可能是牙行，他会在先前的牙行无法促成交易时接手；也可能是当地的养家户来市场查看行情，了解最近是否适合买卖牛羊及最新的牛羊价格；同时也可能是想来市场中捡便宜的人，一旦遇到便宜的牛羊便入手。除此之外，还有一些是牛羊市场内其他摊位的卖家或者买家，他们会根据已成交价格适当调整自己的买卖价格，使得自己利益最大化。

交易方与市场办的关系是极其微妙的，虽然市场办制定一系列政策，公布联系方式，如果缺少买家或者找不到合适的卖家都可以联系市场办帮忙解决。但是交易方并不了解，甚至对市场办制定的市场规则也不清楚，即使规则张贴在市场内最明显的位置，他们所能感受到的只是市场环境的改变。对于他们来说，市场办只是负责收费的人员，收费方式也没有固定标准。养家户马树说，“有时候市场里有一些贩卖牛羊的会拉草料，我们想进去买些草料，空车进没收费，但是拉了一些草料出市场的时候他也收费，不太了解收费的标准是什么。”[①] 实际上，市场办会计在收费时面对卖方不同的回应有着不同的策略。“有的没开张，不愿意给，他们给多少我们要多少，不给没有办法。”[②] 据我观察，如果当时没给，收费人员会先向另一家收费，然后再回去找这个人收费，其实大多数情况下卖方是不得不给的，但是有些明显感觉关系较好，跟收费人员开开玩笑，少给一些的情况也是存在的。人情往来是这个市场中不可忽略的关系。虽然按规定是 5 点上秤，但是

① 来自于 2017 年 8 月 8 日对买羊人马树的访谈资料。
② 来自于 2017 年 7 月 23 日对市场办会计马明的访谈资料。

当相熟的人过来卖牛的时候，可以通过关系免去等待提前上秤而达成交易。

市场关系错综复杂，每个人都有着自己的利益偏好，自身的利益决定着其在市场中同其他人的相处方式以及在市场中的行为表现。买卖双方受到市场办的管理，针对不同的交易方的身份，市场办还有有着不同的处理方式，同时，市场办依靠收取买卖双方费用维持自身的运行，买卖双方无法离开牙行达成交易，依靠牙行生存，牙行看似只是买卖双方的中介，靠交易的佣金生存，但实际上其背后已经围绕市场形成一条产业链，成为这个市场中比较特殊的存在，同买卖双方的关系也不仅限于交易中介，而成了买卖双方遇到问题时求助的对象。牙行其同市场办的关系也是多面的，一方面，市场办根据申报人的材料发放牙行证，牙行需要得到市场办的认可，另一方面，市场办处理市场问题时候又需要牙行的帮助。市场内部交易主体间有着错综复杂的互动关系，这种往来互动的关系网形成了一条环环相扣的关系链。

总之，三甲集牛羊交易市场的形成有着一定的必然和偶然，自然环境、地理位置与人口特征的因素使得这里必然存在牛羊交易。政府引导成立专门的牛羊交易市场，市场办管理人员不断对市场进行灵活的布局，使得牛羊市场从旧到新，呈现井井有条的空间面貌。在这样的空间布局里，市场办制定了市场交易的一系列交易规则，这种规则借助政府权威成了一种必须遵守的“法”，成了市场交易双方所必须遵守的规则。在这样的规则下，市场交易呈现多样化的交易形态，有着不同的交易行为及交易路线，但实际上这种“法”对于市场办管理人员及市场中极有权威的牙行来说，是可以变通的。它们可以根据市场中互动对象身份的不同发生变化，这种变化既有人情的原因，也有利益关系的原因。

牛羊市场内部有着自己运行规则与交易形态，各方主体更是有着多样化的关系形式，牛羊市场也并非是单一的自给自足运行的市场，而是同三甲集镇其他地方性市场一起流转变迁，这离不开三甲集镇人民素来喜爱经商的传统，也离不开三甲集镇东进西出、南来北往通达的道路，这些联系构成了三甲集镇的商贸流通繁荣的面貌。三甲集镇作为丝绸之路经济带上重要的少数民族地区，由牛羊交易市场空间内部的交易规则、交易行为、交易关系入手，联系同地域其他地方性市场，论述他们之间存在的互联互通关系，在某种程度上可以从中窥探“一带一路”上少数民族经济与文化生活。

第四章　道路与流转

三甲集人素来喜爱经商，特殊的地理位置及人文传统使得牛羊交易成为当地很重要的生计方式与生意选择，由于政府介入引导，一个专业化的牛羊交易市场在这里出现，它的存在体现了政府和基层干部之间的关系以及既定规则执行中的变化。但是无论如何，牛羊在这个市场中得到交换与流转，交换中呈现多重关系，流转离不开道路，也离不开其他地方性市场，这些共同展现了这一地域的经济生活和文化观念，因此在这一章我将通过论述三甲集镇人经商的传统与走南闯北的性格，揭示选择牛羊生意的必然性。

一、经商的传统

三甲集镇以回民为主，中国的回族是一个勤于经商的民族，这是一个可以承认的社会事实（景军，1991，179）。三甲集镇的集市贸易繁荣也说明了这一点。

回族的商业活动最早可以追溯到唐宋年间东南沿海的穆斯林“蕃客”，然而真正回族的商业史是从元代开始的，“元代回回商人活动遍天下”，明朝洪武二十三年，谕旨特别提到回回商人“如过关津渡口，不许阻滞”，足以见对其所带来的商贸繁荣景象的认可。到了清朝，回族商业也有了很大发展，张克非在《清代西北回族经济结构初探》中指出，汉族以“耕种为主，回族则善于经营，兼以贸易致富”，甘肃几乎“无回不商”。（张克非，1987）

格尔茨认为，“在宗教信仰和实际中，一个群体的气质被认为是合理的，因为它代表了一种生活方式，其在观念上适应了世界观所描述的事物的实际情况的意向，它特别安排为适合这样一种生活方式。”（格尔茨，2007）回族信仰伊斯兰教，回族经商的传统也离不开伊斯兰教的教义。伊斯兰教的教义是鼓励经商的，《古兰经》中说，“真主准许买卖，而禁止重利”，这也使得大批回族把经商作为一种神圣的事业。伊斯兰教鼓励经商，但同时也主张买卖公平，这些都影响了回族的商业行为及贸易活动。在伊斯兰教教义的影响下，经商成为回族重要的赚钱手段。

三甲集镇素有经商的传统，习惯东奔西走，但是他们不会一开始就做生意。由于教育水平低，90 后一般小学毕业就会辍学，辍学后由于年纪小，他们会先外出打工，年龄过小的人的一般是去牛肉面馆，他们或是投奔亲戚，或是有朋友在那儿。如果年龄稍大些，会依靠政府的劳务输出手段，前往各大电子厂或者机械工厂工作，主要是以上海、北京的牛肉面馆及东部及东南沿海地区的电子厂为主。一名目前做着牛羊买卖的 26 岁回族人马普，做生意之前一直在外面奔波，经过几次工作变化，他说：

“我小学毕业，12 岁的时候就出去打工了，第一次是在北京的牛肉面馆工作，是有个同学比我去得早，呆了几个月回家带我一起过去，在那边做了一段时间回来又过去，来回折腾了两三次，但是都是在牛肉面馆，后来又去了上海，我有个堂哥在那儿也开着牛肉面馆，之后就去了江苏苏州的电子厂，也去了南京的电子厂，在外面转了四五年，后来十七岁的时候回来，大约是 2009 年，去了新疆，新疆那里产棉花，我们就主要是摘棉花，老板一天一斤给多少钱，但是这个农活有季节性，只能做两个月，去新疆是我们有介绍，我们属于短期工。有长期工，那些长期工就是种棉花，摘棉花，从我们这儿出去的，所以就联系我们这里的人过去，但是这种也不能常做，做完就回家了。刚开始回来就是种庄稼，农闲时候附近做几个月，忙的时候就做家里农活，也去甘南挖过虫草。后来发现还是得做生意，我们这儿都养牛羊，家里面也支持，所以就扩大了规模，从几只羊几头牛做起，规模越做越大，也挣了些钱，现在我们也有固定客户，有合适的牛羊有时候不需要去牛羊市场直接联系客户到家里，客户也信任，做生意挺好的，现在各个家庭经济条件都很好。”①

① 来自于 2017 年 8 月 9 日在村民马普家里的访谈资料。

真主的指示给他们带来的是走南闯北的勇气，从《古兰经》可以解释为这是他们在寻求真主庇护的过程，流通的道路使得他们可以做生意。三甲集镇上也都是做生意的商贩，租商铺的价格和兰州差不多一样，20 多平米的房子，一年下去要 3 万，人流量特别大，尤其是逢集的时候，东乡、康乐、临洮的人都会过来，差不多有 20—30 个乡镇的人都过来买东西，镇上集市当天特别热闹。还有一些是从周围山上下来的人来买东西，他们刚好三天下来买一次，存一些物品，等下一次集市再来买。这种回族人民日常浸润的文化，无论是信仰还是人与人之间的互相影响，都令做生意成为他们生活中不可缺少的一部分，特殊的地理政策、特有的生活习惯与文化习俗、国家政策的引导等使得牛羊交易成为他们做生意的首选。一位 57 岁的回族人马西说：

"我今年 57 岁了，做牛羊生意二三十年了，十六七岁的时候出去，去过兰州、新疆，内蒙古，后来回来后有一段时间不知道该做什么，看大家都在卖羊，我也想试试。做这个比较自由，赚的也多，一只羊可以赚 50 元，我儿子二十多，也跟着我做生意，我们一般自己过去山里拉，到那边农户家里挑选家里面饲养的羊，然后来过来这个市场上卖，一般五点多客人过来买，刚开始都是挑着买，最后卖不出去的都处理，也有人专门来捡便宜的，但是最后也能赚到钱。"①

对于一直以市场为生，在市场呆了大半辈子的牙行马力来说，牛羊生意更是他的主要生活来源，这样的生意带给他的不只金钱，更是一种随性的生活方式及其他方式比不了的人脉：

"我十年前到陇西收羊毛，提起广河县人家不知道，提起三甲集人家都知道。我们这儿，靠生意吃饭，生意人多，我现在家里有十一口人，都靠着我做生意，我儿子跑长途，我就在这个牛羊市场，反正还可以，有时候一个集市一两千，有时候三五百，三五百也好得很，你去打工能挣多少钱，这个还自由自在，我想干就干了，不想干就睡了。我们门口这个生意确实好，对我来说，我在这个牛羊市场大半辈子了，确实好，我认识的人也多，除了市场上的人，我还有很多客户都是外地的，有山东、安徽、河南、四川的，哪儿都有，和他们都成了朋友，他们都信任我。"②

---

① 来自于 2017 年 8 月 5 日在牛羊市场对马西的访谈资料。
② 来自于 2017 年 8 月 10 日在牛羊旅馆对牙行马力的访谈资料。

总之，三甲集人将做生意作为重要的赚钱手段，而当地喜食羊肉，农区与牧区交界的特殊地理位置使得牛羊养殖普遍，牛羊交易也较多，所以当东奔西走在外闯荡积累经验再回到家乡的时候，牛羊生意就成了首要的选择。牛羊交易市场看似固定了交易地点，但实质上依然是东奔西走，人和物的流转都离不开道路而存在，虽然样貌发生改变，但丝绸之路、茶马古道上的集散功能实际上是依然存在的。

二、市场与道路

路具有时间和空间两种属性，时间属性见证了牛羊市场的变迁与变化，空间上路的存在又使得市场得以出现并且不断发展。有路才有市场，这种存在属于一种前提条件，同生活习惯、生活方式等文化一起影响了市场的存在，使得市场呈现出一种只有在这种文化影响下才会出现的独有面貌。由于经商传统以及回民的饮食习惯，当地牛羊的买卖成为必然，需求扩大，三甲集镇政府进行适当的政策引导，将交易行为固定在一个有着一定地域的市场内，而这个市场必须位于货物的集散之地，交通便利，往来密切才能给牛羊市场带来一定的生存空间。三甲集镇的牛羊交易市场就是这样诞生的。

牛羊的集散离不开三甲集镇并行的三条大道，它们是进出本地的必经之路，也是牛羊市场交易流通的道路。人、物通过这条道路得以达到市场，形成交换，再通过这条道路运送到西北五省及中东部地区。牛羊市场作为一个集散地，表现了三甲集镇仍然同古丝绸之路一样充当了一个驿站的作用，它给来往人群提供了一个交易的平台与位置，丝绸之路南道、茶马古道从未消失，而是以一种新的方式存在并促进了交易的达成。

牛羊市场的二道贩子从武威、张掖的市场或者农户家里收购牛羊，顺着祁连山脉运往三甲集镇，来自西北五省及中东部地区的客户购买牛羊后再运往当地。特别是存在着从三甲集镇拉运蔬菜到成都，然后从成都拉运百货到拉萨，再从拉萨拉运藏牛，沿着青藏公路经过西宁，再顺着湟水回到三甲集镇售卖的线路。

对于茶叶市场来说，茶叶从云南、福建、贵州等地的工厂直接空运到三甲集镇，这种运输方式脱离了道路的实体感。茶叶从三甲集镇销往西北五省，实际上仍然是充当了集散的功能，与之前不同的仅仅是运输的方式与实体的道路。茶叶销往西北五省有几条运输线路，一是沿着丝绸之路北路通过河西走廊，经过武威、张掖、酒泉运往新疆；二是主要利用丝绸之路南道，顺着湟水流域路过甘肃的藏区走入青海人民的家里，并不断向西销往西藏；三是从三甲集镇运往兰州，再一路向北经河套平原销往内蒙古和宁夏；四是从三甲集镇经过天水运往关中地区售卖。

与古代茶马互市的商贸路线相比，现在三甲集镇的茶叶流通辐射范围变小。原本由滇蜀进藏，在三甲集镇汇合，沿线物物交换，形成茶马古道。如今的交通方式使得茶叶生产地云南与茶叶售卖地直接相连，绿皮车厢或是钢铁汽车或是云端的飞机，使得路仅仅成为连通两地的空间，而不再涉及沿途广袤的地域。但是另一方面，由于交通的便利，三甲集镇的茶叶深入西北各地的餐桌，到处可以看见它的身影。

三甲集镇的皮毛交易中心历史长达 20 多年，新疆、西藏、内蒙的人都知道在这里羊毛能够卖得特别好，所以都送到三甲集镇买卖。大部分粗纺羊毛销往河北，皮毛的价格也跟随着那边的市场涨落；精纺的羊毛主要是做衣服，因此主要销往服装制造业比较发达的江苏无锡、常熟、南京等地，做成羊毛大衣、羊毛衫等。

这种交换与流转呈现了三甲集镇的重要集散功能，市场不断通过道路完成人或者物的集散，其中存在的交换与流转又不仅仅是牛羊市场，而是整个三甲集镇的地方性市场的流动。因此在下一节中，我将由牛羊交易市场入手，论述同它相关的各个产业及三甲集镇其他地方性市场，它们是如何同牛羊交易市场互相联系形成一个整体性市场，呈现三甲集镇商贸繁荣的景象。

三、流转与联系

三甲集镇牛羊市场以牛羊交易为主，也因此衍生了其他的相关买卖，例如饲料、刀具、绳索、食品等。牛羊买卖从来不是单一的，地域上需要其他同类衍生产品方便人们交易，往大了说，牛羊市场又同镇上其他商贸一起构成了三甲集镇流通交换的整体面貌。

作为牛羊市场的重要客户，当地餐饮可谓是牛羊市场的固定客户，由于手抓羊肉是西北人民喜爱的一种美食，所以餐厅也主要是以手抓为主，镇上的几家大餐厅，一天可以卖四五十只羊，多的话能卖到五六十只，他们一般要肋条、前腿，后腿卖到外地，主要是烧烤使用。庞大的需求量使得羊肉必须有固定的来源，牛羊市场成了他们的主要渠道，根据当地人的爱好，他们喜欢挑选20多斤的小尾寒羊，肉质鲜嫩，一家餐厅老板马贝说：

“我这家店开了七八年，之前是在做牛肉面馆，后来就卖手抓，我早上两点过去，骑着摩托车过去，市场上到处转着挑羊，挑完后买得最多的那家一般帮我把羊送到屠宰的地儿，也不远，宰羊也很快，十分钟左右，羊毛内脏都没了，宰完屠宰那边负责派车将肉送到餐厅，我一般喜欢要小羊，主要看年龄、毛色，毛色好看的做出来好看，毛脏的话做出来就不行。基本上四五点就买完了，回来就得切肉、煮肉准备，一般煮两个多小时差不多就可以了。”①

餐饮业是牛羊市场的客户之一，牛羊市场的人员往来离不开旅馆，除了牛羊旅馆以外，镇上还有其他家庭式旅馆及经济型旅馆，价格在20元到200元之间，这些地方也可根据住宿需求不同而适当变动价格，比如包月价格则相对便宜。

牛羊交易市场的发展不是单一的，它离不开镇上其他两大支柱产业——茶叶市场与皮毛交易市场。三甲集镇虽然没有茶树，却是西北最大的茶叶集散地。茶叶主要来自云南、贵州、福建等地，品种涉及龙井、铁观音、普洱、春尖和茉莉花茶。现代物流便利，购买及运输方式也同历史上有了很大的区别，茶叶老板一般电话订货，三到四天即可发到本地，茶叶主要销往新疆、宁夏、青海、西藏、内蒙等地，成为茶叶运往西北地区的门户。茶叶市场体系健全，形成了集批发、中转、零售为一体的市场营销网络，而以茶叶一条街为中心的三甲集镇茶叶交易市场也因此在西北享有极高的知名度，全镇茶叶年交易量2200吨以上，交易额达到1.5亿元。

三甲集皮毛交易历史悠久，清朝时期就有收购羊毛的生意，当时

① 来自于2017年7月30日在餐厅对老板马贝的访谈资料。

的外国洋行收购羊皮、羊毛，羊肠等，车拉到兰州，再用羊皮筏子顺着黄河顺流而下到包头，从包头运到天津出口，销往国外。后来山西的晋商到这边做皮毛生意，之后抗日战争爆发，地方势力压制，晋商撤走，军阀马步芳成立公司收购羊毛，将高档羊绒、羊毛通过政府在天津的办事处销往国外，将羊毛换成军备。之后供销社时期，私人倒卖羊毛是犯法的，一直到恢复市场经济，才重新出现了羊毛收购。

我的采访对象马万是三甲集镇皮毛交易中心的创始人之一，他说：

“改革开放后，当时收购羊毛的主要是家庭式的小作坊，三甲集街道上大约有一二十家，这种家庭作坊主要收购的是原毛，并不清洗，将原毛转卖给清洗的工厂或者一些贸易公司。后来交易量大，小作坊装卸面积不够，所以我和几个人合伙开了一个小工厂，但是小工厂门太小，拖拉机可以进去，大车没法进，我们几个合伙人就觉得可以做大一些，所以就在1992年建了这个皮毛交易中心，1993年正式开业。那时收购的羊毛主要是来自甘肃本地、新疆、青海、西藏、内蒙以及少量来自云南的羊毛，1995年的时候，还有大量进口的来自哈萨克斯坦、吉尔吉斯斯坦、外蒙古的羊毛，从新疆进来，经过安西县，顺着丝绸之路的线路进到甘肃，到我们这里。2000年以后就没有国外的羊毛，主要是政治上的原因，不让外国的羊毛进来，但是最近又进来了一批来自新西兰的羊毛。”①

皮毛交易中心主要提供的是一个保管集散的功能，当地人收购羊毛，一旦量大无法存放时便会存到交易中心，需要交保管费、过磅费、物流服务费、停车费等费用，自己负责联系客户。中心也提供代卖服务，这种代卖在马万看来是一种义务帮忙，他并不收费，请他吃一顿饭就好。这个中心的收费标准主要分为三种情况，15平方米的仓库，租金半个月为100，一个月150，如果租用一年的话则是1000块。交易中心一年大约有二三十万的收入，刨去租金、工资及其他必要支出以后，平均每个合伙人能够分得六七万元。

这个皮毛交易中心同牛羊交易市场一样，创办时得到政府的支持，政府负责征地，也有政府补助。据马万所说，当时费孝通到广河县调研的时候，曾经来过这个皮毛交易中心，可见政府对皮毛交易中心的

① 来自于2017年7月24日在皮毛交易中心对马万的访谈资料。

重视。而现在，面对“一带一路”新的战略形式，三甲集镇的皮毛发展也迎来了新的发展机遇。政府正在兴建三甲集皮毛交易中心，它位于康临高速三甲集出口以西，项目总投资约40亿元，规划占地1009亩。除了面积扩大以外，交易中心内部也进行了合理的区域划分。皮毛交易中心内设原皮交易区、原毛交易区、成品交易区、仓储物流区、配套服务区。经过测算，建成运营后，预计牛皮及其制品年交易量将达到1000万张，羊皮及其制品年交易量达到1000万张，羊毛及其制品年交易量达到15万吨，年交易额将达到80多亿元，这也会使得三甲集将成为享誉西北的皮革之都。①

蔬菜市场也同牛羊市场联系密切，对于牛羊市场内的某藏牛商贩来说，蔬菜市场是他的流通线路中的起点，从蔬菜市场购买蔬菜运送到成都，再从成都购买小商品至西藏，从西藏拉运藏牛到三甲集镇，这一圈商贸路线中每个环节都不可缺少。

集散离不开车辆，三甲集也拥有全国最大的物流车队，涵盖了青藏高原、内蒙古高原、新疆、珠三角、长三角和内陆大部分地区，他们走南闯北，东进西出，全镇公路物流行业从业人员近4000人，占全镇总就业人数的12%左右，货运车辆达到1000余量，公路货物运输量达到8000吨/天，实现年收入4.9亿元，他们投入到全国的大市场、大交通、大物流的格局中。物流行业的迅速发展巩固了三甲集作为商贸物流重镇的传统优势，同时也繁荣了地方经济，而这一发达的物流体系也便利了人和物的集散。

三甲集镇的餐饮、旅馆、茶叶市场、皮毛交易中心、物流运输这些地方性市场同牛羊市场一起构成了三甲集镇的商贸整体，这些地方性市场相互联系与促进，任何一个市场的发展都离不开另外一个市场所带来的往来人员或者集散之路，它们的流转与联系是三甲集镇商贸繁荣的关键所在，其中的牛羊交易、茶叶流通、皮毛集散等商贸发展也正好显现了当年费孝通访问临夏时所提出的“东有温州，西有河州”。

① 资料来源于从政府获得的三甲集镇志中的记载。

第五章　结论

三甲集镇牛羊交易市场作为一个空间存在，内部呈现多样化的面貌，市场管理人员的智慧与活力、交易人员的族群性、牙行作为中间人身份的多重性、熟人交易等等市场中的存在展现了这个牛羊市场中的基层管理、经济行为、文化观念。而牛羊市场也并非一个孤立的交换与流转的市场，它同其他地方性市场一起构成了一个整体性市场，一同在道路上进行流转和变迁，呈现出不同的整体性面貌。这个丝绸之路、茶马古道集散之地的集镇上的牛羊交易市场，其中体现的政府权威与基层管理、交易行为与集散、熟人社会中的交易行为以及道路所带来的地方性市场的联动，向我们展现了“一带一路”沿线民族地区所特有的经济生活面貌与文化观念。

一、政府管控下的智慧与活力

二十世纪八九十年代，三甲集镇当地并不重视教育，东关村马风书记却深知教育的重要性，他自考本科后又继续深造，就读国民经济学的研究生，仕途之路也不断转变，从村干部成为村委会书记。同之前几任不同，他并不是由于在村民中的威望而成为管理人员，而是通过政府任命，代表了国家力量对基层组织的管控。他一方面代表国家力量管理市场，另一方面也没有被动地等待政府的指示，而是主动思考，出台政策对牛羊市场进行管理。从规划市场的空间布局、固定市场交易时间及交易类型到制定收费标准，展现了他作为基层管理人员对市场的把控与智慧。这些规则的制定使得市场这个自给自足的空间具备了合理性的存在，村民在其中自发交易，满足需求，享受市场所带来的便利。在这个过程中，他借助政府权威设立警务室、颁发牙行证，使得市场办的各种政策获得了一种合法性的认可，市场中存在的各项规则成了必须要遵守的原则。

牛羊市场展现了基层管理人员并不是被动地管理市场，而是主动探求促进市场发展的各种举措，并且恰当地将政府权威展现在牛羊市场中，从而呈现出政府管控下基层管理人员的智慧与活力。

二、熟人社会中的规则与选择

费孝通说，“在我们乡土社会中，有专门做贸易活动的街集，街集市场不在村子里，而在一片空场上，各地的人到这特定的地方，各以‘无情’的身份出现，在这里大家把原来的关系暂时搁开，一切交易都得当场算清，当场算清是陌生人间的行为，不能涉及其他社会关系，商业是在血缘之外发展的。”（费孝通，2014，93）

乡土社会在地方性的限制下成了生于斯、死于斯的熟人社会，人们之间有着千丝万缕的关系，经济行为存在于这种社会关系之间，是不能脱离社会关系而存在的。这种熟人社会是人情秩序存在的社会场域，中国人的思维习惯是把人按照自己人和外人来划分，与自己人的来往遵从人情规则，与外人的来往则遵从陌生人规则。牛羊交易市场就展现了这种熟人社会体系下集市中既遵循市场交换原则，同时又维持着血缘、地缘的这种人情关系。

买卖双方进行交易的时候，牙行作为中介，在其中展现了根据亲疏关系远近的不同的行为原则。对于牙行熟识的人或者客户，他会违背自己在交易中间一直秉持的中立原则，明确指出所交易的牛羊是否存在问题，干涉买卖双方的交易；但是如果是一个同他毫无联系的陌生人，他则成了中立的中间人，成了交易价格的协调者，目的在促成交易达成，而不对牛羊本身做任何评价。

市场办管理人员制订了一套规则，但是规则在执行过程中因对象的不同表现出了不同的策略选择。以收费为例，认识的人可以少收或者不收，外地人可以借助市场上较有权威的牙行而不交费；对于大多数参与市场的交易人员来说，电子秤 5 点才可以上秤，但是政府官员则可以找关系及早称完。

规则借助政府权威具备合法性，成了交易双方在这个市场中交易时应该遵守的规定。在市场中，买卖双方是这个市场中最基本的人员构成，他们依靠市场为生，必须遵守市场规定，市场办人员与牙行则可以灵活地执行规则。市场办虽说代表政府管理市场，但由于市场是个自给自足的空间所在，政府并不参与具体管理，但是在买卖双方眼中，市场办管理人员是政府的代表，通过借助政府权威，市场办管理人员在这个市场中拥有决定权，他们灵活地决定规定的执行与变化。牙行由于是买卖双方达成交易的关键，这种特殊的中介位置本身就赋予他比较特殊的地位，而牙行往往又是那些市场上资历最久、最值得信赖的人，因此，牙行在这个市场中是一定的权威所在，他可以调节买卖纠纷，见证并担保交易的进行，这也使得他在市场上获得市场办的认可，需要借助他的存在去解决市场中存在的一些问题，这就使得牙行有了一些权力，面对规则具备了一定的灵活选择权。

总之，市场规则看似绝对不可违背，但是对于规则制定者来说，执行与否与如何执行皆取决于关系亲疏远近，这是熟人社会体系中的人情关系，牙行实际上借助了这种关系，因此在市场规则的执行过程中也掌握了一定的权力。

三、市场场域中的族群与族群性

“族群指的是人们在交往互动和参照对比过程中自认为或者被认为具有共同起源或世系，从而具有某些共同文化特征的人群范畴。”（庄孔韶，2003，79）这种说法强调人的主观认同和建构，族群是在实体层面上指向特定的一群人。“族群性指的是特定人群在于他者相遇之后对自己所属人群的一种归属和认同意识。某个特定族群可以独立生活而不产生族群性的问题，但是当他们一旦开始接触他者，他们便需要表达他我之别，这时候族群性就出现了。究其根本，族群性其实也就是主体间性的问题。”（范可，2015，53）

三甲集镇回民居多，牛羊交易市场也以回民为主。当汉人进入这个市场的时候，便意识到了自己的这种身份的不同，虽然市场上到处都有公平交易的标语，交易时候也在不断强调公平，但是他们时时刻刻都在提醒自己的不同，处处小心谨慎。无论是来自定西的二道贩子，还是来自其他地方的买方，他们认为在这个市场中自己是外来者，回民群体在这个市场中是主导群体。他们依靠这个市场生存，也因此尤为注意自己的角色，交易前担心价格问题，交易时担心质量问题，交易完又担心是否受骗，在这个自由市场中因为族群的不同，他们并不能自由地进行交易，这种不自由不是由管理或者政策规定，而是他们自己由于群体的差异所赋予自身的谨慎与小心。

当汉民进入牛羊市场时，面对这个以回民为主导的牛羊市场产生了一种族群性，他们是同这个市场主导人群不同的群体，这种族群的自我意识使得他们在这个市场的交易中呈现出不同于回民的交易心理与行为。

同时，牛羊市场内的群体不仅仅只有回汉之分，还有养家户和二道贩子、本地和外地之分，他们因为各自的身份不同而有着不同的利益，也因此有着不同的交易行为与交易心理。虽然市场一直强调自身的公平性，但是对于市场中相对较少的汉民、养家户、外地人来说，在这里进行交易时仍需要警惕，也因此在市场中表现出极为谨慎小心的交易行为。

四、市场、道路与联系

三甲集镇历史悠久，特殊的地理位置、以回民为主的人口构成，以及作为丝绸之路、茶马古道的驿站的功能，在丝绸之路经济带提出的当下，使得对这里极具代表性的牛羊交易市场的研究具备一定的现实意义。

由于经商传统以及回民的饮食习惯，三甲集镇牛羊交易一直存在，当国家政策转变及需求扩大时，政府出面成立专门的牛羊交易市场，将交易行为固定在一个有着一定地域的市场内，有着固定地点的牛羊交易市场应运而生。

这个专业化的牛羊交易市场在自由交易以外，也处在政府的监控之中，政府需要引导市场如何发展，构建市场秩序，扩大市场交易往来，稳定的市场才能使三甲集镇得到发展。但是政府又不直接管控市场，这一切通过政府的代言人即东关村村委会来完成。东关村村委会成员担任市场办管理人员，他们运用自己的智慧及经验，对市场空间格局、交易秩序、交易流程、交易人员等进行全面的管理，展现了政府管控下基层干部的活力与智慧。但是由于乡土人情的缘故，这种管理又不可能完全按照规则执行，熟人之间收费上存在多种变数，规则在某种程度上成了一种表面的、象征性的规则，实际上又有着另外一套运作模式。

在这套市场体系中，牛羊得到不断的交换与流转，这是市场的功能所在，而这种交换与流转又离不开道路，它是人员往来互通之路，使得这个市场中不仅仅只有当地人，不仅仅只有养家户，而是呈现为二道贩子、外地客户、汉民等多方主体的存在，牙行在其中也不再只有单一身份，而是牛羊市场中社会关系网络最深和最广的人物。同时，这条道路又是物品流通之路，这种物品流通又不仅限于牛羊交易市场，而是同三甲集镇其他地方性市场一起在道路上流转，虽然这些地方性市场经营内容不同，但是他们都与牛羊交易市场互联互通，一起构成一个整体性市场，呈现了三甲集镇商贸流通的繁荣景象。

无论是人员还是商品的流通皆呈现出基本一致的几条主要交通干线，无论是通过河西走廊运往西域，还是经湟水到西宁，亦或是再向西到西藏，都显示了市场跟随着道路所展开的流转。人通过道路来到市场进行交易，物又跟着人在道路上实现流通。这些道路也并非现在才有，甚至可以追溯到张骞出使西域前，而后构成了丝绸之路的北路和南路，这两条路也一直是中西交流的主要交通路线。

随着“一带一路”战略的提出，这些道路沿线居民的经济生活与文化观念也必然吸引人们的关注。而牛羊交易市场位于东进西出、南来北往的集散之地三甲集镇，市场内部呈现的基层管理、交易行为与文化观念成了其区别于同地域其他市场的特殊之处，也为它成为周围最大牛羊交易市场带来了一定的必然性。更重要的是，它并不是单一的集散，而是同三甲集镇其他地方性市场一起不断流转、变迁，这种流通与变迁通过道路实现。它因道路而存在，因道路而流转，又因道路而串联，它所展现的面貌也必然让我们感受到丝绸之路经济带上人民生活中所蕴含的智慧与活力。

总之，丝绸之路经济带沿线地区因地理位置、人口类型、历史传统等多方面的原因各有各的特殊之处。本文所展现的仅仅是三甲集镇作为一个丝绸之路南道上极具代表性的集镇，其最具特色的牛羊交易市场的全貌。我希望能够借助牛羊市场的交易面貌以及同其他地方性市场的互联互通关系，呈现丝绸之路经济带上人民的经济与文化生活，当然，他们的生活远远不限于此，需要更多的关注与呈现。

参考书目

慈鸿飞，1998，“二十世纪前期华北地区农村商品市场和资本市场”，《中国社会科学》第1期。

陈振江，1980，《丝绸之路》，中华书局。

丁柏峰，2015，“丝绸之路青海道与河湟民族走廊的形成”，《青海师范大学学报》第3期。

杜赞奇，2003，《文化、权力与国家：1900—1942年的华北农村》，江苏人民出版社。

费孝通，2014，《乡土中国》，人民出版社。

范可，2015，“论多民族国家语境里的族别问题”，《北方民族大学学报》第4期。

克利福德·格尔茨，2006，《文化的解释》，译林出版社。

奂平清，2006，“华北乡村集市变迁与社会结构转型——以定州实地研究为例”，中国人民大学。

黄宗智，1986，《华北的小农经济与社会变迁》，中华书局。

蒋文中，2014，《茶马古道研究》，云南人民出版社。

景军，1991，“临夏的回族经商与民族经济”，《西北民族研究》第1期。

刘文杰，2009，《路文化》，人民交通出版社。

李正华，1998，《乡村集市与近代社会——20世纪前半期华北乡村集市研究》，当代中国出版社。

龙登高，1997，《中国传统市场发展史》，人民出版社。

马坚译，1982，《古兰经》，中国社会科学院出版社。

毛佑全，2005，“云南农村集贸市场的经济文化辐射功能及其特征”，《云南财贸学院学报》第1期。

施坚雅，1998，《中国农村的市场和社会结构》，中国社会科学出版社。

石忆邵，1995，《中国农村集市的理论与实践》，陕西人民出版社。

翁乃群，1997，《南昆八村》，民族出版社。
沃尔特·克里斯塔勒，2010，《德国南部中心地原理》，商务出版社。
王铭铭，2005，《社会人类学与中国研究》，广西师范大学出版社。
王伏平，2002，“伊斯兰教对回族商业活动的影响”，《济南市社会主义学院学报》第1期。
雍际春，2015，《丝绸之路的历史沿革》，三秦出版社。
杨懋春，2012，《山东台头：一个中国村庄》，江苏人民出版社。
赵旭东，2015，“线索民族志：民族志叙事的新范式”，《民族研究》第1期。
赵旭东，2017，“文化共享、互联互通与道路的扩展——文化转型与人类学介入‘一带一路’的世界性关怀”，《中原文化研究》第5期。
中国茶马古道研究会主编，2011，《中国茶马古道研究》，世界知识出版社。
周永明主编，2016，《路学：道路、空间与文化》，重庆大学出版社。
张克非，1987，“清代西北回族经济结构初探”，《中国少数民族》第5期。
庄孔韶，2003，《人类学通论》，山西教育出版社。
钟兴永，1996，《中国集市贸易发展简史》，成都科技大学出版社。

身体棱镜下盲人按摩师的职业生命与生活日常

祝璞璞　中国人民大学社会学系 2016 级
指导教师　黄盈盈

第一章　绪论

一、问题的提出

（一）研究背景

本文的写作起念于我第一次体验盲人按摩时与按摩师小唐（化名）[①]的闲聊。小唐年方 24，已经走南闯北地去过很多地方，每到一个城市，就找一家按摩店待下来，少则三五月，多则一两年。2017 年夏天，他第一次来到北京，如今，对于这个自己工作、生活了大半年的城市，小唐觉得既熟悉又陌生。按摩店的工作使得他“每天都能接触到很多人”“什么客人都可以见到”，与不同的客人聊天，成为他了解这个城市的通道，但他却从未真正看过这个城市一眼，甚至很少离开他所在的盲人按摩店。他和他的同事吃住都在店里，简单的随身行李塞进按摩床下的柜子，晚上就睡在狭小的按摩床上，平时很少外出。有关按摩的一切似乎构筑起了他们大部分的生活。盲人与按摩之间这种仿佛自然的联结也体现在社会认知层面，人们越来越趋于将盲人按摩师

① 本文出现的人名均为化名。特此说明，后不赘述。

作为一种概括化的他者(generalized other)、一种限定的类型来认识，以至于说到盲人就想到按摩，甚至觉得盲人从事按摩是一种不言自明的“自然”。

我试图从历史中寻找盲人与其职业之间联结的线索。简要回看历史上的盲人职业便不难发现，自古以来，盲人都是因其身体而在职业上被分离和固定的一群人。先秦时期，健壮劳动力主要集中在物质生产部门，残疾人则从中分离出来成为专职的文化工作者。时人认为盲人的身体具有某种代偿功能[①]，即盲人目盲，因而听力、记忆力等其他感官必定能力超群。诸如盲人“盲于目而聪于耳”，有专注精微的听觉能力，因而成为乐师或乐工；盲人“盲于目而明于心”，有超群的记忆力，熟悉历史文化，因而成为知识渊博的教师、史官或谏臣；盲人“肉眼盲而天眼开”，拥有通晓天道、洞察神机、测知吉凶、预知未来的能力，因而成为宗教神职人员（张应斌，1997）。

西汉以来，盲人作为官方文化传承者和传播者的地位日益受到质疑和挑战，直至被拒于官方文化之外而掉落至民间，成为依靠乞讨、算命、卖艺、说书等技艺来勉强糊口、维持生计的“江湖生意人”（郑杰文，2009）。直至明清，作为盲人主业的算命和卖唱被称为金柳二艺[②]，亦即口语中的“金活”“柳活”（铁山、郭荣，2011）。从“专职文化工作者”到“江湖生意人”，盲人的社会地位不复往日，但其职业形式与工作内容却与先秦时期一脉相承。

清末民初以来，盲人在街头算命和卖唱的职业活动逐渐被官方取缔和禁止，自此，盲人的职业内容开始发生变化。作为过渡，民国时期的盲校开始设有按摩、教育、工艺等专业，以解决盲人的就业问题。新中国成立后，北京市文化局曾组织盲人宣传队歌唱党的新政策；1957 年始，民政系统开设福利厂，组织盲人从事编织、轻工、五金等加工业，并逐渐推广到全国；但影响最为深远的当属 1955 年始办的盲

① 所谓代偿，在医学上指的是：当某个器官的结构或功能发生病变时，由原器官的健全部分或其他器官来代替补偿它的功能。

② 旧社会对江湖上生意行当的分类，分为“风、马、燕、雀”四大门，“金、皮、彩、挂、评、团、调、柳”八小门。

人按摩职业培训班（铁山、郭荣，2011）。自此之后，陆续出台的一系列支持盲人按摩事业发展的国家政策在很大程度上促进了盲人的充分就业，提高了盲人的收入水平，改善了盲人的生活质量。时至今日，按摩已经成为我国盲人最主要的就业渠道，也是国家绘就盲人美好生活图景的重要一笔。盲人按摩的兴起与发展背后，无疑有迫切解决盲人就业问题的现实考虑，但同时也隐含着社会认知层面对于盲人身体的代偿性灵敏触觉的判断。

综上所述，从宫廷乐师、史官、谏臣、文化教师、宗教神职人员，到走街串巷卖唱、说书、算命的“江湖生意人”，再到盲人按摩师，看似变化的盲人职业形式，其实在更深层次上保持了一种意义上的连贯性：即在社会认知层面，盲人的身体被认为无所睹见，但却具备某种代偿性的灵敏感官。对于盲人身体的上述认知形塑了所谓“需要用眼的工作”（或“盲人无法胜任的工作”）与“不依赖视力的工作”（或“适合盲人的工作”）的分类。在这种分类图式下，盲人成为因其身体而在职业上被分离和固定的一群人。而在当前我国盲人按摩行业日益走向制度化和规范化的背景下，盲人的被分离和固定似乎也从职业延伸到了生活的其他面向。对于盲人，人们逐步丧失了对具体的、活生生的“人”的理解，而只剩下对“盲”的刻板认知。在深入接触盲人按摩师前，我对这个群体的认识也非常有限，但自认为对盲人和盲人按摩师没有歧视或刻板印象，殊不知，“不了解”就是隔阂的开端，而刻板认知恰恰来自隔阂，也反过来加深隔阂。隔阂越深，越没有沟通交流的可能，也越不可能生长出鲜活生动的人与人之间的关系。

与小唐及其同事的结识使我有幸深入盲人按摩师的工作和生活情境，倾听和观察他们对于自己职业生命的叙述和实践，同时也得以看到他们作为芸芸众生中寻常男女的生活日常。从陌生时的隔阂，到熟悉后的平常，我第一次从真正意义上尝试去认识和理解盲人按摩师的世界，一方面真切地体会到了他们对于自己职业生命的无力和无奈，另一方面也切实地看到了他们饱含技术和策略的生活日常。由此我开始反思，盲人与按摩之间是如何形成了一种仿佛自然的联结？盲人真的就“适合”甚至“只能”做按摩吗？“盲”对于盲人的职业和生活而言到底意味着什么？是什么限制了人们对于盲人及其身体的想象？我们有可能打破盲人职业的单一化以及主流社会对盲人及其身体的刻板化印象吗？上述单一化和刻板化与盲人按摩师丰富的生活日常之间的张力又能给我们什么启示？通过对上述问题的探索，我并不是想单纯地宣告“盲人也可以做其他工作”或“盲人的生活也很丰富”，而是想要从盲人按摩师自身的主体叙述与实践逻辑出发，呈现他们的职业生命与生活日常以及这两者背后不同的“盲的身体”[①]之间的张力。因为“盲的身体”是影响盲人职业生命的重要因素，是盲人日常感知、体验与实践的出发点，也是主流社会对于盲人刻板认知的重要来源。因而我认为，通过探索和丰富“盲的身体”的内涵与意义，盲人与按摩之间仿佛自然的联结或许就会被松动，而盲人按摩师除职业身份之外的其他面向或许也就会被看到。

（二）研究问题

基于上述背景与思考，本研究将以盲人按摩师为研究对象，以“盲的身体”为切入点和落脚点，从盲人按摩师自身的主体叙述与实践逻辑出发，围绕以下两个方面的问题展开讨论：

（1）在当前我国盲人按摩行业日益走向制度化和规范化的趋势下，盲人按摩师的职业生命与“盲的身体”以怎样的方式相互联结？在这种联结当中的“盲的身体”是一种怎样的身体？

（2）盲人按摩师在生活日常中如何以“盲的身体”为中心展开感知、体验与实践？在这种感知、体验与实践中的“盲的身体”是一种怎样的身体？在何种意义上，盲人的生活日常能够丰富我们对于“盲的身体”的理解与想象？

通过对上述问题的探讨，本文旨在呈现盲人按摩师的职业生命与生活日常及其背后不同的“盲的身体”之间的张力，希望由此丰富主流社会对“盲的身体”的内涵与意义的理解，进而松动盲人与按摩之间的自然化联结。本文认为，应在盲人按摩师的职业身份之外，重视

---

① 强调“盲的身体”，并不是要巩固对盲人的概括化认识，而是要在诸如“盲人看不见，因而其他感官更加灵敏”等偏见之外，从盲人自身的主体经验出发，丰富对“盲的身体”的内涵与意义的理解。

日常生活的价值，从盲人的生活日常中寻找认识盲人及其身体的更多可能性。

（三）研究目的

通过对上述研究问题的探讨和反思，本文意图达到以下目的：

在理论探索层面，首先，本文意在对话于“大力发展盲人按摩、促进盲人就业增收、实现盲人美好生活”的“行业指导式”或“政策建议式”研究路径，弥补其对盲人按摩行业发展以及盲人职业生命与“盲的身体”之间关系反思的不足，丰富对于“盲的身体”的内涵与意义的理解。其次，本文也希望能与国内残障研究中主流的生物医学范式与社会范式形成对话，丰富国内社会学领域在日常生活和具身体现视角下对残障议题关注和考察的相对不足。

在现实关怀层面，本文希望能在一定程度上松动盲人与按摩之间仿佛自然的联结，揭示拓宽盲人就业渠道、丰富对于盲人身体的社会认知的必要性和可能性，进而打破长久以来盲人被作为铁板一块的“概括化类型”来认识的模式，丰富国家政策和主流社会对于盲人及其身体的理解与想象，进而为如何更好地认识和服务盲人提供新的思路。

二、文献综述

本文将主要围绕盲人按摩行业的政策历史变迁、盲人按摩师的日常生活、残障与身体社会学三个方面来梳理相关理论与文献。

（一）盲人按摩行业简史

着眼于盲人按摩行业的政策历史变迁将有助于我们把握国家层面对盲人与盲人按摩师职业与身体的规划、想象与历史定位。这些变迁或是大刀阔斧的改革，或是经年累月的积淀，但其对盲人按摩师职业生命与人生可能的影响却无疑都是最基本、最细微、也最深远的。

清末民初以来，盲校就开始设有按摩专业，但盲人按摩走上正轨并逐渐成为盲人最主要的就业渠道，则是20世纪50年代之后的事。1950年代中期，恰逢“发扬祖国医学遗产”“西医学习中医”的历史大潮（宫正，2011），中医按摩在理论和实践等方面均获得较大发展（李鸿江，1991），盲人按摩也应运而生。此后中国盲人按摩事业的发展过程，大致可以分为以下三个阶段。

1955 年至 1985 年是中国盲人按摩发展的起步阶段。中国盲人福利会于 1953 年成立，并于 1955 年举办了中国首期盲人职业培训班，其中就有按摩专业。1956 年，中国盲人福利会改为中国盲人聋哑人协会，1958 年起，中国盲人聋哑人协会相继举办了三期盲人按摩培训班。于盲人按摩培训班先后毕业的 200 多名学员由民政系统分配到全国各地，纷纷开办盲人按摩培训班、盲人按摩医院和诊所，开枝散叶，并逐步搭建起了全国盲人按摩行业的基本框架（铁山、郭荣、陈曦，2011）。

1985 年至 1997 年是中国盲人按摩事业的快速发展阶段。1985 年，第一届全国性的盲人按摩工作会议召开，自此，盲人按摩正式被作为一项事业来办。1988 年，中国残联成立，设盲人按摩工作处，盲人按摩工作自此被列入“八五计划”后所有的中国残疾人事业五年工作纲要。在国家的支持下，残联不仅加强了盲人按摩培训的力度，还将保健按摩正式引入盲人按摩行业（铁山、郭荣、陈曦，2011）。与此同时，预防医学开始致力于使“通病”“慢性病”“治未病”等概念深入人心，引导民众对自己的健康负责。消费文化则敏锐地制造并把握了身体保健的观念，持续地煽动对身体健康的焦虑，并提供一种“保健可以通过消费迅速达成”的速效丸。在国家政策、预防医学和消费文化的合力下，盲人保健按摩行业迅速发展，为盲人群体提供了大量的工作机会。

1997 年至今是中国盲人按摩发展的规范化阶段。这一阶段，全国盲人按摩事业持续大规模迅猛发展，在此过程中也不可避免地出现了一些建设和管理上的问题。1997 年，中国盲人按摩中心成立，加强了对医疗和保健盲人按摩事业的规范化管理，同时也加强了对盲人按摩师合法权益的切实保障。盲人医疗按摩方面，1997 年，国家出台《关于盲人医疗按摩人员评聘专业技术职务有关问题的通知》（残联教就字〔1997〕第 103 号），详细规定了各级盲人按摩医师的职称评定办法，正式承认了盲人按摩的医疗性质（铁山、郭荣、陈曦，2011）。2009 年，国家又颁发了《盲人医疗按摩管理办法》（卫医政发〔2009〕第 37 号），为盲人医疗按摩师的权益提供了切实保障，并进一步严格规范了盲人从事医疗按摩的相关事宜（邵小艳，2017），但具体落实过程仍然困难重重。盲人保健按摩方面，1997 年，国家出台《关于做好盲人保健按摩职业技能培训、鉴定及就业工作的通知》（残联教就字〔1997〕第 120 号），对盲人保健按摩的规范化发展做出了明确指导（要鹏韬、卢九星、韩德民、李星明，2017）。保健按摩师队伍日益庞大，越来越多的明眼人也不断加入这一行，行业竞争日益激烈，行业声誉却每况愈下，甚至有不少人从未接受过系统培训却以中医名义从事按摩工作。为了解决保健按摩行业误导消费者、损害中医名誉的问题，国家颁布《关于中医推拿按摩等活动管理中有关问题的通知》（国中医药发〔2005〕第 45 号），明确规定保健按摩不得自称中医，不得使用“中医”“医疗”“治疗”及疾病名称等医疗术语，也不得宣传疗效（王淑军，2005）。

近年来，国家又相继出台相关支持与规范政策，大力推动盲人按摩行业的发展。2013 年，国务院办公厅下发《国务院关于促进健康服务业发展的若干意见》（国发〔2013〕40 号），提出要广泛动员社会力量，多措并举发展各种健康服务业，加大健康服务业人才培养和职业培训力度（要鹏韬、卢九星、韩德民、李星明，2017），这其中就包括了盲人按摩业。2016 年，国家制定了《残疾人就业促进“十三五”实施方案》（残联发〔2016〕48 号；以下简称方案）。方案特别关注就业尤为困难的盲人群体，特别提出要“大力发展盲人按摩业”“推动盲人按摩规范化、品牌化发展”，并从职业培训、技能鉴定、就业保障、创业支持等各方面提出了具体的实施目标。最新的《2017 年中国残疾人事业发展统计公报》（残联发〔2018〕24 号）显示，“盲人按摩事业稳步发展，按摩机构持续增长。2017 年度，全国共培训盲人保健按摩人员 20796 名、盲人医疗按摩人员 7217 名；保健按摩机构 19257 个，医疗按摩机构 1255 个；有 54 人和 870 人分别获得盲人医疗按摩人员中级和初级职务任职资格”。

综上所述，自 20 世纪 50 年代以来直至今日，在国家各项政策的支持与规范下，按摩已成为我国盲人最主要的就业渠道，也是盲人实现就业增收、追求美好生活的重要方式之一。越来越多的盲人开始进入按摩行业，盲人按摩师的形象逐渐深入人心，盲人与按摩之间也逐渐形成了一种仿佛自然的联结。

（二）“日常生活转向”与盲人按摩师的日常生活研究

20世纪30年代以来，随着现象学、符号互动论、常人方法学的崛起，社会学内部开始出现日常生活的转向（吴飞，2009）。从20世纪60、70年代开始，以埃利亚斯、布迪厄、鲍德里亚、德赛托、福柯、吉登斯等人为代表的一批社会理论家，更是共同将日常生活作为一个重要的论题推上了主流社会学的历史舞台（郑震，2011）。自此，以实证主义和结构功能主义为代表的宏大叙述范式被彻底动摇。这一范式革命的发生基于以下认识：在日常生活不言而喻的实践中，蕴含着力量的差异、知识的运作和利益的争夺，在其多样性与复杂性中，蕴含着人与人之间的普遍张力（郑震，2013）。赖立里和张慧则在方法论层面建议从时间、空间、身体、习性和实践等几个可行的切入点着手，触碰日常生活的真实质感（赖立里、张慧，2017）。

随着盲人按摩行业的兴起与发展，盲人按摩师的工作与生活状况逐渐进入人们的视野，但从整体上看，相关研究并不多见。而且，研究者多来自盲人按摩行业以及与其相关的培训、管理与服务机构内部，这也造成研究路径的单一性：聚焦于从整体上探讨盲人按摩行业及其从业者在教育与就业（邱建维，2016；侯超韡、魏红、乔靖雯、那漠，2013）、队伍建设与管理（要鹏韬、卢九星、韩德民、李星明，2017）等方面的现状、问题与对策。在这一研究路径中，盲人作为按摩行业“从业者”的职业身份被单一地凸显，盲人成为按摩行业流水线上的产品（即按摩服务）提供者，同时也是产品本身，被培训、考核、使用和管理。上述研究路径为我们从整体上把握盲人按摩行业的发展提供了依据，但却疏于反思盲人按摩行业的制度化与规范化本身可能存在的局限性，加上普遍缺乏日常生活的视角，因而对盲人按摩师的认识与理解难免失之偏颇。

从整体上看，目前中国社会学界对盲人按摩师日常生活的关注相对不足，只能零星见到聚焦于盲人按摩师的生命历程，围绕交往（恋爱、婚姻、家庭、社会交往）和认同（自我认同、群体认同、社会认同）对其日常生活进行描述与呈现的研究（邵小艳，2017）。比较多见的则是将盲人按摩师作为“残疾人”整体中的一部分，对涉及其日常生活的各方面做出整体描述。这其中又以政策建议和行业指导为主，通常与国家政策紧密相联，旨在保障残疾人基本民生（陈功、吕庆喆、陈新民，2014）、促进残疾人就业增收（廖娟，2015）、提升残疾人社会保障和公共服务水平（郑功成，2008；周林刚，2011）、提升残疾人受教育水平（彭华民、冯元，2015）、丰富残疾人体育文化生活（吴燕丹、王聪颖，2015）、健全残疾人权益和福利体系（周沛，2016）等。另有一部分研究聚焦于社会工作视角下残疾人的身份认同（于淼、陶兆铭，2017）、社会排斥（周林刚，2003；梁佳佳，2012）、社会支持（毛小平，2010）与社会融入问题（杨志林，2015；赵倩，2017）。

（三）“身体回归”、身体社会学与残障研究

漫长的主体哲学对身体的贬低、压制、漠视长期存在。在柏拉图的二元论传统中，身体被贬低为灵魂通向智慧、真理和道德的障碍；在中世纪基督教神学中，身体则受到道德伦理的压制；17 世纪以来，身体摆脱了希腊哲学的贬低，摆脱了中世纪神学的压制，但却遭到科学和理性的放逐和漠视，消失在心灵对知识和真理的探求中（汪民安、陈永国，2004）。受主体哲学身心二元论的影响，身体在经典社会学中长期“缺席在场”，或者说“间接在场”。经典社会学传统很少将身体视为独立的考察领域，也回避专门聚焦于身体进行分析，在这个意义上，身体是缺席的。然而，经典社会学并没有彻底忽略身体，对于工业社会的运作、现代人的生活、社会系统与社会关系等问题的关注，导致经典社会学尽管间接且有所取舍，但却又不可避免地关注到具身体现（embodiment）的某些面向。只是，这种“缺席在场”往往使得身体被隐于更大的概念系统中，被诸如阶级、分工、理性等更为现实的主题打成碎片，从而变得更加不可见（希林，2010）。

直到“20 世纪的三个伟大传统将身体拖出主体哲学的深渊”：梅洛·庞蒂的知觉现象学将身体重新带入到知识的起源中，认为我们对日常现实的任何感知（哪怕是一些更“高级”的知觉）都是从活生生的感官身体出发的；涂尔干、莫斯、布迪厄的人类学传统，重视个人

的身体实践和习性，试图克服身体和意识的对立；尼采和福柯则根本无意调和身体和意识的对立关系，他们关注的只有和历史、权力、社会纠葛的身体（汪民安、陈永国，2004）。20世纪的社会学界为改变身体的“缺席在场”提供了很多思路，但也使身体成为最不确定、最具争议的议题之一。克里斯·希林将20世纪影响最大的三种身体理论分别概括为：有关秩序化身体的社会建构论分析、有关“生命态身体”的现象学研究和行动导向研究、有关身体的结构化理论（希林，2010）。针对身体究竟是什么、身体和社会的关系，这三种理论取向分别从不同维度提供了宝贵的洞见，并持续引领着该领域的大部分研究议题，但也都暴露出顾此失彼的局限性，使身体非但没有逐渐清晰，反而更加扑朔迷离。

具体而言，有关秩序化身体的社会建构论分析将人的身体视为由政治、规范和话语等方面的规则所生产与调控的客体对象。这一理论取向无疑深受福柯“治理术”的影响，对于“身体是如何受到结构和权力的控制和压迫”颇有见地。但是，这一理论取向对于“具身性身体的生命体验”闭口不言，归根结底，身体被认为是无法自控地附着于其所处的社会情境，并由此被铭刻、被确定秩序，也就是说，具身体现徒有其表。有关“生命态身体”的现象学研究和行动导向研究以多种方式表达了对于身体理论的抽象性质的不满，转而关注“身体对其具身体现的自有体验”，并强调具身体现的决定性而非被决定性，强调身体的感官、欲望、习惯、倾向和偏好形塑了人所处的社会环境。但是这一理论取向未能重视结构又是如何形塑了人的身体倾向，并且，虽然宣称聚焦于体验的“身体”基础，但这一理论取向其实是以现象学的方式分析身体的“体验”，因而身体在很大程度上还是隐而不显。有关身体的结构化理论则试图克服上述两种理论取向之间的对立，强调身体既被社会形塑，也形塑社会。但是，这一理论取向最终并没有克服对于身体认识的二元对立，反而导致身体在结构制约与个体反思之间摇摆不定（希林，2010）。

希林认为，上述三种理论取向各自提供了不同的思路，促进了身体研究在20世纪的兴起和扩张。但是，为了避免上述理论取向各自的局限性，就要摒弃它们各自的过犹不及之处，将其融合成一个更为全面综合的分析框架，由此希林指出：要将身体视为社会构成过程中的多维中介——身体既受到社会结构性力量的限制与形塑，也创造和形塑着其所处的社会情境，身体形塑社会的方式受到身体倾向、欲望、习惯和偏好的影响，也受到作为社会建构后果的身体的支配，并且在这些过程中，身体成为了人们依附于或远离于所处社会情境的手段（希林，2010）。一种试图超越二元对立的“活生生的身体”（lived body）使得具身体现的全部意涵有了得到完整诠释的可能，并日渐成20世纪八九十年代以来身体研究领域的新趋向（Lock and Farquhar，2007）。

也是从20世纪八九十年代开始，社会学对残障（disability）[①]意义的理解开始出现具身体现的转向，开始将残障作为一个寓于身体的倾向、实践和策略的集合，在强调残障的生物性基础的同时，肯定身体在个体感知外界中的作用，也承认残障的社会文化特性（鲍雨、黄盈盈，2015）。遗憾的是，中国语境中的残障与身体研究仍主要聚焦于生物医学范式和社会范式。前者主要集中在生物医学领域，将残障视为生理问题，旨在通过生物医学手段对个人的身体结构和功能进行康复；后者主要集中于社会工作领域，将残障视为社会问题，旨在改造社会环境以减少歧视和隔离，加大对残障者的社会支持，最终实现对个人社会功能的康复。换言之，在国内主流的残障与身体研究中，身体要么被视为需要康复治疗的对象，要么被视为承载社会不平等的意向，对于身体、残障的具身经验性研究依然非常不足。近十年来，国内也有一些学者开始在具身体现的视角下研究身体与残障问题（黄盈盈，2008；刘阳，2009；余成普，2011；刘熙，2011；鲍雨，2017），但对盲人活生生的身体的关注则几乎未见，对于中国式身体的理论构建也还远远没有形成。基于此，在具身体现视角下，将作为知觉和实践中心的身体带回残障研究中显得尤为必要（鲍雨，

① 将disability译为“残障”而非“残损”或“残疾”，体现了一种对医学模式、社会模式以及经验视角的综合，提倡在更广阔的社会情境中，把“残”（身体结构与功能的残缺状态）与“障”（参与社会生活的社会性障碍）融合起来。

2017）。

三、分析框架

如前文所述，盲人与按摩之间仿佛自然的联结在很大程度上限制了盲人的职业生命，也限制了主流社会对于盲人及其身体的认知与想象，而这一联结的关键结点恰恰就在于“盲的身体”。为了在一定程度上松动盲人与按摩之间的联结，本文将以盲人按摩师日复一日要面临的、具体的、现实的“盲的身体”为中心，以其职业生命与生活日常为出发点，分别考察其职业生命和生活日常与“盲的身体”之间的联结方式，并试图把握两者所体现的“秩序化的身体”与“活生生的身体”之间的张力与相互作用，希望由此丰富对“盲的身体”的内涵与意义的理解。换言之，本文意在盲人按摩师的职业身份与职业生命之外，探寻其身体的更多面向，尤其是在很大程度上被遮蔽或不被看见的生活日常中的物质性/肉身性身体的感知、体验与实践，并力图由此寻找松动盲人与按摩之间联结的可能。

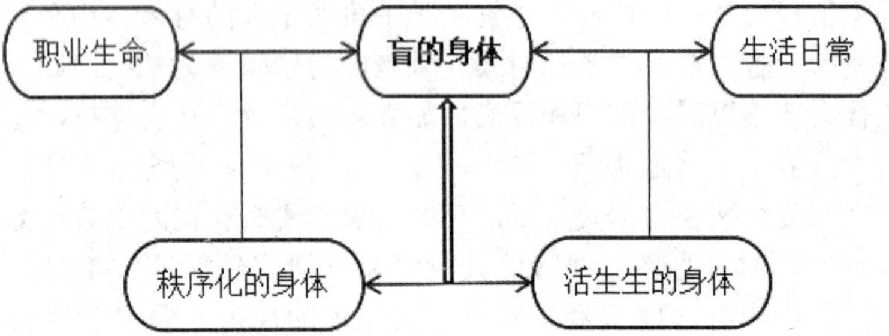

图 8.1 “职业生命 - 盲的身体 - 生活日常”的整体分析框架

如图 8.1 所示，首先，本文将深入盲人按摩行业，深入盲人按摩师的工作情境，考察盲人按摩师对自身职业生命的理解与实践。在这一部分，我将从盲人按摩师的主体叙述与实践逻辑出发，探讨盲人按摩师的职业生命与其“盲的身体”之间的相互关系。在此基础上，我将尝试去把握上述关系中所体现的“秩序化的身体”，并进一步分析这种“秩序化身体”凸显了什么、又遮蔽了什么，并引出下一部分对盲人按摩师生活日常与“活生生的身体”的探讨与分析。

其次，本文将深入盲人按摩师的生活日常，考察盲人按摩师在其生活日常中如何以“盲的身体”为中心展开感知、体验与实践。在这一部分，我将致力于呈现盲人按摩师“活生生的身体”，使其被遮蔽的身体面向重被看见，同时对第一部分的论述做出回应。在此基础上，我将尝试分析“秩序化的身体”与“活生生的身体”之间的张力，希望由此丰富对于“盲的身体”的内涵与意义的理解，进而在一定程度上松动盲人与按摩之间仿佛自然的联结。

所谓“秩序化的身体”，强调身体被政治、规范和话语等方面的规则所生产与调控，被社会分类、定位和赋予意义，被权力铭刻、规训和确定秩序。而所谓“活生生的身体”，我在此想凸显的是物质性/肉身性身体的自有感知、体验与实践。需要说明的是，职业生命与生活日常、秩序化的身体与活生生的身体，并不必然是截然二分、严格对应的，而无疑是界限模糊、交叠缠绕的。我之所以对其进行分立并置，并非为了制造对立，而恰恰是为了寻找融合的可能。只是在目前盲人按摩师职业生命与秩序化身体被单一凸显的现实下，为了使其被遮蔽的生活日常与活生生的身体得以显现，才不得不界限分明地彰显其存在。如此才有可能探讨职业生命与生活日常、秩序化的身体与活生生的身体之间的张力与联系，也才有可能找到一种融合性的视角。

四、研究方法

（一）研究对象的界定

本研究以盲人按摩师为研究对象。事实上，单就视力而言，盲人也并非铁板一块[①]，导致视力障碍的原因、不同程度视力障碍者的实际

① 世界卫生组织（WHO）于1973制定了盲及低视力的诊断与分级标准，依据视力或视野半径将视力障碍者分为“盲”和“低视力”两类，共五级。这一标准为世界上大多数国家所承认和应用，目前我国也仍然沿用这一标准（尹江波，2017）。2003年，WHO又以“视力损害”代替“低视力”，将视力障碍者分为“盲”和“视力损害”两类，共六级（孙葆忱、鹿庆、郑远远，2005）。

视力状况可谓千差万别，他们对于世界的感知方式也不尽相同。本研究的目的也恰恰在于打破国家政策与主流社会对于盲人及其身体的概括化认知与判断，丰富对于“盲的身体”的内涵与意义的理解。然而，鉴于政策话语和日常用语都没有对盲人按摩师的视力状况再做细分，故而本研究也遵照一贯的用法，将从事按摩行业的盲人与不同程度的视力障碍者统称为“盲人按摩师”，一并纳为本研究的研究对象。

（二）田野点的选取和进入

本研究以北京市海淀区一家盲人按摩店作为主要田野点。这是一家小型连锁盲人按摩店[①]，位于某临街居民楼一层，但店面入口并不朝向街道，而是朝向居民楼内部，需要穿过一条光线黯淡的走廊才能找到（田野点空间布局见图 8.2）。为了指引顾客，老板原先在临街楼体的外墙上悬挂了店面招牌，后因城市整改而被拆除，整个店面也就愈加不显眼了。好在这家店积累了很多回头客资源，且主要通过美团、大众点评等在线平台吸引新客，因此生意倒也没受什么影响。

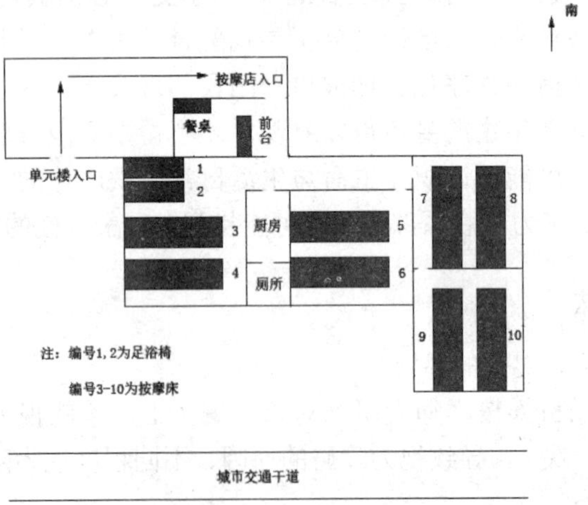

图 8.2 田野点空间布局图

① 目前在北京共有 4 家分店，其中 3 家在海淀区，1 家在房山区。连锁店的老板也是一位盲人按摩师，他常驻其中一家门店（非本研究田野点），并视各店客流情况机动流转。

全店共有7位按摩师和1位负责前台（接待、收银等）和后勤（做饭、打扫卫生等）工作的大姐（田野点人员信息见表8.1）。7位按摩师中，有5位是程度不等的视力障碍者，另有1位明眼男按摩师和1位明眼女按摩师。店内工作人员表示，这样的安排是为了满足部分顾客希望明眼人为自己按摩的需求。

表8.1 田野点人员信息简表

编号	职务	性别	年龄	视力状况
1	按摩师	男	30-40	双眼先天低视力，后天全盲有光感
2			24	双眼先天低视力，后天全盲无光感
3			20-30	双眼先天低视力，一只眼后天全盲
4			50-55	不盲
5		女	20-25	双眼先天全盲无光感
6			27	双眼先天低视力，视力仍在退化
7			40-50	不盲
8	前台　后勤	女	40-50	不盲

无论从空间布局还是人员构成上看，这家店的规模都不算大，但由于地处高校、居民小区和购物中心附近，店里每日的客流量却并不小。最忙的时候，平均每个按摩师一天要上钟[①]十个小时左右，几乎没有时间休息，甚至没有时间吃饭。为了避免顾客长时间等候，该店采取电话预约制，由店内一位按摩师负责接听顾客的预约电话，并对店内所有按摩师的上钟时间做出编排。由于按摩师工资与上钟时间直接挂钩，因此排钟的重要原则之一就是轮流，但实际操作起来，却无法做到平均分配，因为客人会根据自己的喜好或朋友的推荐而“点钟”，也就是指定某位按摩师为自己服务。这样一来，口碑好、受欢迎的按摩师自然多劳多得。

2017年4月至6月，经过三个月的前期考察，我明确了选择这家门店作为田野点的可行性：首先，门店规模小，人员构成精简，相较大型连锁店更易进入；其次，门店客流量较大，顾客涵盖了学生、白领、打工者、退休老人等较为多样的人群结构；最后，店内按摩师在性别、

① “上钟”“下钟”是按摩业的行话，一种以时间、钟点为准的计费方式。

年龄[①]、视力状况、教育背景[②]等各方面较为多样均衡，有助于收集到更为丰富立体的信息。

2017年10月中旬至2018年1月，我正式以研究者的身份进入田野，并以平均每周一到两次的频率去田野点收集资料。在研究的最初阶段，为了不耽误按摩师工作，我选择以到店消费的方式进行田野观察，并在适当的时机告知研究主题和目的。一段时间之后，店内按摩师与我逐渐熟悉起来，也知晓了我的研究目的，并热情地邀请我空闲时常去店里看看，写一写他们的故事和生活，自此，我得以相对自由地出入田野。

（三）资料收集方法

本研究主要通过参与式田野观察来收集资料，并辅之以个案式的深度访谈。

采用人类学参与观察的方式进入盲人按摩店，是与盲人按摩师建立联系和信任的有效途径；同时，这也为研究者近距离了解盲人按摩师的工作情境、日常生活与身体实践提供了宝贵的机会。在田野中，我在不打扰按摩师工作的前提下与按摩师、顾客聊天，也旁听按摩师与顾客的对话，同时观察按摩师的职业与生活实践，以及按摩师之间、顾客之间、按摩师与顾客之间的互动形式与内容。此外，我与按摩师的私人交往与互动过程也是本研究的资料来源。

田野后期，利用按摩师上钟的间隙或是店内不忙的时段对按摩师进行个案式的深度访谈，有助于对田野观察中发现的问题进行更为深入的了解，也有助于对处于不同生活境遇中的盲人按摩师个体形成更为丰富、具体的认识。由于盲人按摩师出行不便且随时可能需要上钟，因此访谈就在按摩店内进行，通常由一个或几个我在田野中发现的、值得深入挖掘的问题出发，顺着按摩师的叙述逻辑聊开，鼓励按摩师

---

① 当问及年龄时，若按摩师以模糊的年龄段作答，我并未进一步追问，因为按摩师具体年龄对于本研究而言并非必不可少的重要信息。

② 田野闲谈中，有按摩师表达了对大学生“教育程度高”的羡慕之情，引起其他按摩师的共鸣。为免揭人短处，我并未逐一统计按摩师的教育背景，但曾通过一个按摩师之口了解他们基本的受教育情况，原话是“我们这里中专和大专都有，也有没去学校的，就是自己跟师傅学的”。

表达，我则适时展开追问。

整个田野期间，我也去过其他盲人按摩店并和店里的盲人按摩师聊天；出于研究需要，我还征询了2位医院按摩科医师以及1位中医学院按摩系学生关于整个按摩行业发展生态的看法。下文将体现上述聊天内容，特此说明。

（四）资料分析方法

本研究采用“主题词式”与“个案式”两种方法来分析资料（黄盈盈，2008）。

首先，每次从田野回来后，我都尽可能在第一时间整理田野笔记与访谈资料，以最大程度地保留和记录我在田野现场的感受。

其次，在研究的各个阶段，我都反复阅读已有的田野笔记与访谈记录，并从中提炼出主题词，进而以主题词为核心对已有资料进行编码整理。与某一主题词相关的资料就被整理在这一主题词下，与多个主题词相关的资料就同时被整理在多个主题词下，由此形成以主题词为标题的多个独立文档。

由此，在田野调查结束后，我便有了三种形式的田野资料：以时间为脉络的田野笔记、个案式的访谈记录，以及包含了上述两种资料全部内容的主题词式文档。通过反复阅读上述所有资料，我进一步明确问题脉络与写作思路。

总之，我采用的是边收集、边整理、边分析的方法。这种方法使我得以在研究的各个阶段不断反思研究的方法、内容和思路，以便随时发现问题或对话点，进而以紧扣研究对象、回应研究问题、对话既有理论为目标，对研究进程做出适时的调整或必要的补充。

（五）研究伦理

本研究严格遵守知情同意原则、保密原则、公平原则等研究伦理。

首先，在进入田野后，我选择在适当的时机向店内按摩师说明了我的来意，最终，店内所有工作人员都知晓了我的研究主题与目的，同意我将这家按摩店作为田野点，并同意我将田野资料用于论文写作。在一对一访谈开始之前，我也再次向被访者确认，他们同意访谈内容可以被用于论文写作。

其次，我向店内工作人员强调了整个研究过程将严格遵守保密原则，我不会在任何时候以任何方式向与本研究无关的人员透露按摩店的详细地址或工作人员的真实姓名。论文将使用化名，并且不会出现能够辨识出工作人员真实身份的完整信息。田野资料和访谈内容除了用于研究分析和论文写作之外，也不会以任何方式向无关人员泄露。

此外，为了避免单方面地向研究对象收集信息，我以朋友之道与他们相处，并尽量为他们做一些力所能及的小事，例如购物、讲新闻、分享歌曲等，店里忙不过来的时候，就帮着招呼一下排队等候的顾客。

第二章　职业生命与秩序化的身体

简要回看盲人职业的历史脉络便不难发现，人们对“盲的身体”素来有一种固定和刻板的想象，认为眼睛看不见的人，必定有某种其他感官能力超乎常人，或是专注的听力，或是超群的记忆力，或是灵敏的触觉等等。对盲人身体的上述刻板认知，生成了社会对于盲人能做什么、不能做什么的判断。

20世纪50年代以来，在一系列国家政策的支持下，我国盲人按摩事业日渐走向制度化和规范化，为盲人就业增收提供了有力保障，也为盲人的生活提供了一种稳定感和安全感。但与此同时，盲人愈益被固定在按摩行业内，国家政策与主流社会对盲人及其身体的认知与判断也愈益趋于僵化、单一化和刻板化。我们不得不由此反思盲人的职业生命与“盲的身体”之间的关系，以及在这种关系中的“盲的身体”究竟是一种怎样的身体，它凸显了什么，又遮蔽了什么。

鉴于此，本章将从盲人按摩师自身的主体叙述与实践逻辑出发，从以下几个方面探讨盲人按摩师对于自身职业生命与“盲的身体”之间关系的理解与实践。首先是盲人的职业选择，也就是盲人能或不能做什么工作。盲人为什么要按摩？有没有可能跳出按摩的职业路径？其次是盲人按摩师的职业定位，也就是盲人按摩师在整个按摩行业中处于什么位置。他们如何理解与应对自己在按摩行业中的定位？最后是盲人按摩师的职业生活，也就是盲人按摩行业的工作形式与内容对盲人从业者提出了什么要求，又带来了什么影响。通过对上述问题的探索与分析，本章意在探讨盲人按摩师的职业生命与其“盲的身体”之间的关系，并尝试把握上述关系中所体现的“秩序化的身体”。

一、职业选择——无计可生：“干不了别的”

按摩作为国家支持下盲人就业的主要渠道，日渐制度化和规范化，时至今日，已是盲人就业市场上的“一枝独秀”。它摧毁的是琐碎、流动、难以分类和管理的无序状态，建构的则是一个整体、稳定、易于分类和管理的结构和秩序。可这种结构和秩序一旦趋于稳定，也就限制了盲人的职业生命，看似能够选择的人生，实则处处受限。

（一）只能学按摩：“羡慕不来”

小邓（化名）是店里一位半盲女按摩师，她的眼疾是打娘胎里带出来的，据她说是因为她妈妈怀她的时候生病吃了药，因而损伤了她的视神经。虽然做过几次手术，但她的视力至今仍在慢慢退化。虽然不是完全看不见，但她还是宿命般地选择了进入按摩行业。

“因为视力不好，还是干这行比较好，因为我还想当医生护士，所以干这行也行，我们这也是属于中医……没办法，也只能干这行，我视力不行，你看我想当音乐老师，眼睛不行根本看不清琴谱。”（小邓，2017 年 12 月 5 日）

这种与视力障碍紧密相连的宿命般的职业选择也体现在小唐身上。由于先天性的视神经萎缩，小唐生下来就看不清，到十几岁时便完全看不见了。小唐家有个亲戚是风水先生，小唐失明后，父母想让他跟着这个亲戚学风水和算命，小唐拒绝了，因为他觉得“算命不靠谱，现在还能吃个十几年二十年，到了以后就不怎么行了”。但是眼睛看不见了，“除了算命好像只能学按摩了”，没有其他天赋的盲人似乎“干不了别的”，而学按摩则是“很自然的事情”。

“我们盲人只能学按摩，干不了别的，现在算命也不太好……也有些盲人从事音乐这方面，或者搞体育的，大部分还是从事这个按摩，因为也要看天赋的嘛，没有天赋学音乐就不行，搞体育也搞不了，你看像我们就只能按摩。”（小唐，2017 年 10 月 16 日）

确定干按摩这一行后，小唐先是跟着当地一个盲人按摩师父做学徒，“帮着扫地、拖地、折床单”，但却“不怎么学按摩”，因为他并不喜欢按摩这个行业，“就是帮别人揉揉，没什么意思，像以前老地主，这是丫环做的事，帮别人捶捶捏捏，打打敲敲”。由此可见，学按摩对于“盲”人来说或许“自然”，但对于具体的某个盲“人”而言，却可能是无奈之举。据小唐说，后来，他亲眼见证了他师父把一个腰间盘突出的患者给按好了，才慢慢喜欢上按摩。

“有一个三十几岁的女的来店里，腰椎间盘突出，腿部肌肉都萎缩了，拄着拐杖来的，是我师父给她按的，按了20多天，就不用拄拐了，按了40多天，萎缩的肌肉就慢慢恢复了。那时候我就改变了，我觉得我干这个是有意义的，有成就感，慢慢就喜欢上了。”（小唐，2017年10月25日）

办了残疾证一段时间之后，小唐离开了师父的按摩店，被当地残联送到了市里的残疾人特色中专，“不仅不要学费，还有生活补助”。在这里，小唐和其他各类残疾学生一起接受职业教育培训。学校的专业设置根据各类残疾人不同的身体状况而定，肢残生或聋哑生等其他类型的残疾学生专业选择的范围相对较广，但作为盲生，小唐可选的专业范围则极其有限。

“办了残疾证之后，当地残联就把我送到了特色中专，去这个学校，我们盲生主要就是学按摩。其他人比如说聋哑生还有这个画画、雕刻、服装设计、海报，还有这个，比如说肢残生的话，他可以学电脑，或者干财务，各方面都有……这个我们也羡慕不来，假如说他们画画，我们完全都画不了，他们雕刻，我们也雕不了，你要是学电脑，我们还可以学一学，电脑我们还是可以的，还有音乐表演盲生也可以学，但大部分还是学按摩，按摩就是专门针对我们盲生的。而且你看我们盲人按摩这个行业，现在越来越走向正规了，找工作也比较容易。以前谈到按摩，或者洗头，各方面都比较看不起，都歧视，尤其是在农村，都是往色情方面看。现在按摩就比较普遍了，小地方也有很多，现在说去学按摩，也都是往中医方面想。”（小唐，2017年11月4日）

视力障碍导致盲生很多东西都“学不了”，而“专门针对盲生”“越来越正规”“找工作比较容易”的按摩专业则成为了小唐的不二之选，可一句“羡慕不来”，也透露着他的无奈。这里生动地体现了国家政策与主流社会对于盲人及其身体的刻板认知、对盲人及其职业与人生的规划，是如何限制了盲人对自己身体能力的想象，又是如何具体地限制了盲人之为“人”的职业选择。

视力障碍不能干什么？对这个问题的探讨需要反过来回到“视力健全能干什么”，也就是说，我们用眼睛来干什么？我们可以说，我们用眼睛来看这个世界，也看我们自己，通过“看”，我们接收并处理各种信息，进而与外界互动。可是，眼睛或者说视力对于身体知觉和实践的上述意义是固定的吗？“需要用眼的工作”或者“不依赖视力的工作”，类似的划定自然首先是基于眼睛本身独特的生理功能，但在一定程度上也是社会实践的结果。换言之，眼睛的生理功能一定程度上决定了人们的用眼方式，决定了人们用眼睛来从事哪些工作。可一旦“用眼”成为“需要”固定下来，那么对于眼睛的依赖就从工作的人转移到工作本身，盲人也就“自然而然”地被排除在这些工作之外，而不得不依附于某些被认为无需用眼的工作，比如按摩。

按摩这份工作被认为在很大程度上依赖触觉而非视觉，而盲人恰恰被认为无所睹见但却拥有代偿性的灵敏触觉，因而被认为适合从事按摩工作。可一旦盲人与按摩之间的联结逐渐深入人心甚至被自然化，盲人就越来越难跳脱出按摩的职业路径，国家政策与主流社会认知与想象中的“盲的身体”也就越来越趋于单一刻板，越来越趋于“适合”甚至“只能”按摩。总之，主流社会认知中“盲的身体”的刻板化与盲人职业生命的单一化是相互塑造、相互加剧的。

（二）保障与牢笼内外的阶层与性别

盲人真的非做按摩不可吗？盲人有没有可能跳脱出按摩的职业路径？小唐曾声情并茂地给我讲过一个“神奇”的故事。

“我可以给你讲一个特别神奇的事。也算是我师父他们那一届的，有一个盲人，他做按摩他也学不会，他也不想学，他就是没这个兴趣爱好吧。假如说人对哪一方面不感兴趣的话，他再怎么学也学不会的。这个按摩他怎么按都学不会，他就没在学校学这个按摩了。然后他平时在家没事干嘛，也想凭着自己本事，但是那时候家里也比较穷。有一次他爸妈请人做那种凳子嘛，他就跟那个木匠学，然后他慢慢地自己就会了，后来他就把工具拿回来自己研究，慢慢地琢磨，就学会了，很厉害的，这是第一个。第二个他还可以修摩托车，他在我们当地都已经上了新闻了。他还可以修摩托车呢，神奇吧？他就是有这个天赋。”（小唐，2017 年 11 月 4 日）

小唐绘声绘色地讲完这个故事后，突然话锋一转，“可是这样的情况很少很少，大部分盲人还是学按摩”。那一小部分不学按摩的盲人是谁呢？除了天赋异禀，还有谁可以跳出按摩的职业路径？小唐告诉我，“男的比较多，女的可以不学，因为女的可以嫁个好人家，比我们男的多一条路；那些父母读过书的、有文化的，一般也不学按摩，因为家里会送他们去接受更好的教育”，而像他这样学按摩的，“都是没办法”“没天赋、没钱、没文化”。小唐的这番话道出了他在盲人职业选择中所体会到的深刻的性别与阶层差异。如果按摩是盲人就业的保障，那受益最大的往往是那些在性别、阶层、教育等方面无力获得有效资源的人；有趣的是，这句话同样可以反过来说，如果按摩是盲人就业的牢笼，那它能困住的也只有那些在性别、阶层、教育等方面无力获得有效资源的人。保障和牢笼，不过是一体两面。

不过，性别因素对盲人职业选择的影响要比小唐所说的男女二分复杂得多，现代女性尤其是年轻女性多半不再视婚姻为自己的出路，盲人女性同样如此。小邓今年二十七岁，做按摩也已经有七年了，当初父母并不支持她学按摩，在她的坚持下才一直干到今天。

“当时是我自己想学按摩，家里一开始不同意，因为觉得女孩子嘛，干这个……他们就想让我在家待着，女孩子自己一个人出来干按摩，他们……但我自己还是想出来，后来干按摩干着干着挺好的，他们也就……”（小邓，2017 年 12 月 12 日）

小邓的父母因为她是女孩子而不放心她做按摩行业，希望她“在家待着”。这种担心不是没有道理，小邓来北京之前在另一个城市待了一段时间，“那边工资比这边高，但有的男的说话，看你视力不好，长得又还行，就想调戏你那种，工资再高也得走”。

小邓的遭遇并非个例，女按摩师被客人调戏并不算新鲜，被客人挑剔嫌弃按摩力道不够更是常有的事。有一回店里来了一位男客人，没有提前预约，又赶上店里正好挺忙，只有小邓有空，但他似乎并不满意，问另一位男按摩师还有多长时间下钟，得知还要很久，才勉强同意让小邓给他按，可他对小邓的技术却还是很不放心，问她“你能有劲吗，这么瘦小”，小邓跟他解释按摩力道跟身材壮瘦无关，但他似乎并不买账，继续发问，“你才多大啊”“你按了几年了”，面对这些质疑，小邓也只能好声好气地逐一作答。

女性按摩师在行业内面临着比男性按摩师更多的困难，但更为基本的现实是，整个盲人按摩师群体在按摩行业内的处境都不容乐观。进入按摩这个兼具保障和牢笼意义的行业，只是盲人按摩师职业生命的开始。

二、职业定位——无可辩驳："必须靠技术"

盲人按摩只是整个按摩行业中的一部分。所谓整个按摩行业，既包括医院按摩科，也包括提供按摩服务的各类非医疗机构。非医疗机构当中又包括盲人按摩店，以及其他各类休闲按摩、美容美体机构。这些店面和机构的规模、档次、目标客户、经营模式等各不相同，由此也构成了整个按摩行业的生态链。盲人按摩在整个按摩行业的竞争当中处于什么位置？更重要的是，盲人按摩师如何理解、解释和应对自己在按摩行业中所处的位置？对上述问题的探讨，有助于深入了解盲人按摩师群体在职场中的定位与处境。

（一）“医疗”与“保健”的“内外之争”

医院按摩科无疑是整个按摩行业中最毋庸置疑的“权威”，本研究所访谈的2位医院按摩科医师以及1位中医学院按摩系学生都不约而同地提到了“外面”这个词：

“现在外面的按摩店也越来越多，但我还是建议有问题上医院。”

“很难找一家靠谱的养生按摩店，这种店外面其实挺多的，但很多都不是非常正规，他们都是个人开为主，做起来比较鱼龙混杂。”

“我是不敢让外面随便按，给我按坏了再。”

所谓“外面”，即“外面的按摩店”，指的是医院按摩科或者说医疗系统以外的各类按摩机构；与此对应，“里面”指的当然就是医院按摩科或正规的按摩诊所。在“里面”的人来看，“外面”是不正规、不靠谱的，是不被建议前往的，也是“里面”的人不敢随便去按的。这种“内外之隔”的依据无疑就是“是否具备医疗资格”。与医院的“医疗”相对，“外面的按摩店”被定性为“保健”。“医疗”与“保健”之争由来已久，2005年，出于“保障人民利益、维护中医声誉”的考虑（历秀昀，2005），卫生部、国家中医药管理局印发《关于中医推拿按摩等活动管理中有关问题的通知》，明确规定保健按摩不得自称中医，不得使用“中医”“医疗”“治疗”等词语，不得使用涉及疾病名称的医疗术语，也不得宣传疗效（王淑军，2005）。

盲人按摩店作为“外面的店”，按规定自然也属于不得自称中医的保健按摩，只能从事全身放松、亚健康调理等按摩服务。那么，盲人按摩师如何看待“医疗”与“保健”的“内外之争”以及自己在这当中的位置？这场领地争夺战如何现实地影响了盲人按摩师的择业就业与职场处境？对于上述问题，我将以盲人按摩师的主体叙述与实践逻辑为依据，简要地作以下三点说明：

其一，“盲人按摩属于中医”是推动盲人进入按摩行业的重要因素之一。如前文所述，想当医生或护士的小邓之所以选择做按摩师，正是因为“这也是属于中医”。而小唐在谈及他职业选择的动机时也提到，“盲人按摩这个行业，现在越来越走向正规了”“现在说去学按摩，也都是往中医方面想”。

其二，“盲人按摩属于中医”是盲人按摩师自我认同的重要来源。在我说起之前，小邓并不知道国家曾出台“保健按摩不得自称中医”的规定。在我告诉她之后，小邓仍然认为“其实都差不多，上医院也是这些手法”，并随即向我详细介绍了她在学校时系统学习过的中医课程，包括中医基础理论、病理药理、针灸学等基础课程，还有儿科按摩、妇科按摩、骨科按摩等分科课程，甚至包括西医的肌肉、神经、解剖等知识，也都在学习范围之内。从培训到就业，“盲人按摩属于中医”都深植于盲人按摩师的自我认同之中，他们通常身着白大褂为顾客提供按摩服务，并以医疗术语向顾客讲解中医知识，不少顾客也常以“大夫”称呼他们。

其三，“盲人医疗按摩人员从事医疗按摩资格证书”效力有限。2009年，国家出台《盲人医疗按摩管理办法》。2010年开始，盲人医疗按摩人员资格考试正式落实。按照规定，成功考取资格证书的盲人医疗按摩人员可以在正规医院从事医疗按摩工作，可现实情况却并没有这么乐观。小唐在2013年就考取了资格证书，但却一直在街边的盲人按摩店工作，很多因素阻碍了他进入正规医院从事医疗按摩工作。

“证是拿到了，但还是没用，因为卫生局还没有盖章，它其实还是不承认盲人可以从事医疗这个行业，它只承认我们是保健。所以我们这个盲人按摩医师资格证，它是只有劳动局、残联，还有相关培训学校盖的章，只差一个卫生局的章……所以我们去医院的话，很多医院还是不认，我们也有人在医院的，但是很少，像我们有些人就是去那种疗养院、康复医院，还是偏保健，不算正式医生，是不能成为正式工的，跟临时工一样的，或者你在里面工作好多年的话可能还是有可能（转正）。所以我们去医院的话，没有正式工的那些待遇，而且工资也比较低，它是固定工资。”（小唐，2017年11月14日）

虽然接受过正规的医疗按摩教育，也考取了国家盲人医疗按摩人员资格证书，但要想进入正规医院成为一名从事医疗按摩的正式医师，却还是不容易。这其中当然有相关配套政策不完善等现实因素的阻碍，但对盲人按摩的定性则显然是不容忽视甚至是最重要的原因。也就是说，盲人按摩始终是被作为一项残疾人特殊事业来发展的，至今没有可能“越界”。而这个所谓的“界”其实就存在于“盲的身体”与“健全的身体”之间。“盲的身体”被认为本质上有缺陷、一定程度上无能力，因而其执行医疗按摩的资格和能力也不被认可。

可是，“制度不越界”，却变相地造成了盲人医疗按摩人员“行为越界”的困局。如今，街边的盲人按摩店里不乏像小唐这样具备医疗按摩从业资格和技能的盲人按摩师，他们不时为有需要的顾客做一些按规定属于医疗按摩的简单治疗行为，但却被认为越界。也就是说，医疗按摩行为是否符合规定，不是依据按摩师是否具备医疗按摩的能力，而是依据按摩师是否在符合规定的场所实施医疗按摩行为。可是所谓符合规定的场所，却对盲人按摩师“似迎实拒”，实际就是否定盲人按摩师的医疗按摩资格和能力。

综上所述，在“医疗”与“保健”之争中，国家的相关规定一刀切地宣判了“医疗”的胜利。被定性为保健的盲人按摩虽不认同这一宣判，却也遭受了实实在在的冲击，即便是考取了盲人医疗按摩人员从事医疗按摩资格证书的按摩师，其医疗按摩技能也几乎没有用武之地。不过，所谓“医疗”的胜利也并非全面的、不可扭转的。事实上，国家对“医疗”与“保健”的一分为二，反而在一定程度上为盲人按摩开辟了广阔的空间。因为民众开始意识到、并主动区分“医疗”和“保健”，不属于“疾病”的那一部分于是全都被划归到“保健”的范畴。我在店里就常听到顾客说类似的话，“又没啥毛病，上啥医院”“生病了才上医院，我就上这儿来调理调理就行了”“上医院那都跟上坟似的，没病我可不去医院”等等。

（二）“保健”按摩的内部区隔

除了“医疗”与“保健”之争，盲人按摩还面临着保健按摩行业内部的区隔，这里的区隔主要体现在“盲人按摩”与“非盲人按摩”、以及“大店”与“小店”之间。虽然同属“外面的店”，但盲人按摩与非盲人按摩、大店与小店之间的区隔并不比上一小节所呈现的“内外之隔”要小。所谓“大店”主要指各种规模较大、档次较高的养生按摩、美容美体会所；而所谓“小店”则是规模和档次都相对较次的保健按摩机构，这其中就包括了大部分盲人按摩店。本研究的田野点，就是一家“盲人按摩小店”，但店里的按摩师工作经历颇为丰富，因此对保健按摩行业内部的区隔也颇有体会。

盲人按摩与非盲人按摩的核心区别，就在于“盲”。盲人按摩师的“盲”会如何影响他们在保健按摩行业内的位置？他们又如何看待和应对自己所处的位置？对此，小邓的态度是悲观的。小邓有一个哥哥也从事保健按摩行业，不过她哥哥是明眼人，在北京一家非盲人按摩店工作，小邓就是经她哥哥介绍才离开之前的城市来了北京。虽然入行时间比哥哥早，但小邓觉得哥哥干得比她好，职业成就和收入都比她高，对此，她的解释是，“他是正常人，视力好”，而自己“视力不好，没办法”。在小邓看来，视力障碍无疑对她的职业表现和成就产生了负面影响，例如她哥哥可以给客人做针灸，虽然她也能做，但因为视力不好一般不给人做；又例如她哥哥与不同的人打交道的机会比她多，社交能力也比她强，而这些无疑对工作有所助益。

小唐对盲人按摩处境的认识要比小邓乐观一些，他通过自己多年的经验总结出一条规律，“有些人还就是喜欢找盲人按摩，就是不喜欢找正常人”，可他对此的解释却又透出一丝对盲人职业选择局限的无奈。

“有些人还就是喜欢找盲人按摩，就是不喜欢找正常人。你知道为什么吗？因为我们盲人按得更仔细，因为正常人他不一定要干这个，他干不好按摩还可以干别的，我们盲人干不了别的，所以就得认真仔细按，我们必须靠技术留住客人，必须得干好。”（小唐，2017 年 11 月 23 日）

在小唐看来，盲人按摩师必须靠技术才能留住客人，进而在按摩这一行内站稳脚跟，不至于走投无路；而非盲人按摩店则“手法差一点也没事，主要靠装修好，环境好，陪客人聊天”。店里另一位按摩师老何（化名）也同意小唐的观点，并认为按摩师的身体形象是非盲人按摩店吸引顾客的重要因素之一。

“它们主要就是环境要好，还有一个就是按摩师形象好很重要。招按摩师它也是以形象为主，你可以不会按摩，但形象必须要好。就算你现在按摩再好，形象不好也不行，你要是形象好，不会按摩也没关系，去了之后它会给你培训，很多都是这样。”（老何，2017 年 11 月 16 日）

老何所谓的形象，指的是五官、体态、气质等身体特征，相较而言，这的确是盲人的短板，盲人自己对此也心知肚明。他们的眼球通常都有不同程度的变化甚至变形，他们走路的姿态、听音的方式等身体习语通常也被认为不够大方自然。因此，盲人按摩店通常被默认为没有形象要求。可是，老夏（化名）却曾在求职过程中遇到过他认为“很严格”的形象考核，“一打电话来就问身高体重，问五官，特别要问你眼睛什么样”。对此老何打趣道，“也可以理解，要是五官长得吓人，顾客都不敢来”。也就是说，盲人只要不是“长得吓人”就算过关了，因而对盲人按摩师要求形象无疑是“很严格”的。

如果说盲人按摩与非盲人按摩的区隔主要围绕“盲的身体”展开，那么大店与小店的区隔则主要在于经营模式。曾在大店工作过的小唐告诉我，“大店就是靠推广和口碑，靠经营，经营得好，名气就出去了；像我们这样的小店就必须靠技术”。

“大店就是表面功夫要做得好。我知道有一家大店，都要求按摩师穿西装打领带戴墨镜穿黑皮鞋的，它就是为了显得正规嘛，人家就会相信……而且大店里面就是规矩多，上班时间规定，工作服统一，口罩、工作牌、打卡刷卡，按摩床旁边就有刷卡计时，上钟的时候刷一下卡，时间到了会自动提醒，下钟了你就再刷一下卡，不用自己算时间，工资也不用自己算，都是自动记录自动算的……还有比如说，像客人鞋子没放好，扣钱；服务态度不好，扣钱；衣服没穿整齐，扣钱；客人到了按摩师还好久没到，扣钱；和客人聊天没聊好被客人投诉，扣钱……我在那种店待不下去，还是喜欢自由一点。”（小唐，2017 年 11 月 16 日）

在小唐看来，大店所谓的经营之道，其实就是“表面功夫做得好”，就是“显得正规”，就是“规矩多”，而小店则必须扎扎实实地靠按摩技术吸引顾客。这种认识或有偏颇，却也在一定程度上反映了在盲人按摩小店工作的按摩师们对保健按摩行业内部区隔的体会，因为，盲人按摩小店往往很容易被认为“不正规”“没规矩”。

综上所述，保健按摩被整体地区隔于医疗按摩之外，而保健按摩行业内部也存在着主要体现在盲人按摩与非盲人按摩、大店与小店之间的区隔。在这层层区隔之下，“盲的身体”与“健全的身体”之间的差异被凸显，盲人按摩在主流社会中的形象也被固化，即盲人按摩通常被认为规模较小、档次较低、比较单纯、价格便宜、技术过关，甚至，人员形象不佳、环境氛围不好。这样一种刻板印象不仅是对盲人按摩的区隔，更是对盲人本身及其身体的区隔，无形中进一步加剧了“盲的身体”与“健全的身体”之间的隔阂，也使得盲人按摩师更无可能在整个按摩行业的生态链中提升自己的位置。

三、职业生活——无可奈何：“干我们这行”

国家出台相关政策，教育民众珍视和保养自己的身体，以此减轻政府财政负担；预防医学致力于使“通病”“慢性病”“治未病”等概念深入人心，引导民众对自己的健康负责；消费文化持续地煽动对身体健康的焦虑，并承诺身体健康可以通过消费来实现。上述力量共同促成了民众对“保健”的不懈追求。按摩作为一种保健方式，正是在上述背景下获得了蓬勃发展，盲人也由此被裹挟并固定在盲人按摩师的职业中。但是，盲人按摩行业的工作内容到底意味着什么？它对盲人从业者提出了什么要求，又带来了什么影响？对上述问题的探讨，有助于我们了解盲人按摩师的职业生活。

（一）身体实践："治得了别人，治不了自己"

如前文所述，盲人按摩是在国家政策、预防医学和消费文化的合力下，伴随着民众对"保健"的追求而逐渐发展起来并日益兴盛的。广义上的"保健"，就是保持健康。"保持"，说的是为了保证某个状态的稳定而持续地付诸努力；而"健康"绝不仅仅是一系列医学检测指标的集合。即便各项体检指标都合格的人，也不敢说自己已经足够健康以至不需要再保持，因为健康随时都可能离你而去，并且你永远可以"更健康"，"保健"于是成了一个永无止境、永不停歇的过程。而上述过程无疑写就了一种秩序化的身体互动与实践。

对于保健的不懈追求使得身体成了持续焦虑的来源，并且这种焦虑会不断被煽动、持续被刺激，身体也就愈益受到规划、设计和重构。盲人按摩师日复一日在做的，就是持续煽动身体焦虑并协助顾客进行进行身体规划，而这一过程得以持续的关键就在于，焦虑不仅被煽动，也被释放，煽动和释放相互追逐，相互促进，缺一不可。"释放"很好理解，保健按摩被公认为有益于放松身心、释放压力；而要理解"煽动"，则需要深入到按摩店的工作情境中去。以下是我摘录的 2017 年 11 月 4 日田野笔记，比较典型地呈现了按摩师与顾客之间互动的过程和内容。

刚下钟的老蔡急急忙忙喝了一口水，就赶紧去消毒柜拿替换床单，这边点了他钟的顾客已经等了半个多小时了，他一边热情地招呼客人一边麻利地在按摩床上铺好新床单。

蔡：主要是哪里不舒服？

客：主要还是肩颈，还有腰背这块儿也帮我按一按。

待客人面朝下在按摩床上趴好后，老蔡先是整背推抚，以使客人的肌肉放松，随后便将一块干净的白色棉布平铺在客人的肩颈部位，一边揉按一边问顾客：酸疼还是刺疼？

客：有点酸胀的感觉。

蔡：那问题不大，这就是老低头，看电脑、看手机，低头时间太长了，经常保持一个姿势不动，肌肉劳损了。听到这个声音吗？嘎嘣嘎嘣的，声音越响，越疼，说明症状越严重。现在来的主要都是这个肩颈，已经是通病了。

客：没办法，平时上班整天都对着电脑，也没时间运动。多按按能好吗？

蔡：当然能好了，把平时经常保持一个姿势僵硬的这个筋啊肌肉啊给按开，就会觉得特别放松。你有空可以来多按按，按一次的话只是让你松一些，没事可以多来按按，一般一周至少两次。你有多长时间没来了？

客：上次来是七月了吧。

蔡：这都有三四个月了。

客：但是上次按完确实舒服点了。

蔡：那肯定是有效果，但不能保你三个月。你平时可以双手交叉放在后脑勺稍微转一转，你这里确实是比较紧。现在感觉脖子这块怎么样？

客：松一点了。

按完肩颈后，老蔡开始循着膀胱经和两侧肌肉从上到下地按摩客人的腰背部位，按到哪儿，白色棉布就跟到哪儿。客人觉得尤其疼的部位，老蔡就多停留一会儿。

蔡：你这个腰都不用说，肯定是平时跷二郎腿盘腿的，坐姿不对。

客：对，不自觉地就跷二郎腿了，控制不住。

蔡：我现在按腰这儿，你腿有感觉吗？

客：有。有感觉是不是不好？

蔡：不好，比腰肌劳损严重一点，但没有腰间盘突出严重。你平时要注意一下，平时可以练练瑜伽。你看这里就很明显。

客：这是什么呀？

蔡：这是十二胸椎，或者我们说的肋骨，这就是平时半卧半躺，或者斜靠在沙发上。

客：可能也跟我最近不怎么运动有关系。

蔡：那也有关系，所以我们这个按摩也叫被动运动。现在没有刚开始那么疼了吧？

客：嗯好点了。

（2017年11月4日田野笔记）

顾客还没上按摩床，按摩师的第一句话通常就是问哪里不舒服，根据顾客主诉的僵硬或疼痛部位，按摩师对其症状进行解释，告之以需要时时注意的日常生活习惯（例如不要趴着睡、不要跷二郎腿、不要半坐半躺、不要经常保持一个姿势等等），给之以按摩能缓解疼痛的许诺，在按摩过程中不断向顾客确认症状是否有所缓解，并建议顾客应当坚持多做按摩以根治症状。通过身体的接触，以及对身体症状的描述与解释，顾客和按摩师共同完成了对顾客身体的地图式追踪。这个过程在顾客的身体与按摩师的身体之间激发出一个“身体间空间”，触发了顾客对自己身体的陌生感，从而打开了新的身体感受区域。也就是说，通过顾客与按摩师对顾客身体的合力追踪、呈现和疗愈，顾客的身体仿佛跳脱出原本的身体之外，成为一个“理想身体”的载体，而顾客原本的身体或者说“现实身体”和这个作为他者的“理想身体”之间的距离，就是生产和煽动身体焦虑的广阔空间。

按摩床上制造的“现实身体”与“理想身体”，其实正是现代人对待身体的方式的再现：身体被作为实现价值的工具，却也越来越被作为价值本身而得到重视。一边是持续辛苦的工作，一边是偶尔放松的消闲。而类似按摩店这样的保健机构，就成为两种身体或者说两种生活之间的仪式性转换场所。强调按摩作为一种保健方式的“仪式性”，是因为一旦顾客爬下按摩床，离开按摩店，“理想身体”就仿佛随着“身体间空间”一起消失了。按摩师不断重复的症状解释和生活建议并不会跟着顾客一起走出按摩店而进入日常生活，甚至不会跟着按摩师进入他们自己的生活。顾客知道自己“没办法”“做不到”，按摩师也知道，于是劝诫顾客“有空多来按按”，由此，身体焦虑的煽动和释放就在且仅在此时此地重复上演。

有趣的是，顾客明明知道自己做不到，却觉得按摩师能做到。在店里，常常听到顾客这样问按摩师，“你们自己就是做这行的，平时一定很注意吧？”大家觉得按摩师天天给顾客科普保健知识、纠正生活习惯，那他们应该很懂得照顾自己的身体，可现实情况却并非如此。首先，盲人按摩店通常是吃住工一体，饮食条件和睡眠环境相对来说都比较差，这是整个行业的普遍生态，按摩师个人无法改变；其次，从工作时间来看，按摩师普遍上钟时间多，休息时间少，我做田野的这家店，最忙的时候要从早上八九点一直营业到晚上十一点多，按摩师工作强度大，饮食也不规律；最后，由于按摩师工作时通常保持一个姿势且需要持续用力，因此对身体的损伤也比较大。小邓告诉我，对此他们也没有办法，“慢慢就习惯了”。

“我们颈椎也容易僵硬，因为跟你们一样，经常保持一个姿势。像平时落枕了会让同事给按按，要没什么事也不好意思让同事按，因为大家都已经按了很多了……像我们基本上肩颈，腰这块儿都有问题，也没法说自己平时注意，整天围着这床转，转来转去，转来转去，注意啥呀……我们跟客人说的那些，我们自己也做不到，没办法。像我们干这行就是这样，治得了别人，治不了自己……尤其我做这个视力下降得快，伤元气，因为我是用自己的气去给人做手法……你看我这手，干这个之前还行，干这个之后就不行了，你摸摸你的，再摸摸我的，就知道不一样了，我这就是练出来的，我干这行有七年了，关节都变形了。”（小邓，2017 年 12 月 12 日）

小邓的这番话对我触动很大，有消费能力的顾客在两种身体之间追逐健康，而盲人按摩师却处于持续重复的劳作与焦虑当中。盲人按摩师的工作形式与内容，要求他们日复一日地在一种秩序化的身体互动与实践中煽动与缓解顾客的身体焦虑，但他们自己的身体却被置于一旁。一方面，他们用自己的理论知识和按摩技能为顾客提供身体保健的服务与建议；可是另一方面，他们却“治得了别人，治不了自己”，在封闭的生活与工作环境中经受着身体的劳损。

（二）身体呈现：“盲人不服输”

盲人按摩师的“双面人生”，一面是作为寻常人的个人生活，一面是作为盲人按摩师的职业生活，这两者之间的落差，不仅表现在上一小节所体现的身体健康，也表现在日常生活中的身体呈现。盲人按摩师这一职业身份，要求他们呈现出特定的性情倾向。换言之，身体成为一副面具。

按摩师这份工作通常被认为是盲人社会交往的重要通道，与不同的客人聊天，是盲人按摩师了解外面世界的主要方式之一。然而，值得反思的是，以盲人按摩师这一身份与顾客聊天，仿佛是有固定脚本的，除了解释身体症状，给出生活建议、科普保健知识之外，小唐告诉我，盲人按摩师还要时刻记得“传递正能量”。

“你看现在的人压力都比较大，所以他们就特别爱把心里的事跟别人说一说。因为我们盲人看不到他，也不知道他叫什么，也不会跟别人去说，在外面碰到我也看不到他，认不出他，所以都放心跟我们说。所以我们一个是倾听，一个是安慰，一个是传递正能量，所以你看有的客人他心情不好，来看一看我们，他的心情就会好一点……干我们这行的，毕竟还是属于服务行业，要是苦着一张脸，谁还愿意来啊？谁都喜欢看到好的、正能量的，所以就给他传递这种我们盲人不服输的精神，你看我们盲人都这么努力。”（小唐，2017 年 11 月 23 日）

在与顾客接触的过程中，“盲的身体”作为盲人按摩师知觉和实践的中心，单方面地暴露在顾客的视线之中，但他们却“看不到”也“认不出”顾客。这使得顾客与盲人按摩师之间的交往具备了某种匿名性，顾客因而放心将盲人按摩师视为一种“树洞”般的存在，向其倾吐自己的秘密。可是事情逐渐变得复杂和极端，盲人按摩师开始被期待扮演好善解人意的倾听者和安慰者角色，同时还要迎合顾客心理展现出身残志坚、努力奋斗、“不服输”的正面形象，以在激烈的行业竞争中占得一席之地。然而，值得反思的是，作为面具的身体呈现是真诚还是欺骗，是促进还是阻碍了沟通，是扩展还是缩限了盲人按摩师的情感空间，是给了盲人按摩师内化于心的积极心态还是表里不一的苦不堪言？

四、小结

综上所述，盲人按摩行业的制度化和规范化在着力解决盲人就业问题的同时，也在一定程度上带来了盲人职业选择的局限、职业定位的僵化和职业生活的矛盾。而与盲人职业生命的局限、僵化与矛盾紧密相连的，则是国家政策与主流社会对于“盲的身体”的单一刻板认知与判断，并且两者有相互加剧彼此单一性的趋势。具体而言，对于盲人及其身体的刻板社会认知限制了盲人的职业生命，而愈益被限定的盲人职业生命则又反过来加强了主流社会对于盲人及其身体的刻板认知与判断。换言之，盲人越是被固定在按摩行业中，盲人按摩越是被定性为保健，盲人按摩师越是被要求在与顾客的秩序化身体互动与实践中煽动与缓解顾客的身体焦虑，并呈现自己作为残疾人积极正面的形象，那么，社会认知层面对于盲人身体的刻板成见就越是不可扭转；反之亦然。如此循环往复，“盲的身体”就越来越成为一种被建构的、单一刻板的、无力无奈的秩序化的身体，被社会分类、定位和赋予意义，被权力铭刻、规训和确定秩序。从盲人按摩师自身的主体叙述中，我们很能看出这种社会建构的力道之强劲。盲人按摩师不自觉地将这种无力无奈的秩序化身体内化于心，并在自身的叙述中不断强化其力道，以至于社会建构的秩序化身体逐渐被自然化了。这种被建构的秩序化身体的自然化，不着痕迹地凸显了盲人身体的单一刻板、无力无奈，不仅使得权力关系被中立化，无疑也遮蔽了盲人身体的其他面向，尤其是盲人在其生活日常中活生生的身体体现（lived body）。

第三章　生活日常与活生生的身体

本章意在深入盲人按摩师的生活日常，以盲人按摩师在其生活日常中的身体感知、体验与实践为突破口，尝试在单一刻板的“秩序化身体”之外，呈现出丰富立体的“活生生的身体”。在此基础上，本章尝试分析“活生生的身体”从何种意义上得以在“秩序化的身体”之外丰富主流社会对于“盲的身体”的内涵与意义的理解，进而松动盲人与按摩之间仿佛自然的联结。

一、何谓盲——无所睹见：“像正常人一样”

在盲人按摩行业的制度化和规范化逻辑中，“盲的身体”被赋予一种单一刻板的连带意义——盲人目盲，无所睹见，但却拥有代偿性的灵敏触觉，因而他们虽无法胜任需要用眼的工作，却仿佛生来就该成为按摩师。然而，这个看似顺理成章的连带意义却忽略了最为根本的问题——对于盲人自身而言，“盲”到底意味着什么？他们如何感知和体验这个世界？又如何在生活日常中进行身体实践？

（一）记忆、光影与想象

由于先天性的视神经萎缩，小唐生下来就看不清，此后视力一直慢慢变差，十几岁时就完全看不见了。这突然的失明，就像在头顶悬了很久的定时炸弹突然爆炸，虽在意料之中，却也突如其来，仿佛一记重拳，一下子将小唐打到另一个世界，让他一时之间“特别难接受”。此后至少有半年时间，小唐一直处于非常低落的情绪状态，在那半年里，他时时刻刻被周围的“正常人”提醒着他和别人的不同；半年后，当地残联把他送到了市里的残疾人特色中专，在那里，小唐认识了很多残疾人朋友，也慢慢适应了作为盲人的身体和生活。

“我们本来看得着的人突然看不着了，对这个世界的话，怎么跟你说呢，这个世界这么美好，突然看不着了，有点接受不了。当时在我的这个心态里面已经完全变了，已经变得很黑暗了，特别难接受……但是我只用了半年，半年时间就缓过来了。怎么说呢，刚开始旁边都是正常人嘛，办了这个残疾证之后，残联就把我送到了我们那里的特色中专，在这个学校你就完全可以生存下去，因为旁边的人都跟你一样，聋哑生、肢残生、盲生，没有任何的歧视，没有任何的眼光，都是互相帮忙，这是第一个。第二个的话，你旁边的人，有些他没有手没有脚，有些他一生下来就看不着，像有些就是鞭炮、炸药、车祸，他的眼球是完全变形的完全不能看的，我没有，我也不会眼睛痛，我只是看不着而已。所以你经常往这个好的方向去想的话，你就越来越想得开了。”（小唐，2017 年 11 月 14 日）

比上不足，比下有余。小唐学会了该如何从自己的不幸中塑造出一种命运感，并虚化这一命运的尖锐感，从而让自己心甘情愿地认命。小唐告诉我，他也曾想过，如果自己天生就看不到，会不会更好，至少不用经历“突然看不着”的痛苦。但比起天生全盲的人，小唐自己也说不清，到底谁更幸运、谁更不幸。他说自己是“幸运的千万分之一”，虽然模模糊糊，但好歹也看了十几年，“见过这个世界的颜色”“看过自己的爸妈”“还看了 08 年的奥运会”，这些对于他来说都是非常珍贵的经历和回忆。而且，失明后的他也正是因为有了这些经历和回忆，才能够根据别人的描述，在脑海中搜索曾经的记忆，进而勾勒出眼前之物的样子。

“在这里（北京）我没有太多时间，以前在其他地方，我都会找一个导游，他就会跟你讲这个地方有什么，那个地方什么样子，然后我就会慢慢地在我的脑海里形成一个图案，这个感觉是特别好的，特别爽。”（小唐，2017 年 10 月 25 日）

在小唐看来，那些天生全盲的人从来没有看过这个世界，他们“完全没感觉”“只是靠着自己想象而已”。作为一个十几岁时才完全失明的盲人，小唐显然无法想象这种“完全的想象”，但他却觉得这种想象或许很“美好”。

“有时候我也在想，那些生出来就完全看不到的人，像这个床，他能摸出来模型，形状，比如这里有个角，但他不知道什么颜色，什么款式。对这个颜色，他也只能通过别人描述知道这个是白色，这个是黑色，但他不知道白的什么样，黑的什么样，他完全没感觉，只是靠着自己想象而已……其实像这样的情况还好一点，至少他的想象还是美好的。”（小唐，2017 年 11 月 14 日）

小莫是我在另一家盲人按摩店认识的天生全盲按摩师，她告诉我，她小的时候还能感觉到光，但经常分辨不清，有时候明明是大晴天，她却觉得很暗，明明是阴天，她却觉得很亮。尽管如此，那时候的她还是很喜欢仰头看天，因为“天上有太阳”，还总喜欢拿着家里的手电筒玩，因为“有光”。后来她的光感一点一点消失了，如今她的眼睛“就像脸上的一块肉”，对光完全没有感觉。这在明眼人是很难想象的，明眼人或许能在一片漆黑的空间里感受到什么叫“看不见”，但却无论如何都无法体会到什么是“无光感”，因为哪怕“一片漆黑”也是一种有光感体验。

“以前有人问我，说你们盲人眼前是不是一片漆黑的，我说我要是知道漆不漆黑又好咯，完全没感觉的，眼睛就像脸上的一块肉一样的，你说你身上哪块肉能分得清黑白的啦，你把你这只手伸出去，你的手也感觉不到有没有光的你说是不是，根本就没这个功能。”（小莫，2018 年 1 月 29 日）

在小唐看来，天生全盲的人虽然从未看过这个世界，但也正因为如此，他们不必经历从看得见到看不见的“坠落”，他们的世界因而也从未发生什么颠覆性的改变。他们虽然无法通过别人的描述在脑海中形成符合现实的图像，但他们心中自有一份对这个世界的美好想象，他们的生活也自有一套与之相适应的法则。这在小唐看来似乎很值得羡慕。可是，在一个尊奉“眼见为实”的世界中，当天生全盲的人以“盲的身体”为知觉和实践的中心试图去构建一个想象的世界时，却总是很轻易地就遭到质疑。小莫对此感触颇深，也颇不以为意，在她看来，虽然眼睛里没有光，脑海里没有视觉记忆，但天生全盲的人完全能够依靠其他感官形成对这个世界的认识与判断。

“虽然我看不到，但其他感觉和你们都是一样的，可能有的比正常人还要好一点。你像我到了一个新的按摩店上班，首先就是摸着墙四周走一圈，知道这个地方的形状、方向、大小这些，还有它的摆设。还有就是听声音，比如走在路上知道这个地方车多还是少。然后就是嗅觉、味觉，还有冷热的感觉这些，都是一样的，我们就是这些感觉再加上自己想象……像我从小这样其实也还习惯的，但很多人经常觉得我们好像很惨一样的，其实你们的视力很多方面也比不上一些动物，很多东西你们也看不到的，你们也不会觉得自己有多惨是不啦？都是一样的道理。”（小莫，2018 年 1 月 29 日）

“看”被认为是人类认识世界最基本也最重要的方式之一，而盲人与所谓的现实世界之间，被认为始终横亘着想象。这个想象的世界虽然并非与现实之物全然无关，但却被认为低于现实。小莫的叙述恰恰向我们呈现了，在一个尊奉“眼见为实”的世界中，“无所睹见”的盲人如何自处。他们通过触觉、听觉、嗅觉、味觉、冷热感等其他感官以及自己的联想与想象来认识这个世界，但却不可避免地受制于视觉世界的所谓现实。换言之，在“眼见为实”的法则下，他们认识、理解、评判现实之物的能力始终被认为是有限和不完全的。但是，如果我们意识到，明眼人所看到的世界其实也是不完全的，那么我们应当如何看待盲人的感官与想象所构建的世界呢？在明眼人的世界中广为尊奉的“眼见为实”法则，应当被用来评判盲人的世界吗？

事实上，无论是视觉还是其他感官，不同的人所具有的能力都是千差万别的。比如小莫，她对声音特别敏感，很擅长通过声音来识人辨物。我前后两次去找她，中间隔了半年，第二次去的时候，她却一下就认出了我的声音。我惊异于她的声音记忆能力，她说这是她从小养成的习惯，通过声音来认识一个人，也通过声音来记住一个人。小莫的听力之所以如此敏锐，很大程度上得益于从小的锻炼。而像小唐这样慢慢看不到的盲人，则很难开发出强大的代偿能力，失明的年龄越大，难度通常也就越大。

（二）“常态”与“盲态”

后天失明的人虽然很难开发出强大的身体代偿功能，但就像前文所提到的，他们脑海中所存储的视觉记忆，很大程度上便利了他们失明后的生活。这首先体现为他们较少表现出所谓的“盲态”[①]。换言之，他

① 所谓“盲态”是指常见于盲人的身体姿势、表情、动作与行为等。

们相对来说不容易给人留下“一看就是盲人”的印象，因为他们曾经也算半个明眼人，所以知道明眼人的表情、姿势、动作是什么样子。以小唐为例，他的神情举止、言行谈吐都颇为自如，和店里其他全盲甚至半盲按摩师相比，他走路走得尤其自然，向我说起时，也难掩得意之情。

“上次我在北京一个姐姐带我去那个什么地方（某购物商场）买衣服，我进去店里好久她们（导购员）都没看出来我是盲人，她们说我看不出来，我只要一只手搭在她肩膀上，有个方向感，知道往哪里走就行了……你看，比如说这里有个门框，我就手臂、整个人这么稍微靠过去就行，不用伸手去摸……我们有这个课的，训练盲人走路的，就是教我们怎么不被看出来是盲人，因为在有些场合比较需要，像正常人一样。”（小唐，2017年11月14日）

盲人被认为有一套“不正常”的身体习语，例如低头弯腰、双手前伸、蹭步走路、表情怪异等，这些身体习语也就是所谓的“盲态”时常引得人侧目甚至嘲笑。小唐的一句“像正常人一样”，是得意，也是无奈，因为“像正常人”终究也只是“像”而已，事实上他们任何细微的不同都会被所谓的“正常人”敏锐地捕捉到。

小郭（化名）是店里负责接听预约电话并编排上钟顺序的按摩师，长得颇为英俊，他有一只眼睛全盲，另一只则是低视力，把手机贴近眼前5厘米左右，他能勉强看清屏幕上的文字。有一次他正在这样看手机，一位顾客的儿子（看着大概五六岁）好奇地问妈妈，“刚才那个哥哥为什么只用一个眼睛看手机”。这位妈妈没等孩子说完就赶忙示意他小声，等小郭走远后，又压低声音跟孩子说，“你要是经常玩手机，以后也跟他一样”，说着一把夺过孩子手里的手机，厉声喝道，“还玩？不准玩了！”这位妈妈其实挺有礼貌，大概怕小郭尴尬，她及时地阻止了孩子的进一步发问，也知道不该在小郭面前拿他当教育孩子的反面教材，但她对这件事的态度本身，其实很能反映出她对于“盲”或“盲态”的态度。“你要是经常玩手机，以后也跟他一样”，听着像吓唬孩子的这么一句话，实际上非常赤裸地表达了她对“盲”的嫌恶。这位妈妈并非个例，明眼人在大街上遇到盲人多半都会多看两眼，尤其若看到所谓盲态／盲相严重的盲人，更是会另眼相看，小邓就是因此而不喜欢出门。

“我一般就在店里待着，不怎么出门，有时候就上旁边小超市买点零食，因为视力不好，尤其北京路上车多，还是怕不安全……而且路上人也多，人家一看你就是视力不好，就老爱看你……我其实看不清别人是不是看我，除非离得特别近那样的，但经常能听见别人说，就是可能人两个走在一起，看到我了，就说这个是不是盲人这种的。”（小邓，2017 年 12 月 24 日）

小邓的遭遇在整个盲人群体中都比较普遍。在盲人特殊教育中，“盲态”因而也被视为严重影响盲人日常生活与社会交往的、必须被矫治的对象。然而，“盲态”这个词本身，以及对“盲态”的矫治背后，其实都隐含着非常深刻的对于“正常”与“不正常”的划分。“盲态”是如何被认定为一种“不正常”的？如前文所述，盲人认识、理解与判断现实之物的能力之所以被认为有限，正是由于在明眼人“眼见为实”的法则下，盲人却“无所睹见”；同样地，所谓“盲态”之所以被认定为一种“不正常”，也正是以所谓“正常”身体的“正常”体态姿势为衡量标准所产生的结果。因此，首先被凸显和巩固的其实是“正常”，而与“正常”不同的所有身体形态，便在日常生活的实践中被不动声色又不容置疑地划定为“不正常”。从这个意义上来说，所谓“常态”与“盲态”的划分不仅是基于生物性基础的，也是社会建构的。或者可以说，是将基于生物性基础的“同”与“不同”，文化地建构为“正常”与“不正常”。盲人在一次次具体的互动情境中逐渐形成“不正常”的自我认同，或努力矫治以使自己“像正常人”，或尽量避免出现在“正常人”的视线当中。而细微、琐碎的日常生活则弥合了“不同”与“不正常”之间的空隙，使得“正常”与“不正常”之间的划分逐渐被自然化。由此我们可以看到，对于盲人身体的规训是如何到达其身心，又是如何进入其生活，并在一次次具体的互动情境中不断得到巩固和强化。

综上所述，在“正常”与“不正常”的对立中，盲人的世界越来越被简化为两个部分，即“我们盲人”和“他们正常人”。盲人被认为是本质上有缺陷的、一定程度上无能力的；而正常人则既代表了所谓身体健全的普通人，也代表了由这些普通人所构成的主流社会。然而事实上，“正常”与“不正常”之间并非如此截然二分、界限分明，也并不必然是健全人对应着“正常”，盲人对应着“不正常”。不过，我并不想寻找一种“正常”与“不正常”之间转换的可能，因为任何在“正常”与“不正常”分立的话语体系与思维方式中的论述都必然是过分简化的。正如我在上文所努力想要呈现的，一方面，盲人视力障碍的原因和程度，以及他们感知与体验世界的方式等等，都因人而异，并非铁板一块；另一方面，无论是盲人还是明眼人，事实上不同的人的视觉、听觉、触觉、冷感、热感等各种感官能力都千差万别。因而，本文无意寻找或论证盲人“正常”或明眼人“不正常”的证据，而是想要在日常生活的视角下，从盲人按摩师活生生的身体感知、体验与实践中，去呈现他们的“日常”。

二、盲何为——无息之声：“比正常人还厉害”

如前文所述，被置于“正常”对立面的“不正常”的秩序化身体在很大程度上渗透进了盲人按摩师的日常生活中，使其不可避免地受限和受制，但他们的生活却也绝非完全依照“不正常”的本而宣“不正常”的科。与此相反，他们在看似“不正常”的生命中过着一种对他们而言“日常”的生活，这也正是生活日常对于盲人而言最大的魅力和可能性所在。

“很多人他没接触过盲人，不知道盲人生活怎么样，以为盲人生活不能自理，去哪里都需要别人帮助，但其实我们有些盲人比正常人还厉害……在我们中专有一个老师，叫郭洋，他也是盲人，他就是那个蛙泳，是世界冠军呢，有一本专门的书就是写他这个，很厉害……其实我们普通的盲人只要自己想做，很多事情也都可以做，和正常人一样的，你看老夏还会自己贴膜呢，而且他贴膜很厉害，没有气泡……你看像我们这里还有个人，他还可以接电线，电线我也可以接，接这个电线和插座，都可以弄，换灯泡，换灯管，这些也都可以换。我们有的盲人还特别会烧饭呢，想不到吧？”（小唐，2017 年 11 月 14 日）

正如小唐所言，“只要自己想做”，日常生活中的很多事对盲人来说都不在话下。小到老夏的“贴膜妙招”——“用透明胶把上下两个角固定好，就不会贴歪，也不容易有气泡”，大到小唐的“换灯泡法则”——“只要知道一个正一个负，然后先把电源全部拔了，然后自己慢慢地摸就行”，长期的生活经验足以使他们发展出一套以“盲的身体”为知觉和实践中心的身体技术和生活策略。虽然看不见，但他们完全应付得来诸如洗碗洗衣、使用手机、选购商品等事。小邓告诉我，他们在学校学按摩的时候每天都会“练功”，除了重点训练手部力量之外，他们也会跑步——人多的时候，就让大家牵着同一根绳子跑，以保证跑步的方向，保护大家的安全；他们甚至还可以打乒乓球和排球——特制的盲人乒乓球和排球中装有铃铛，盲人可以根据铃铛发出的声音来判断球的位置。盲人的这些身体技术和生活策略在没有深入接触过盲人群体的人看来是非常“神奇”的，哪怕是店里的常客，当我向他们说起这些时，也时常表现出惊讶或敬佩之情。

（一）选购商品：“好看不好看”

“我要是说哪样东西好看不好看，你肯定就觉得，我又没看过，怎么知道好看不好看，你就会这样想。我虽然看不到，但买东西也图好看，有时候别人也觉得挺奇怪的，你又看不到，还管好不好看。”（小莫，2018年1月23日）

小莫所叙述的正是人们对于盲人购物通常会有的反应。人们倾向于认为，面对琳琅满目的商品，无所睹见的盲人似乎根本无从选起，更别提从中挑选出“好看”的。但其实，他们虽然看不见，却也十分在意所买和所用的东西是否“好看”。小莫更是对流行或时尚有着自己朴素但却精准的认识。

“十几二十年前的衣服现在又流行了，我妈以前的阔腿裤现在又能穿了，今年不是流行双面呢双面羊绒吗，我妈以前的都还有，她都放的很好的，而且以前的东西质量好，款式又还好看的，现在小姑娘都喜欢穿复古。”（小莫，2018年1月23日）

我曾受小唐所托为他在淘宝上选购过水杯，他指定了品牌，让我给他挑一个“好看一点的”。我猜他是要送给明眼人，便仔细地给他描述每个水杯的款式、颜色和图案。最终他选了一款白色杯身上印有黑色小熊图案的保温杯，因为“这个比较可爱”。后来我才知道他要送的人也是盲人。春节回家前两天，小唐又托我给他选一条“好看一点”的围巾，这次他也是要送人，送的也还是盲人。网购估计来不及在他走之前送达，我就去附近的实体店挑了三条，发微信跟他描述材质、款式、颜色和花纹，同时分别拍了三条围巾的照片发给他，这样他或许可以让看得见的同事帮他参谋参谋。随后，小唐发微信告诉我，他给他想送的那个朋友“看了”，但对方“都不是蛮喜欢”。

当我们说一样东西“好看”或“不好看”的时候，大抵说的是这样东西的款式、颜色、图案、花纹等肉眼可见的外观。那么，盲人如何“看”一样东西，又如何判定一样东西是否“好看”？正如前文所述，后天全盲的人能够通过别人的描述搜索脑海中的视觉记忆，进而够勾勒出眼前之物的样子，先天全盲的人则能通过触觉、听觉、嗅觉等其他感官形成自己对物品的认识与想象。

有一次店里不是很忙，几个没上钟的按摩师聚在一起闲聊，其中一个按摩师说想换个手机，大家都给他出谋划策。有人建议他买 iPhone X，老夏随即说了一句：“iPhone X 不好看，上次有个顾客就是拿的这个，我看了，刘海不好看，home 键也没了。”老夏看不见，却说不好看，他丝毫不觉得盲人说一样东西“不好看”有什么奇怪、或是有什么需要解释的，因为“摸”“按”就是他“看”的方式。

（二）手机读屏：“我们什么都玩”

在田野的这三个多月时间里，我印象最深刻的就是，除了不能浏览图片和视频画面，盲人使用手机的功能范围和关注的细节程度与明眼人并无二异。和小唐逐渐熟悉后，我们互加了 QQ 好友，有一回他打趣道，“你 QQ 怎么还是 28 级，这么低，我都换了好几个号了”。小唐竟然可以关注到 QQ 账号等级这种细节，我当时很惊讶，也由衷地意识到，盲人有属于他们自己的“看”手机的方式，而且可以说非常顺畅。就像小唐说的，“我们也玩微信，玩淘宝，斗地主，我们什么都玩，跟你们一样。你们是用眼睛看，我们是用手摸，用耳朵听”。

盲人之所以能如此顺畅地使用手机，很大程度上要归功于智能手机和读屏软件的普及。小唐告诉我，在智能手机和读屏软件普及之前，盲人社交和娱乐的主要方式除了听收音机，就是在电信平台上聊天、听歌或者听评书。

“以前我喜欢打一个电信的聊天平台，可以好几十个人聚在一起通话，有一个号码的我忘记是几了，你打进去就可以，比如说多人聊天请按 1，听歌请按 2 啊，各种各样的都有，听评书啊，都有。十来个人可以组织在一起聊天，聊什么都可以，那时候我们很多盲人都玩这个，我就是在这个上面认识了一个人，聊得很好的也是一个盲人，他就跟我说可以去特色中专学按摩……这个现在不知道还有没有了，我

好多年都不玩了。”（小唐，2017年11月14日）

2012年，国内第一款基于安卓手机的读屏软件“点明安卓”问世，公益版提供免费下载，正式版则需付费使用，不仅支持安卓手机的语音读屏操作，还包含了点明公司自主研发的点明输入法、点明浏览器、点明读书、点明音乐、点明时钟、点明读钞、点明按摩助手等近30款针对盲人的特色应用软件①。自问世以来，“点明安卓”成为国内大多数视力障碍人士的普遍选择，老夏便是其中的一员。他用过很多款读屏软件，从最开始用点明，到后来用华为的Talkback，再到现在用iPhone自带的VoiceOver，他告诉我，“还是苹果最好用”。

“最不好用的是点明，没人用点明，免费版的广告多，也不稳定，正式版的还要两百多块钱呢，而且它很多第三方软件都不读，还是苹果最好用，华为的那个叫什么来着，哦叫talkback，也没有苹果好用。”（老夏，2017年11月23日）

小唐也同意老夏所说，随即补充道，“只有苹果特别完美，针对盲人、聋哑人、肢残人，它里面的功能有很多，很人性化，而且对我们盲人来说没有一个死角，除了图片它不能给你读出来，其他的没有任何一个死角，你摸到哪里，它就读到哪里。”摸到哪里，读到哪里，这在小唐看来无疑是非常人性化的，而读屏软件最重要的功能也正在于此。以iPhone自带的VoiceOver为例，打开手机的读屏功能，轻点一次可以选择项目，轻点两次可以激活所选项目，三指轻扫则可以上下或左右滚动屏幕，通过触摸、滑动、单击、双击等简单的操作，手机就会即时朗读屏幕上的文字信息以及各种操作提示，由此盲人便能相对顺畅地进行读书、听音乐、玩游戏、浏览网页、网络购物、收发文字信息、线下扫码付款等操作。这无疑为盲人和低视力人群畅游网络世界扫除了障碍，不仅极大地丰富了他们的资讯来源，也在一定意义上重塑了他们的生活和工作方式。

在盲人按摩店里，时常能听到一个机械的女声在读屏，包括新闻、朋友圈、短信微信消息、盲人按摩师下钟倒计时提醒等等。习惯了读屏

① 关于“点明安卓”的介绍，摘引自“点明科技官网”，http://www.dmrjkj.com/about.do（摘引日期：2018年3月23日）。

功能的盲人通常会把读屏速度调到100%，这在不熟悉的人听来就如某种神秘符码，不少顾客常常表示自己听得一头雾水，甚至还有人以为这是盲人专用的“盲语”（其实不过是高倍速的普通话）。盲人按摩师对此的解释多为“速度慢了听着烦”，小唐更是举了一个生动的例子，“你像微信抢红包，要是等它慢慢念，你们都抢完了，我们还在念‘恭喜发财，大吉大利’，根本抢不过你们，亏大了”，说完大家都笑。

三、小结

综上所述，从职业生命转向生活日常，着力去挖掘盲人按摩师在其生活日常中的身体感知、体验与实践，将有助于打破主流社会对盲人群体的概括化认知与判断，让盲人隐于职业生命中的“盲的身体”的其他面向重新可见。事实上，盲人群体并非铁板一块，在全盲和低视力、先天盲和后天盲、有光感和无光感等等这些界限分明的分类与分级标准之间，还存在着视力障碍原因和程度均不相同的无数种可能。但无论如何，长期的生活经验足以使不同视力状况的盲人均发展出一套以活生生的身体为知觉和实践中心的身体技术和生活策略，并以此在某种意义上实现对所谓“正常”与“不正常”二分的反叛。而这种以“活生生的身体”为知觉和实践中心的生活日常中的策略和反叛恰恰能够提供一个支点，在一定程度上松动盲人按摩师被分类、定位、铭刻和规训的“秩序化的身体”，丰富主流社会对于“盲的身体”的内涵与意义的理解，进而松动盲人与按摩之间的自然化联结。

第四章　总结与讨论

一、反思职业生命，重现生活日常

本文从盲人按摩师自身的主体叙述与实践逻辑出发，揭示了盲人按摩师就业增收美好生活的表象下，其实隐含着盲人按摩师职业生命的单一化以及主流社会对于“盲的身体”的认知与判断的刻板化。并且，盲人按摩师的职业生命越是趋于单一，主流社会对于“盲的身体”的认知与判断就越是趋于刻板，盲人也就越是趋于被固定在按摩行业中。如此交叠缠绕、相互加剧的结果是，无论是在国家政策还是社会主流认知层面，盲人都越来越成为一种“概括化的类型”而非“活生生的人”；“盲的身体”也越来越成为一种被社会分类、定位和赋予意义，被权力铭刻、规训和确定秩序的，单一刻板的、无力无奈的秩序化的身体。更为根本的是，这种秩序化的身体太过深入人心以至逐渐被自然化，盲人作为一个群体，也日渐丧失了按摩之外的其他可能。

不过，虽然盲人与按摩之间的联结逐渐自然化，但却很少有人会说“盲人只能按摩”这样的话，事实上盲人也的确能够自由选择社会赋予的职业。然而盲人职业生命的悖论也正在于此，看似“自由选择”，实则“社会赋予”。作为就业困难的“社会弱势群体”，盲人被以特定且专门的方式固定在了按摩行业中。盲人与按摩之间仿佛自然的联结或有其具身性的身体基础，但其巩固和僵化则多少脱离了身体基础而无疑是社会实践的结果。这其中蕴含着社会文化对于“盲的身体”能干什么、不能干什么的判断。这些所谓的“能”与“不能”有其生物性基础，但很大程度上也来源于一代代人对于盲人身体认识与理解的历史积淀，并逐渐变得难以撼动，最终生长在个人的身体上。当然，盲人还是可以选择不按摩，可若无法通过性别、阶层、教育等其他方式来获得更为有效的资源，为什么不按摩呢？这正是大多数盲人命运感的生动脚注——在特定的社会环境与限定的社会条件下，做出看似理性的个人选择，并为之投入自己的价值和情感。

为什么不按摩呢？随之而来的问题便是，按摩又怎么样呢？在按摩行业的内部区隔中，盲人按摩师仍然难以摆脱主流社会对其身体的僵化认知与判断。目前，盲人按摩始终被作为一项盲人特殊事业来开展，而这项旨在将琐碎、流动的盲人群体收归于秩序化管理的事业并不致力于打破主流社会对盲人及其身体的刻板认知，反而在制度化和规范化盲人按摩行业的过程中进一步巩固了主流社会对于“盲的身体”的刻板认知与想象。盲人按摩师试图通过各种解释与应对的策略来打破医疗—保健、非盲人按摩—盲人按摩、大店—小店之间的区隔，并且确实由此实现了某种意义上的反转，在按摩行业争得了一席之地。然而，施展各种策略以扩展自己的生存空间，实际上恰恰意味着他们承认了上述区隔的逻辑链条。而这一逻辑链条毫无疑问并非盲人按摩师所能决定，相反，正是因为他们无法决定区隔的标准和方式，所以才会忿忿于医疗与保健的内外之争，才会不屑于大店的表面功夫，也才不得不始终强调盲人按摩小店的扎实按摩技术。在按摩行业的这场领地争夺战中，盲人按摩师既不是自己决定要参与，也无法主动选择放弃，他们是带着“为什么不按摩”的“理性”，一路被裹挟至此，直至陷入“按摩又怎么样”的迷思。

可是比起迷思，写在社会结构性力量中的“理性”终究更胜一筹，盲人按摩师的身体被社会结构性力量所形塑，又反过来巩固着本就难以撼动的社会结构性力量。通过日常生活与工作情境中的身体实践，盲人按摩师似被动又主动地认同了自己的位置，适应了自己的处境，也习惯了自己的角色，并努力做一个“好盲人按摩师”。做一个“好盲人按摩师”，意味着他们要认清并承担自己的职业使命，尽力满足顾客对身体保健的需求，同时持续煽动顾客对身体健康的焦虑，由此生产出顾客的“两种身体”，既能一直被规划，又无法彻底被控制，而这一切都必须不动声色却又满怀善意——正如他们自己也是被不动声色却又满怀善意地激发出“为什么不按摩”的“理性”，又被裹挟进他们无法决定的区隔和分类，并日夜辛苦地持续劳作。这里生动地体现了身体是如何被社会不平等所形塑，又反过来再生产和延续着既已存在的社会不平等。做一个“好盲人按摩师”，还意味着身体成为一副面具，用以自我呈现——身残志坚、善解人意、积极向上的盲人按摩师形象成为盲人美好生活的符号象征。由此，能否以及能在多大程度上呈现出符合上述符号意义的身体，也就成为了盲人按摩师依附或是远离社会的分类手段。

总之，在盲人按摩行业日益走向制度化和规范化的过程中，盲人职业生命的单一化和主流社会对于“盲的身体”的认知与判断的刻板化日益紧密地捆绑在一起并且相互加剧。在上述关系中所体现的单一刻板的、无力无奈的秩序化身体不仅凸显了“正常”与“不正常”的划分，凸显了盲人作为按摩行业从业者的身份，限定和僵化了盲人的职业选择和定位，也使得盲人在矛盾与冲突中体验着自己作为按摩师的生活。并且，这种秩序化身体越是深入人心，盲人按摩师在其生活日常中活生生的身体（lived body）就越是趋于陷入失语的境地。本文力图透过具身体现的视角，深入盲人按摩师在生活日常中的身体感知、体验与实践，尝试让盲人隐于刻板印象中的活生生的身体和丰富多样的生活日常重新可见，并希望由此转而去丰富对于“盲的身体”的内涵与意义的理解，进而松动盲人与按摩之间的自然化联结。

研究与分析表明，盲人眼睛的外观、器质与功能，盲人的表情、姿势、体态与动作，以及盲人“看”世界的方式，均不同程度地异于明眼人。但这种“不同”的身体习语却不断被凸显，直至被定义为“不正常”。“缺陷”“弱势”“不正常”，这些认定附带着正义人道关怀的同时，也裹挟着一系列道德要求，规定了盲人应追求什么，又当如何追求。换言之，“正常”与“不正常”的划分，看似制造对立，实际也是一种联盟。“不正常”被认为是一种需要矫治和修正的状态，可是当盲人试图通过各种方法让自己看起来“像正常人”，以摘除“不正常”的标签时，恰恰也为“正常”与“不正常”之间的联盟出了一份力。也就是说，抗拒“不正常”或致力于成为“正常”，其实使得“正常”与“不正常”之间的划分更加凸显。

而日常生活的魅力则恰恰在于，它具有最大的可能性，使盲人得以挣脱“正常”与“不正常”的联盟，发展出一套以活生生的身体为知觉和实践中心的身体技术和策略，并由此开展自己的生活。正是从生活日常中，我们得以认识到盲人的多样性——他们实际的视力状况、导致视力障碍的原因以及其他感官的灵敏程度等等都千差万别，并非铁板一块，也绝非某种单一刻板的“类型”可以概括。也正是从盲人生活日常中的身体感知、体验与实践中，我们得以看见盲人之为“人”，而非仅仅是“盲”。

总之，本文的研究与写作目的并不在于重构一种盲人的身体秩序，而恰恰在于首先揭示、进而跳出必然意味着切割和简化的秩序化身体的逻辑与脉络，也跳出“正常”与“不正常”之间看似界限分明的二元对立，转而以一种新的思维方式，从盲人在其生活日常中活生生的身体感知、体验与实践中，去寻找丰富具体的、充满可能的、甚至流动变化的“盲的身体”，让被凸显的归于平常，让被遮蔽的重被看见，并由此丰富主流社会对“盲的身体”的内涵与意义的理解与想象。

二、对方法与方法论的思考

虽然无法忽视社会结构性力量对盲人职业生命和人生可能的限制，但在田野观察中，我却看到了他们在日常生活实践中所发展出的丰富的身体技术和生活策略，也就是说，他们其实“有办法”于细微处做出改变。然而在访谈过程中，他们却始终不自觉地强调“没办法”，我也曾一度随着他们对于自己职业生命与人生可能的消极叙述而陷入悲观无力的境地。一边是鲜活又生动的实践，另一边则是无奈又无力的叙述，由此我开始反思语言叙述甚至访谈方法本身的局限性，或者说，叙述的逻辑是如何不足以反映出实践的逻辑。日常生活的实践逻辑往往是模糊的，是一种深陷其中的实践与策略的集合；可语言的叙述逻辑却要求清晰，要求后撤一步的反思。然而，在治理和赋权拉锯的时代，在话语和主义爆炸的时代，个体的反思和发声往往都被代劳而不自知，以至于说什么、不说什么、怎么说，这一切仿佛都有了固定的脚本。就像在我的研究中，盲人按摩师往往热衷于谈论他们对于自己职业生命和人生可能的无力和无奈。这种无力和无奈当然不是凭空生造的，但却无疑是在一定程度上被凸显的，就像在国家政策和社会主流认知层面，“适合按摩”的“盲的身体”也是被凸显的。

作为研究者，我们如何能促成一种可能，在不同层面上，在不同视角下，都尽可能让被凸显的归于平常，让被遮蔽的得以显现？本文提出从职业生命到生活日常、从秩序化的身体到活生生的身体的思路，正是对于上述问题的一次尝试性回应。但随之而来的问题便是，如何更好地研究日常生活，尤其是如何研究、呈现、分析、探讨日常生活中“活生生的身体”的感知、体验与实践？我在这篇文章中对盲人按摩师生活日常及活生生的身体的把握是相对不足的，这一方面是由于前文所述的盲人按摩师倾向于诉苦的叙述特点，另一方面也是由于我作为研究者功力尚浅。但在目前对于盲人按摩师日常生活与活生生的身体的关注非常不足的情况下，提出一种从职业生命到生活日常、从秩序化的身体到活生生的身体的思路，这本身就是有意义的。希望这一思路不仅能启发和鞭策我日后的学习和研究，也能为更多关注底层边缘人群的研究和研究者提供一个哪怕尚显微茫的方向。

参考书目

鲍雨，2017，“身体麻烦：对脊髓损伤者日常生活中残障经验的考察”，《社会学评论》第3期。

鲍雨、黄盈盈，2015，“从偏差到‘体现’：对‘残障’意义的社会学理解”，《北京社会科学》第5期。

陈功、吕庆喆、陈新民，2014，“2013年度中国残疾人状况及小康进程分析”，《残疾人研究》第2期。

宫正，2011，“新中国中医方针政策的历史考察”，中共中央党校博士学位论文。

国家劳动部、国家工商行政管理局、中国残疾人联合会，《关于做好盲人保健按摩职业技能培训、鉴定及就业工作的通知》，残联教就字〔1997〕第120号。

国家人事部、卫生部、国家中医药管理局、中国残疾人联合会，《关于盲人医疗按摩人员评聘专业技术职务有关问题的通知》，残联教就字〔1997〕第103号。

国务院，《关于促进健康服务业发展的若干意见》，国发〔2013〕第40号。

侯超韡、魏红、乔靖雯、那漠，2013，“从保健到医疗——盲人按摩业转型有多难”，《中国残疾人》第9期。

黄盈盈，2008，《身体·性·性感》，社会科学文献出版社。

赖立里、张慧，2017，“如何触碰生活的质感——日常生活研究方法论的四个面向”，《探索与争鸣》第1期。

李鸿江，1991，“按摩与导引发展史略（续上期）”，《按摩与导引》第1期。

梁佳佳，2012，“社会排斥视角下残疾人的困境及其援助研究”，浙江师范大学硕士学位论文。

廖娟，2015，“残疾人就业政策效果评估——来自CHIP数据的经验证据”，《人口与经济》第2期。

刘熙，2011，“中国都市80后女性对月经的体验、理解和身体想象”，中国人民大学硕士学位论文。
刘阳，2009，“凌驾于女性身体之上的美”，湖南师范大学硕士学位论文。
毛小平，2010，“内地与香港：残疾人社会支持比较”，《中南大学学报》（社会科学版）第2期。
彭华民、冯元，2015，“中国残疾人特殊教育制度转型——福利政策体系化与福利提供优质化”，《南开学报》（哲学社会科学版）第4期。
邱建维，2016，“浅谈盲人按摩从业人员职业教育现状及对策研究”，《亚太教育》第18期。
邵小艳，2017，“盲人推拿群体的交往与认同”，安徽大学硕士学位论文。
孙葆忱、鹿庆、郑远远，2005，“对新的WHO视力损害分类标准的探讨”，《眼科》第5期。
铁山、郭荣、陈曦，2011，“回忆与思考——谈中国盲人按摩的发展历程”，《中国残疾人》第6期。
铁山、郭荣，2011，“回忆与思考（之二）——谈中国盲人就业的历史与现状”，《中国残疾人》第8期。
王淑军，2005，“中医推拿按摩只姓‘医’”，《人民日报》10月26日第011版。
汪民安、陈永国，2004，“身体转向”，《外国文学》第1期。
卫生部、国家中医药管理局，《关于中医推拿按摩等活动管理中有关问题的通知》，国中医药发〔2005〕第45号。
卫生部、人力资源和社会保障部、国家中医药管理局、中国残疾人联合会，《关于印发盲人医疗按摩管理办法的通知》，卫医政发〔2009〕第37号。
吴飞，2009，“‘空间实践’与诗意的抵抗——解读米歇尔·德塞图的日常生活实践理论”，《社会学研究》第2期。
吴燕丹、王聪颖，2015，“资源配置视角下残疾人群众体育的现状、问题与对策”，《体育科学》第3期。
希林，2010，《身体与社会理论》，北京大学出版社。
杨志林，2015，“残疾人社会融入问题研究及社会工作介入”，中国社会科学院研究生院硕士学位论文。
要鹏韬、卢九星、韩德民、李星明，2017，“我国按摩师队伍发展现状研究”，《医学教育管理》第3期。

尹江波，2017，“我国儿童低视力康复思考”，《社区医学杂志》第9期。
余成普，2011，“器官移植病人的后移植生活：一项身体研究”，《开放时代》第11期。
于淼、陶兆铭，2017，“被排斥与自我排斥的身份认同——一项深圳市残疾青年的经验研究”，《青年研究》第4期。
张应斌，1997，“先秦时期的盲人文化”，《嘉应大学学报（社会科学）》第1期。
赵倩，2017，“社会工作视角下残疾人社会融入研究”，沈阳师范大学硕士学位论文。
郑功成，2008，“残疾人社会保障：现状及发展思路”，《中国人民大学学报》第1期。
郑杰文，2009，“新发现的〈三皇遗训〉与唐代瞽者会社”，《文献》第3期。
郑震，2011，“列斐伏尔日常生活批判理论的社会学意义——迈向一种日常生活的社会学”，《社会学研究》第3期。
郑震，2013，“论日常生活”，《社会学研究》第1期。
中国残疾人联合会，《2017年中国残疾人事业发展统计公报》，残联发〔2018〕第24号。
中国残疾人联合会、国家发改委、民政部、人力资源社会保障部、国家卫生计生委、国家税务总局、国家中医药管理局，《残疾人就业促进“十三五”实施方案》，残联发〔2016〕第48号。
周林刚，2003，“社会排斥理论与残疾人问题研究”，《青年研究》第5期。
周林刚，2011，“残疾人社会保障体系与公共服务体系建设研究”，《中国人口科学》第2期。
周沛，2016，“社会治理背景下中国残疾人福利模式构建——问题、逻辑及优化”，《南京大学学报》（哲学·人文科学·社会科学）第5期。

Lock and Farquhar，2007,Beyond the Body Proper:Reading the Anthropology of Material Life,Duke University Press
Shilling,1993,The Body and Social Theory,Sage

附录：2018年北大清华人大社会学硕士论文题目汇总

北京大学社会学系（共90人）

安晴雨：虚实之间的污名——基于某社工救助机构的外展

鲍佳妮：城市社区空巢老年人精神养老服务供给主体研究——以A市B区X社区为例

蔡重阳：富士康工人的身体消费与城市适应

曹　洁：成为腐女：耽美粉丝的社会生成

曹珺然：社工在精神科多学科团队中的角色塑造与扮演—以北京市L医院为例

车茂立：金融扶贫——基于重庆市T镇的经验研究

陈敬国：户籍性质、社会融合与城镇流动人口置房意愿

陈倪垚：乡村旅游的主客地视角研究——以丽水市乡村旅游为例

达　祺：赋权理念下的社区随访服务研究——以“X社区随访”服务为例

单　良：护理困境——基于A养老院的个案研究

邓　琳：宗教与社会——格尔茨《爪哇宗教》的解析

范一鸣：农村资金互助组织的内生性困境及其行为选择

付湘君：一个以工人为主体的社团组织凝聚力探究——以北门剧社为例

高晓蕾：从分类管理到社会治理——我国健身气功管理方式改革的尝试

龚婷梅：非世俗的世俗性——基于理性选择理论的佛教信仰实践分析

韩明波：积极福利视角下残疾人支持性就业问题研究——以S市A机构为例

何李霸：政策网络下的农村留守儿童保护服务递送研究——以L县某试点项目为例

扈　迪：互联网公益募捐平台对草根公益组织的赋权研究

黄明珠：论第三方评估对社会治理的协同作用——基于北京市R机构的个案研究

霍颖康：澳门外来劳工之劳动状况研究——以来自内地外来劳工为例

冀昌宏：家庭抗逆力视角下的血液病——儿童家庭压力应对研究

贾晗琳：动机、策略与规范形成：中国城市青年理财行为研究

金若尘：社会工作研究生专业认同建构过程研究——以某985大学2016级社会工作研究生班为例

开　源：父爱主义国家悖论：精准扶贫的下乡实践与主体缺位——基于S省M县的个案研究

康厚艳：抗逆力视角下老年精神分裂症患者子女的积极赡养行为研究

康晓朦：新制度主义视角下社会组织的发展策略探析——以S省B组织参与残疾人扶贫工作为例

李　静：技术与文化的双驱动：互联网知识型员工高流动现象的形成与再生产

李莉萍：飘摇与稳定之间：A村童装家庭工厂生存现状

李梦华：线上同乡网络对新生代农民工职业转换的影响——以某同乡QQ群组为例

李铭瑞：贫穷话语的生成与流变——以《人民日报》（1948-2008为例）

李妞子：身份认同视角下失独者社会关系变迁与重构的微观考察——以北京市N街道和Y乡镇为例

李　然：角色建构与角色实践：社区精神康复中社会工作者的角色研究——以A市B区为例

李长见：土地在农村经济生活中的角色演变——从云南三村到重庆三村

梁瀚宇：社区志愿服务与志愿者管理——对YX工业园区新生代青工的行动研究

梁艳芳：城市老旧小区改造中老年人的异地搬迁安置服务研究—以对Q

社会组织服务过程的分析为例
廖梦莎：性别角色分工的观念认知及其影响因素探究——基于CGSS2015数据的验证
林君茹：社会工作者与社区工作站的“嵌入”关系研究——以深圳市南山区为例
林庭萱：台湾里长制度的构建与功能：以高雄市S区和Z区为例
凌海燕：健康扶贫政策执行偏差的原因探究及消除偏差的路径选择——以四川省A县为例
刘仕豪：社会服务递送中的合作生产及其限制——以中国听力语言康复研究中心为例
刘　偲：摇滚乐如何影响身份认同？——一个叙事认同的视角
刘　雯：资源依赖视角下公益组织孵化器的发展方向探究——以恩派公益组织孵化器为例
刘　颖：具身认知视角下颜色的道德隐喻
刘永博：社会凝聚力与制度选择：一项实验研究
吕　晴：男性肥胖现象研究
马　敏：以微电影“西海固三部曲”为影视素材探究当代回族文化的表达困境
梅嘉禾：幻影与现实之间——克拉考尔眼中的现代景观与大众社会
米尔扎提·木莎：作为治理模式的留守儿童关怀项目与乡村团结——以留守儿童关怀项目为例
牟思浩：“介入”（engagement）——梅洛-庞蒂的身体现象学及其方法论意涵
潘美娜：福利多元主义视角下社区照顾嵌入城市养老服务的研究——以北京市N社区养老服务驿站为例
庞子钰：资产建设视角下社会工作介入反贫困的经验研究——以上海G机构Q项目为例
彭海路：割裂与弥合：行动理论视角下督导式评估的过程研究——以H市X机构第三方评估团队为例
浦利文：残疾儿童抢救性康复项目的政策瞄准研究——以西安及北京地

区为例

齐悦如：生育政策变迁影响下的母职困境——基于 L 市女性的质性研究

裘一娴：技术与分享经济中流动的社会关系——一项关于北京中关村软件园滴滴顺风车用户的研究

任林礼：中国流动人口生育意愿与生育意愿计划研究

孙　宁：文化参与、社会支持与农民工主观幸福感的关系研究——以 F 工厂农民工为例

孙倩璐：替代效应亦或收入效应——基于 CFPS 数据对女性劳动参与的实证检验

孙　睿：军转干部社会融入问题及社工介入的可能性研究——以河南省 S 市为例

孙朔晗：在市场与社会之间——菏泽淘宝村的劳动分工

藤田理世：返乡妇女城乡生活中心理矛盾起因分析——以安徽 M 村为例

童飞飞：我国公立医院差异性医护管理制度及其影响研究——基于全球医院管理研究的分析

王　康：基层共同体的生产——作为支持型社会组织 A 的运作

王文澜：魂与佛：一个西双版纳傣族村落信仰的民族志考察

王　汐：沟通行动视角下的国际合作过程——以某国际组织在中国的“M 项目”为例

王晓明：双程模型视角下的社区失独家庭心理干预问题探究——以 B 市 Y 社区为例

王雨洋：宗教信仰与主观幸福感之间的关系研究——基于中国家庭追踪调查 2014 的验证

吴　越：羊与龙的学术与政治——当代中国基督教的规模、生态位和中国化

吴宗勇：生态视角下草根社区社会组织的适应策略——以 M 机构为例

向　舒：从问责到应责：非营利组织的问责危机及应对策略研究——以 W 基金会为例

邢　雯：知识重建与行动改变：家暴受害者的增能研究——以反家暴心理互助群为例

熊略宏：主体建构视角下失独者的创伤后成长历程探究——基于 BJ 市失独家庭的质性研究

徐海翔：班级网络、同伴群体与校园欺凌——对浙江省 D 镇初中班级的个案考察

叶　亮：家庭综合服务中心的本土化——以北京 F 家庭综合服务中心为例

苑子文：社会工作传播赋权研究——以 A 机构为例

翟俊宇：综合服务模式：医务社工介入血液肿瘤患儿康复过程研究

张浩东：项目制下的村庄：项目与村干部

张琳梓：资源动员视角下民间慈善组织网络筹款机制及困境研究——以 Z 基金会 A 项目组为例

张　楠：项目试点的运作逻辑与行动者策略——留守儿童关爱项目在 B 村的基层实践分析

张益豪：由浅及深：社会工作嵌入高校学生工作的一项行动研究

张紫晶：回归社会工作的社会基础

赵代博：子女精神支持对老年人抑郁症状的影响——基于 2013 CHARLS 数据的分析

赵腾飞：尿毒症患者照顾者的社会支持与社会工作介入——以 X 医院尿毒症患者照顾者为例

赵晓航：丧偶对老年人孤独感的影响——基于家庭支持的视角

周婉清：制度逻辑的变迁与农村残疾人社区康复的发展——以陕西省 Q 社工机构的实践为例

周文杰：项目制视角下的改革变迁——从“试验”到“实验”的北大教改

周兴晨：传统农村宗教组织合法性建构分析——以 F 县农民志愿者协会为个案

周　颖：城市化与传统街区的文化遗产保护：安城改造的个案分析

朱永强：家庭利益取向下的“理解型代际关系”与“自养”——皖西南 K 村 15 位留守老人晚年生活的质性研究

左金宇：功利文化中的“桃花源”——论乡村基督教对信徒个体、家庭、群体各层面之影响

清华大学社会学系（共 8 人）

蔡　伟：替民脱贫——以酒镇飞地养殖为例
郭　晴：产业领袖的成长路径——从网络视角分析风险投资行为
洪秋婷：信誉的重构：一项商业化环境下的医院组织研究
童毅炜：我国儿童多维贫困现状及其对儿童学业能力的影响
王吉斌：地方权力的“表演型”使用——以中原地区一起征迁冲突为例
谢　璐：当代中国的婚姻匹配模式——对教育匹配的户籍壁垒分析
杨鲲昊：基于社交应用互动数据的用户人脉模型
于沛正：地区间环境规制比较分析

中国人民大学社会学系

（共 48 人，含人类学 4 人，民俗学 2 人）

曹馨方：品味、体验、情怀——独立书店的社会学考察
曾宪武：城市社区空间区隔的生成机制研究——以 B 市格林苑为例
陈虹梅：个体化、个性化及其匹配：手作市场中的品味、体验与价值认同
陈　希：都市青年精酿啤酒消费的人类学研究
储　颖：居民自治组织如何生长：基于大江市余行区湖光街道的考察
代嫣云：“闹洞房”成“整新郎”：土家族婚嫁仪式的变迁—湘西 M 寨的个案研究
都一佳：亲密关系中的“自我”——独生子女的爱情观念与实践的人类学浅析
高　凡：技术突进与社会限制——基于 H 教育机构“双师课堂”的案例研究
韩　坤：创新，谁说了算？——对技术创新生命历程的社会学分析
韩小亮：“非粮化何以失败”——以 N 市柑橘产业化探索为例
郝孟哲：农村仪式场合礼物交换的变迁——以定州市翟城村为例

侯　磊：迷恋、扮演与认同：“乙女向”游戏迷群体研究
胡冰冰：求生：一个温州女性的生育史
贾雯雯：外出打工对农村代际关系变迁的影响——以定县翟城村为例
金笑雪：喧嚣隐秘之镜——对粉丝群体的秩序探究
李成琛：城市秩序与城管治理体制构建——以北京城管为例
李慧敏：失地农民的生计策略研究——以江苏Y新型农村社区为例
林傲耸：网络粉丝的认同差异与群体分化
林建宇：社区“精神康复”之困——从长期住院精神病患的日常生活探寻
凌声萌：泥土与皇粮——一名寒门学子教育生活史的研究
刘昕毓：初中生STEM能力的性别差异及其影响机制——基于CEPS的调查数据分析
刘志春：庙宇重建中国家的缺场与在场——基于山西省R村和Y村的研究
罗紫丹：碰撞与适应：中国留学生的宗教信仰
马凤啸：社会时间视野下的结构性困境与个人实践逻辑——以女博士生为例
孟根达来：游牧文化传统与牧业合作社发展——对内蒙古牧区H合作社的个案研究
孟祥君：家庭社会经济地位对青少年肥胖影响的中介效应研究
庞晓宁：冰雪运动消费的符号建构与区隔
田知弘：城镇算命现象研究——基于山东省D县的社会学调查
王春晓：社会资本视角中的乡村古会研究——以华北牛星村为例
王　纯：水电移民的集体记忆与身份认同——基于葛洲坝建设者及其后代的定性研究
王加城：网络媒介使用对社会态度的影响及其阶层差异
王　鹏：改革开放以来中国婚姻的职业匹配模式变迁
王怡晗：混合居住模式与社会融合——基于北京世纪城保障性住房建设实践的研究
巫慧敏：谁获得了自主招生录取资格？——家庭资本对子女教育机会获得的影响机制研究
吴　倩：居者有其屋——北京公房改革研究

吴　思：自媒体内容生产机制研究及文本分析
武佳琦：身体界限的感知与构建——基于对商业舞蹈演出者的质性研究
武琳杰：家庭社会经济地位和父母参与对子女非认知能力的影响
谢　文：哺乳、失序与主体性重构——基于北京母乳会的田野工作
徐　群：户籍分层下的劳动权益差异及其对精神健康的影响
徐有彬：社区自治组织的行动策略——以小区停车管委会为例
于田畅：内与外：老字号消费的群体差异——以开封第一楼为例
张　迪：资源动员与集体行动：社区治理中的居民参与——以上海市徐汇区湖南街道弄管会为例
张　鉴：塑造故乡："洪洞大槐树"寻根祭祖传统的建构
张若天：个体化世界的群体性"沉迷"——移动互联网时代"内容成瘾"的生成机制分析
张彦卿：非自愿下行移民的社会认同及其转变与代际差异——对一"小三线厂"的个案研究
张竹楠："低端"消费的自我合理化——微博"社会摇"消费者观看策略分析
朱月婷：城市消费空间与符号梦工厂——基于北京市三里屯太古里商区的消费社会学分析

注：本书选入的八篇论文题目未列入总目中。